本书为国家社科基金重点项目“依法治国与以德治国的关系研究”(14AZD135)的结项成果。

分化与融通：国家治理现代化进程中的德法合治

Differentiation and Integration:
The Combination of Morality and Law in the Process of Modernization of National Governance

彭凤莲 著

人民出版社

目　　录

前言

1997年,党的十五大确立依法治国基本方略。1999年,依法治国基本方略获得宪法地位。2001年1月,江泽民提出把依法治国与以德治国紧密结合起来。依法治国与以德治国的关系从此成了思想理论界研究的热点。党的十八届四中全会将依法治国确定为主题,并将依法治国与以德治国相结合确立为实现全面推进依法治国总目标的一个原则。这次会议之后,全国哲学社会科学规划办公室专门发布"研究阐释党的十八届四中全会精神国家社科基金重大项目"指南,笔者主持的国家社科基金重点项目"依法治国与以德治国的关系研究"正是这次重大项目申报转为重点项目立项的。本书稿便是"依法治国与以德治国的关系研究"的主要结项成果。该研究的主要问题和内容包括以下六个方面,也是本书稿的六章内容。这里简要介绍本书稿六章的主要内容及写作思路。

第一章是"关于法德关系的三对范畴"。这三对范畴分别是:法律与道德,法治与德治,依法治国与以德治国。其中最基础的关系范畴是法律与道德。这三对范畴中,法律与道德是中西方共同的话语体系;法治本是西方话语体系,德治本是以中国为代表的东方儒家文化话语体系,而将"法治与德治"相连使用,似乎又是中国话语体系;将"依法治国与以德治国"并用也是中国话语体系。第一章是研究依法治国与以德治国关系的开篇,所以本章的主要任务是破题或曰解题，主要提出以下几个观点：一是法律与道德同源构成，同时分化出来。二是“依法治国与以德治国的关系”是法律、道德与国家治理三者之间的关系，换句话说，本书将法律、道德及其关系或法治、德治及其关系置于国家治理的视域中进行研究，或者说研究法律与道德关系、依法治国与以德治国关系的目标是促进国家治理、实现国家治理现代化。三是本课题的研究并不严格区分法律与道德、法治与德治、依法治国与以德治国三对范畴，尽管本章大致梳理了这三对范畴。关于法律与道德相辅相成、法治与德治相得益彰、依法治国与以德治国相结合基本上可以在同一意义上使用或置换，如依法治国与以德治国相辅相成也可以置换成法治与德治相辅相成、法律与道德相辅相成。依法治国与以德治国的关系，实质上就是法律与道德、法治与德治的关系。四是法治为主导的社会治理形式是商工文明的产物，但是全球化、后工业化的进程会最终突破法治理念而表现出对德治的关注与探求。五是法律、法治或依法治国不是绝对的，道德、德治或以德治国也不是绝对的，两者结合才是完美的一。本章是本书的基本理论部分，为后面五章的研究奠定基调。

第二章是“中国德治中心主义及其局限”。我们今天研究依法治国与以德治国的关系必须要有历史思维。对中国古代德治中心主义的历史考察，即是历史思维的呈现。以史为鉴、鉴古知今、古为今用，以往的历史经验和智慧，是人类进步的阶梯。德治问题的关键在于其作为道德价值的正当性、作为法治的合法性，以及作为治理实践的可行性。历史地看，德治原本是中国话语，是儒家文化的典型标志，是中国固有的法哲学观念而不属于西方舶来品。所以探究德治思想与实践的源头，考察德治中心主义的形成与发展，应从中国传统出发，不宜与西方话语相混淆。诠释德治应当限定于儒家主流传统。本章从中国古代道德与法律关系的发展阶段入手，全面考察和梳理中国古代德治中心主义的确立、发展及其嬗变历程，阐述中国德治传统的主要内容及其特征，在此基础上，对中国古代德治传统中的道德与法律之间的联系及其张力进行反思，从中汲取其符合时代因素的价值资源，为当下的全面依法治国、实现国家治理现代化提供历史资源,同时也要克服其历史局限性。本章为证成依法治国与以德治国相结合的命题提供历史维度。

第三章是“西方法治及其危机”。西方被认为是法治文明秩序的类型和代表。古希腊通过人治与法治的初次对话,初步提出了人类文明秩序的一种类型——法治,并将法治秩序置于一种具有普遍性和根本意义的道德基础之上。古希腊的法哲学对罗马法的演进发生了深刻影响,并通过罗马法影响到人类生活的更多领域。在人治与法治的再次对话中,西方的法治得以发展。文艺复兴(Renaissance)运动从根本上颠覆了欧洲中世纪神学统治,奠定了现代西方法治精神的理性根基和价值取向,为法治社会的形成提供了深厚的文化底蕴。17、18世纪在欧洲发生的启蒙运动,与理性主义思潮等一起对现代政治法律文化的诞生、法治精神的养成发挥了巨大作用。权力分立、分权制衡被主张法治的人所强调。经过启蒙时期,西方法治思想的基本观念已经大致进入了法治与民主相结合的思路,法治在西方世界成了普遍的治理方式,西方法治也因此而兴盛起来。西方法治兴盛的主要表现有:18世纪末19世纪初出现了法律化浪潮,19世纪法律实证主义兴起。第二次世界大战结束后,西方法律与发展运动开始。美国在国内树立起司法权威,并一步步建构起“全球法律帝国”。然而,西方法治传统在应对各种社会问题过程中暴露出一些致命的问题,尤其是泛法律主义导致西方法治传统面临严峻的挑战。西方法治规则主义的危机逐渐显现:经典的分权结构难以维系,法律由确定性转向不确定性,出现了价值司法和资产阶级形式法的实质化现象。这在德国、美国都有很明显的表现。西方法治与道德价值严格割裂的理论和历史实践表明,法律要符合民众的价值观念,需要道德的支撑。在当下我国国家治理方式转型之际,西方国家法治规则主义及其危机,对我国依法治国与以德治国如何相得益彰具有重大的启示意义。

第四章是“依法治国与以德治国相结合何以可能与必要”。“依法治国”与“法治”一样,既有工具理性,也有价值理性。“以德治国”与“德治”也一样兼具工具理性与价值理性。法律与道德有共同参照点,也有区别;两者在范畴上是一种并列关系,在内容上存在交叉关系;在我国存在德主刑辅二元规范论的传统。所以,依法治国与以德治国能够相结合。坚持法治和德治相结合,是对古今中外治国经验的深刻总结。纵观历史,法治和德治在国家治理中各自起着独特的、不可替代的作用,只有把两者紧密结合起来,国家才能治理有序,社会才能健康运行。从世界范围来看,凡是社会治理比较有效的国家,都坚持把法治作为治国的基本原则,同时注重用道德调节人们的行为。对于国家治理来说,法治和德治如车之双轮、鸟之两翼,不可偏废。在社会主义法治建设中,必须把法律和道德的力量、法治和德治的功能紧密结合起来,把自律和他律紧密结合起来,使依法治国和以德治国共同发力、相互促进。法治作为社会整合、国家治理的主要手段,是现代复杂社会之必需,是人类进入商工文明后之必然。法治以其规范性、普遍性、强制性和可操作性为复杂的国家治理提供强有力的保障,以弥补德治的弱项。德治以其亲和性、涤荡心灵、温润人心的方式为复杂的国家治理提供公平正义的内生动力,以弥补法治的弱项。在多样化的国家治理手段中,法治的作用会越来越明显,但这并不意味着德治的作用越来越递减。彼此之间并不存在彼消此长的规律,只是发挥作用的方式在不同文明类型中不同而已。

第五章是"依法治国与以德治国相结合何以有效"。本章重点解决两个问题:一是依法治国与以德治国如何相结合,也就是结合的方式;二是二者结合之后如何保证法治作为治国理政的基本方式在国家治理中的有效性问题,也就是中国特色社会主义法律的有效性问题。法律的有效性,不单单是指法律一经生效而具有的拘束力,而且还指生效法律的可接受性,法律的有效性模态是事实有效性与规范有效性在分离前提下的对立统一。在天命、神灵基础崩塌后,法律的合法性需要论证,违背规律的法律、违背人性的法律、没有经过道德论辩的法律,即使经权威部门颁布生效后其规范有效性也是有问题的。中国特色社会主义法律的有效性模态应该是事实有效性与规范有效性的统一，而且中国特色社会主义法律的政治性与道德性均具有鲜明的意识形态属性和时代内涵，要及时回应我国社会主要矛盾的变化。当代中国已进入新时代，应“在积极参与全球治理变革进程、努力推动构建人类命运共同体的同时，深入分析人类社会法治文明演进过程的新趋向新特点，坚定地探索新时代法治现代化的中国模式，坚定地走出一条自主型法治现代化的中国道路”。①

第六章是“依法治国与以德治国相结合是国家治理现代化的终南捷径”。国家治理体系与治理能力问题在党的十九届四中全会上有系统的阐述。坚持依法治国与以德治国相结合，是国家治理现代化的不二法门。坚持依法治国与以德治国相结合，是建立市场经济秩序的现实需要，也有深厚的历史文化传统，而且根据道德国情、法治现状以及西方法治危机，德法结合乃是一种发展趋势。就现代国家治理而言，在坚持依法治国是基本方略、法治是治国理政的基本方式的前提下，法律和道德作为国家治理的两种手段，在各扬其所长的同时，优势互补——补对方所短，在不同的场合发挥各自不同的作用。经济主体的多元性、商工文明向生态文明、信息文明的转型，注定了单一强制规范治理的苍白性，因此在经济利益不断调整和再分配的背景下，人的全面发展和追求至福的要求下，依法治国与以德治国相结合是国家治理之道的必然。

本书整体的写作思路基本上是按照“正—反—合”的逻辑推进的。该逻辑进路由黑格尔提出。他认为，事物的发展过程有三个前后相衔接的阶段：第一阶段，是“正题”，即事物发展的起点，是原始的“同一”，而这“同一”中潜藏着它的对立面；第二阶段，是“反题”，即潜藏的对立面逐渐显现或分化出来，是对“正题”的否定；第三阶段，是“合题”，即“正反”二者的对立统一。这样，就完成了“正—反—合”的逻辑闭环：“正题”被“反题”所否定，“反题”又被“合题”所否定。“正反合”的“合”是“正题”与“反题”的综合，综合后的“合题”是将“正题”与“反题”的相关特点、积极因素在新的或更高的基础上对立

① 公丕祥：《新时代中国法治现代化的战略安排》，《中国法学》2018 年第 3 期。

统一之后的跃升。在这否定之否定或扬弃过程中,事物的发展跃升了。本研究成果模仿此基本思路,将研究内容分为三大模块:第一模块是“正题”,即第一章;第二大模块是“反题”,由第二章、第三章构成;第三大模块是“合题”,由第四、第五、第六章组成。大致内容如下:第一章为“正题”,主张法德同源,法治不是绝对的,德治不是绝对的,二者的结合才能达至完美的一。第二章、第三章为“反题”,都是对立面的显现与分化。其中,第二章是重点论述德法结合的对立面——德治中心主义的显现与分化,是对第一章正题的否定;第三章是重点论述法德结合的对立面——法治规则主义的显现与分化,同样是对第一章正题的否定。第四章、第五章、第六章共同构成“合题”,是对第二章、第三章“反题”的否定。其中第四章重点从历史逻辑与现实逻辑论述依法治国与以德治国相结合何以可能,何以必要。第五章运用法律有效性模态理论重点论述依法治国与以德治国相结合何以有效。第六章鲜明地提出“依法治国与以德治国相结合是国家治理现代化的终南捷径”的观点,作为合题的结束。六章内容既有历史的层面,也有抽象的观点,更有现实的观照。

第一章　关于法德关系的三对范畴

本书研究主题是“依法治国与以德治国的关系”，该研究主题中有几个关键词——法、德、治，法就是法律，德就是道德，治呢？可以是治国或者国家治理，也可以是道德治理或者法律治理，即德治或法治。因此，本研究主题涉及关于法德关系的三对范畴：法律与道德、法治与德治、依法治国与以德治国，其中最基础的关系范畴是法律与道德。法律与道德的关系不仅关乎重大法哲学理论问题，而且也是关乎国家治理的重大实践问题，自古就受到关注。不同时期、不同国家对这一问题的认识不同，回答各异。三对范畴中，法律与道德，受到中西方话语体系的共同关注；法治是近代以来西方话语体系的核心内容，德治是以中国为代表的东方话语体系的显著标志，法治与德治连接并用体现着中西方治理话语的反思；依法治国与以德治国相结合则成为当代中国社会主义法治体系的基本立场与基调。学界对于法律与道德这一对范畴的研究重点似乎不是它们之间的关系而是法律的合法性或正义性的问题，对于法治与德治这一对范畴的研究重点似乎是各自的内涵而不是二者之间的关系，对于依法治国与以德治国这一对范畴的研究重点是二者如何结合。因此，研究依法治国与以德治国的关系，必然会涉及法律与道德、法治与德治的概念范畴，所以在本研究课题的开篇，有必要对法律与道德、法治与德治、依法治国与以德治国这三对关系范畴进行交代。法律与道德，是两种静态规范；法治与德治，是两种规范的动态运转;依法治国与以德治国,是两种治理方略。

一、法律与道德

法律与道德的关系作为千百年来哲学界、法学界研究的重要问题之一,东西方的理解不完全相同。大致说来,东方偏重智性,西方偏重逻辑。有的偏重纯粹谈法律与道德二者间的关系,有形而上之意;有的将法律、道德与国家治理相连,有形而下之意。当我们重新关注这个古老而又历久弥新的话题时,发现这个问题的答案并不简单,从古至今多少哲学家、法学家、政论家们在努力地探讨这二者之间的关系,但是结果仍然分歧很大,而且也未必清晰准确。这种争论不休、不完满状态的原因主要不在于学者能力的不足,而是因为这个问题本身的难度系数高。不管是研究法治与德治的关系还是依法治国与以德治国的关系,都离不开最基本的概念范畴——法律与道德。对法律与道德关系的思考,其逻辑起点是对“法律”和“道德”语词的理解。这两个语词在东西方的理解不完全相同。

(一)西方关于法律与道德关系的主要学说

法律与道德的关系问题,是19世纪法学家所讨论研究的一个重要论题。[①] 耶林(Rudolph Von Jhering,1818-1892)把法律与道德的关系比喻成法理学的好望角,从而告诫人们这一论题并不容易征服。这一争论持续火爆至21世纪。在此问题上,著名的两大法理学派——自然法学派与分析实证法学派长期对立。富勒(Lon L. Fuller, 1902-1978)与哈特(H. L. A. Hart, 1907-1992)关于法律与道德关系的论战最有代表性,争论持久且有影响。自然法学派主张法律与道德之间具有必然的联系,法律要以道德为基础,并与道德要

① 其他还有两大论题是法律的性质和有关法律史的解释。

求相一致，恶法非法；实证法学派则相反，认为法律与道德之间没有必然的联系，恶法亦法。正是基于对法律与道德关系问题的不同回答而彼此成就了两大对立的学派——自然法学派与实证法学派。20 世纪末，德国著名学者哈贝马斯（Jürgen Habermas，1929-　）也加入了这一问题的热烈讨论中，他试图超越联系说与分离说而提出并列说。与哈贝马斯有交集和论战的卢曼（Niklas Luhmann，1927-1998），对法德关系问题也有论说，认为应超越自然法与实证法来看待法德关系。

1. 自然法学派的联系说

自然法学说肇始于斯多葛学派，深受斯多葛学派影响的西塞罗（Marcus Tullius Cicero，前 106—前 43）对自然法理论颇有建树。在他看来，自然法先于国家和法律而存在，且是它们存在的依据和评价标准。"理性"是自然法的关键词。"因为理性还存在，它来自宇宙的大自然，它督促人们正确行为而不枉为，这理性并非由于形成文字才第一次成为法律，而是理性一存在就成了法律……在'法律'这一概念的定义中就固有选择正义和真实的观念和原则……因此，法律是根据与自然——万物中首要的和最古老的——一致而制定的有关事务正义和不正义的区别；在符合自然的标准下，构筑了这样一些人的法律，它对邪恶者施以惩罚，而保卫和保护善者。"①卢梭（Jea-Jacaues Rousseau，1712-1778）等主张契约论的近代启蒙思想家们，都把道德作为国家和法律的基础，认为如果缺少了自然的制裁，正义的法则在人间就是虚幻的。② 把实证法置于自然法或道德法之下，是新理性法的一个形而上学遗产。康德（Immanuel Kant，1724-1804）在《道德形而上学基础》中，从道德律的基本概念出发，论证了获得法律规则的方法，即通过法律承受者的自由选择、一个人对

① ［古罗马］西塞罗：《国家篇　法律篇》，沈叔平、苏力译，商务印书馆 1999 年版，第 187—189 页。

② 参见［法］卢梭：《社会契约论》，何兆武译，商务印书馆 1996 年版，第 118 页。

另一个人的外在关系、一个人在受到干涉时被赋予的对另一个人实施的强制力量等三个方面法律原则对道德原则的限定,法律的立法当中体现了道德的立法,合法律性当中体现了道德性,法律义务当中体现了善的义务。康德的法权原则主张,每个人的自由应当根据一个普遍法则而与一切人的同等自由共存。此普遍法则的形式对自由的分配起合法化作用,从而导致了法律从属于道德。20 世纪 70 年代初,新自然法学兴起,社会科学对法律的祛魅,导致法哲学发生转向,理性法传统恢复,以致思想家们毫无拘束地采用 17、18 世纪的理论。[①] 新自然法学则直接诉诸道德。富勒、罗尔斯(John Bordley Rawls,1921-2002)、德沃金(Ronald M.Dworkin,1931-2013)为其代表人物。

富勒继承了古典自然法理论的基本观点,以追求法律的道德价值为基本特征,不但强调法律与道德不可分离,还强调法律本身的存在必须具有"内在道德"——其称之为"程序自然法"。富勒基于对许多年以来,英语世界中的法律哲学基本上是被奥斯汀(John Austin,1790-1859)、格雷(John Chipman Gray,1839-1915)、霍姆斯(Oliver Wendell Holmes,1841-1935)和凯尔森(Hans Kelsen,1881-1973)的传统主宰着[②]的现象的不满,写下了《法律的道德性》一书,系统地提出了法律的八个方面的内在道德:法律的一般性,法律的公开性(要公之于众),法律的不溯及既往(行为时原则),法律的清晰性,法律的不相互矛盾性,法律不能强人所难,法律的连续性,官方行动与公布的规则之间的一致性。[③] 这八种内在道德也被称之为法律合法性的八项原则,也就是富勒所说的程序性道德。以罗尔斯为代表的新自然法学派诊断出了西方法治国的病症,"正义论"是罗尔斯的一个标签,它在理论建构层次上论述了抽象的正义原则如何在法律上建制化,但主要是形而上的,实证法与政治正义

① 参见彭凤莲:《论复杂社会法律与道德的关系——哈贝马斯关于破解西方法治国危机的思考》,《哲学分析》2020 年第 2 期。

② 参见[美]富勒:《法律的道德性》,郑戈译,商务印书馆 2005 年版,第二版序言。

③ 参见[美]富勒:《法律的道德性》,郑戈译,商务印书馆 2005 年版,第 110 页。

的关系仍然有待说明。罗尔斯继承了古典自然法理论的基本观点,追求法律的道德价值,但是富勒特别强调将道德作为法律的程序性要求。认为法律与道德之间存在必然联系也是德沃金的一贯主张:"政治道德是关于法律应该是什么的问题,不是从技术的角度,也不是从行政和司法效率的角度,而是从道德的角度。"①

2. 实证法学派的分离说

严格区分法律与道德已成为实证法学派的标签,他们认为法律与道德是两个互不相涉的系统,反对将价值预设渗透到法律之中,主张将法严格地限定在实在法的领域来谈论和研究。尽管20世纪以来发展了的实证法学派不再困守法律与道德的严格区分论,哈特的"最低限度的自然法内容",以及哈特之后的包容性实证主义法学对道德内容均有退让或妥协,但两者之间相当程度的分离仍然是此派的基本观点之一。法的实体内容中不能包括正义原则、价值理想和道德内容,主张法律与道德之间没有必然的内在联系。② 实证法学派以奥斯汀、凯尔森和哈特为代表。

奥斯汀说:"法律的存在是一回事,它的优点是另一回事。"③他说,法律就是命令,如果法律不是命令,那么叫什么法律,又有何用?法律是科学,其研究对象是实在法,实在法要与理想法或者说道德严格分开;道德有善恶之分,但是法律良恶与否在所不论。凯尔森致力于建构纯粹法学,其目的是要从结构上分析实证法,不是从道德上或政治上对其目的进行评价。他明确提出:"法律问题,作为一个科学问题,是社会技术问题,并不是一个道德问题。"④"一门

① ［美］德沃金:《认真对待权利》,信春鹰、吴玉章译,上海三联书店2008年版,第25页。

② 参见刘云林:《自然法学派和实证法学派论争的法伦理启示》,《伦理学研究》2012年第1期。

③ ［英］奥斯汀:《法理学大纲》,载《西方法律思想史资料选编》,北京大学出版社1983年版,第500页。

④ ［奥］凯尔森:《法与国家的一般理论》,沈宗灵译,中国大百科全书出版社1996年版,第5页。

科学必须就其对象实际上是什么来加以叙述,而不是从某些特定的价值判断的观点来规定它应该如何和不应该如何。法律科学的特定主题是实在的或真正的法律,不同于理想法,即政治的目标。……实在法……的存在并不依赖于符合或不符合于正义或'自然'法。"[①]他要求把一切非法律的因素从法学中排除,把法看成是一个自足而封闭的体系,从而抛弃了自然法学中的主观价值判断,抛弃了现实生活中的政治经济因素。哈特作为新分析法学派的代表,与富勒之间就法律与道德问题进行了长达十几年的争论,他坚持法律实证主义的基本立场,但又自相矛盾地承认"最低限度内容的自然法":"法律在任何时候和任何地方的发展,事实上既受特定社会集团的传统道德、理想的深刻影响,也受到一些个别人所提出的开明的道德批评的影响,这些个别人的道德水平超过流行的道德。"[②]事实上法律通常反映或符合一定道德要求,但他主张不能以是否符合道德作为判定法律效力的依据:恶法虽然不具有道德性,但仍然具有法律效力,此即恶法亦法;人们遵守法律,并不都是基于其符合道德,而是各有因由;法律的存在与法律的适用是两回事,恶法因为其邪恶以至于不被服从和适用。实证法学认为法是一元的,在人们可以感知的社会空间中客观存在着:"凡是实际存在就是法律,无视这种法律,绝不能被认为在法律上是正当的,尽管从纯粹的道德观点看,这种无视实在法的做法是可以原谅的。"[③]

富勒在对其批评者的回应中指出:法律被分析实证主义者看作是一种单向度的权威投射,发端于一个权威,而强加给公民;实证主义哲学关心法律从何而来,谁可以创造法律,而不问法律是什么或做什么用。并指出,整个纳粹法律所含的道德性太稀少,以至于到底哪些法律应被视为公开的或是秘密的

---

① [奥]凯尔森:《法与国家的一般理论》,沈宗灵译,中国大百科全书出版社1996年版,第2页。

② [英]哈特:《法律的概念》,张文显等译,中国大百科全书出版社1996年版,第181页。

③ [美]博登海默:《法理学——法律哲学与法律方法》,邓正来译,中国政法大学出版社1999年版,第120页。

就难以弄清楚了。[①] 自然法学派侧重法律的价值维度，关注法的实质合理性，追求法律的应有价值目的性，主张法律应接受道德的检验，例如，富勒主张道德使法律成为可能；分析法学派更多关注法的形式合理性，侧重法律的规范维度，追求剔除道德因素的纯粹的封闭运行的法律。二者尽管立场不同，路径不同，但是“殊途”的目的是“同归”——“站在相反的立场，论证着相同的善良初衷”，[②]确保法律之治。

20 世纪 60 年代至 80 年代，英国法学家麦考密克（Neil MacComick，1941–2009）和奥地利法学家魏因贝格尔（Ota Weinberger，1919–2009）创立了制度法理学，合著《制度法学》，将法律原则、法律制度的目的论背景、制度化的正义要求、法学家的理论等一并纳入实在法的范围，从此实在法的范围得以拓展。制度法学的目标是超越自然法和实证主义，方法是力图通过以实践观念为基础，将自然法学的内容实在化，将实证法学社会化。[③] 制度法理学仍然是以分析实证主义为基本立场，所以总体上还是属于分析法学。

3. 程序主义法学派的并列说[④]

从范式法律观的角度看，有自由主义法、福利国家法。德国著名学者哈贝马斯因不满这两种法律范式在解决形式平等与实质平等问题上的缺漏或无能为力，自主创建了程序主义法律范式，我姑且称之为程序主义法学派。他不赞同法律对道德的从属关系，并批评康德以一种特定方式把法的不可随意支配性环节置入法律的道德基础之中，从而实证法被置于理性法之下了。[⑤] 哈贝

① 富勒：《法律的道德性》，郑戈译，商务印书馆 2005 年版，第 221—222 页。

② 马长山：《法治社会中法与道德关系及其实践把握》，《法学研究》1999 年第 1 期。

③ 参见丁小琼：《浅析分析法学派》，《传承》2009 年第 7 期。

④ 本目下内容来自彭凤莲：《论复杂社会法律与道德的关系——哈贝马斯关于破解西方法治国危机的思考》，《哲学分析》2020 年第 2 期。

⑤ 参见［德］哈贝马斯：《法律与道德》，见哈贝马斯：《在事实与规范之间——关于法律和民主法治国的商谈理论》附录一，童世骏译，生活·读书·新知三联书店 2014 年版，第 605 页。

马斯批评这种法律从属于道德的观点同关于实现在法律媒介本身之中的自主性观念是不一致的。① 康德从实践理性中先天地引出来的自然法则或道德法则,居于太高的位置,使法律有融化进道德的危险——法律几乎被还原为道德的一种有缺陷模态。在基督教自然法的屋顶坍塌以后,废墟上留下两根廊柱:一是经过自然主义解魅的政治,一是成为政治性决定的法律。康德试图重建这座倒塌的建筑:宗教—形而上学自然法所留下的空位应该由自主地论证的理性法来占据;法律的实证化被看作是仍然处于理性之律令之下的理性法原则的实现。在德国,康德的理性法理论的道德内容在法律理论中分别沿着私法学说和法治国观念这两个平行方向延续,在 19 世纪却因实证主义而逐渐枯竭了。无论是在私法学说中,还是在法治国理论中,康德把政治和法律置于理性法的道德律令之下的构造都被否定了。"一方面,实证法的道德基础不可能以高高在上的理性法的形式来说明;另一方面,这种道德基础也不可能在没有等价物来替代的情况下消除掉,不然法律就会失去本质上内在于其中的那个不可随意支配性环节。"②

"随着多元主义世界观的出现,在现代社会里,宗教以及其中的伦理便不再是一种所有人都认可的道德的公共有效性基础。"③康德设想的基础是一种柏拉图主义(Platonism)的直觉——认为法律秩序是"目的王国"的本体秩序在现象世界的一种模仿,同时也是一种具体化。④ "信息透明化、社会扁平化、组织网络化、需求多元化、利益冲突普遍化、产业泛在化的复杂治理情境,是现

① See Jürgen Habermas: *Between Facts and Norms: Contributions To a Discourse Theory of Law and Democracy*, translated by William Rehg, The MIT Press, Cambridge, Massachusetts, Second printing, 1996, p.120.

② [德]哈贝马斯:《法律与道德》,见哈贝马斯:《在事实与规范之间——关于法律和民主法治国的商谈理论》附录一,童世骏译,生活 · 读书 · 新知三联书店 2014 年版,第 609 页。

③ [德]哈贝马斯:《包容他者》,上海人民出版社 2002 年版,第 11 页。

④ See Jürgen Habermas: *Between Facts and Norms: Contributions To a Discourse Theory of Law and Democracy*, translated by William Rehg, The MIT Press, Cambridge, Massachusetts, Second printing, 1996, p.106.

代法治体系生成和运行的背景与前提,也是现代治理体系的治理对象。这种复杂性特征和秩序诉求,要求修正固守的程序主义法治观……推动实用主义法治观与程序主义法治观的融合。”①

哈贝马斯承认实证法仍然保留着同道德的联系,但道德并不在法律之上,法律并不从属于道德。他从如下假设出发:在后形而上学的论证层次上,法律规则与道德规则同时从传统的伦理生活分化出来,实证法和后俗成道德同源地产生于分崩离析的实质性伦理生活的库存。② 道德与法律是作为两个虽然不同但相互补充的类型的行动规范而并列地出现的。他反对根据偏见以为道德只涉及个人为之负责的社会关系,而法和政治正义则延伸到以建制为媒介的互动领域;也反对根据行动领域姓“私”姓“公”来对道德和法律进行分而治之,因为政治立法者的意志形成也延伸到需要调节的那些问题的道德方面。只有不与道德原则相矛盾的法律秩序才是合法的。实证法借助于法律有效性中的合法性成分,保留着同道德的关联性。但同道德的这种关联并不意味着在规范等级的意义上道德置于法之上。这种等级观念,属于前现代法的世界。③ 如果政治和法律被置于执行实践理性法则之工具的从属地位,政治就失去了它的立法能力,法律则失去了它的实证性。④ 出现在宪法规范之实证内容当中的基本权利不能理解为只是道德权利的摹本,政治自主不能理解为只是道德自主的摹本。把法律视为道德的附属品对于现代社会的现实也缺乏经验描述力,现代法正是为了弥补不堪社会整合之重负的社会秩序的功能缺

---

① 杜辉:《面向共治格局的法治形态及其展开》,《法学研究》2019 年第 4 期。

② See Jürgen Habermas: *Between Facts and Norms: Contributions To a Discourse Theory of Law and Democracy*, translated by William Rehg, The MIT Press, Cambridge, Massachusetts, Second printing, 1996, p.84.

③ See Jürgen Habermas: *Between Facts and Norms: Contributions To a Discourse Theory of Law and Democracy*, translated by William Rehg, The MIT Press, Cambridge, Massachusetts, Second printing, 1996, pp.105-110.

④ 参见[德]哈贝马斯:《法律与道德》,见哈贝马斯:《在事实与规范之间——关于法律和民主法治国的商谈理论》附录一,童世骏译,生活·读书·新知三联书店 2014 年版,第 606 页。

口才从伦理中分化出来的。[①]

上述法律与道德关系的并列说是哈贝马斯继泰纳演讲后在《在事实与规范之间》中才明确地提出来的,有趣的是,他在之后完成的《包容他者》(1996年)中指出:法律的调节过于具体,以致只能通过与道德原则的相容性而为自身获得合法性。随即话锋一转:“可是,如果实在法不是从一种较高的道德法那里获得自身的合法性,那它又该到哪里去寻找其合法性呢?”[②]在这里,他似乎对并列说有所修正——承认道德法“较高”于实在法,道德法是实在法合法性的源泉。这表明,法律道德关系问题是他一直思考的问题,并随着思考的深入不断修正以前的观点。

“哈贝马斯论述法律与道德的关系有特定时代背景,即他反复提到的‘复杂社会’——通过市场而整合各种不同信念系统和利益状况彼此竞争的多元主义社会。在这样的复杂社会,不管是资本主义形式法范式还是福利国家的实质法范式都遭遇了危机:就内在而言,法律规则具有合法律性而不具有合法性,只具有事实上的强制力而缺乏规范上的有效性;就外在而言,法治国的法律只具有事实的强制性而缺乏规范的有效性或可接受性。这就是西方法治国的危机。哈贝马斯带着破解西方法治国危机的强烈问题意识,苦苦思索合法律性的合法性何以可能,期待第三种法律范式——程序主义法律范式,能超越形式法范式和福利法范式,从而真正实现社会正义与个人正义的统一。”[③]而法律与道德之间的关系恰恰是哈贝马斯在《在事实与规范之间》中论证法律事实性与有效性之间张力的一条主线,贯穿始终。他以西方社会为场域,主要以德国和美国作为理论批评和反思的具体对象,以社会学为方法,以批判的眼

① 参见陆宇峰:《从主观权利看法律与道德的关系》,见高鸿钧:《商谈法哲学与民主法治国——在〈事实与规范之间〉阅读》,清华大学出版社2007年版,第362页。

② 哈贝马斯:《包容他者》,曹卫东译,上海人民出版社2002年版,第298页。

③ 参见高鸿钧:《通过民主和法治获得解放——读〈在事实与规范之间〉》,《政法论坛》2007年第5期。

光重新审视法律与道德关系。”①

（二）中国关于法律与道德关系的主要学说

法律是指以国家强制力为保证，由国家或政府制定出来的一系列调整人们之间行为与关系的规则；道德是指依靠人们的内心信念、传统习俗和社会舆论来调整人们之间关系的行为原则和规范的总和。② 这是目前中国法学界关于法律是什么、道德是什么的主流观点。道德与法律之间的关系也是我国哲学、法学、政治学关注的重要理论问题，同时也是从古及今关乎我国国家治理方略的重要实践问题。与西方关于法律与道德关系的形而上研究不同，中国更关注二者的社会功能和在社会生活中的地位。当代中国学界关于法德关系的研究，总体立场同样可概括出分离、融合而不混同两种，法德混合主张者已经十分稀少。融合而不混同论日趋主流，社会主义核心价值观融入法治建设，实际上就是法德融合而不混同的实践表达。

中国历史上经历了两次大的礼法之争。第一次先秦礼法之争，结果是法占了上风，秦国凭借法家思想迅速灭六国建立了统一的秦王朝，秦王朝因法家思想迅速崛起复又旋即覆亡。随后汉武帝“罢黜百家，独尊儒术”，德又占了上风，德治中心主义形成，直至清朝。这一历史长河中不是没有法，而是德为主、法为辅，且法以刑为主。第二次清末礼法之争，结果是法占了上风，自此之后的法不是以刑为主的法，中华法系解体，西式立法体例进入中国，一直延续至今。

在中华法系的历史长河中，法律与道德冲突的解决方式一般有三种：第一种方式是从刑法思想角度。儒家法律思想，是传统法思想主流，由道德统摄，

① 彭凤莲：《论复杂社会法律与道德的关系——哈贝马斯关于破解西方法治国危机的思考》，《哲学分析》2020 年第 2 期。

② 参见蔡宝刚：《迈向实务：西方法律与道德关系理论的流变路向》，《南京农业大学学报（社会科学版）》2009 年第 3 期。

所以法律基本上不具备独立地位,而是视为实现道德的一种重要手段,这种地位由汉及清一直持续而从未改变。首先,以刑法作为推行道德的手段,此乃明刑弼教,目的是天下大治。这在《尚书·大禹谟》中已清楚表明:“明于五刑,以弼五教,期于予治。”其次,极力论证礼刑同一,强调法律与道德的同一性或同质性,形成了“礼刑合一”的法制架构。复次,强调它们在功能上具有互补性,德礼政刑迭相为用、相辅相成,共同推进国家的治理。德礼为本,刑罚为用,相须而成。第二种方式是从刑事立法角度。中国历史上的统一封建王朝,都有一部诸法合体的统一的律典。律典条文再多,也难以包罗万象,规定的内容也很难覆盖朝野上下所有情事。统一的律典是道德教条的规范化形式载体,是国家统一、威权的象征,不轻易修改,因为遵从祖制也是标榜以孝治天下的体现。古代国家的统治,法就是刑,离开禁奸止暴的刑法是不可想象的,因此刑法如何适应不同社会条件下的不断变化的道德需要,便是不可回避的问题。中国传统法的通常解决方案是:以例缓解律的僵化与滞后性,例如清朝的例,五年一小修、十年一大修;允许类推和设置盖然性条款,以卫护社会治安,例如《唐律》中的不应为条;承认家法族规的法律效力,让家族家庭融入国家的治理结构,节省国家财政投入,例如古徽州祠堂里的乡规民约;引礼入法,使刚性法律柔软化,让百姓易于接受和遵守,例如几乎贯彻整个封建社会始终的亲亲相隐制度。第三种方式是从刑事执法角度。法律的生命在于执行,中国古代特别强调执掌法律者的道德品质,这也是为政以德的要求。中国传统刑法通过对法官的道德品格的强调,赋予法官在协调罪与恶的冲突方面以宽泛的自由裁量权,从而在事实上构成对立法上协调罪与恶的冲突之补充。① 中国古代刑事司法中经常出现以礼破律、以道德修正法律的现象。情理法兼顾是中国古代司法的一个鲜明特征,一些符合大众道德情感的案例还被广为传颂,甚至流传至今。

---

① 参见任喜荣:《刑官的世界》,法律出版社 2007 年版,第 20—26 页。

在中国整个传统社会,法律与道德之间不仅有着紧密相连的关系史,而且有着内在的必然联系。人类早期法律的基本形态"道德法",尽管不是道德与法律的完全重合,但法律的道德性或曰伦理性是法律的内在属性,因此中国古代法被称之为"伦理法"。"伦理法"在中国古代农耕文明的历史背景下产生,且与农耕文明相互促进,与儒家的道德观紧密相关,是世界早期"道德法"的基本形态之一。中国"伦理法"的基本特征是,在立法执法司法守法全过程、在从法律意识到法律实践全方位都严重依附于道德,形成了独树一帜的诸法合体的律典体例、法自君出的立法体系、行政司法合二为一的法律机构体系、以礼论法的法律技术手段,以及刑期于无刑、期于无讼的法律理想。法律相对于道德表现出了非独立状态,又因为中国伦理法的"血缘性"、等差性、长期稳定性而与其他"道德法"相区别。① 道德与法律之间的这一密切联系及其之间冲突的解决方式,在唐律的制定原则,立法内容与司法判决、执行中均表现得相当充分。《唐律疏议》的序言有曰:"德礼为政教之本,刑罚为政教之用,犹昏晓阳秋相须而成者也。"序言中的内容一般都是相当重要的,序言中的这句话,凝练着整部唐律及其律疏内容编纂的基本原则,是礼教立法、德主刑辅。该原则蕴含着三层含义:其一,以德为本,以刑为用。"礼"为法制的终极目的,"律"只不过为实现"礼"的手段,"刑(法)"的作用是辅助性的,是弥补礼教的不足。其二,礼是一个复合体,有时是法律规范背后的文化规范,有时又是法律规范本身。礼的道德价值毫无疑问需要维护和贯彻。法律从礼教中取其价值,礼不但高居于法律之上,并且深入法律之中,使唐律礼教化,形成"出礼入刑"的礼法规范。唐律之后的宋刑统、元典章、大明律、大清律基本上承续唐律的传统。在司法实践中,由礼出发的"不应为"罪时有适用,以礼破律的现象亦经常存在,至清朝结束,基本如此。中国古代法通过消解法律与道德的异质性,来解决二者的冲突,并极力使二者趋同,这是中国古代法的一大特

① 参见任喜荣:《伦理刑法及其终结》,吉林人民出版社 2005 年版,第 16 页。

色。其三,德与刑(法)“相须而成”。道德与法律,都不能单独存在而发挥作用,彼此互相依靠,互相配合,才能促使国家治理成功。

但是,中国法理学界关于法律与道德关系的研究总体甚少,且缺乏在指导法律实践活动现实意义方面的阐释与论理,“几乎都滞留于抽象和表象层面,更多的是从批判性而非建设性的视角来看待道德对法律的影响,没有形成一种旨在指导法律实践的积极性和创建性的智识和方法”。① 近现代法治理论,大多强调法律自身的独立地位,客观理性看待法律与道德之间的冲突与张力,但也不断然否认二者之间的联系。我国大多数学者认同法律与道德之间在理论上存在着一定的关联,并且二者以高度复杂的方式互相牵连,相互影响。但也有学者主张德法分离,认为道德与法律之间各自独立,并不存在必然的、本质的内在联系。② 我国台湾地区学者黄源盛教授,把法律分为“人为法”与“道德法”,认为这两者间的性质与目的不完全一致,因而表现在规范的要求上,也未必相同。道德法追求至善,其存在具有恒定性;人为法常常受到时空环境与价值观转变的影响而变化较大。当代,独立法的形态尽管已完成,但是法律与道德两者间仍然存在相通之处:一是法律与道德同源;二是二者具有共同出发点——“求善”,希冀塑造良好的社会秩序。但此相通之处并不是法律与道德二者间的大部分重叠,而仅是一小部分的交集。因为随着社会的进步,文化的发达,文明的更迭,法律思想形成也越趋多元化,法律规范回应社会需求也越趋多样化。然而,现代法律规范与道德规范是相对独立的并列的范畴,所以法律并不完全以道德责任作为其立法基础,而且法律与道德都有其相对独立或者也有部分重合的调整范围。随着社会发展,道德观念、道德规范也会相应起变化,导致法律与道德间的关系不再像过去那般紧密,一部分以道德义

---

① 蔡宝刚:《迈向实务:西方法律与道德关系理论的流变路向》,《南京农业大学学报(社会科学版)》2009 年第 3 期。

② 参见杨孝如:《道德法律化:一个虚假而危险的命题》,《西南师范大学学报》2003 年第 3 期。

务为法律规范的内容也会从法律中剔除，通奸罪从伦理重罪到非犯罪化即是一个适例。但这并不意味着法律否定道德的存在价值，排挤道德的适用范围，而是"据守具有法律规范价值者，才以法律规范定之的原则"。① 从法律的历史发展过程中可以找到一些根源与资源，证明法律规范与道德内涵之间，确实有很多相同的因素，特别是各国的刑法。范忠信就曾详细考证过亲亲相隐不独为中国古代刑法所具有的制度，该制度几乎也被同时期的其他国家法律所规定。较之其他部门法，刑法是最低限度的道德规范，它与伦理道德之间关系确实更加密切。因为刑法规范产生于人类生活，是人自身制定的，无法脱离社会现实，更无法抛开人性。时不论古今，地不分中外，道德作为人"内在规范"的价值一直存在，从各国法典看，法律中的部分内容就源自道德规范的要求。从历史上法律与道德之间的恩怨纠缠来看，道德替代不了法律，法律也无法包打天下，担当一切行为的规范者。只是文化传统不同，东西方分别形成了德治中心主义与法治中心主义。

如何对待法律与伦理道德之间的分合界限，这是法学一个典型的千古难题。② 中国古代伦理法关于亲属间行为罪刑关系的认识以及刑罚的配置，为求解这一千古难题提供了一个历史视角。在西方发展史上，从文化的角度考量，西方在"天人相分"的主体性价值观支配下形成了分析性思维方式，中国在"天人合一"的统一性价值观主导下形成了综合性思维方式。与各自思维方式相对应，西方法律道德分离的模式占主流，中国法律道德融合的方式占主流。

概言之，在古代中国，道德与法律的关系多以"礼法"关系的形式表现，而在西方中世纪则表现为教会法与世俗法的关系形式。关于法律与道德关系，在 19 世纪末至 20 世纪中叶，西方自然法学派与实证主义法学派进行了长期的争论。以富勒、德沃金等为代表的自然法学派关于法律与道德关系的联系

① 转引自黄源盛：《唐律不应得为罪的当代思考》，台湾《法律史研究》2004 年第 5 期。

② 参见黄源盛：《唐律不应得为罪的当代思考》，台湾《法律史研究》2004 年第 5 期。

命题认为,二者之间具有不可分割的必然联系,法律必须以道德为基础,并与道德要求相一致,恶法非法。而凯尔森、哈特等实证主义法学家的分离命题则主张,法律与道德相分离,恶法亦法。这两种观点贯穿于西方法律思想史,直至今天。我国台湾有学者认为,伦理道德与法律规范之间,确有很多相同因子,但是两者的性质与目的不完全一致,规范要求上也未必相同。大陆学者从马克思主义唯物史观出发,一般认为,不能把道德与法律看做两种截然不同、在性质上毫无联系的东西,法律规则和道德底线规则基本上是重合的,因此法律与道德可以相互支持。法律与道德是两种基本的社会调控手段,在内容上既有一定程度的重合性,在功能上又具有互补性,如车之双轮、鸟之两翼,相辅相成,缺一不可。现代社会,法律与道德不应是博弈关系,而应是相互蕴含、相互补充、相互配合、相互促进、共同发展的关系,其在规范层面是分立的,并立互补又严格区分。

(三)法律与道德关系的发展阶段

法律与道德关系的发展大致经历了以下三个阶段:

第一阶段,法律与道德不分。在西方,希腊语中的"法律"犹如中国的"礼"一样有多重含义,可以是传统的宗教习惯或宗教仪式,可以是传统的社会习惯与道德理念,还可以是某条具体的法律规范。博登海默(Edgar Bodenheimer,1908-1991)说:"曾经有过一个时期,法律规范不能够与宗教诫令、道德信条、传统及习惯的需要分别开来。在原始时代,法律与习惯是一种同一的东西,这种习惯法和宗教的、道德的信条不可分离地联系在一起。后来社会生活日渐复杂,社会控制方面便发生'分工'作用。"①这与中国夏商西周的"礼"大致相似。礼作为当时的行为规范,既是定纷止争的法律,又是教化民众的道德。这是中国经历的德法混同时期。历史地看,道德与宗教、法律彼此混杂在

① [美]博登海默:《法律与其他社会控制力量的差别》,潘汉典译,《中国法律评论》2014年第4期。

一起的简单的社会控制阶段——前法律阶段或原始法阶段，东西方都经历过。在宗教、法律和道德彼此不分的状态下，法律在三者中适用范围最窄、功效最微。在法律逐渐取代宗教和道德的过程中，后者长期保持了信仰赋予它们的形式。因此，法律与道德是同源地产生的，在发展过程中彼此因不同的适应性分道扬镳了。这是东西方关于法律与道德关系的共同认识，是本研究的“正题”。

第二阶段，法律与道德分离之后，在东西方沿着不同的方向发展。在西方先是进入了严格法阶段。法律与道德的分离变得引人注目。法律从道德分离出来之后，其内涵有了很大的变化。实证法学派认为，法律是命令、是权威性法律规范的总称，而这些规范为特定时空通常是一国的审判所适用。历史法学派却认为，法律就是习惯性规范，在起源上不依赖于政治，完全独立于政治团体，传统的理念体系决定如何定纷止争。哲理法学派首先看到的是一个政治哲学和伦理性实体。在法律与道德分离阶段，法律体系的基础是古代法典和习惯法汇编，条款是针对生活中简单、确切的事实状态而做出的具体的列举性的规定，缺少概括性的原则。人们相信规则和形式能够保证确定性，并借此维护一般安全。因人们认识的局限，当时缺少原则性、概括性规定。在严格法阶段后期，“法律对道德变得极其冷漠。除了追求形式和规范的一致性或缺乏一致性之外，法律对其他事物一概不闻不问。事物和行为的道德状况，完全是无关紧要的。”①主张实在法应当是道德无涉的，或说实在法必定是漠视道德因素的。但物极必反，一些纯粹道德理念反弹式地大量涌入了法律，严格法进入了自然法或衡平法阶段。法律吸收、改进其他法律体系的内容甚或法律外部的素材，是法律生长的主要方式。希腊伦理哲学在罗马古典时期进入了法律。英格兰，在衡平法院兴起及衡平法(equity law)平法发展过程中，16 世纪运用伦理道德或宗教法律来解决行为的是非或良心问题的决疑家作品中的

① ［美］庞德：《法律与道德》，陈林林译，中国政法大学出版社 2003 年版，第 41 页。

伦理理念,以及非普通法法律家(大法官们)所持的是非观念,被用作扩张法律的手段。17、18世纪的欧洲大陆,自然法法学家们所持的哲学理念也被用于扩张法律。因此,“道德义务成为了法律义务,并取代了法律救济的重要位置。理性而非严格规则成为依据。作为道德个体的个人成为了法律个体。……道德原则被认为同样是法律规则。此阶段所有法律体系的特征是:法律制定必须完全符合道德的倾向,道德理念随之进入法律理念的进程,以及将没有法律制裁内容的道德转化为有效的法律制度。法律科学也滥觞于这一阶段。”①以法律规范覆盖道德领域,并使法律规范与合理的道德要求相吻合,近代法在这种努力中诞生。就世界范围而言,法律在19世纪后半期走向成熟期,在法律的成长期进入法律体系的道德规范和道德学说,此时已经实现了其自身的合法化。衡平法学说取得了法律的形式。许多衡平法概念演变成了僵直的规则,这些规则的机械适用,往往导致不公正的结果。17、18世纪的司法审判方法不得不让位给了新的司法方法,新司法方法“不惜一切代价寻求抽象的一致性、形式的可预测性以及外在的确定性,对结果却漠不关心。因此,道德与法律再次形成了对立。”②西方法治中心主义形成并发展,这是本研究的反题。在东方,以中国为代表,德法分立后,也进入了一个严格法阶段,那便是法家思想被确立为治国理政的指导思想的时期——主要是战国至秦朝。这一时期的鲜明特色是推崇“法治”,厉行“法治”,此“法治”严格意义上是指“刑治”。秦朝灭亡后,经过汉初礼法关系的调整,自汉武帝时期便逐渐进入了伦理法阶段。自此,引礼入法,道德法律化了,法律也便道德化了。这是一个德法交融的时期,也是中国古代法发展的成熟期。《唐律疏议》《大明律》《大清律》都是影响深远的诸法合体的综合性法典。立法、司法与执法都透现着浓浓的道德情节、伦理意蕴。亲亲相隐制度、存留养亲制度、立法等差制度等随着清朝末年中华法系的解体而崩塌。德治中心主义的确立和发展,也是

① [美]庞德:《法律与道德》,陈林林译,中国政法大学出版社2003年版,第44页。

② [美]庞德:《法律与道德》,陈林林译,中国政法大学出版社2003年版,第49页。

本研究的反题。

第三阶段，始于 19 世纪末，迁延至今。在全世界范围内，法治基本上被各国确立为治国方略，在此前提下，道德与法律关系的发展由对立再次走向融合的趋势。19 世纪末以来，满足人类需要而不是一般安全已经成为口号，立法和司法重心也因此从个人利益转向了社会利益。人们不再将法律与其他社会规范相分离，而是让法律与其他社会规范协调一致、发挥合力，努力以最小的代价满足最大限度的人类需要。法律哲学借着社会哲学流派的兴起实现了复兴，涌现出了以实现道德准则为目标的法律规范之新理论，法学从属于伦理学的老观点也因而得到了复兴。从法律和道德的相互对立到法律从属于道德的转变，于 1878 年由德国法学家耶里内克(Jellinek，1851－1911)完成。法律是最低限度的伦理，所以法律是道德要求中的底线要求那一部分，在特定的社会发展阶段中，对道德的遵从是必不可缺的。耶里内克用 Recht 一词意指试图制定的法律或观念中的法律，因为实际中的法律规范有时达不到最低限度的伦理要求，有时恰如其分，有时则可能超过。从狭义看，道德与法律不同，道德包括必不可少的最小值之外的所有内容；超过最小值的内容虽然并非不可或缺，但不是底线要求，不过却因为是更高的道德要求而值得追求，耶里内克称之为"一种伦理性奢华"。①其理论具有 19 世纪法学理论的典型特征，如法律的范围应该尽可能地缩小，防止法律扩张到明显必要的范围之外而使自己受到伤害。哲理法学从属于伦理学的趋势比较明显，法学成了应用伦理学的一个分支，如新康德主义领军人物施塔姆勒(Rudolph Stammler，1856－1938)就主张通过法律寻求正义。

西方法治中心主义开始注意吸收东方的德治因素，尤其是在福利法国家。中国在清末法制变革后，在法治道路上一直在进进退退、蹒跚而行。德治中心主义随着中华法系的解体而式微，其后中国移植西律成为主流。新中国成立

① [美]庞德：《法律与道德》，陈林林译，中国政法大学出版社 2003 年版，第 147—149 页。

特别是改革开放后,中国共产党确立了走法制道路。在吸收借鉴西方法治文明成果的同时,中国的法制建设不断完善。1997 年党的十五大在总结古今中外经验教训的基础上,选择法治作为治国方略。党在十八大之后,立基于国家治理,将依法治国与以德治国相结合,走中国特色社会主义法治道路,这符合国家治理的发展大势,是本研究的合题。

实证法学家主张将法律和道德彻底分开的做法,自然法学家主张将法律从属于道德的做法,都是不对的。因为从哲学上说,没有任何一个单向的"一"可以成为至善;从事实来说,一些重要的法律领域在某些情况下至少表现出一种道德无涉的特征。而且法律所具有的一般特征,也导致了法律与道德间的某些对立。法律作为规矩绳墨蕴含了统一性、规则性和可预测性等诸多理念,因而即使法律趋向提供符合社会道德感的结果,但是法律规则与生俱来的机械运作,会造成在具体案子中法律结果与社会道德所要求的结果不一致的局面,也就是法律效果与社会效果不统一。这是法律规则主义下依法审判不可避免的副产品。庞德(Roscoe Pound,1870-1964)曾指出:"无可否认,将道德等同于法律,以及推定应然命题可以单凭道德与法律的同一性成为权威的法律规范,造成了一些有害于法律成熟期之明晰思考的混乱。但是,由分析法学家划定、并为历史法学家所认可的法律制定或发现与法律适用之间的严格界限,却无法得以继续维持。除普通案子外,分析法学家还极大地低估了道德在日常判决中的作用。道德并不仅仅是手段穷尽后的最后倚靠。"① 19 世纪末,美国狄龙(John F.Dillon)法官说:"在执业过程中,我常常会感到一种坚韧的自信:只要对案子的审理在道德上是正确和公正的,就一定会取得成功,即便会遇到很大的技术困难;而且,结果通常能支持那种自信。"②"法律规范有时与道德相左,或许有时必定与道德相左。但是,这种情况并不值得法学

① [美]庞德:《法律与道德》,陈林林译,中国政法大学出版社 2003 年版,第 51 页。

② 转引自[美]庞德:《法律与道德》,陈林林译,中国政法大学出版社 2003 年版,第 52 页。

家们引以为豪。就法律来说,这种情况也不是一种美德。”①实证法学家声称自己只关注法律,法律与道德截然不同且互不相关。而这一假定成立的前提是:在法律的制定与法律的解释适用之间,可以划出一条清晰的准确的分析性界线,从而将法律的制定与法律的解释适用排他地授权给两个不同的权力分立的政治组织机构。但他们发现这一界分在司法实务中却无法得以完全实现,因为他们观察注意到了法律与道德在司法立法、法律解释、法律适用以及司法自由裁量这四种场合都会发生联系。何以如此?因为在这四种场合,权力界分不彻底,而法律与道德之间存在一条接壤线。如果立法权与司法权能清晰界分,那么道德就归属于立法,法律就归属于法院;法律规范就归属于法学,道德原则就归属于伦理学。但只要这种清晰界分尚未完成,那么在法官造法领域,道德强制就会替代应当以司法行动规则形式存在的法律。庞德详细论证了上述四种场合法律与道德如何发生联系。②

(四)法律与道德关系的解释

法律与道德的关系是否存在一种普遍且正当的解释?这个问题困扰了一代代的法理学家们。一个十分有力的学说是“法主外德主内”:法律与道德的不同是在事实上法律规整人们的外部关系,而道德则管理他们的内心生活。该学说由托马修斯(Christian Thomasius,1655-1728)与康德首倡。匈牙利法学家穆尔(Julius Moor,1888-1950)是此观点的现代辩护者,他进一步指出:“道德规范并不使用外界的强制方法来威吓;推行道德准则的外界的保证,对于道德规范是不存在的。它们推行的保证完全依赖那个有关系的个人的心理。它们唯一的权威是人们的透识,即由他们指出一条行为的正当道路。使道德规范臻于实现的不是外界的肉体强迫和威胁,而是人们内心的内在的正

① [美]庞德:《法律与道德》,陈林林译,中国政法大学出版社2003年版,第55页。

② 具体论证内容参见[美]庞德《法律与道德》,陈林林译,中国政法大学出版社2003年版,第64—86页。

义信仰。因此道德诫命是诚于我们的性格和我们良心的。"[①]博登海默认为"法主外德主内"这样一种理论是不可接受的。他认为,法律与道德的关系要历史地看,不能用一个包括一切的抽象的公式标识法律与道德的关系。这个关系本身是一个演进的易变的产物。这一观点富有洞见。学界公认,在人类发展的最早阶段,道德、宗教、法律是浑然一体的。就是在宗教制裁和其他社会控制力量分离之后,法律和道德依然紧密地联系着。历史上第一次将法律从习惯与道德中解放出来,以表示其特殊的独立性质的,是罗马。因为是开先河,所以解放的还不够彻底,道德准则与法律规则相混同的现象依然存在。例如道德性质较为明显的"为人应诚实"在《查士丁尼法典》中规定为一条基本的法律诫令。在罗马帝国灭亡后,欧洲又陷入相对原始的状态,在中古时代的大部分时期,法律与道德、神学再度混同。直到近代肇始,法律才重新从道德中解放出来。当时古典的自然法学派探求法律的特殊性质,努力使法学成为一门独立的学问。托马修斯、康德和费希特(Fichte,1762-1814)把那些和法律没有并合的道德原理归入纯粹的良心领域,法律越来越变成唯一的严格管理社会的控制力量。博登海默批评法律为外在规范道德为内在规范这种有影响力的学说,"并没有说出永恒的真理",它只是在法律发展中某个阶段的一种思想。"它是表现法治国这个思想的学说;它是纯粹的理想的法律所要求的学说。纯粹的法律要能大行其道的话,非有外在的强制的国家统治这个唯一工具的存在不可。""若谓在法治社会,道德只是做个人的'灵魂'或'良心'的内在向导,此外别无地位,这是错误的。真正的所谓道德原理,就是建设一种支配特定社会的圣洁的最高品性。伦理的或道德的学说供给我们若干主要的标准,以为人类举措及人类行为的评价之用。……指导社会之道德价值,在每一个社会里面,多少总是在法律上反映出来的。在我们的文化中,法律对于

---

① 转引自[美]博登海默:《法律与其他社会控制力量的差别》,潘汉典译,《中国法律评论》2014年第4期。

一夫一妻制的认可、通奸的禁制、禁止欺诈及欺诈交易的规定,便是指明道德原理纳入法律。……每一个法律体系都把社会上公认为社会一部分的道德的若干主要观念纳入而且使之化为一体。”博登海默指出:“托马修斯和康德所提出的学说的真正意义是,那些没有被吸收入法律体系的道德规范是属于个人良心领域的。”“法律与道德的混淆,结果造成法律的衰落或退位,这个命题由现代的极权国家提供了一个极好的实例。”①一些国家社会主义的法律论者强调,在极权主义形态下,法律与道德必须视为同一的。这样,法律化为极权的道德律了,从而丧失了其最主要的特性:精确性、合理性与稳定性。如果道德规范还没有凝成法律规范,即可以用强力或直接的强制加载于社会成员身上,法律便丧失它大部分的价值了。而且,道德责任的违反也不只构成一件违背个人良心的罪恶,如社会的不赞同或社会的抵制。

假设法律与道德的范围既不完全相同,也不完全相异,那么是否存在界分二者的方法?如果存在两种社会控制的形式或模式,二者覆盖了许多相同的领域,但又各自拥有自己的专属领域,那么如何界分它们之间的域限?这是主旨上的差异还是法律适用上的差异?抑或是二者兼有之?分析实证法学家们确信二者兼有之。在主旨方面,分析实证法学派认为:法律只涉及人的行为,道德涉及人的思想和情感;法律只是尝试去调整个人和个人之间、个人和国家之间的关系,伦理学的目标是完善人的个体品格,如儒家伦理的君子人格。道德并不是不关注行为,而是更关注行为背后的动机和心性;法律并不是不关注行为的动机,而是只关注表现于行为之中的思想与情感,并以此判断行为对一般安全或一般道德所构成的危害或危险。这在近代法律格言“无行为则无犯罪”中能很好地展现和理解。在法律适用方面,分析实证法学派认为,在外部道德与内部道德之间,法律只涉及外部道德,而不再过问内部道德。法律要通过各种制裁发挥作用,因而必须以某些切实的事物为依据,这就是我们常说的

① [美]博登海默:《法律与其他社会控制力量的差别》,潘汉典译,《中国法律评论》2014年第4期。

以事实为根据,要用证据证明。鉴于规则适用和管理事务中的操作局限,分析法学家区分内外道德的观点被广为接受。19世纪的分析法学家们往往走向极端化,完全忽视道德因素:“他们忽视了那些法律能够、且应该予以考虑的因素,仅仅以道德和法律的区别为依据,就以为自己可做的只能到此为止。在实践中无法将感恩的道德义务转化成法律义务,但这并不意味着法律无法规范广为肯定的行为,并且放弃实施那些不带肯定性行为的实际道德义务,即便在实践中存有通过法律实现道德义务的可行性。”①但是庞德批评道:分析法学家从法律典籍中清除了所有伦理因素,清除了所有对涉及道德的法律规范所作的批评。他们追求的目标是只要规范能够合乎逻辑地整合到一个逻辑自洽的法律体系中就万事大吉,“那种将法律与道德完全对立,并据此为忽略这种案子的道德面向提供理由的做法,我们必须予以驳斥。”②

法律哲学产生于法律与其他社会控制并无差异的法律发展阶段,此时法律与伦理习惯、大众行为的传统习惯及宗教律令融为一体。借由探究社会控制的理想维度和不朽理念,法律哲学产生了。在严格法阶段之后的法律成长期,罗马的法律人继承了这种社会控制哲学,并将之发展为一门哲理法学。哲理法学的目的是建立起一个理想的法律体系,并用它来检验和维持从古代罗马城邦流传下来的思想资源和法律素材;方法是试图运用哲理法学发现法律和每一条法律规则、制度和原则中的理想维度和不朽观念。在近代,这种法律哲学得到复兴并向前推进。整个19世纪,哲理法学家们在讨论法律与道德、法学与伦理学的关系上倾注了很大精力。当时的法律科学追求彻底的自给自足,排他地运用自己的方法。在英美两国的著述中,这一问题变得更为复杂。“因为争论在很大程度上承袭自德国的形而上学法学家,而这些法学家所使用的术语,和我们的‘法律’和‘道德’并不完全相同。德国人在讨论‘Recht’和‘Sitte’的关系时,Recht并不仅仅指我们在通常的、分析意义上说的‘法

① [美]庞德:《法律与道德》,陈林林译,中国政法大学出版社2003年版,第98页。

② [美]庞德:《法律与道德》,陈林林译,中国政法大学出版社2003年版,第102页。

律',而Sitte意思也比'道德'更广泛。Recht指'权利与法律'——法律不能仅从法院适用的角度来理解,还应该从法院通过司法审判所追求的目的来理解。"①Sitte意味着心灵的习惯——文明社会中的那些行为原则,它们已经成为第二自然,也可以称之为伦理习惯,而我们一般都不大留意。19世纪的哲理法学家,即形而上学法学家,努力将自然法建立在某种基础观念之上。这是一种独创性观念,并具有绝对的、普遍的有效性。

结果,在近一百多年的时间里,哲学家和法哲学家不再认为法律规范是对道德原则的宣示,而是试图努力分开、对比法律与道德。康德认为,法律涉及行为的一个方面,道德涉及行为的另一个方面。法律要解决的问题,是使具有自由意志的、自觉的人们,免于互相侵犯。法律因而命令每个人应以与其他所有人的自由相协调的方式,去行使自己的自由,因为其他人本身也同样被视为目的。但是,法律与外部行为相关,所以它只涉及外部强制的可能性。在19世纪,人们尝试将英美国家的衡平法按照严格法的模式进行系统化,但是衡平法依然大量保留了17世纪道德等同于法律的精神。在康德的理论中,法律与道德是相互区别的。实际上,很早以前,德国自然法学家托马修斯就开始坚持这种区别。当时,还产生了立法运动和法典化潮流,它们促成了实在法是最高理性所推行的自然法之权威宣誓这一观念,从而促成了关于理性义务的一种强制性理论。在19世纪成熟的法律中同样的情形推动分析法学家们的法律与道德是有区别的这种观点,也推动了通过对两者进行对比,说明法律与道德之关系的哲学尝试。在认为两者处于对立关系的哲学家中,黑格尔是典型。他说,权利,是通过法律所欲实现的目标,是自由的可能性;道德,并不是决定什么是可能的,而是什么是应当的。因此,法律与道德分别作为可能的义务和内在的义务,是相互对立的。阿伦斯(Ahrens)也对法律和道德进行了对比:二者都是对一个基础性的权利或正义观念所做的推断,但互不相同:法律推断是

① [美]庞德:《法律与道德》,陈林林译,中国政法大学出版社2003年版,第122页。

一门客观科学,道德推断是一门主观科学。前者指向行为的外部结果,后者指向行为的动机。领域互不相同,内容也极可能互不相同。19 世纪后半期,法哲学家们逐渐放弃了对比法律与道德的努力,而做出了使法律从属于道德的新努力。19 世纪末,法律制度自发发展的信念让位于人们能够根据已知目标卓有成效地制定或塑造法律。法律的重心从维护一般安全向个人生活转移。这一新趋势与衡平法及自然法阶段有着许多共同点,而许多世俗道德观念在那个阶段融入了法律。在法学上,这首先表现为对法律权利与所谓的自然权利之关系的深入理解。事实表明,最终要解决的是人类的诉求或欲望。在人类的诉求或欲望中,有些被伦理习俗所认可;有些被道德学家和法学家认为是合理的,从而被称为自然权利;有些被法律所认可和界定,并通过法律权利的形式发生了效力。新黑格尔主义的领军人物约瑟夫·柯勒则持进化论的观点,主张伦理习俗意义上的政府、法律和道德,是实现文明理想的要素,不认为法学从属于伦理学。恩格斯在《反杜林论》中集中阐述了法和道德问题。恩格斯指出:“我们拒绝想把任何道德教条当做永恒的、终极的、从此不变的伦理规律强加给我们的一切无理要求……相反,我们断定,一切以往的道德论归根到底都是当时的社会经济状况的产物。而社会直到现在是在阶级对立中运动的,所以道德始终是阶级的道德……”①对于自我规定欠缺的意志来说,平等自然是无效的;人们之间由于道德上的不平等,普遍意义上的平等再一次化为乌有;按照杜林所说的道德,各文明掠夺国对落后民族所干的一切可耻行径,都可以认为是正当的。如果不谈所谓自由意志、人的责任能力、必然和自由的关系等问题,就不能很好地议论道德和法的问题。②

法律与道德的关系,从理论源流上看,在古希腊时期,道德是法律具有普遍约束力的依据;中世纪时期,神学教义取代道德成为法律约束力的依据;古典自然法学时期,理性代替神学教义成为法律约束力的依据;19 世纪以降,法

① 《马克思恩格斯文集》第九卷,人民出版社 2009 年版,第 99—100 页。

② 参见《马克思恩格斯文集》第九卷,人民出版社 2009 年版,第 105—119 页。

律约束力的依据呈现多样化，如分析法学派的合法性源于合法律性，历史法学派的合法性源于扎根于民族精神的大众习俗。19世纪以后，脱离道德的独立法已经形成，西方各法学流派讨论法律和道德关系的目的，很明显重心在法律，是讨论法律的性质，讨论法律是什么以及法律的合法性依据或效力基础，重心不在法律功能的局限性。国内研究者更多是从功能角度研究法律与道德的关系。[①] 一般说，道德是法律正当性、合理性的基础。在中国，社会主义道德是法律的源泉，是制定法律的指导思想、内在要求和评价法律善恶的重要标准。在现阶段，既要警惕"法律万能"，也要防止"道德至上"。法律与道德之间，应当形成法主德辅、相互补充、相得益彰的最佳比例关系。[②]

二、法治与德治

这是研究法德关系的第二对范畴。法治原本主要是西方话语体系，德治原本主要是中国话语体系，历史都很久远；而将法治与德治作为一对范畴来使用又是中国话语体系，主要流行于本世纪。

（一）关于法治的理解

关于法治的概念，从古至今有不少种解释，中西方亦有不同的观点。中国古代虽有出自法家的"法治"之说，但法家之法，是主客体之法，是帝王治理他人之法，不是主体间"互治"之法，是专制法治。[③] 现代意义上的法治，一般认为源自西方。西方法治思想可以追溯到古希腊和罗马，就好比一说哲学，就言

---

① 参见仇晓洁：《德法共治：基于思想源流和现代化国家治理框架下的思考》，《南京社会科学》2019年第7期。

② 参见李林：《论依法治国与以德治国》，《哈尔滨工业大学学报（社会科学版）》2013年第1期。

③ 参见周永坤：《"德法并举"析评——基于概念史的知识社会学视角》，《法学》2017年第9期。

必称希腊一样。法学界特别熟知亚里士多德(Aristotle,前 384—前 322)的法治理想——被普遍服从的法律是制定得良好的法律,即良法之治。其后的格劳秀斯(Hugo Grotius 1583-1645)、斯宾诺莎(Baruch de Spinoza,1632-1677)、霍布斯(Thomas Hobbes,1588-1679)、洛克(John Locke,1632-1704)、卢梭和孟德斯鸠(Montesquieu,1689-1755),都对法治学说的形成作出了杰出的贡献。"王在法下"的法治(Rule of Law)是英国的一个贡献,经历了从 13 世纪《大宪章》以来几个世纪的发展历程。美国继承了英国的法治观念,发展为"政府在法治之下"。第二次世界大战之后,法治的概念在其他国家得到了发展。不过这个概念在德国、法国称为法治国(Etat de Droit),意即国家要依法办事,遵循这一形式的国家,强调的是形式与程序。法治在法国和德国很多情况下说的都是行政国家。

英国法学家戴雪(A.V.Dicey,1835-1922)的法治三原则、美国政治哲学家罗尔斯的法治四原则、富勒的法治八原则、拉兹(Joseph Raz,1939-2022)的法治八原则,都有较大影响。戴雪的法治三原则是指:国法的至尊适与武断权力相违反;法律面前人人平等;个人权利是宪法的渊源,宪法乃国内普通法律的结果。罗尔斯的法治四原则包括:法律的可行性;相同案件同样处理;法无明文规定不为罪;自然正义观和正当程序观点。富勒的法治八原则是指:法律的一般性;法律的公开性;法律的可预期性;法律的明确性;法律的内在一致性;法律的可遵循性;法律的稳定性;官方行为与公布规则的同一性。拉兹的法治八原则包括:法律必须是可预期、公开和明确的;法律要相对稳定;特定的法律命令或行政指令须在公开、稳定、明确且又一般的规则指导下制定;司法独立;遵守自然正义原则;法院有权对行政行为进行司法审查;到法院打官司要能容易做到;不容许执法机构的自由裁量权歪曲法律。① 在各种不同的仁智互见的法治原则论述中,富勒、罗尔斯、拉兹着眼于法治的形式原则,戴雪则兼顾形

① See Joseph Raz, *The Authourity of Law: Essays on Law and Morality*, Clarendon Press, 1979, pp.214-218.

式与实质两面。

法治这一概念最初最明确的解释当推英国的戴雪。戴雪认为,法治就政府而言,有两层含义:一是法治意味着绝对的权威或卓越的法律常规,而不是专制权力的影响或者更为广泛的自由裁量权;二是意味着所有人都毫无例外地服从国家的一般法律,包括官员在内的任何人都不能有免除法律义务的特权。戴雪强调法律的至上性、适用的平等性以及通过司法保护公民权利的法治观,凸显了英美法治的特色,属于自由主义的法治观。韦伯(Max Weber,1864-1920)主张官方和个人行为都遵守法律规则,跟中国古代"王子犯法与庶民同罪"有一个很大的不同,韦伯的法治观没有将最高统治者排除在外,即在一体遵循上没有例外。韦伯的法治观突出法律的形式性,是否需要以道德为基础,是否需要与道德相吻合,法律的内容与价值是什么,都可以在所不问,这反映了其法治观的古典自由主义的命意。哈耶克(Friedrich August von Hayek,1899-1992)则进一步认为,法治意味着"政府一切行动是由预先颁布的固定的规则所约束,规则使人们有可能以公平的确定性预见当局如何在特定情况下会使用它的强制权力,并且基于这一认识来规划个人事务"①。哈耶克是自由主义理论家的代表,在经济学领域颇有建树并因此获得诺贝尔经济学奖,所以他的法治观与经济领域密切相关,保护财产权与交易安全的法律是其重点关注和研究的对象,其著作《个人主义与经济秩序》《自由秩序原理》《法律、立法与自由》等都为自由市场经济张目及提供架构,新自由主义的思想充分展现出来了。阿玛蒂亚·森(Amartya Sen,1933-)的法治观侧重从法律的功能上理解法律:法律是发展的构成要件,法律在功能上可以保护人们的权利与自由,能够增进人们行使权利和享有自由的能力。在法律是目的还是手段的定位上,阿玛蒂亚·森主张法律本身是目的,不能把法律当做工具和手段。在1999年新自由主义经济和法律全球化运动严重受挫之后,法律是目

① 转引自於兴中:《法治东西》,法律出版社2015年版,第12页。

的不是手段的观点开始真正受到了重视,并影响着其后美国“法律与发展运动”的最新走向。这一法治观在很大程度上矫正和超越了自由主义的法治范畴。[①] 昂格尔(Roberto Mangabeira Unger,1947-)反对法治即法的自治,否定自由主义法治概念,认为法律(治)就是政治,批判法律自治观——最核心的是实质性的自主,意即法律在制定阶段,它不应该反映任何政治意识形态或宗教教义,法律的实质应该是中立的。[②] 他是美国批判法学运动领袖,批判英美传统法学领域的形式主义和客观主义,反对法律的实质是中立的观点。司法独立堪称“全球模范”的美国,在联邦最高法院大法官遴选时其鲜明的党派之争和意识形态倾向是世人皆知的。一个更好理解法治的方式也许是将其视为社会法律秩序的类型即作为法律文明秩序的法治。“这样一个法律秩序萌生于古代西方的文化土壤,在近现代欧洲得到了极大的发展,然后全盛于美国。”[③]迄今为止,西方关于法治的争论仍在持续,麦考密克说:“大家观点各异,反而有助于使我们对法治价值观及法治内容的阐述变得更为有效。”[④]

西方法治的符号大致可以归结为:法律至上、权力制衡、自由平等。有学者区分了作为政治概念的法治与作为法律概念的法治。前者常常指法律、法律制度在政治制度中的地位,并强调法律在政治和社会制度的排序中的至高无上。从政治角度来说,法治意味着限制政府的权力,视法律为最高最终权威,任何政党和社会团体、个人都不能把自己凌驾于法律之上。后者是指政府应该在法律框架内运行,每个人都在法律约束之下。[⑤] 本文不刻意做此划分,因为法治本身天然具有政治性,而且所谓作为政治概念的法治与作为法律概

① 参见高鸿钧:《美国法全球化:典型例证与法理反思》,《中国法学》2011 年第 1 期。

② [美]昂格尔:《现代社会中的法律》,吴玉章、周汉华译,译林出版社 2008 年版,第 171 页。

③ 於兴中:《法治东西》,法律出版社 2015 年版,第 16 页。

④ [英]麦考密克:《法治国家与法治》,见[德]约瑟夫 · 夏辛、[德]容敏德:《法治》,法律出版社 2005 年版,第 48 页。

⑤ 参见於兴中:《法治东西》,法律出版社 2015 年版,第 13 页。

念的法治，犹如一枚硬币的两面无法分开，只是研究的侧重点或者说学科视角不同而已。

在西方，除“法治”（rule of law）这一概念外，还经常看到一个“法治国”（Rechtstaat，Etat de Droit）的概念。“法治国”是盛行于德国和法国法学法律中的概念，与英美的“法治”含义大致相同，但也有区别。英美的法治注重程序正义，通过程序正义实现实体正义。英国的法治强调的是，普遍地适用于司法系统的普通法上的规则体系和判例。美国的法治强调的是依宪而治，美国有享有盛誉和最终权威的成文宪法，普通法规则与制定法规则都不能与其相抵触，联邦最高法院的司法审判也以宪法为最高的权威。英国的法治模式中则不存在宪法权威。而法国、德国是成文法国家，更注重由国家来制定法律，并由法律来约束国家政府行政行为的行使。“在法治模式中，法律和国家及政府之间的关系实际上是敌对的关系。因为法律是用来限制政府的行为和权力的，而国家并不是法律的唯一渊源。这个法律传统并不需要国家的强制性给其注入正当性和可行性。”①德语的法治国概念是在19世纪下半叶的德国发展起来的，是指政府只能在法律制度所规定的限度内进行统治的一种法律状态。“法治国这个概念的核心实际上是所谓的依法治国。”②根据法治国的原则，国家和公民之间、公民与公民之间、国家各部门之间的关系都应该用法律来调整，国家必须依法而治。法治国具有两个显著特点：一是法律规范的等级性及实证主义法学家所提倡的法律规则的等级制度。凯尔森和哈特的基本规范和承认规则在此思想影响下产生。二是一国之内的所有法律都必须受制于宪法，议会和行政机关也必须在宪法的范围内活动。19世纪法治国的概念不仅注重法的形式正义，也开始注重法治的实质内容。第二次世界大战后，法治国的概念因惩罚纳粹的需要更加注重法的实质内容。

法治和法治国的概念产生于自由主义的文化背景，代表自由主义的实质

① 於兴中：《法治东西》，法律出版社2015年版，第116页。

② 於兴中：《法治东西》，法律出版社2015年版，第117页。

正义与形式正义。法治注重实质正义,而法治国注重形式正义。法治产生于西方自由主义关于权利的学说和社会契约论学说的基础上,以保障人权为重要目的;法治国则产生于依法行政的思想,旨在建立一个公平有效的政府,并不在于积极保障人权。法治采取的是自然主义的权利和法律观,而法治国采取的是实证主义的权利和法律观。在前者,主张天赋人权,权利与生俱来且不可剥夺;在后者,主张法赋人权,权利是国家法赋予的,也可以被国家法剥夺。英国的法治是经验的产物,是自然生长起来的,法治是在无数判例中体现出来的;而德国的法治国模式则是依理性建构起来的,标志着人类理性在 18—19 世纪的胜利。

法治的概念到了中国,发生了很大的变化,成了一个与人治相对立的概念,人治与法治二元结构出现了。对中国古代法家的法治与西方自由法治的比较,沈家本有一深刻之论:"抑知申、韩之学,以刻核为宗旨,恃威相劫,实专制之尤。泰西之学,以保护治安为宗旨,人人有自由之便利,人人不得稍越法律之范围。二者相衡,判然各别。则以申、韩议泰西,亦未究厥宗旨耳。"①"申韩之学"即中国传统的法治学说,"泰西之学"则西方的法治学说是也。20 世纪末,中国法学界开始集中讨论"法治"问题,基本认识是将法治视为某种社会治理的工具,过分强调了法治所拥有的工具性价值,这在很大程度上伤害了法治原本拥有的重要性,尽管法治的确也是解决某些社会问题或者回应社会转型的主要工具。② 郭道晖把法治的基本问题抽象为三个——什么法?谁来治?治什么?认为法治的重点是治国家机器和吏治,并以宪法为本。③ 陈弘毅把法治理解为包括以下十个方面:"社会秩序和治安、政府活动的法律依据、行使权力的限制、司法独立、行政机关服从司法机关、法律之下人人平等、

---

① 沈家本:《历代刑法考》,中华书局 1985 年版,第 2240 页。

② 参见陈景辉:《法律的内在价值与法治》,《法制与社会发展》2012 年第 1 期。

③ 参见郭道晖:《法的时代精神》,湖南人民出版社 1997 年版,第 496—498 页。

基本的公义标准、合乎人权的刑法、人权和自由、人的价值和尊严。"①张志铭把法律价值诠释为合理预期、确定性、公开性与高度和谐一贯性。② 在所有关于法治的争论中,最主要的恐怕是"形式法治"与"实质法治"之间的反复辩驳。20 世纪 90 年代以来,国内法学界普遍将法治、人治与人性论联系起来,形成了两种对立观点:一种观点是,中国专制人治的前提是性善论,西方法治民主的人性基础是性恶论。西方基于人性恶,自然不看好人性,所以注重防范,以权力制约权力的方式以恶制恶;中国基于人性善,看好人性,相信人皆有善端,相信会有明君贤相清官,所以总想找到一个不会腐败且爱民如子的良善权力,故而权力制约不是中国古代思想家们思考的重点,国家疏于构建权力制约机制就是自然的结论了。这一观点较为流行。与此相对立,有学者明确反对这一观点,认为这一流行看法实在缺少事实根据,中国的人性论与专制人治没有任何关系,性恶论也不是西方民主法治的前提,提出"民主法治的人性基础是人性善恶二元论"——人性中有恶的成分,决定了法治的必要性;人性中也有善的方面,决定了民主法治是可能的。③

法治在自然地理环境、民族特征、历史文化不同的国家具有不同的模式,在一个国家不同的发展阶段也有不同的表现形式,但是法治的核心不是具体的法律制度构建及其运用,而是强调法治精神——国家治理中法律的权威性、至上性和合理的可接受性,强调法律内容的合理性、合法性,强调良法的制定及其普遍服从。④ 中国传统的"申韩之学"虽有法治之名,但仍是人治的一种形式。新中国成立之后 1954 年宪法的颁布标志着中国法治道路的探索,经历了"文化大革命"期间的曲折,自中共十一届三中全会之后重新开启了法治建

① 参见陈弘毅:《法治、启蒙与现代法的精神》,中国政法大学出版社 1998 年版,第 62—68 页。

② 参见张志铭:《法律解释的操作分析》,中国政法大学出版社 1998 年版,第 188—190 页。

③ 参见曹希岭:《人性论与人治法治的关系》,《浙江学刊》2003 年第 5 期。

④ 参见邹海贵:《国家治理生态:以法治为主导的"德法合治"——兼与戴茂堂、余达淮两位教授商榷》,《深圳大学学报(人文社会科学版)》2018 年第 2 期。

设的历程。从1978年到2011年中国的法治建设侧重于中国特色社会主义法制体系的建设。自2012年之后,中国特色社会主义进入新时代,在法治建设方面开启了建设中国特色社会主义法治体系、建设社会主义法治国家的新征程,尤其以党的十八届四中全会《关于全面推进依法治国若干重大问题的决定》为标志。中国特色社会主义法治首先是法治,所以它同世界其他选择法治道路的国家的法治有共同点。从逻辑上看,只有在共性被确定的情况下,才能进而谈特性问题。①

(二)关于德治的理解

如果说法治曾经是西方的一个典型概念,那么德治则是东方的一个典型概念。传统的德治,即是把道德作为社会最高的规范,主张为政以德,并用道德说教作为管理臣民的主要手段的思想或理论。君主至上是德治的思想前提,德主刑辅是德治的主要手段,等级有序是德治模式的社会理想。把国家治理寄托在统治者的道德修养和个人素质上,是中国传统德治理论的核心,主张“德者得天下”“德者治天下”。该理论的重大缺陷是忽视运用制度和法律对统治者进行制约,最高统治者是无上的权威,也缺乏民主政治的观念。中国传统德治本质上是一种“人治”或“贤人政治”的理念。“为政在人”“有治人,无治法”“为政以德”是其基本论点。

为政在人,“其人存,则其政举;其人亡,则其政息。”以孔、孟为代表的儒家正统思想认为,对于国家治理而言,人是根本,是最重要的因素。当然他们眼里“为政在人”的人不是普通的人,是从事政治也就是国家治理的人;国家治理的好坏与否、百姓生活安康与否,主要取决于统治者,特别是最高统治者个人贤能与否。因此,他们希望统治者都能成为像他们所理想的尧、舜、文、武、周公那样的“圣贤”,因而主张“祖述尧舜,宪章文武”的“贤人政治”。

---

① 参见张恒山:《文明转型与中国特色法治发展之路》,《中共福建省委党校学报》2017年第1期。

“有治人，无治法”，这是荀子的观点。荀况非常重视法律及其强制作用，那为什么还将其纳入先秦儒家的谱系？因为就“人”与“法”在治理国家上所起的作用来比较，荀子仍然认为关键是“人”而不是“法”。荀子所说的“治人”之“人”不是治理对象，而是治理主体即统治者，特别是最高统治者。荀子对“有治人，无治法”的著名命题提出了论证，理由有三：一是“法者，治之端也”，意思是，法，是治理国家的开始，也就是说国家治理一开始就得要有法，这说明法对于治理国家具有重要性。但是法毕竟是人制定的，法律的内容仍然取决于“人”——“君子者，法之原也”，贤德的君子是法律的制定者。二是即使有了“良法”，法不能自动发挥作用，也得靠“人”来掌握和贯彻，否则良法便成具文——“故法不能独立，类不能自行。得其人则存，失其人则亡。”①三是国家大事复杂多变，法既不能概括无遗，又不能临机应变，完全仰仗“人”的灵活运用。因此，他最后强调说：“故有良法而乱者，有之矣；有君子而乱者，自古及今未尝闻也。”②“人治”“法治”之争在荀况那儿首次提到了法理学的高度。

“为政以德，譬如北辰，居其所而众星共之。”③意思是，以道德原则治理国家，就像北极星一样处在中心的位置，所有的星辰都会围绕着它。这表明在孔子的为政思想中道德所具有的中心地位，以及孔子期望道德在国家治理中发挥中心作用，所以孔子主张以道德教化为治国理政的原则。君主有德，天下英才咸集。这表明儒家治国的基本原则是德治，反对法家的严刑峻法。儒家德治论的主张，继承和发展了西周的“明德慎罚”，但突出了“德”的政治意义：一是宽惠使民，实行仁政，把“德”作为治理国家、取得民心民力的主要方法；二是抬高“德”的地位，认为“德”高于君主的权力，高于国家及法律，是区分仁君与暴君的标准，是立法、执政、司法的指导方针；三是“为政以德”表现在法理

① 《荀子·君道》。
② 《荀子·王制》。
③ 《论语·为政篇》。

思想上,就是“德主刑辅”“以德去刑”“慎刑恤罚”。

需要注意的是,儒家重“德治”轻“法治”是相对的,是从对比“德”与“法”在治理国家方面谁起决定作用的角度言说的,不是一般的轻视法治,更不是否定法律和法制的作用。儒家的主要法律观点,经过改造吸收基本上都为后世封建统治者所继承和强化,并成为封建正统法律思想的核心走进立法和司法。有学者严格区分“德政”与“德治”,认为“德政”的主要内容是制定惠民的“有德之法”,例如轻徭薄赋、济贫赈灾、矜老恤幼等,“德”还可以通过官场伦理的形式来保障法律的稳定与实效。“德政”是约束政治权力的自律性政治伦理,它预设的场景不是治理关系,而是自上而下的单向“爱”与“被爱”的关系,加于百姓的是“受惠”而非义务,德政的内在逻辑排斥“德治”;认为“德治”一语为法家首创,商鞅提出“法治”和“德治”两个概念,但商鞅为证成“法治”而将“德治”排除出治国策略之外。先秦时代的儒家思想中只有“德政”而无“德治”,法家则提出德治但否定德治,可见先秦儒法两家均无所谓“德治”理论。汉武帝以后,儒家“德政”复活。后世统治者实际上实行的均为“德政与刑罚相结合的治国方策”,而非“德治”,亦非“德法并举”。传统文化中的“法治”和“德治”,社会影响均有限。① 本书认为,德政可以理解为德治的组成部分。

德治模式的形成与生产方式有关。在中国古代社会,中原一带是国家的政治经济文化中心。当时中原的生产方式是农耕文明秩序类型的农业生产方式。农耕文明需要强壮劳动力,这使得男性长者处于优越地位。男性长者靠着自身的模范表率和社会舆论的力量实现对人群的领导和支配,这叫“其身正,不令而行”。② 家族中个别成员违背共同生活准则的“违法”行为,常常被视为不幸的事件,是“德教不彰”的结果。因此对违法者重在道德教化,不轻易诉诸暴力。正是基于农业社会的特征,形成了以父系家长特权为核心的宗

① 参见周永坤:《“德法并举”析评——基于概念史的知识社会学视角》,《法学》2017 年第 9 期。

② 《论语·子路》。

法家族制度，即礼制。儒家要求“以礼治国”“以礼立法”“以礼入法”等，即是礼治思想的体现。在法律不符合礼的精神时，可以依照礼来修正法，这叫“一准乎礼”；在法无明文规定时，则可以依照礼来审裁案件，这叫“春秋决狱”、比附援引。西周春秋时期，国家的政权形式是宗法贵族政体，形成了“为政在人，其人存，则其政举；其人亡，则其政息”的“人治”思想。秦汉以后，中央集权制下人治思想继续存在。① 比附援引是人治模式的重要体现。从汉至清，比附援引制一以贯之。一些行为的构成要件在法律中并无具体规定，而引春秋经义或是相类似的法律条文来定罪。前者叫春秋决狱，后者叫类推制度。“比引律条”是律典所附的一种非常特殊的条款。它不在“名例律”和“六律”之中，通常放在末尾，有时也放在律首。它是一种法定的类推或比附标准。它规定：律典正文及条例未明文规定的各种特殊犯罪，应比照律典中已有明文规定的某种犯罪来定罪量刑。我国近代法学之父沈家本在清末主持法制变革时曾指出，在我国实行了数千年的比附援引制度的弊端：第一，司法之审判官得以已意，于律无正条之行为比附类似之条文，致人于罚，是非司法官直立法官矣？司法立法混而为一，非立宪国之所应有也。第二，法者，与民共信之物，律有明文乃知应为与不应为，若刑律之外参以官吏之意见，则民将无所适从。以律无明文之事，忽援类似之罚，是何异于以机阱杀人也？第三，人心不同亦如其面，若许审判官得据类似之例，科人以刑，即可恣意出入人罪，刑事裁判难期统一也。②

在德治中心主义下，比附援引大行其道且具有“合法性”，刑法是“刀把子”，是专政的工具，只具有社会防卫的功能，而不具有保障人权的功能。传统的德治包括两方面的内容：一是注重教化，尤其是上位者的道德表率作用；

① 参见武树臣：《儒家法律传统》，法律出版社 2003 年版，第 3—5 页。

② 修订法律馆编：《大清刑律总则草案》，光绪丁未法律馆印，庚戌冬月再版。原书无标点，只有圆点为断句的标志。此处引文中标点为笔者所加。

二是强调以家庭伦理为核心的纲常伦纪。① 传统的德治思想对我们今天有启发意义,即道德品质的培育是有其积极意义的,法治文明的建设应当自觉把道德作为其中重要的内容。作为道德范畴的人文精神的张扬,不仅要求提升法律的文化内涵,而且要求充分发挥道德作为社会规范的作用,通过人们内心修养的提升、道德教育手段的使用等来促进文明社会目标的实现。② 中国共产党培养和选拔人才的标准是德才兼备以德为先。今天我们所说的德治是社会主义的新型德治,主要指对社会的道德控制,指在国家和社会治理中对道德自律、道德教育、道德建设的重视和适用。③有学者比照形式法治与实质法治的分类,将德治也分为形式德治与实质德治。形式德治只单纯主张道德的统治,实质德治则在形式德治基础上承诺特定道德价值的统治。④ 我们今天提倡德治理念与实践,不是价值无涉地进行历史学、知识社会学研究,而是国家治理与社会治理实践的需要。

有人认为,法治是"政道"而不是"治道",德治是一种政治伦理思想和治国之道。德治又分广狭二义。广义的德治,是道德主义的,其核心是强调在国家治理中,功能上道德优于法律,地位上道德高于法律,二者关系上道德统摄法律。法律不具有独立性,它依附于、从属于道德,故而道德成为社会控制的核心手段。需要澄清的是,广义的德治不能与人治画等号,但是这种德治不是现代社会以法治为前提的德治,所以其因为缺乏法治的制约而具有蜕变为"人治"的内在逻辑和实践取向,而且蜕变的危险系数相当高。人治作为与法治相对立的一种治国理政模式,整体上看,它既强调德治,也需要以法治理,如

① 参见梁治平:《论法治与德治——对当代中国法治的一个内在观察》,《中国文化》2015年第1期。

② 参见李瑜青等著:《人文精神与法治文明关系研究》,法律出版社2007年版,第184—187页。

③ 参见单玉华:《法治与德治辨析》,《法学家》1998年第6期。

④ 参见舒国滢、王重尧:《德治与法治相容关系的理论证成》,《河南师范大学学报(哲学社会科学版)》2018年第5期。

利用法律手段镇压起义、解决婚姻田土纠纷等。狭义的德治则有很大不同,它强调道德规范的约束,核心是强调依靠道德来维护社会秩序,治理国家和社会。这种意义上的德治,是内在于人治与法治两种相对立的国家治理模式之中的。① 本书认为,法治是治国理政的基本方式,在坚持这一前提下,要讲究德治,坚持法治与德治的结合。当然,如今的德治是社会主义新型德治,去除了三从四德、愚忠愚孝等陈腐内容,传承发扬了传统美德和为政以德,并创新了社会主义道德元素,发挥了德润人心的作用。

在治国理政层面,法治是相对于人治而言的,德治并不与法治、人治直接对应。法治产生于资本主义社会,当代的法治是指以民主宪制为前提的依法之治、文明之治。人治则代表君主专制、等级特权,不但古代社会存在,当今社会也存在。现今的人治指的是国家领导人或领导集团的权威凌驾于法律之上,人在法上,甚至以权弄法,视法律为权力运用的障碍,个人意志超越法律之上的威权之治。要抛弃人治,但不可排斥德治中某些合理因素为今所用。中国特色的以德治国的"德"不限于道德,它类似于"思想道德",还包括政治思想、理想信念等内容。

说德治是中国的传统,并不是说西方就没有德治的理论或德治的实践。柏拉图(Plato,前347—前427)的哲学王理想与实践便是其德治理论及其运用。他说:"一个建立在自然原则之上的国家,其所以整个说来是有智慧的……乃是由于领导和统治它的那一部分人所具有的知识,并且我们还可以看到唯有这种知识才配称为智慧。"②柏拉图所说的智慧就是最高的品德。在欧洲中世纪,自然经济占统治地位,基督教道德起着主导作用。到了近现代,西方的法治统治牢固确立,道德治理隐退,但仍然形成了与自由经济等相结合

① 参见邹海贵:《国家治理生态:以法治为主导的"德法合治"——兼与戴茂堂、余达淮两位教授商榷》,《深圳大学学报(人文社会科学版)》2018年第2期。

② 转引自北京大学外国哲学史教研室:《古希腊罗马哲学》,商务印书馆1961年版,第223—224页。

的道德制度体系。例如,英美较早地颁布公职人员的道德法:1855 年英国政府颁布关于录用王国政府文官的枢密院令,1883 年美国国会通过文官制度法即彭尔顿法案。目前美国有《行政部门雇员道德行为准则》《众议院议员和雇员道德准则》《国防部人员行为准则》等道德规范。美国根据国会在 1978 年的一项政府道德法案中的规定,设置了政府道德办公室,鉴于官员败德行为日益严重,该办公室升格为一个独立机构,要求行政系统每个部门,都要任命一名道德官管理本单位道德方面的事宜。同时西方各国很重视学校里的道德教育,道德教育是学校教育的组成部分,学校道德教育的主要内容包括爱国主义教育、公民教育、个性品德教育。总体看来,西方是法治中心主义,道德治理只是对法治的一种补充,没有上升到治国的高度。

(三)法治与德治的关系

在中外历史上,关于法治与德治两种治国方略及其关系,主要有三次较大规模的且很有影响力的争论:一次是中国先秦时期的儒法之争。儒家主张德治,法家主张法治,但儒法两家都没有把法治与德治完全对立起来。秦汉以来,儒法合流的历史印证了德法共行的思想。一次是古希腊时期柏拉图与亚里士多德的师徒之辩。柏拉图先是主张人治,晚年他修正了自己的思想,重构以法律制度为主的"第二好国家"的思想;亚里士多德主张法治与德治在正义基础上应得到统一。确切地说,这次是法治与人治之辨。亚里士多德明确主张,法治应当优于人治,因为:法治是众人之治,优于一人之治;法治是理智之治,优于人治的情感之治;法治符合正义的要求,能避免人治的偏私。① 还有一次是 20 世纪初清末的礼法之争。礼教派极力维护德治中心主义,而法理派则奋力建立法治中心主义。结果两派各有妥协,法理派要占上风,中国从此开启了由德治中心主义向法治中心主义的转变历程,且历时至今。那么,这里有

① 参见北京大学外国哲学史教研室:《古希腊罗马哲学》,商务印书馆 1961 年版,第 223—224 页。

一个问题，19 世纪末至 20 世纪中叶，自然法学派与实证主义法学派之间，关于法律与道德的关系问题，开展了旷日持久的争论，影响也很深远，为什么被排除在这三次之外？因为这两大学派之间的争论跟上述三次不同，他们交锋的焦点，不是从国家治理的角度在法治与德治之间选择其一的问题——自然法学家从来没有将德治单独作为国家治理模式的尝试或意图，实证主义法学家不管是想把道德从法律中剥离出来，还是承认“法律的稳定性，部分依赖于道德的一致性”，关注的焦点都不是治国理政的层面——因此不宜列为治国方略之争。

新中国成立后，关于法治与德治、人治关系的研究进行过多次讨论。第一次是在 20 世纪 50 年代。上海有法学家发表法治与人治的文章，但很快“法治”成为资产阶级的“专利”概念，成为我国学术讨论的禁区。第二次是在 20 世纪 70 年代末 80 年代初。1978 年的思想解放运动引发了人治与法治问题的讨论，形成了法治说、法治与人治结合说、摒弃法治与人治说三种观点。1981 年，与此相关的 30 篇论文结集出版，书名为《法治与人治问题讨论集》。第三次是在 20 世纪 90 年代后期。中国在认同世界经济一体化趋势之后，果断选择了市场经济体制和依法治国方略。这是影响中国发展的重大选择。从法治的工具性价值分析转变到依法治国的法治论是这次讨论最显著的特点。第四次是在 2000 年到党的十八大之前。在依法治国方略确立不久的 2001 年年初，江泽民提出依法治国与以德治国相结合的命题，2002 年党的十六大报告提出“依法治国和以德治国相辅相成”，这使得包括法学界在内的整个社会科学界重新关注法治与德治的相互关系。第四次讨论的观点主要有：(1)法治与德治并举说。法治与德治在社会调控手段系统中并行不悖，如车之双轮、鸟之两翼，不可偏废。(2)不相容说。法治和德治是不相容的两种治国方式。既然确定依法治国是基本方略，就不能将德治理解为与法治同级别的“他治”,不能德治立国或德治与法治杂糅并用。[①] (3)主次说。依法治国与以德治国应当结合也可以结合,但是要以法治为主以德治为辅,法治必须有道德的支持和辅助。[②] (4)相融合说。法律与道德的内在统一性以及内容的相容性决定了二者融合的可能性;法律源于道德并以道德为终极归宿,决定了二者融合的必然性。(5)辩证统一说。法治与德治之间有本质区别,它们相对独立,又互相依存、相互渗透,缺一不可,具有一致性和同一性的辩证关系。法治和德治既非并列关系,也非主次关系。(6)以法治方略为前提的学说。法治与德治的关系问题在依法治国方略的前提下,应当被视作法治社会中法与道德的关系问题,或者说在建立法治社会的过程中法与道德的各自地位与作用问题。[③] 这一波讨论,似乎以哲学界为主,法学界相对沉默。第五次是2012 年党的十八大之后。这次讨论的观点集中于在国家治理的视域中法治、德治的地位与关系。主要观点有:(1)相容说。德治与法治不仅在抽象意义上具有逻辑上的相容关系,在历史经验语境下也具有理论上的相容关系,并主张采用内在参与者视角的建构性诠释方法考察德治与法治的关系。[④] (2)德治优先说。必须坚持德治与法治协同共治,但德治具有价值优先性。[⑤] (3)法治优先说。当前中国社会应该法治优先,并在以德治为辅的同时把德治视为长远目标,通过德治从更高的水平上提升整体社会的道德水平。[⑥] (4)德法合治说。如果我们对问题的思考还停留在法治文化与德治文化谁优谁劣这样的情绪层面,于问题的解决越来越远。当代中国进入了市场经济社会与法治化

---

① 参见孙莉:《德治及其传统之于中国法治进境》,《中国法学》2009 年第 1 期。

② 参见张恒山:《论法治德治的主与次》,《中共云南省委党校学报》2005 年第 1 期。

③ 参见郁建兴:《法治与德治衡论》,《哲学研究》2001 年第 4 期。

④ 参见舒国滢、王重尧:《德治与法治相容关系的理论证成》,《河南师范大学学报(哲学社会科学版)》2018 年第 5 期。

⑤ 参见戴茂堂、谢家建:《德治与法治:何以协同? 谁更优先?》,《马克思主义哲学研究》2018 年第 2 期。

⑥ 参见强以华、王晓烜:《关于德法关系的义理诠释》,《价值论与伦理学研究》2018 下半年卷。

的时代,这是我们思考一切人文和社会问题的逻辑起点,所以当代中国的社会治理模式必须是基于法治社会的特性,走德法合治之路。① (5)相得益彰说。这是官方表述。《关于全面推进依法治国若干重大问题的决定》中指出:“……必须坚持一手抓法治,一手抓德治……实现法律和道德相辅相成、法治和德治相得益彰。”

本书认为,当代中国已进入商工文明的复杂社会,从治国理政的角度说,法治是治国理政的基本方式,德治不是;但是法治与德治都是国家治理的手段,在国家治理中有各自的优势,所以德法合治、相得益彰才是更好的治理方式。德治与法治相结合是马克思主义法哲学中国化的时代表达,也是世界法律发展辩证法的科学体现与必然趋势。

三、依法治国与以德治国

关于依法治国与以德治国这个主题的研究出现过两个高峰期:第一个高峰期是依法治国方略确立不久的 2001 年前后,以哲学界研究居多;第二个高峰期是党的十八届四中全会之后,以法学界研究居多。已有的研究有很多的优秀成果可资借鉴,但是从研究范围来说,多局限于法律与道德二者的关系,将该主题置于法律、道德、国家治理三维空间中去探讨还很有限;从研究视角来说,多从法理学、法哲学的角度研究,很少将该主题置于国家治理的视野中去探讨。这一新的研究视域在党的十八大之后尤其是在十八届四中全会之后才逐渐增多。本书的研究拟从法律、道德、国家治理三者之间的关系来破题,在国家治理的框架下研究法德关系,汲取中外历史上法治与德治及其关系的经验教训,构建依法治国与以德治国相辅相成的关系,增强中国特色社会主义法律的有效性,让中国特色社会主义法律的有效性模态呈现出工具性与不可

① 参见李建华:《现代德治论:国家治理中的法治与德治关系》,北京大学出版社 2015 年版,第 76 页。

随意支配性环节的有机统一。

(一)依法治国

将依法治国确立为我国的基本方略,有一个不断认识和总结经验教训的过程。1954 年宪法的颁布开始了新中国探索法治的历程,但是这一历程很快遭受了曲折直至 1978 年的改革开放。新时期政治和法律意识的转变,以及在其指导下采取的战略调整和举措,对中国法治运动的发生和发展具有不容置疑的主导作用。在 1978 年党的十一届三中全会上,“民主与法制”成为重要政治议题,公报中提出了法制建设的十六字方针:“有法可依,有法必依,执法必严,违法必究。”1982 年宪法与前三部宪法不同,在篇目结构上将“公民的基本权利和义务”置于“国家机构”之前,这代表了一种具有历史意义的转向。①1997 年 9 月,党的十五大报告阐述了“依法治国”的思想:“依法治国,就是广大人民群众在党的领导下,依照宪法和法律规定,通过各种途径和形式管理国家事务,管理经济文化事业,管理社会事务,保证国家各项工作都依法进行,逐步实现社会主义民主的制度化、法律化,使这种制度和法律不因领导人的改变而改变,不因领导人看法和注意力的改变而改变。依法治国,是党领导人民治理国家的基本方略,是发展社会主义市场经济的客观需要,是社会文明进步的重要标志,是国家长治久安的重要保障。”同时在这份报告里,“尊重和保障人权”被确定为党执政的主要目标,还提出了一个立法愿景——到 2010 年要“形成有中国特色社会主义法律体系”。1999 年,依法治国方略写进宪法:“中华人民共和国实行依法治国,建设社会主义法治国家。”2002 年党的十六大指出要形成中国特色社会主义法律体系。党的十六届四中全会提出,发展社会主义民主政治,最根本的是要把坚持党的领导、人民当家作主和依法治国有机统一起来,依法执政是新的历史条件下党执政的一种基本方式。

---

① 参见梁治平:《论法治与德治——对当代中国法治的一个内在观察》,《中国文化》2015 年第 1 期。

2004年,“尊重和保障人权”写进宪法。2007年党的十七大要求,“全面落实依法治国基本方略,加快建设社会主义法治国家”,宣布“中国特色社会主义法律体系基本形成”。2012年党的十八大指出:“全面推进依法治国。法治是治国理政的基本方式。”党的十八届三中全会进一步强调,建设法治中国,必须坚持依法治国、依法执政、依法行政共同推进,坚持法治国家、法治政府、法治社会一体建设。2014年党的十八届四中全会把“依法治国”设为唯一议题,中共中央颁布《关于全面推进依法治国若干重大问题的决定》。“全面推进”表明在对我国改革开放以来的法治运动的大体检大总结的基础上,依法治国要进一步升级,使之体系化,甚至将党内法规也纳入了法治体系。该决定提出了一个新的十六字方针:“科学立法、严格执法、公正司法、全民守法。”2017年10月18日党的十九大重申了依法治国的总目标,提出深化依法治国实践。2019年党的十九届四中全会审议通过了《中共中央关于坚持和完善中国特色社会主义制度　推进国家治理体系和治理能力现代化若干重大问题的决定》,决定指出:“建设中国特色社会主义法治体系、建设社会主义法治国家是坚持和发展中国特色社会主义的内在要求。必须坚定不移走中国特色社会主义法治道路,全面推进依法治国,坚持依法治国、依法执政、依法行政共同推进,坚持法治国家、法治政府、法治社会一体建设,加快形成完备的法律规范体系、高效的法治实施体系、严密的法治监督体系、有力的法治保障体系,加快形成完善的党内法规体系,全面推进科学立法、严格执法、公正司法、全民守法,推进法治中国建设。”

1978年“民主与法制”议题的提出,是为了服务于“四个现代化”的目标。2014年党的十八届四中全会决定里的“全面依法治国”是同“促进国家治理体系和治理能力现代化”的目标联系在一起的。2019年党的十九届四中全会决定,提出了坚持和完善中国特色社会主义法治体系,提高依法治国、依法执政能力的举措,目标是推进国家治理体系和治理能力现代化。“这表明,在执政党那里,法律的运用,无论是法制建设还是全面推进依法治国,也不管是叫法制还是法治,都指向特定的政治、社会与经济目标,并且与特定的社会条件相联系。换言之,中国法治运动中所发生的种种改变,不但表明了法律本身的发展,也不同程度地折射出中国社会的变迁,以及执政党面对挑战时所采取的对策。"①

我国古代也有以法治国的历史,尤其是采用法家思想的秦朝。"以刑去刑,虽重刑可也"的法家思想助秦统一了六国也加速了秦朝的灭亡,为后世之鉴,但是在其之后的历代王朝无一不吸收了以法作为治理国家的一种手段的做法。在汉唐、明清盛世中,天下太平都离不开法的作用。因此,我们也可以说,依法治国方略的提出,同样是历史经验的总结。当然,前世今朝之"法治"的精神内涵不可同日而语。昔时不能有法治实现,实是君主专制及法律没有成为科学的当然结果。法律没有抽象原则性的规定,当难适应许多无穷变化的社会情况。而在君主专制政体之下,皇帝有绝对的制法权,随时立法,理所当然,倘其处置合于当时的道德观念,还可以受到大众的赞赏。过去这种情形是势所必然,只要法律的具体性与皇帝的立法权存在,这种情形是无法避免的。至于由法律的具体性而发生的弊端,历朝都在想方设法补救,但非特无效,而且每每变本加厉。我们不必以今天的目光来非议过去,时代如此,其势然也。文明是逐渐进步的,一个抽象概括的原则的建立,原是人类千万年心血的累积。至于推翻专制体制,建立民主政治,更是人类奋斗的成果。科学与民主,同是人类智慧发展的结晶,没有科学与民主,绝不可能有法治与法治精神。西方的法治,是在进入19世纪科学与民主制度已有基础之后方始实现的。

中国古今依法治国比较,可考虑从人治型到法治型,从形式型到实质型,从工具型到理念型的变迁比较。古代的依法治国是工具型的依附型的,新中国成立以来的依法治国,按著名法学家江平教授的解读,经历了工具主义、实用主义、理念主义模式的变迁,今天看可能还面临着一个治理型法治,或政法

① 梁治平:《论法治与德治——对当代中国法治的一个内在观察》,《中国文化》2015年第1期。

体制中的法治,但治理型不是重回工具或实用主义。

（二）以德治国

以德治国(rule the state according to the moral/ rule by virtue)似乎是中国独有的提法,强调把思想道德建设作为国家治理的一种重要手段。以德治国,就是在治理国家时,要充分发挥道德的功用,从国家的层面加强道德建设。道德有时是指道德规范,有时是指道德行为,有时是指道德心理,有时是指道德教化,在不同的语境中含义不同,要具体地理解。2001 年 1 月,江泽民在一次会议上指出:"我们在建设有中国特色社会主义,发展社会主义市场经济的过程中,要坚持不懈地加强社会主义法制建设,依法治国,同时也要坚持不懈地加强社会主义道德建设,以德治国。"此后,以德治国与依法治国经常相提并论了,不仅出现在领导人的讲话中,也出现在学者的研究中。党的十八届四中全会决定将"依法治国与以德治国相结合"确立为全面依法治国的一项原则。"依法治国"在党的十五大报告中明确界定了其内涵,那什么是"以德治国"?至今没有看到中央文件的明确定义。从知网看,关于以德治国的文献有两千余篇,但大多是与依法治国连用进行研究的,不与依法治国连用的"以德治国"的文献并不算多,主要集中于"以德治国"之"德"的内容、以德治国之道德的功用、以德治国的逻辑与层面等。

以德治国的德究竟是指什么?有学者认为,道德广义上是指一种社会现象,包括道德心理、道德行为和道德规则,治国意义上的道德主要是指道德规则。道德规则是一个规则体系,从低到高由四个层面组成:一是禁止损他,如不得杀人;二是倡导利他,如应当救济穷人;三是劝告人们行为自我完善,如应当戒烟;四是引导人们精神的自我完善,如要淡泊名利。其中,第一个层面是底线道德,但是道德规则本身不能保证每个人必然遵守底线规则,所以在底线规则外,再加上惩罚规定,并以国家强制力保证实施,这便是法律规则了。在治国意义上,道德和法律的分工有所不同。现代意义上的法治与德治相结合,实质上就是依法治国与以德育人相结合。道德规则不具有法律规则的明确性,其自身也不包括惩罚规定,所以道德规则不适宜作为处理政务、事务意义上的治国的依据。但就育人意义上的治国而言,主要依靠道德。① 有学者说,同一个学者总是在几种不同的意义上运用道德的概念,却不加以说明。道德有时被理解为道德规范,有时又被解释为道德教化。道德教化显然不同于道德规范,前者是一个能动的过程,后者是一个静态的结果。② 有学者概括以德治国的基本内涵为:“重视道德在国家治理中的重要作用,加强道德建设,推进道德教化,构建与社会主义核心价值观相一致的道德规范和道德精神,提高人们的道德觉悟,形成良好的道德秩序和道德风尚。”③以德治国,就是在治理国家时,要充分发挥道德的功用,从国家的层面加强道德建设。为什么要以德治国?道德具有无可替代的功能,在人类生活中发挥着重要作用;我们应当充分发挥道德的重要功用;要发挥道德的重要功用,就离不开对道德建设的投入和强化;道德建设需要国家的介入。因此,要从国家的层面加强道德建设,要以德治国。当然要证成以德治国,尚需回应上述每个环节的问题。④ 有学者从 2014 年中共中央《关于全面推进依法治国若干重大问题的决定》里,归纳出“以德治国”之“德”的内容包括以下组成部分:一是社会主义核心价值观,二是中华传统美德,三是社会公德、职业道德、家庭美德、个人品德。该决定指出:“加强公民道德建设,弘扬中华优秀传统文化,增强法治的道德底蕴,强化规则意识,倡导契约精神,弘扬公序良俗。发挥法治在解决道德领域突出问题中的作用,引导人们自觉履行法定义务、社会责任、家庭责任。”

本书认为,以德治国之德主要指道德规则,它与道德教化是一体两面。道德规则发挥着道德教化的功能,道德教化依赖于道德规则的载体。比如说,我

---

① 参见张恒山:《全面推进依法治国的基本原则》,《科学社会主义》2015 年第 3 期。

② 参见杨伟清:《道德的功用与以德治国》,《中国人民大学学报》2019 年第 2 期。

③ 邹海贵:《国家治理生态:以法治为主导的“德法合治”——兼与戴茂堂、余达淮两位教授商榷》,《深圳大学学报(人文社会科学版)》2018 年第 2 期。

④ 参见杨伟清:《道德的功用与以德治国》,《中国人民大学学报》2019 年第 2 期。

国老年人权益保障法规定的“常回家看看”,是道德规则还是道德教化？两者是分不开的。就好比古时候的“父母在不远游”一样,既是道德规则,也是道德教化。以德治国就是在国家和社会治理中发挥道德的作用,弘扬社会主义核心价值观和中华传统美德,发挥道德的教化作用,以道德滋养法治精神,强化道德对法治文化的支撑作用。

关于道德的功用,今天越来越多的人将其置于国家治理现代化中进行研究。其实,将道德与治理国家相关联在我国有久远的传统。尽管我们今天所说的“以德治国”的提法是 21 世纪初年的事情,但是以德治国的观念在春秋时代甚或更早就存在了。以德攻伐、以德主盟、以德守国,是春秋时代普遍接受的观念。春秋时代虽没有系统的伦理学理论,但这个时代“德”的观念却可以非常清楚地归结为目的论的伦理观,德不是一个自足的概念,它总是与各种各样的作为善的目的联系在一起。西周的统治者将德作为获得与维持天命的手段,这种观念也许起源更早,可能殷商时代就已经有了,它是西周敬德观念的最本质的方面。春秋时代,以德治国观念得到了进一步的发展,从《左传》《国语》等文献记载来看,“德”的使用非常普遍,但却尚未将“德”作为内在心性之义使用,即便是孔子也尚未有这种观念。在当时,“德”总是与具体的现实处境和生存处境相关联——包括国与国的征服与被征服、国家内部国君与贵族对国家及各级贵族的采邑的统治、家族权力与财富的维持乃至争夺、人心向背等等。换言之,“务德”常常与治理国家、维持生存等相联系,国与家的生存与发展是修德务德的目的。① 今天,应打破现阶段国家治理中道德话语边缘化的窘境,致力于其整合与创新:一是在国家治理现代化中确立国民的道德功能与价值;二是在国家治理现代化中坚守道德高地;三是推动道德话语介入

① 参见张洪波:《春秋时代以德治国观念之生存论基础》,《武汉大学学报(人文科学版)》2009 年第 2 期。

决策咨询机制,鞭策公职人员率先垂范修为修德。[①]

结合社会主义核心价值观融入法治建设各环节,从立法、执法、司法等层面来细化对以德治国意蕴和操作的理解,在立法上如何体现道德入法、道德入法的解释或政策问题,在执法司法上如何体现为核心价值观等道德内容介入执法裁量、司法衡量,从而作为执法司法的参考依据或说理基础等内容,将在第五章详细论述。

(三)依法治国与以德治国的关系

法学界对于道德建设的价值和意义都持肯定态度,但是否将以德治国上升为治国方略的层面则分歧明显。有观点认为,依法治国与以德治国是相互补充、相互促进的有机整体,只有两者紧密结合才能确保社会有序。这是目前占据统治性地位的观点。[②] 另一种观点完全不同,认为在治国方略上不能倡导德治,要坚持法治,不能德法并重,不能将以德治国提升至治国方略的地位。以德治国必须以依法治国为前提,并与依法治国相结合。还有观点认为,在二者关系上,坚持“依法治国为主,以德治国为辅”的治国方略。[③]

关于依法治国与以德治国如何结合,有学者认为,道德的法律化与法律的道德化是法治与德治正确结合的重要途径。[④] 有学者探讨了法治与德治结合机制,提出以“治党”和“治政”为关键促进法治与德治的结合。[⑤] 有学者认为,两者结合的基础在于它们对国家稳定、社会发展所起作用的方式具有互补

---

① 参见陈桂蓉:《论国家治理现代化中的道德话语》,《福建师范大学学报(哲学社会科学版)》2018 年第 5 期。

② 例如,龙大轩:《新时代“德法合治”方略的哲理思考》,《中国法学》2019 年第 1 期;李佳德:《论法治的价值观基础:社会治理中德法并举的本土资源》,《法学杂志》2019 年第 5 期。

③ 参见徐耀耀、曾光辉:《坚持“依法治国为主,以德治国为辅”的治国方略》,《江西师范大学学报(哲学社会科学版)》2015 年第 6 期。

④ 参见牛书成:《道德法律化与法律道德化简论》,《首都师范大学学报(社会科学版)》2003 年第 6 期。

⑤ 王秋侠、李国荣:《论法治与德治的辩证关系及其结合机制》,《求实》2007 年第 1 期。

性，其契合点应在于二者具有一致的价值追求。也有主张“渗透式”结合的，即法治和德治相互渗透，互为前提。还有学者主张“板块式”结合，认为德治与法治治理领域不同，两者在形成基础、外在形式、内在结构和内容等方面都有明显区别，难以“渗透式”结合。也有学者认为，现代德治与法治的最佳结合点是善治，此次结合是一种新型结合，不同于以往的德治与法治关系的种种历史形态，既是为规范执政党的执政方式寻找合法性权威，又是为改善提高社会精神状态、健全法治建设的文化基础和民情支持的重大措施。①

法治本身有赖于道德的支持，法治的前提是人们信守道德。法治社会最重要的基础就是绝大多数人的诚实、守信，法治国家需要绝大多数人以一种绝对义务的观念去看待自己所承诺同意过的法律。宏观的国家结构方式的道德性，是人们绝对遵守法律的前提条件。在一个实行民主制度的国家里，对经民主程序制定出来的法律，人们有遵守的义务，官方也有充分的理由要求人们遵守法律。微观意义上的个人的意志自由是人们绝对地遵守法律的更深层的理由。把依法治国同以德治国结合起来，作为治国的基本原理是对的，纵观人类历史实践，没有哪个国家、哪个政府可以抛开道德单独地依靠法律进行社会管理。因此，应当以建设法治国家为基本着眼点，并以此展开以遵守底线道德为重点的道德宣传教育工作。其相结合的前提条件是规范层面的二元分立，相结合的理论基础是价值层面上的内在一致性和功能意义上的互补性。两者之所以能结合，是因为二者在核心价值追求上的一致性和工具价值上的互补性。市场经济的发展是两者统一的基础。坚持两者相结合对于夯实国家治理的制度基础和思想道德基础、实现党和国家长治久安、实现中华民族伟大复兴的中国梦，具有极为重要的现实意义和深远的历史意义。

新中国提倡的依法治国与以德治国的关系，本质上有别于中国历史上传统的法治与德治的关系。因为我国历史上法家的法治与儒家的德治都是人

① 参见杨伟东：《推动法治与德治内在融合，实现良法善治》，《光明日报》2019 年 7 月 11 日。

治。首先,依法治国是一种政治伦理,包含在以德治国的价值内涵之中。从以德治国的角度来看,依法治国也是一种伦理要求。1999 年,依法治国写进了宪法——“中华人民共和国实行依法治国,建设社会主义法治国家”,获得了治国方略的地位,具有最高的权威性。违反宪法和法律的行为不仅具有违法性、违宪性,而且是一种背信弃义的不道德行为。依法治国的政治伦理性质,让依法治国具有推进社会道德的功能。其次,依法治国和以德治国在法治国家占有不同地位。依法治国是治国方略,是宪法原则,在国家治理和社会生活中具有最高的规范效力。以德治国是执政党的执政原则或政治伦理,是党的规则,不是治国方略。党的规则要服从国家宪法,以德治国要服从依法治国的方略。以德治国不能独立于依法治国之外,二者不能相互排斥。党必须遵守宪法和法律,必须在宪法和法律范围内活动,这是党的十八大以来历届全会的主题,且已成为党的政治伦理。复次,依法治国是以德治国的前提和保证。我们常说,法律是底线道德,所以,全面推进依法治国是民主法治下促进道德的最有效手段。从根本的意义上来说,依法治国决定以德治国。法治不相信人的德性,但也不反对人的德性。以德治国的“德”是一个国家的根本道德,根本道德的建设必须要有依法治国来保障。最后,以德治国提升依法治国的道德力量。以德治国是执政党的执政理念和政治伦理,通常是以党的报告和决议为载体表现出来的政治原则。社会主义核心价值体系、核心价值观都是以德治国原则的体现。公民道德建设实施纲要是以德治国理念的一种实施路径。依法治国的力量不仅在于它的物质强制,更在于它的精神道义。在西方的法治历史上,几乎一直都在追问合法律性的合法性何以可能?说到底就是如何看待与践行法律与道德的关系。

我们的依法治国要有以德治国来引导,并且要贯穿立法、执法、司法和守法全过程。随着全面依法治国的推进,应当是道德的高扬和精神文明的普遍提升,这是相辅相成、相得益彰的应有含义。我国几乎在确立依法治国方略的同时提出以德治国,目的就是要实施依法治国与以德治国同步发展。中国共产党领导下的依法治国与以德治国，其内涵与实现的方式与我国古代的引礼入法、德法合治有本质的不同。历史上伴随礼法合治的是治乱不断更替的循环，因为它是少数人的专制，不是民主性质的政权，解决不了历史的周期律问题。依法治国只有以民主为基础，以德治国只有以依法治国为前提，才能超越历史的周期律。执政党中国共产党以德治国的理念，体现了为人民服务的崇高宗旨，但仅有理念是不够的，需要以民主为基础、以法治为保障。[①] 对此，我国古人早有洞见："徒善不足以为政，徒法不足以自行。"列宁也颇有见地地指出：防止权力的滥用，完全依靠掌权者的"信念、忠诚和其他优秀的精神品质，这在政治上是完全不严肃的"。[②]

小　结

法律与道德的法哲学理论发展进程大致如下：二者有一个共同的起源，在最初的发展阶段，法律与道德基本上是浑然一体的。在严格法阶段，法律规范自给自足，道德遭到了忽视。在衡平法或自然法阶段，没有受到保障的利益、被忽视的伦理习俗，都给法治施加了种种压力，促使道德理念从外部大量融入了法律，道德得到了优先重视。当这种融合完成之后，法律与道德、法学与伦理学并肩而立、相互比照。后来在新一轮发展的开始阶段，被要求为创造性司法活动提供一个合理解释的哲理法学家，又一次将法学从属于伦理学。对分析实证法学家而言，法律就是制定法；对历史法学家而言，法律就是习俗；对哲理法学家而言，法律就是自然法。

"依法治国与以德治国的关系"是法律、道德与国家治理三者之间的关系。依法治国与以德治国是中国话语体系。东西方皆言谈法律与道德及其关

① 参见蒋德海：《依法治国和以德治国并举要超越历史的周期律》，《上海大学学报（社会科学版）》2017 年第 1 期。

② 《列宁全集》第 43 卷，人民出版社 1987 年版，第 92 页。

系,但是“应该承认,法律与道德在人类历史的既往发展中一直带有阶级的、民族的、地区的痕迹或局限性,这种特色还将保持相当长的时间。”①本书将法德及其关系置于国家治理的视域中进行研究,或者说研究法德关系的目标是促进国家治理。

本书的研究并不严格区分法律与道德、法治与德治、依法治国与以德治国三对范畴,尽管本章大致梳理了这三对范畴。尽管关于法律与道德的关系在西方的自然法学派与实证法学派之间至今还在纷争不已,我国法学家、哲学家对法治与德治的关系、依法治国与以德治国的关系同样分歧明显,但是本书关于法律与道德相辅相成、法治与德治相得益彰、依法治国与以德治国相结合的研究基本上可以在同一意义上使用或置换,如法律与道德相辅相成也可以置换成法治与德治相辅相成、依法治国与以德治国相辅相成。特别值得注意的是,在当代中国,“法治,即指以法律作为社会控制的基本手段,也就是我们现在所讲的依法治国。”②“法治”和“依法治国”细究起来,当然有不同,但从治理策略的高度理解的依法治国,可以现实地将法治的各个维度和指向统摄起来,从而成为极富时代特色和实践针对性的治道概念。依法治国与以德治国的关系,实质上就是法律与道德、法治与德治的关系。从法律与道德的关系看,实行依法治国实质上就体现了以德治国的基本要求;从法律与道德作为社会行为准则看,在复杂社会,依法治国应当居于主导地位;从法治与德治的区别来看,法治应当发挥主要作用。③

人类在商工文明的历史阶段中成功建构起了以法治为主导的社会治理形式,这一形式会持续,但在全球化、后工业化进程中,法治实践发生了新的变化——法律判断的依据从纯粹规则主义的“法条”向“法律原则”转移,并最终

① 单玉华:《法治与德治辨析》,《法学家》1998 年第 6 期。

② 单玉华:《法治与德治辨析》,《法学家》1998 年第 6 期。

③ 参见李林:《论依法治国与以德治国》,《哈尔滨工业大学学报(社会科学版)》2013 年第 1 期。

突破法治理念而表现出对德治的关注与探求。商工文明推崇理性，但在社会建构中，理性的科学之维得到了片面的发展，致使社会治理走上了科学化、技术化之路，道德被忽视或排斥。全球化、后工业化迫使人类思考社会治理重建的任务，道德的功用要重新被认识。①

依法治国或法治不是绝对的，以德治国或德治不是绝对的，两者结合才是完美的一。该观点启发于一场讲座。2017 年 10 月 11 日笔者有幸聆听了中国人民大学杨慧林教授在安徽师范大学的一场讲座——“中西对话中的中国文化”，颇受启发，对我理解依法治国与以德治国的关系很有助益。讲座充满了哲学思辨意味：“一的至善性，二的不确定性”，不确定的二是混元如一。先秦、中国古代与西方哲学的互释有极大的可能性。“一”被设定为至善，然而没有任何单向的“一”可以成为至善，“二”是不确定的，但是阴阳之间互为前提、相辅相成，才显现出“至善”的理想状态。这亦如“来处”不是一个确定的起点，却在“来处”与“去处”的关系中使确定性得到参照；“东”和“西”是不同的方向，却能“合而为一”。上述“语法”亦即中国文化的意义结构。由此可使“全球化”与中国的关联得到一种解说，也对“建设性的全球共存”有所启发。因为从根本上说，没有“建设性的全球共存”就没有任何独个群体的发展和生存；而如果不改变以“一”为中心或者“优先”的思维，也就不会有全球的共存。如果说“我是”代表着西方形而上学的语法，那么相生互动的“关系结构”则可能是中国思想的原型。② 德国神学家艾伯林（Gerhard Ebeling，1912－2001）曾生动解释了“对极性”：“生活本身注定是对极的。……把《新约》结合为一个统一体……的东西，（同样）呈现在各种对极性之中。”比如《新约》的“正典性要求统一性”，而它又是“一部未完成的经书”；耶稣基督既是“宣示者、被贬抑

---

① 参见张康之：《论全球化、后工业化中的社会治理道德化》，《甘肃社会科学》2019 年第 3 期。

② 杨慧林：《“对极性”与“相互性”的思想空间》，《中国高校社会科学》2017 年第 6 期，第 97 页。

者、被钉十字架者”,又是“被宣示者、被提高者和复活者”。[①] 其所谓“对极”其实恰恰与中国式的思维相应相通。自古希腊开始,“究元”就始终是西方哲学中最重要的问题。“究元”的价值在于“一切是一”的“形而上学的直觉”。这种“一”的意识在毕达哥斯学派那里得到了经典的表述:“万物的本源是一。从一产生出二,二是从属于一的不确定的质料,一则是原因。从完满的一和不确定的二产生出所有的数;从数产生出点;从点产生出线;从线产生出面;从面产生出体;从体产生出感觉所及的一切形体,产生出四种元素:水、火、土、气。四种元素以不同的方式相互转化,于是创造出有生命的、精神的、球形的世界。”[②]《易·系辞上》:“易有太极,是生两仪。两仪生四象。四象生八卦。”[③]《道德经·四十二》:“道生一,一生二,二生三,三生万物。”[④]杨慧林认为,《周易》和《道德经》所言恐怕并非“宇宙产生于一”,而是强调“不确定的二”当中潜在着最为根本的“生”之逻辑,亦即阴阳“对极”的互为前提、互为因果及互生关系。可见“混元如一”当然不是依于任何一极,倒是以动静、阴阳的“对极结构”去生成完美的一的。[⑤] 这些观点,我觉得对思考依法治国与以德治国的关系、法治与德治的关系同样适用:依法治国或法治不是绝对的,以德治国或德治不是绝对的,两者结合才是完美的一,这种意义结构就是中国文化品格的体现。

---

① [德]艾伯林:《神学研究:一种百科全书式的定位》,李秋林译,香港:汉语基督教文化研究所印行,1999年,第23—28页。转引自杨慧林:《“对极性”与“相互性”的思想空间》,《中国高校社会科学》2017年第6期。

② 转引自杨慧林:《“对极性”与“相互性”的思想空间》,《中国高校社会科学》2017年第6期。

③ 《周易》,杨天才、张善文注译,中华书局2011年版,第595页。

④ 《老子今注今译》,陈鼓应注译,商务印书馆2003年版,第233页。

⑤ 杨慧林:《“对极性”与“相互性”的思想空间》,《中国高校社会科学》2017年第6期。

第二章　中国德治中心主义及其局限

西方历史上存在着两种文明秩序：一是宗教文明秩序，以宗教统御法律；二是法律文明秩序，以法律统御宗教。后者习惯上称之为"法治"。中国是道德文明秩序，以道德统御法律，并一贯几千年，习惯上称之为"德治"。德治既是中华文明的底色，也是中华文明的亮色。我们今天讨论依法治国与以德治国的关系必须要有历史思维。对中国古代德治中心主义的历史考察，即是历史思维的呈现。以史为鉴、鉴古知今、古为今用，从以往的历史中汲取经验和智慧，是人类进步的阶梯。德治问题的关键在于其作为道德价值的正当性、作为法治的合法性，以及作为治理实践的可行性。历史地看，德治原本是中国话语，为中国固有的法哲学观念，而不属于西方舶来品。所以考察探究德治思想与实践的源头，应从中国传统出发，不宜与西方话语相混淆。诠释德治应当限定于儒家主流传统。本章从中国古代道德与法律关系的发展阶段入手，全面考察和梳理中国古代德治中心主义的确立、发展及其嬗变历程，阐述中国德治传统的主要内容及其特征，在此基础上，对中国古代德治传统中的法律与道德之间的联系及其张力进行反思，从中汲取符合时代因素的价值资源，为当下依法治国提供历史借鉴，奠定法治建设的道德基础。

一、中国古代法律与道德关系的发展阶段

中国古代汉语中很少有合成词,起初基本上一个字就是一个词,如法、律、刑等都是单音节词,"法律"作为一个合成词是 19 世纪后期西学东渐之后的事情了。但是,"道德"连在一起使用则是久远的事情,如《道德经》的"道德"便是连在一起用的,但是这里的"道德"应该是"道"与"德"两个词:"道"是天地运行的规律,是天地要遵从的法则,"德"是指人世的德性、品行、王道。又如《礼记·曲礼》中的"道德仁义,非礼不成",这里的"道德"似乎就是今天我们说的"道德"一词。中国古代道德与法律的关系,实际上是后世所称的礼法之间的关系。

(一)礼与法

汉字中"礼"字繁体作"禮",《说文》:"禮,履也。所以事神致福也。从示从豊,豊亦聲。"礼,本义为敬事、祭祀神灵以致福。《荀子·大略》:"礼者,人之所履也。"《礼记·祭义》:"礼者,履此者也。"可见,礼、履可以互训。《左传·隐公十一年》:"礼,经国家,定社稷,序民人,利后嗣者也。"《礼记·曲礼上》:"夫礼者,所以定亲疏,决嫌疑,别同异,明是非也。"《汉书·公孙弘传》:"进退有度,尊卑有分,谓之礼。"行礼必有仪式,故"礼"引申为表敬意或表隆重而举行的仪式。古代以礼乐治国,"礼"是维系国家和谐统一的根本,故"礼"引申为古代社会的等级制度以及与此相适应的行为准则和道德规范。这正是后世将礼法关系置换成道德与法律关系的渊源。

西周时期的礼已具备法的性质,因为周礼完全具有法的三个基本特性——规范性、国家意志性与强制性。周礼在当时对社会生活各个方面都有着实际的调整作用。正所谓:"礼者,即事之治也。君子有其事,必有其治。治国而无礼,譬犹瞽之无相,伥伥乎何所之?譬犹终夜有求于幽室之中,非烛

何以见？故无礼则手足无所措，耳目无所加，进退揖让无所制。”[①]可见，什么是礼，很复杂，难下定义，大致是对事物的治理，是治事的准则、规范和指南，还有惩罚之意。

在中国古汉语中，“法”写为“灋”，许慎《说文解字》的解释是：“灋，刑也。平之如水，从水；廌，所以触不直者去之，从去。”中国法律学者蔡枢衡、梁治平、苏力对这一解释均持有异议。蔡枢衡与梁治平都认为，灋是一种放逐刑，水在这里是纯粹功能性的而不是象征性的。苏力则认为“水”的意义有多维性，许慎为什么单选“平”这一维度？[②] 王人博说上述质疑者忽略了“灋，刑也”的意思，指出：许慎所说的“刑”，并不仅仅是与杀戮、惩罚有关的规则制度，“中国古人对水的观审并不是对‘水’的分析，其方式不是逻辑的、智性的，而是想象的、诗意的。许慎也许并不是基于他对水的诗意想象创设了具有‘平正’指义的法的意象，他只是对中国哲人有关‘水—法’的这个本喻作了一个文字学的解释而已。”[③]“他摹写的是中国哲人通过他们独特的观水方式而建立起的水与法关系的特有结构。”[④]“刑”在中国古文字学中，与现代汉语的“刑”有着不完全相同的语义解释。例如，《广雅疏证》曰：“刑，正人之灋也……亦通作形。”“形”即“正”。“刑”的最早书写结构左边是个“井”，《易经》曰：“井，法也。”今日成语“井井有条”即取自《广雅疏证》的释义：“井者，法也，井训为法，故做事有法谓之井井。”《尔雅义疏》说：“释文引韩诗云：刑，正也。正亦法也……法所以正人。故周礼注，刑正人之法。皆本古文为说也。”我们今天熟悉的“就地正法”一语与此义相关。在中国的古文字中，刑、正、井、法可以互训也许并非偶然。

---

① 《孔子家语·论礼》第二十七。

② 具体内容分别参见蔡枢衡的《中国刑法史》（广西人民出版社 1983 年版，第 170 页）、梁治平的《法律的文化解释》（生活·读书·新知三联书店 1994 年版，第 283 页）、苏力的《法的故事》（《读书》1998 年第 7 期）。

③ 王人博：《法的中国性》，广西师范大学出版社 2014 年版，第 234 页。

④ 王人博：《法的中国性》，广西师范大学出版社 2014 年版，第 233 页。

在中国古代文献中,水作为一种物质,比英语世界的 water 语义丰富。它除了意指 water 之外,还可意指山涧小溪、江湖河流、洪水、发大水、上善若水等。“作为大自然最为娇宠的物质,水所呈现的规律准则成了人类‘德性’与‘法’的理想模型。”①《庄子·德充符》:“平者,水停之盛也,其可以为法也,内保之而外不荡也。德者,成和之修也。德不形者,物不能离也。”《汉书·律历志上》:“准者,所以揆平取正也。”“‘水’与‘平’的语义间的关联,是中国早期有关‘法’思想的一个重要模型。”②法之平可以为行为之准,水之平可以为万物之镜。孔子对水观之全面,寄意深邃。《孟子·尽心上》记载孟子赞美孔子,“观水有术,必观其澜。日月有明,容光必照也。”孔子曰:“夫水,大遍与诸生而无为也,似德。其流也埤下,裾拘必循其理,似义。其洸洸乎不淈尽,似道。若有决行之,其应佚若声响,其赴百仞之谷不惧,似勇。主量必平,似法。盈不求概,似正。淖约微达,似察。以出以入,以就鲜洁,似善化。其万折也必东,似志。是故君子见大水必观焉。”③水的意象与法、德、道、志、心境、人生关联在一起了。“法”是一套人为的普遍规则,来源于对水之“义律”和“秩序”的模仿。

中国大禹治水的传说与西方《圣经》中水的叙事,隐喻不同。《圣经》中水的叙事或可视为“人的合法性”源出的一个事件,中国大禹治水的传说厚植于圣人循道行事或人生无常的传统文化。天下大治是历朝历代统治者心向往之的理想境界,天下大治的目标与大禹治水之“治”字在喻义上关联密切。《山海经·海内经》记载:“禹卒布土,以定九州。”“‘治’概念的最早物象就是来自大禹与‘水’的关系结构的建立:‘前禹时代’的‘水’肆意横流便是‘蛮荒’时代的隐喻;而由于禹的努力,水‘循道而行’,天下的秩序得以建立,‘水’之

① 王人博:《法的中国性》,广西师范大学出版社 2014 年版,第 230 页。
② 王人博:《法的中国性》,广西师范大学出版社 2014 年版,第 233 页。
③ 《荀子·宥坐》。

‘治’则成了中华文明始基的本喻。”①禹疏堵结合，把洪水引入河道，农耕文明世界得以开新篇。大禹治水也是为人类行为提供规范的试验，水若肆意泛滥，人类生存便无所依托；人类行为若无道德与法律等准则的规范，世界就犹如洪水泛滥般的无常无序。而治水，就必须有必要的工具，“左准绳，右规矩”，“行山表木，定高山大川”是《史记·夏本纪》对夏禹治水的记载。“准绳”与“规矩”的概念早期与治水相关。作为准绳的“法”的早期概念则为引申：“一是由治水的丈量工具所提供的对‘水’的‘规范行为’（引水入河道）经验的援用：‘准绳’对治水的意义对‘治人’照样有用；二是中国古人对‘静止的水’观审中，体认到水自身所具有的‘准绳’意象。荀子、庄子以及孔子对静止的水的物象所建构的‘法’的意义，是中国法概念不同于西方罗马—日耳曼法文明最为精彩的一笔。”②也因此，可以称他们为法自然学家。

汉字“灋”，渊源极其久远，成字的确切年代尚无考证。其主要含义一方面是禁止，另一方面是命令。《管子·心术》：“杀戮禁诛谓之法”；《盐铁论·诏圣》：“灋者，刑罚也，所以禁强暴也。”在古文献中，灋、刑、律三个字词是可以互训的。《尔雅·训诂》：“刑，灋也。”“律，灋也。”《说文解字》：“灋，刑也。”《唐律疏议·名例》：“法，亦律也。”这些古文献记载了法、刑、律三个字词之间的一般关系。从时间顺序和法的内涵来看，我们今天称之为古代法的东西在不同年代称呼不同：在三代叫“刑”，如禹刑、汤刑；在春秋战国是“法”，如《法经》；秦汉以后主要是“律”，如唐律、清律等。从三者之间的关系来看，它们之间没有如西方的 Jus 和 Lex 那样的明显分层，三者的词义中均不含有权利的意蕴。不过，三者并非平列而无偏重。从中国古代法的客观实际看，三者的核心、本质乃是刑。③ 名之为“法”或“律”的，内里仍是“刑”。先秦法家所研究的被称为刑名之学，明清以刑名师爷称呼帮助县太爷处理法律事务的幕僚，由

---

① 王人博：《法的中国性》，广西师范大学出版社 2014 年版，第 228 页。

② 王人博：《法的中国性》，广西师范大学出版社 2014 年版，第 229 页。

③ 参见梁治平：《法辨》，中国政法大学出版社 2002 年版，第 66 页。

此可以感受到中华法文化中“刑”之意味。它与西方的“法”在语义上对应性如何?拉丁语中与“法”密切的词汇有两个:Jus 和 Lex。Jus 的基本含义是法、权利,此外还有公平、正义等道德意涵,故抽象性质明显。Lex 则是具体而确定的规则规范,用于纯粹法律领域,可以指任何一项立法,也可以指法律体系。这种理解在希腊、罗马、日耳曼等语族中具有相当普遍的意义,并有深远的影响。① 英文 Law 没有权利的意思,而是用 Right 来指称权利。“总之,在传统的层次上,中、西所谓法,文字不同,含义殊异,实在难以沟通。……透过‘法’和‘Jus’之间语义上的歧异,我们看到的是不同民族历史进程和价值取向的不同,确切地说,是中、西文化之间的差异。”②

行文至此,有必要交代一下“德”的概念。德是一个具有本体意义的概念,是中国古代思想史里一个原初性的概念。“克明德”(《康诰》)、“克明俊德”(《尧典》)、“天地之大德”(《尧典》)、“明明德”(《大学》)等不断出现在史书中。德既是天地的本性,也是人的本性。在德与礼的关系上,德大约是抽象的指导原则,而礼则是相对具体的规则。德与礼的关系似乎是:德是礼的精神,礼是德的体现;德是内在的修养,礼是外部的规范。内外结合,君子自然就会生活工作在规矩之中,天下就会太平,百姓就会安居乐业。这是“道之以德,齐之以礼”的道理所在。德与礼有时并用,如德礼政刑;有时又将礼法关系等同于道德与法律的关系。

(二)礼法关系的发展阶段

礼与刑(法)的关系时而对立,时而融合,时而相辅相成——“礼之所去,刑之所取,失礼则入刑,相为表里者也。”③一方面,在中国古代,礼与刑、律、令等,都是法律的组成部分,礼贯穿了中国古代法律演变的全部历史阶段,在

---

① 参见梁治平:《法辨》,中国政法大学出版社 2002 年版,第 83 页。

② 梁治平:《法辨》,中国政法大学出版社 2002 年版,第 67 页。

③ 《后汉书·陈宠传》。

“罢黜百家，独尊儒术”之后，礼的精神成为律典的内核，定鼎于唐朝的中华法系的标志《唐律疏议》便是“一准乎礼”。因此，可以说，中国古代是无礼不成法的，换句话说，法律是不能离开礼而自成体系的。另一方面，我们今天所说的法或法律，在中国古代不同时期有不同的表现形式和表达方式。夏商周时期，“刑”的使用很广泛，如禹刑、汤刑等；春秋战国时期，“法”和“刑”的使用都很普遍，如公元前536年郑国子产“铸刑书于鼎，以为国之常法”①，李悝著《法经》，商鞅改“法”为“律”。《唐律疏议·名例》对这一过程有清晰的记载：“周衰刑重，战国异制，魏文侯师于李悝，集诸国刑典，造法经六篇……商鞅传授，改法为律。”之后“律”成为中国古代法的一种重要表现形式，几乎每个朝代诸法合体的成文法典都名之为“律”，如秦律、唐律、大明律、大清律，并一直沿用至清末。所以，礼法中的法，礼刑中的刑，礼律中的律都是我们今天所说的法或法律（尽管含义有很大不同），礼刑、礼律关系也可以称之为礼法关系，相当于今天话语体系中的道德与法律的关系。② 但是法律作为一个具有独立意义的合成词，则是19世纪末叶日本人的创造。

礼法关系贯穿了中国古代法律的全过程，大体上可以分为以下四个阶段：

1. 礼刑（法）混同阶段：德法混同

夏商西周，是中国古代法的起源和雏形时期，法律尚处于“刑不可知，则威不可测”的状态，隐而不宣，不让公众知晓。法律渊源主要是习惯法和王的命令，内容以礼、刑为主。从字源上，汉字“灋”的渊源久远，先秦时代流行用它指称某种社会现象。此前当然不是没有法律现象，只不过是没有用“灋”而是以“刑”来指称。那时的“刑”比今天我们的理解更专门、狭隘：“刑之始，盖

---

① 《左传·昭公六年》杜预注。

② 当然，当时的礼不等于道德，这从《礼记·曲礼》中的“道德仁义，非礼不成……分争辩讼，非礼不决……”中可以看出，分争辩讼可以理解为法律，所以这里实际上出现了三个概念：道德、法律、礼。

所以待异族。……则必诛其体乃谓之刑,拘禁罚作等,不称刑也。”①据此,当时“刑”乃专指加之于身体的肉刑,奴隶制时期的五刑——墨,劓,剕,宫,大辟当属此“刑”,此“刑”从夏代开始逐步确立,于西周时期写入吕侯编著的《吕刑》,拘禁、劳作、流放不能称做“刑”。“兵与刑乃一事之内外异用,其为暴力则同。‘刑罚’之施于天下者,即‘诛伐’也;‘诛伐’之施于家、国者,即‘刑罚’也。……兵之与刑,二而一也。”②《国语·鲁语》:“大刑用甲兵,其次用斧钺;中刑用刀锯,其次用钻笮;薄刑用鞭扑。”这是中国古代“刑”的起源,也是先民最初的法观念。《左传》记载:“夏有乱政,而作禹刑;商有乱政,而作汤刑。”可见,起初全部中国古代法都可以说是基于对外征诛和对内镇压两个方面而制定的。不管是对外征诛还是对内镇压,都是非常事件,那平常时期,国家如何治理呢?早在夏商西周时期,国家推行“礼乐之治”——一种道德与法律相混同的治理模式。中国的文化,非常重视礼乐。礼大致是指各种礼节规范,乐则包括音乐和舞蹈。礼乐的起源,与人类文明的演进同步。礼作为当时的行为规范,既能够用来解决纠纷,具有法律的性质,又可以拿来教化民众,具有道德的特征。在西方,同样经历了德法混同时期。西周时期特别讲究礼,主张明德慎罚,渐渐形成了出礼入刑的法律体系。

2. 礼法对立阶段:德法分立

春秋战国至秦朝,是中国古代法的奠基阶段,也是“务德”与“务法”针锋相对的阶段。春秋战国之际,中国社会礼崩乐坏,但中国文化的基本性格在西周已经形成,“后人所做的,有许多是要把早期的传统系统化、哲学化,使之更加丰富、精巧。古代法的观念即属于这一类。”③当然中国古代法观念在周秦时期是发生了一些变化的——起于兵的“刑”在秦建立起中央集权制之后便

---

① 吕思勉:《先秦史》,上海古籍出版社1982年版,第425页。

② 钱钟书:《管锥编》(一),中华书局1979年版,第285页。

③ 梁治平:《法辨》,中国政法大学出版社2002年版,第52页。

专门对内适用了。这也是后代讲法或律时,不再讲“兵”的因由。春秋战国礼法之争的前提,从范畴上来说,儒家和法家是承认道德与法律是不同的并列的范畴的,对道德和法律的理解和各自的功能作用是有基本共识的——道德主要是劝导、教化,法律主要是禁止、惩罚。儒家和法家在国家治理的目标上是一致的,即“天下太平”“天下大治”。如果儒家的道德教化能治理好国家,法家自然不会反对;如果“法”能治理好国家,儒家当然也是不会反对的。所以,礼法之争主要是治理手段的争论,不是对道德、法律本身的争论。儒家主张“务德不务法”;法家正相反,主张“务法不务德”。随着井田制瓦解,周王室衰微,西周德治治理秩序崩溃,战乱频仍,温和的德治难以再让天下太平。儒家极力想恢复传统德治的“务德”主张,在当时自然不易被人接受。

礼崩乐坏,战国群雄并峙,倡导帝王政治的法家主张和学说随之兴起。法家学说适应了诸侯争雄、称霸天下的现实需求,以推崇法治思想为鲜明特色。战国纷乱年代,更为需要的是强力、是效率、是统一,而不是慢工出细活的教化,因此赏罚分明的法家思想自然占了上风,并被各国所采用。此时“刑”改为“法”、公布成文法,但是这些变化并没有带来古代法本质特征的改变,法依然以刑为主。不独是法家的法律理论,儒家对法的认识也是止于“刑”,所以古代法从根本上来说,就是刑法或者刑罚理论,无非是“刑乱邦,用重典”或者“刑罚世轻世重”的循环往复,没有跳出“夏有乱政,而作禹刑”的窠臼。孔孟荀对法的理解也是如此。百家争鸣中,法家一时成为显学,法家弟子成为各诸侯国的座上宾,变法图强、厉行法治成为风尚。商鞅变法成效最为显著,使秦灭六国,一统天下,建立了第一个中央集权的君主专制王朝。秦朝治国理政时,依然推崇严刑峻法的法家思想,直至二世而亡。真可谓其勃兴也,法;其倏亡也,亦法。

3. 礼法合流阶段:德法交融

这是中国古代法律发展的成熟期,体现了鲜明的法律儒家化的特色,是中华法系跻身于世界五大法系的关键阶段。礼法合流源于对秦朝短命而亡的反思,始于汉朝“罢黜百家,独尊儒术”治国理政思想的确立,历经三国两晋南北朝的发展,定型于隋唐时期,《唐律疏议》是最高成就的代表作。此后,礼法合流的主旋律一直回响在中华大地,直至清末法制变革。在两千年的历史长河中,德治是封建帝王的治国方略,在德治中心主义前提下推行德主刑辅治国之道,儒家思想是正统意识形态,儒家思想法律化、法律的儒家道德化,成就了“一准乎礼”的《唐律疏议》、附有丧服图的《大明律》等影响深远的综合性法典,在世界法律文明的舞台上上演了礼法相辅相成的乐章。①

4. 礼法分离阶段:德法分离

在清朝末年,变也得变、不变也得变的千年未有之大变局的情势下,中华法系走向衰落,西学东渐,西方的法治文明传播到中国,清政府被迫于 1901 年下诏变法,以西方法律体系为模本,改订旧律。在著名的清末礼法之争中再次涉及道德与法律的关系,这次法理派取得相对优势,十年的法制变革基本确立了法律主治的模式,中国古代法律开始了近代转型。②

学界通说认为,清末礼法之争的焦点集中在义关伦常的几个具体罪名上。礼教派、法理派强烈交锋后,于 1911 年最终公布的《大清新刑律》增加了草案中原本没有的《暂行章程》(原称《附则》)五条。此五条内容皆是义关伦常行为的罪与罚。③ 1936 年,杨鸿烈先生在其所著的《中国法律思想史》中将以沈

---

① 参见彭凤莲:《论中华法系“重礼轻法”特征的形成》,《安徽师范大学学报(人文社会科学版)》1999 年第 2 期。

② 上述四个阶段的划分参阅了王雅梅编著的《礼法中国:中国古代的法律》,希望出版社 2012 年版,导读。

③ 第一条是“侵犯皇室罪、内乱罪、外患罪、杀害伤害尊亲属罪,处死刑的,仍用斩刑”;第二条是“损坏、遗弃、盗取尸体者,损坏、遗弃、盗取尊亲属尸体及遗骨、遗发及殓物者,发掘尊亲属坟墓者,发掘尊亲属坟墓而损坏、遗弃、盗取其尸体者,应处二等以上徒刑者,得因其情节仍处死刑”;第三条是“犯强盗罪得因其情节仍处死刑”;第四条是“无夫奸之罪与罚”;第五条是“对尊亲属有犯,不得适用正当防卫之例”。参见中国人民大学法律系法律史教研室编:《中国近代史资料选编》第一分册,1980 年印,校内用书,查于中国人民大学法学院图书馆。

家本、杨度为代表的一派称为法治派，将以劳乃宣、张之洞为代表的一派称为礼教派，并对“两派冲突的要点”进行了梳理与阐释：礼教派劳乃宣认为，刑法草案中“内乱罪无纯一死刑”及“无夫奸之无罪”有妨礼教；“干名犯义”“亲属相奸”“犯罪存留养亲”“亲属相盗”“亲属相殴”“故杀子孙”“杀有服卑幼”“妻殴夫”“夫殴妻”“无夫奸”“子孙违犯教令”等款，《大清律》皆有特别规定，而《大清新刑律草案》则一笔抹杀，大失明刑弼教之意。法治派领袖人物沈家本著《书劳提学新刑律草案说帖后》，对劳乃宣之说一一痛驳。① 经由此，礼法之争的焦点在于义关伦常的罪名之通说基本奠定。

此后，中国法律思想史的教材或论著中关于清末礼法之争的焦点之说大致与之相同。张晋藩教授在《中国近代社会与法制文明》一书中指出：礼法之争“虽然涉及传统刑法的许多方面，但焦点是新修订的刑律，是否应继续纳入封建礼教的内容”②。史广全博士将“法理派与礼教派争论的焦点”概括为五个方面：“干名犯义”条的存废、“存留养亲”制度、“无夫奸”及“亲属相奸”、“子孙违犯教令”、子孙卑幼能否对尊长行使正当防卫权。③ 20 世纪 80 年代以来法律史教材中对清末修律焦点的概括都是“无夫奸”与“子孙违犯教令”。④ 梁治平解释为什么这两条会成为焦点：“它们之所以牵动人心如此，并非是因为其本身是刑法中最基本最重要的内容，而是因为它们所出自的两个范畴，男女和长幼，在传统道德、法律和政治上均有着特殊的重要性，以致针对这些条款的任何修改，都可能触动和改变传统中国的某些核心价值。”⑤这一解释可

① 参见杨鸿烈：《中国法律思想史》（下册），商务印书馆 1998 年影印第 1 版，第 324—332 页。

② 张晋藩：《中国近代社会与法制文明》，中国政法大学出版社 2003 年版，第 311 页。

③ 参见史广全：《礼法融合与中国传统法律文化的历史演进》，法律出版社 2006 年版，第 539—541 页。

④ 参见金敏：《继承晚清谁人遗产？——梁治平先生〈礼教与法律〉读后》，《清华法学》2015 年第 5 期。

⑤ 梁治平：《礼教与法律——法律移植时代的文化冲突》，上海书店出版社 2013 年版，第 27 页。

谓一语中的,它揭示了两个重要层面的问题:一是无夫奸、子孙违犯教令不是刑法中最基本最重要的内容,二是删除无夫奸、子孙违犯教令严重冲击了男尊女卑、长幼有序的核心价值观。可见,就律典条文内容来说,目前关于清末礼法之争的焦点是封建礼教内容的观点占支配地位,亦即通说。清末礼法之争的深刻解读涉及制度的变迁、刑法理念的转变和法律方法论的转型。梁治平将清末礼法之争由表及里分作三层:"最表面的一层为法律的具体规范,如'无夫奸''子孙违犯教令'等条的存废;进一层为原则上的分歧,如道德与法律、立法与习惯之关系;再进一层,则是中西古今之辨,理事运化之理。"①这一总结很深刻,第一层是清末礼法之争的焦点之一。第二层其所说的"原则上的分歧"从其所列举的道德与法律、立法与习惯两对范畴来看,主要还是道德与法律之争。第三层涉及比附援引与罪刑法定之争,而这恰是清末礼法之争的另一个焦点。② 比附援引是德治的必然产物,遇事临时比附处置,比附的根本标准还是道德,而罪刑法定靠的是事先公布的法律,所以说到底还是道德与法律之争。这一焦点争论最终以罪刑法定原则的确立为标志,它表明从明刑弼教、威慑控制社会功能的古典刑法观到以保障人权为核心要素之一的近代刑法理念的转变,以情理为相似性判断之基础,以类比为推理模式的古典法律方法向严格罪刑法定的近代法解释学之转变。③

从法理派和礼教派争论的两个焦点来看,分歧其实并不在"变"与"不变"的问题上,都主张变,只是在"如何变"和"变的程度"上有不同意见。④ 他们的终点目标也是一致的,即收回法外治权,实现富国强兵,但是起点与方法不同,一方要植根于本土文化、国情民意,坚守礼教,一方则几乎是在对本土文

① 转自金敏:《继承晚清谁人遗产?——梁治平先生〈礼教与法律〉读后》,《清华法学》2015 年第 5 期。

② 参见彭凤莲:《清末礼法之争的焦点再探》,《江海学刊》2018 年第 4 期。

③ 参见陈新宇:《〈钦定大清刑律〉新研究》,《法学研究》2011 年第 2 期。

④ 参见李拥军:《法律与伦理的"分"与"合"——关于清末"礼法之争"背后的思考》,《学习与探索》2015 年第 9 期。

化、国情民意清零或酌情考虑的基础上，既托古改制又托洋改制，直接接入西洋法律。由于与比附相对立，所以罪刑法定从引进到确立的过程十分艰辛，经过立法论争或商谈，比附被废除，罪刑法定原则终得确立，表明诸法合体的法律形式也在一种新型要求的压力之下发生了变化，新的法律形式更强调抽象性、普遍性，赋予法律系统以统一结构，是中国法律近代化的重要标准，是法律进步的一大标志。这标志着德治中心主义开始转型。

上述四个阶段表明道德与法律、德治与法治在中国历史上经历了两次大的合与分。第一次合与分：夏商西周的礼乐之治，是德法混同；春秋战国秦是法律之治，德法分离。第二次合与分：由汉至清，治理模式是礼法之治，特征为德法合治，德主刑辅；清末法制变革以来治理模式是法治，特征是依法而治。"总结其间的经验教训，可以发现一个规律：大凡合的时候，治理效果相对较好，有利于国家的长治久安；大凡分的时候，治理效果相对较差，会引发道德情理与法律规定相冲突的现象。比较可知，只有选择德治与法治相结合，才符合中国历史发展的规律。故当下制定的德法合治方略，具有历史必然性。"①

二、德治中心主义的确立

从《礼记·曲礼》中的"道德仁义，非礼不成……分争辩讼，非礼不决……"的记载中可以看出，礼是高于法的，因为这里的"分争辩讼"可以理解为法律（刑），礼是解决"分争辩讼"的根本。因此，本书认为，礼与法第一次分离之后，从范畴上来说，礼（德）法（刑）是并立的，但从功能上来说，礼（德）是根本性的、起决定作用的，这对西汉之后德治中心主义的确立、德主刑辅原则的推行有奠基作用。两千年的封建社会是德治中心主义社会。德治中心主义是农耕文明的产物，其确立有一个过程，德治是治国方略，德主刑辅是治国之道。

① 龙大轩：《新时代"德法合治"方略的哲理思考》，《中国法学》2019年第1期。

(一)德治中心主义确立过程

在西周,"德"具体表现在敬天、孝祖、保民三件事情上。周公"以德配天"的著名命题,标志着中国古代政权合法性根据的重要转变:由不可触摸的神秘天命转为可以感知的现实人事。"德"概念的提出,既为周人统治找到了合法性依据,且经由孔子发扬光大,而成为中国几千年的权威思想——德治(Rule by Virtue)。① 德尽管是抽象的指导原则,但也有比较具体的含义。其一,它指的是人的德行,主要是统治者的德行。正如孔子所言:"志于道,据于德。"②教导人们确立生命的目标,找准做事的依据,德正是做事的依据。其二,德行要紧的是己身要正。"不能正其身,如正人何?"③意即正人先正己。"明王统治,莫大身化。"④"正己德而世自化"⑤,意即贤明君主己身正了,天下自会太平。其三,德是一种统治方式,也是一种秩序观。这是最重要的。作为一种理想的统治方式,德礼并行,互为表里,侧重人的内在修养。作为秩序观,强调内在修养强于外在限制。"德治"作为道德秩序的权威理想,与"法治"在法治文明秩序中的地位相当。⑥

《论语》中提出了"德礼政刑"规范二元论的治理方式:"道之以政,齐之以刑,民免而无耻;道之以德,齐之以礼,有耻且格。"该规范二元论,把德礼和政刑两种规范体系对立起来,认为在治理国家上德礼规范系统要优于政刑规范系统。"道"和"齐"两个动词概念刻画了古代中国人对治理的认识和心态。在国家治理上,首先是"道",即引导民众成为遵守秩序的君子和臣民;其次是"齐",即如果引导不奏效,则该用一些具体的规范来使他们与统治者保持一

---

① 参见於兴中:《法治东西》,法律出版社 2015 年版,第 88 页。
② 《论语·述而》。
③ 《论语·子路》。
④ 王符:《潜夫论·叙录》。
⑤ 王符:《潜夫论·本训》。
⑥ 参见於兴中:《法治东西》,法律出版社 2015 年版,第 90 页。

致，至少不与朝廷作对，并将接受统治者的统治。相较而言，用德礼来引导民众的行为使其从心中服从，要优于用政刑来约束民众用强力使之归附。中国古人早已认识到了这一经验："民亲爱则无相害伤之意，动思义则无奸邪之心。夫若此者，非律之所使也，非威刑之所强也，此乃教化之所致。""法能刑人而不能使人廉；法能杀人而不能使人仁。"①法律注重使人不敢作恶，道德却能使人乐于向善。此规范二元论的德礼政刑四个概念对应四种治理方式和手段，但有轻重主次之分，这在《孔子家语》中有较为明确的表达。《孔子家语·刑政》篇中记载仲弓问于孔子曰："雍闻至刑无所用政，至政无所用刑。至刑无所用政，桀纣之世是也；至政无所用刑，成康之世是也。信乎？"孔子曰："圣人之治化也，必刑政相参焉，太上以德教民，而以礼齐之。其次以政焉导民，以刑禁之，刑不刑也。化之弗变，导之弗从，伤义以败俗，于是乎用刑矣。"可见，德治为上，次之是礼治，复次之是政治，最后是刑治。此规范二元论提供了一个完全不同于西方社会文化中对于秩序与规范及二者之间关系的理解。如果以西方的法律概念视之，那么德礼政刑四个概念都可能是法律，也可能是道德，甚至包含宗教。因此，在中国传统文化中，不存在西方意义上的法律、道德，或者不存在西方意义上的纯粹的"法"这样的一种规范系统。② 道德教化不奏效，就用礼的规范制裁之；政治说教不奏效，就用刑的规范制裁之。毫无疑问，在孔子思想中，德治处于最重要的地位。"为政以德，譬如北辰，居其所而众星共之"③一语，表明德治主张被孔子明确提出来了。孔子的德治思想的形成，直接渊源于周公的"敬德保民""以德配天"等周礼内容。商朝名相伊尹著有《咸有一德》名篇，主张"德惟一，动罔不吉；德二三，动罔不凶。"④在伊尹看来，"一德"是治国之本，德政就是要合民心，顺民意。

---

① 桓宽：《盐铁论·申韩》。

② 参见於兴中：《法治东西》，法律出版社 2015 年版，第 84 页。

③ 《论语·为政》。

④ 《尚书·咸有一德》。

中国经历了先秦礼法之争与清末礼法之争,真可谓千古一“治”。两次礼法之争都是围绕国家治理在道德与法律之间争论谁主谁辅、孰优孰劣,即法律与道德在国家治理中谁是第一位的,谁是第二位的?是要务德不务法还是务法不务德?第一次礼法之争后法家占了上风,但法家思想在短暂的繁荣之后就被儒家思想击败,标志性事件就是“罢黜百家,独尊儒术”,从此开启了两千年的德治中心主义时代。第二次礼法之争,虽很难说谁输谁赢,但总体上还是法理派占了上风,从此开启了中国法律近代化转型,在法治道路上跌跌撞撞。

“儒家的法律思想与其政治思想密切勾连,基本上继承和发展了西周以来的‘礼治’思想和周公的‘明德慎罚’思想,提出了一系列维护‘礼治’、提倡‘德治’、重视‘人治’的法律观点。这对秦汉以后的封建社会影响很大。我国封建社会的正统法律思想就是以儒家观点为主,糅合法家并吸收其他各家中有利于维护封建统治的法律思想加以改造形成的。”①儒家提出,以礼治为立法与司法的法理,以德主刑辅为主要方法,不务法而务德。

儒家重礼,但从未忽视法律对于国家治理所具有的工具性价值,这也是它能够吸收法家思想的因由。有例为证,孔子出任鲁国司寇七日时,处理了一起案件:以“心达而险”“行辟而坚”“言伪而辩”“记丑而博”“顺非而泽”之五项罪名诛杀了鲁国大夫,官至少正的卯(少正为官名,卯为人名)。《论语·里仁》中有“君子怀刑”的记载,这是孔子对法在国家治理中地位的最为明确的表述,强调治国理民的君子应该关心法度。可见,孔子并不反对或排斥法律或刑杀。孔子及其后继者不否认法律与道德一样都是国家治理的手段,然而,礼与法、德与刑并不能等量齐观,而是存在主辅之别,坚持道德优先,法律居其次。有学者富有洞见地归纳儒家的治国主张:“为国以礼:礼法兼用,以礼为主”“为政以德:德刑兼用,以德为主”“为政在人:人法兼用,以人为主”。②

---

① 彭凤莲:《中国传统刑事政策思想》,中国人民大学出版社2017年版,第18页。

② 段秋关:《新编中国法律思想史纲》,中国政法大学出版社2001年版,第292页。

维护"礼治"是孔子终身从事的事业,"孔子在礼坏乐崩的春秋末期仍然主张'为国以礼',提出并建立了以'仁'为核心、以'复礼'为目的的思想体系,作为整个儒家思想的理论基础。"①在当时礼制已坏的背景下,他奔走呼号,要求各级贵族以"礼让为国"②,互相克制,停止争夺,遵守礼制。主要内容有以下几个方面:

(1)确立以礼为立法和审判的基本原则。"礼"是合乎"天道"的"天理","天道"体现了上下尊卑的等级原则,所以必须顺应这一原则,以"礼"为立法与司法的指导原则。"只有在礼乐的指导下,刑罚的运用才能得当,才不至于使人无所适从"③,此即"刑罚中"。所以孔子说:"礼乐不兴则刑罚不中,刑罚不中则民无所措手足。"④孟子要求法先王,"无礼义,则上下乱""不愆不忘,率由旧章"。荀子反对礼所规定的贵族世袭制,但对礼所维护的等级制却特别推崇,这与孔孟一致。所以,荀子明确指出:"礼者,法之大分类之纲纪也"。⑤ 儒家从维护"礼治"出发,主张严格遵守"君君、臣臣、父父、子子"的宗法等级名分。"由孔子首倡'正名',要求纠正违反等级名分的混乱现象,反对犯上作乱、反对僭越。孟子也宣称,不容背离'内则父子,外则君臣,人之大伦也'之秩序。荀子则把'贵贱有等,长幼有差'的礼,说成是'与天地同理''与万世同久'的'大本',不能违反。"⑥儒家思想家们"把'礼'具体化为'父慈、子孝、兄良、弟悌、夫义、妇听、长惠、幼顺、君仁、臣忠'十种'人义'。这十种'人义'间虽然互有要求,但并不是对等的,而是宗法等级原则的体现,发展到后来即演变为指导封建立法与司法的'三纲五常'"⑦。

① 彭凤莲:《中国传统刑事政策思想》,中国人民大学出版社 2017 年版,第 20 页。
② 《论语·里仁》。
③ 彭凤莲:《中国传统刑事政策思想》,中国人民大学出版社 2017 年版,第 18 页。
④ 《论语·子路》。
⑤ 《荀子·劝学》。
⑥ 彭凤莲:《中国传统刑事政策思想》,中国人民大学出版社 2017 年版,第 20 页。
⑦ 彭凤莲:《中国传统刑事政策思想》,中国人民大学出版社 2017 年版,第 21 页。

(2)秉持“亲亲为大”“亲亲相隐”的宗法伦理。“礼治”是宗法原则和制度的产物,宗法本身就内含有等级思想。孔孟尤其推崇周礼“亲亲”的宗法原则,一再用“尧舜之道,孝弟(悌)而已矣”等典故倡导“笃于亲”。而现实生活中,伦理道德与法律之间的张力是客观存在的,当二者发生矛盾时,儒家主张伦理道德为先,坚持“亲亲为大”;“在犯罪问题上反对父子相互告发,提倡‘父为子隐,子为父隐’。但儒家对周礼的‘亲亲’原则也有所修正。周礼讲‘任人唯亲’,儒家则讲‘亲亲为大’。孔孟曾提出‘举贤才’和‘尊贤使能’的主张,但有条件,即必须由亲及疏、由近及远。荀子重贤能,主张‘贤能不待次而举’即可以破格提拔。”①但在贤能相等的前提下,还是应当由亲及疏。这对后世任人唯亲的裙带关系学影响甚大。

(3)宣扬“承天之道”以“治人之情”。为“礼治”进行辩护,儒家提出了一系列理论,以维护“礼治”在意识形态领域的统治地位。礼乃“承天之道”以“治人之情”,就是儒家大力宣扬的。“西周以后神权不断动摇,统治者为了统一思想,开始利用天地、阴阳、五行等自然现象和事物来论证维护尊卑贵贱等级秩序之礼的合理性和永恒性。他们鼓吹天地、阴阳有上下尊卑之分,五行也有相生相克之别,因而便将它们附会为人类划分尊卑贵贱的依据。”②经过儒家加工或润色的《周易》与《尚书·洪范》中将原有朴素辩证法和唯物论因素的阴阳、五行说加以唯心主义的改造,使其神秘化。“后来的儒家特别是以子思、孟轲为代表的思孟学派,继承和发展了这种思想,神秘地赋予‘天’以伦理道德属性,从而反证礼的合理性与永恒性。成书于秦汉时期的儒家论文集《礼记》保存了这类思想,并进一步将礼的功效概括为乃‘承天之道’以‘治人之情’。”③“七情”——喜、怒、哀、惧、爱、恶、欲被说成是“人欲”,与“天理”对立。“人欲”不能任其随意发展,必须用源于“天道”的“人义”加以治理,否则

① 彭凤莲:《中国传统刑事政策思想》,中国人民大学出版社 2017 年版,第 20 页。
② 彭凤莲:《中国传统刑事政策思想》,中国人民大学出版社 2017 年版,第 21 页。
③ 彭凤莲:《中国传统刑事政策思想》,中国人民大学出版社 2017 年版,第 21 页。

会导致“坏国丧家亡身”的结局。因此,礼对治国理政、修身齐家都极端重要,“失之者死,得之者生”。儒家把礼视为出自“天道”的“天理”,《礼记·乐记》高度概括说:“礼者,天地之序也。”“礼也者,理之不可易者也。”儒家的上述理论,成为官方意识形态之后,不仅是伦理道德的礼教,而且也是立法与司法的法理,有的甚至转化成了律典条文。发展到后来便成为宋明理学“存天理、灭人欲”的哲学根基,并被中外有的学者称为儒家“天人合一”的自然法。① 总之,儒家的德治思想影响了整个封建社会。

法家在很多观点上与儒家针锋相对,儒法两家的冲突,由礼法之争而德刑之辩,最终形成“治人”与“治法”的尖锐对立,但本质上都是人治。儒家主张君臣父子之礼,法家主张君臣上下之分。法家强调法术势的统一,希望建立集行政、立法、司法于一身的帝王绝对权力。法家主张的法治是:“有生法,有守法,有法于法。夫生法者,君也。守法者,臣也。法于法者,民也。君臣贵贱皆从法,此谓为大治。”②这也就是法家所说的君臣上下之分。它与儒家一样地强调等级,把民作为“法治”“法办”的对象。据此可知,法家在主张人治上绝不输于儒家。只是法家旨在以暴力(刑)取胜,法势术并重;儒家旨在道德教化,以德化人。

先秦法家的“法治”理论因其本质特征所局限而没有发展成为现代“法治”,但也曾辉煌一时。在理论上,其在先秦礼法之争乃至法哲学史上均有重要的地位,提出了君臣贵贱皆从法、一断于法等著名论断;在实践上,该理论也得到了很好的检验,法家思想在秦统一六国、建立君主专制王朝中付诸实施且功不可没。秦因采纳法家思想迅速强大,建立了统一的君主专制王朝,但强大的秦朝又迅速土崩瓦解,这给了儒家思想一个彻底翻盘的机会,以成百家被罢黜、儒家被独尊。正如太史公所言:法家“可以行一时之计,而不可常用也”③。

① 参见彭凤莲:《中国传统刑事政策思想》,中国人民大学出版社 2017 年版,第 21 页。

② 《管子·任法》。

③ 《史记·太史公自序》。

法家与儒家两派的公开论战,在务法与务德上针锋相对,最终随着“隆礼重法”“德主刑辅”思想成为封建社会占支配地位的意识形态而退隐,德治的统治地位确立了。① 德治最终被确立为治国方略,标志着德治中心主义的确立,同时也标志着春秋战国至秦朝法家鼎盛时代的终结,由此开启了直至清末的独尊儒术、德治中心的时代。

在儒家的治道致思中,由内在、自律着眼的德化的成分占绝对多的分量,但深究之,儒家治道中未尝没有引入由外在、他律下手的物化因素。德化、物化二者适成儒家治道的两种指向,但这两种指向,又统一于德治的权力运用过程和成就德治的政治运作目的。德化是根本、是依据、是归宿;刑罚是枝节、是辅助、是手段。儒家德治思想奠基于中国古典的宗法血缘关系,亲亲和尊尊为其本质内涵,政治运作中的“尚贤”之所以成为一种基本的合德性行为与规范,正是因为它反映了一种伦理政治精神——尊崇居人伦主导地位的道德榜样。在早期儒家建构伦理政治理论时,这种延伸就已成为一种由伦理关系转移为政治关系的历史定势,周代的伦理政治实践是其合法性来源。这既给建构伦理政治的理论家提供了思想资源,同时也限定了他们治道致思的视野。伦理政治的理论建构者们以家庭伦理为蓝本,进而一层层确立起处理社会政治关系的公共礼法规则。孔子以为,一个人在家庭里能行孝悌,则在国家政治上可以忠诚,不会犯上作乱。董仲舒则更进一步,将孝悌提升为天道,并将之转换为一套法天而治的伦理法代码。可见,早期儒家从宗法血缘关系出发,推演出了一种能维持社会政治顺畅运作的伦理准则:由家而推及天下的德治。伦理政治的治道构思,使建构者必然重视握权者的伦理感召和为政效果的道德震撼。② 统治者的伦理感召和道德震撼推进了德治模式的塑造。

---

① 参见蒋德海:《依法治国与以德治国并举要超越历史的周期律》,《上海大学学报(社会科学版)》2017 年第 1 期。

② 参见任剑涛:《伦理政治研究——从早期儒学视角的理论透视》,吉林出版集团有限责任公司 2007 年版,第 158—159 页。

纯粹的德治，只能以纯粹的可以伦理感化的大众之存在为预设前提。但是，事实上，难以被感化的人确实存在，就是主张人性本善的早期儒家也认为，这种“无德小人”，不仅存在，而且难于改造。为此，以德治为主导，采取辅助性的法律惩罚就是必要且重要的了。[①] 儒家对刑罚一类法律震慑功用的认识是，既必不可少又要严加限制，此即“刑为盛世所不能废，而亦盛世所不尚”。君子怀刑又不能尚刑。如果尚刑，伦理功用势必被弱化，儒家倡导的仁政德治则无以实现。如果不怀刑，对屡教不改、刁钻要滑、危害社会治安甚至暴乱之徒，又无以约束。因此在不得已选择以刑罚为震慑人心的强力手段的同时，儒家着重对德治方略赋能，发挥道德引领与教化功能，德刑关系的定位是“德主刑辅”。德治中心主义被确定以后，德治运作模式亦随之建立起来了。如此，德治不仅成为家喻户晓的一种观念，而且可以落实为能够实际运作的政治范式。

孔子在德刑的抉择上，首先强调的是“为政以德”，其次才能运用“宽猛相济”。“宽则得众”[②]是一种共识，一方面主张不要超过杀戮生命的界限，即“子为政焉用杀”[③]，如孔子吁请“赦小过”[④]以行德政，保证政宽，另一方面采取保民、养民、恤民、惠民、富民的举措，并将之作为政策的导向。可见，在孔子伦理政治视域中，“宽猛相济”的德治运作模式，是以宽为主以猛为辅的。宽有无限可为的余地，从身正、富民、教民、贤贤到博施济众、老安少怀；而猛则有相当限度，所以孔子强调“刑罚中”。[⑤] 孟子对德治全局特征的把握是，主张王道，反对霸道，所以他反对“为政以力”，视德政为“如解倒悬也”，[⑥]要“省刑

---

① 参见任剑涛：《伦理政治研究——从早期儒学视角的理论透视》，吉林出版集团有限责任公司2007年版，第163页。

② 《论语·尧曰》。

③ 《论语·颜渊》。

④ 《论语·子路》。

⑤ 参见任剑涛：《伦理政治研究——从早期儒学视角的理论透视》，吉林出版集团有限责任公司2007年版，第165页。

⑥ 《孟子·公孙丑上》。

罚,薄税敛",①并反对"不教而诛",主张"教而后诛"。孟子明确提出了德治运作要德法两手抓:"徒善不足以为政,徒法不足以自行。"②以伦理教化和法律震慑相配合为德治奠基,但在德刑构成上,德化总是居于主导地位,刑罚总是居于辅助地位。荀子提出了"明德慎罚"的德治运作原则,并对德治运作中"德刑"谁主谁次、谁先谁后、效果差异作了论述。董仲舒进一步巩固了德治运作模式的理论构架,强调"国之所以为国者,德也",③并以阴阳关系定格德刑关系:阳为德,阴为刑,"天之任德不任刑也""王者承天意以从事,故任德教而不任刑"。④

比较而言,对德治运作模式来说,孔子主要还是奠立精神方向、确立价值立场;而孟子则以其聪明睿智,强化德治之德化成分;荀子、董仲舒强调德治运作之"治"的因素,但基本目的和德刑布局并未起根本变化。总的来说,都是以强调伦理感动以求政治回报为大思路,只希冀法律震慑起辅助作用。⑤ 直至清朝终结,德治运作模式均大抵如此,不断循环往复。

(二)德治中心主义形成的原因

德治是中华文明的标志性特征,德治中心主义的形成与盛行有其特定的原因。最根本的形成原因是农耕文明,盛行的政治原因是君主统治的人治模式,并吸取了秦王朝纯任"法治"所带来的灾难性教训。

1. 农耕文明是德治中心主义形成的根本原因

德治中心主义的形成得益于儒家的理论构建,但德治形成和兴盛的根本

---

① 《孟子·梁惠王上》。

② 《孟子·离娄上》。

③ 《春秋繁露·保位权》

④ 《汉书·董仲舒传》。

⑤ 参见任剑涛:《伦理政治研究——从早期儒学视角的理论透视》,吉林出版集团有限责任公司 2007 年版,第 168 页。

原因是农耕文明的出现。人类历史经历了一个母系社会时期,生产生活方式以采集为主,居无定所;随着原始农业、畜牧业的发展,生产生活方式变成了刀耕火种与定居生活,由此实现了人类生产力的第一次飞跃,标志着人类进入农耕文明。在人类文明史中,农耕文明是人类史上的第一种文明形态,是一种适应农业生产、生活需要的国家制度、礼俗制度、文化制度等的集合。世界早期的大河文明因其自然条件的赋予,都进入了农耕文明时代。四大文明古国都是农耕文明的典型代表。农耕时代的文明国家形成以后,几乎所有较大的地域性国家都形成君主制政体,中国古代的皇权社会就是君主制政体。除了在古希腊少数城邦国家和古罗马共和时代有过昙花一现般的约束国家统治者权力的制度实践之外,人类在农耕文明时代的绝大部分时间内、在绝大部分地区都没有解决对国家统治者权力的限制、约束问题。① 中国的农耕文明以儒家文化为主体,还集合了其他各类文化,形成了融国家管理、家国伦理、人际交往理念为一体,集语言文字、诗歌戏剧、风俗习惯于一体的,有自己独特文化内容和特征,世界上存在最为广泛的文化集成。

中国德治模式的形成与农耕文明密切相关。在古代社会,中国的政治中心在黄河流域的中原一带以及长江流域。这两大流域的自然地理条件都非常有利于农业生产,由此培育出了华夏的农耕文明。农耕文明严重依赖自然地理条件和资源禀赋,因此形成了顺天应命的精神心理,以及守望田园、面朝黄土背朝天的劳作习惯,企盼风调雨顺,需要天地人和的自然环境和人文环境。农耕文明奠定了中华传统文化的底色。聚族而居的生活习惯孕育了和为贵的为人处世之道、乡绅制度,精耕细作的生产方式孕育了农政思想、自给自足的生活方式、文化传统等等。“日出而作,日入而息,凿井而饮,耕田而食”的《击壤歌》,“锄禾日当午,汗滴禾下土,谁知盘中餐,粒粒皆辛苦”的《悯农》诗,都是农耕文明的写照。

---

① 参见张恒山:《文明转型与中国特色法治发展之路》,《中共福建省委党校学报》2017 年第 1 期。

中国农耕文明的主导性法文化以三大要素为基础:以家庭为单位从事分散的农业劳作,以血缘亲属聚集组成的自然村落、祠堂作为基层管理组织,以帝王至上的郡县制作为国家组织治理的基本制度形式。在此基础上形成的农耕文明主导性法文化主要体现为三大观念:亲情至上的义务观、等级划分的秩序观、权力不受约束的政治观。① 农耕文明的治国智慧,更多依靠治国者个人的才智、修养与能力。农耕文明从人的因素来说,主要靠体力,男女在体力上有天生的差距,男性身强力壮有其天然优势。"这就形成了日益稳固的关于家庭、家族、族群、家园、家国、国家等等意识、观念,从而人与人之间的各种伦理关系便成为人们安身立命、为人处世、治国理政时重点关注、思考、对待、处理的问题,形成了中华民族喜欢'抱团''扎堆'、人际关系异常复杂稠密的状况,形成了中国人注重群体价值、认同世俗权威的普遍观念,也形成了中国人就事论事、崇尚现实、不重思辨的习惯。"②

2. 维护君主统治是德治盛行的政治原因

德治思想与实践在西周就已比较成熟。显然分封制的国家状态是不可能主张"法治"的,因为都是自家人——周天子根据血缘亲疏分封诸侯,诸侯再循此逻辑分封……,所以讲究慈孝友悌的"德治"更管用。在战国纷乱的年代,群雄并起,诸国都想迅速富国强兵,以获取军事霸主地位、实现中央集权的大一统政治、实现君权的绝对化。赏罚分明、一断于法的"法治"回应并适应了这种时代需要或挑战。然而,在秦始皇开创了大一统政治和中央集权体制之后的王朝,所面对的情形已全然不同,重心从开创大一统转向了如何有效维护君主统治,以求长治久安。尽管秦始皇废除了分封制,结束了春秋战国的动

---

① 参见张恒山:《文明转型与中国特色法治发展之路》,《中共福建省委党校学报》2017 年第 1 期。

② 徐圻、金鑫:《"法治"与"德治"的文化渊源探析——以古希腊和华夏文明为样本》,《贵州社会科学》2019 年第 9 期。

荡,却继承了皇权世袭的宗法制,注重血缘、亲缘关系的宗法制必然不是靠“法”来治,而是靠以忠孝为核心的“德”来治。[①] 因此,为争霸列国提供迅速崛起技艺的法家思想,在应对这种全新的挑战时已是顾此失彼、捉襟见肘了。相反,儒家思想以三纲五常为精义,以“为国以礼”“为政以德”为框架,“礼法兼用”以治世、“德主刑辅”以教化,积极对这种历史挑战做出回应。[②] 在农耕文明下,男耕女织,自给自足,除了兴建大型水利工程、征战维护和平外,日常生产活动本身不需要大规模集结人力。治国者即使关心生产活动,也难插上手,“皇权不下县”自有它的道理。

先秦思想家留下来的治国方案主要有三种:儒家的“德治”、法家的“法治”(以严刑峻法为特征)、道家的无为而治。秦始皇采用法家之策,建立了中央集权制;汉初采用道家之术,无为而治,成就了文景之治。秦始皇焚书坑儒、严刑峻法迅速起效又旋即失效,所以行不通;文景之治也只是权宜之计,无为而治不可久施。故而能够行之有效、管长远的,只能是孔孟倡导的“德治”了。[③]

王伯琦从法律角度分析古代德治盛行的原因时指出:“古代的法律,不过是当时习俗的汇集,所以多就个别事例而为之规定,很少能有概括的原则。如《十二铜表法》的相关规定。我中华法律,虽至唐代而集大成,但其缺少一般原则性的规定,情形大致与其古代法律相仿。如唐律疏议的相关规定。《唐律疏议》的‘疏’,是法定的补充解释,《唐律疏议》中的《名例律》之断罪无正条、《杂律》之不应为条,便是给予执法者以随事立法之权,至于皇帝于律令之外,得随时制例定格,乃属当然。何谓应为或不应为,或格例的制定标准?无

① 参见徐圻、金鑫:《“法治”与“德治”的文化渊源探析——以古希腊和华夏文明为样本》,《贵州社会科学》2019 年第 9 期。

② 参见钱锦宇:《新“法家三期说”的理论阐述——法家思想断代的几个问题》,《东方法学》2016 年第 4 期。

③ 参见徐圻、金鑫:《“法治”与“德治”的文化渊源探析——以古希腊和华夏文明为样本》,《贵州社会科学》2019 年第 9 期。

非道德。这是从汉代董仲舒以经折狱以来历代用以补充法律的方法。道德规范,乃是最合于社会大众良知的规范,能依此来规范一般人的行为,非特不会引起反抗,且可博得大众的同情与支持,很顺利地被接受。过去那样的具体个别规定,随时可能发生窒碍,随时需要予以补充。而在君主专制政体下,皇帝有绝对的立法权,随时立法,倘其处置合于当时的道德观念,还可以受到大众的赞赏。不过道德的个别性与法律的普遍性一相混淆,法律立刻丧命,等于无法,其流弊随之而起。至于法律的具体性而发生的弊端,历朝都想方设法补救,但非特无效,而且每每变本加厉。"①君有君德——仁德爱民,臣有臣德——忠君不僭越,民有民德——安分守己,不犯上作乱。如此,君君臣臣,父父子子,则天下天平。道德是从汉代董仲舒以春秋决狱以来历代用以补充法律、修正法律甚或代替法律的重要准则,立法、执法、司法均如此。在君主专制政体下,皇帝既是最高的立法者,也是最高的行政长官,还是最后的司法裁判者。

瞿同祖在《中国法律与中国社会》一书中指出:"家族主义及阶级概念始终是中国古代法律的基本精神和主要特征,它们代表法律和道德、伦理所共同维护的社会制度和价值概念,亦即古人所谓纲常名教。"②纲常名教在清末修律之时,依然有其强劲的影响力。此影响力的一个表现是,由于礼教派的极力反对和多方阻挠破坏,《大清刑事民事诉讼法》(草案)搁浅未能颁布。张之洞认为,"亲亲之义""男女有别"的纲常名教应该作为起草诉讼法的指导原则,因为它们是"天经地义""万古不刊"的。此影响力的另一个重要表现是,当时皇帝的谕旨仍然把新刑律的制定奠基在传统的纲常名教基础之上。例如,光绪三十三年(1907 年)九月初三,光绪奉太后慈禧命,谕示内阁:"礼教为风化所关,刑律为纲纪所系……除宗室未有定制外,著礼部,暨修订法律大臣,议定

① 王伯琦:《近代法律思潮与中国固有文化》,清华大学出版社 2005 年版,第 96 页。

② 瞿同祖:《中国法律与中国社会》,中华书局 1981 年版,第 327 页。

满汉通行礼制刑律，请旨颁行。”①九月初五，光绪再次下谕：“著派沈家本、俞廉三、英瑞充修律大臣，参考各国成法，体察中国礼教民情、会通参酌，妥慎修订，奏明办理。”②从上述影响力的两个表现看，纲常名教在清末修律中仍然是难以逾越的一道坎。光绪三十四年（1908 年）五月，张之洞借签注《大清新刑律》（草案）之机给法理派扣上“败坏礼教”的帽子，申饬道：对杀伤杀害尊长亲属的卑幼要处以斩刑，否则有违礼教父为子纲之意；对妻妾犯殴夫杀夫之罪要予以重惩，否则有违礼教夫为妻纲之意；对亲属相奸的乱伦行为，不能与处理平民无异，否则有违礼教男女有别之意。他坚持“将新刑律草案与旧有律例逐条比较，其有关伦纪之处，应全行改正”。③

清廷在中西文化冲突面前，对礼教派持支持态度。这在清廷所下的一道道谕旨中是一目了然的。例如，宣统元年（1909 年）一月清廷又下谕旨：“旧律义关伦常诸条，不可率行变更。”“惟是刑法之源，本乎礼教。中外各国礼教不同，故刑法亦因之而异，中国素重纲常，故于干犯名义之条，立法特为严重。”④在朝廷、法理派等各方意见的交汇交锋甚至压力之下，礼教派作了部分妥协，修订法律馆和法部经会商，确定修改意见如下：对所有违犯礼教伦常的犯罪，均加重一等处罚；增加《附则》五条，其中：对内乱罪加重处罚；对无夫奸科以刑事处罚；尊长亲属有犯，卑幼子孙不得使用正当防卫权。宣统二年（1900 年）年底，在核议《修正刑律草案》期间，劳乃宣针对新刑律中“子孙违犯教令”和“无夫奸”不加刑等规定再次发难：“刑法之源本乎礼教”，三纲五常“实为数千年相传之国粹，立国之大本”，旧律中凡属“亲亲也、尊尊也、长长也、男女有别等义关伦常各条”，均为“不可变更者”。劳乃宣认为新修刑律大失明刑弼教之义，干名犯义，亲属相奸，亲属相盗，亲属相殴，亲亲相隐，无夫奸，子孙违

① 《德宗景皇帝实录》卷 679。

② 《德宗景皇帝实录》卷 679。

③ 《清朝续文献通考 · 刑考六》。

④ 《清末筹备立宪档案史料》下册，第 858 页。

犯教令等,“应逐一修入刑律正文”。[①] 京师大学堂总督刘廷琛对《修正刑律草案》也颇有不满,将礼教与新律对立起来,认为新律“不合吾国礼俗者,不胜枚举,而最悖谬者,莫如子孙违犯教令及无夫奸不加罪数条”。“礼教可废则新律可行,礼教不可废则新律必不可尽行”。[②]

在中国古代社会,人们对权利、自由的概念没有什么认识,更谈不上自觉自为地通过法律保障权利、自由的实现。“讲法律以儆愚顽”,[③]才是中国古代朝野上下对法的共同认知。法就是刑,只不过是镇压的工具,是众多统治手段的一种,治人者可以随意组合运用,法中不存在不可随意变更的环节,“有治人,无治法”,法的地位自然就等而下之了。法作为人格化的统治工具,自然处于一种附庸的地位,又因为其功能定位为制裁,其发挥的作用也仅限于禁暴止奸之类。中国古代法的制定与实施总是与加强君权联系在一起的。现代所言之法,含义丰富得多,但传统观念的残存影响至今。“不少人还习惯于把法放在自己的对立面上,只视之为禁条,很少以权利意识灌注于其中,把它看做是公民自由和合法权益的根本保障,更不曾把法理解为组织社会的基本模式……”[④]

当然,法家的“法治”一样是维护君主统治的,只不过以法家思想为主流意识形态的秦王朝短命而亡,让法家思想从此隐而不显,法治也就没有盛行起来。而德治在维护君主权威的同时强调“为政以德”,在推行德治中心主义方面起着正向推动作用,这是法家所不具备的。

3. 中国古代的“法治”不宜成为治国方略

这是从古代中国与西方“法”产生的方式和功能进行比较得出的结论。

---

① 参见张晋藩:《中国法制通史》第九卷《清末·中华民国》,法律出版社 1999 年版,第184—185 页。

② 《清末筹备立宪档案史料》下册,第 888 页。

③ 《圣谕广训》。

④ 梁治平:《法辨》,中国政法大学出版社 2002 年版,第 91 页。

注重刑法的运用、刑罚酷烈，几乎是包括古希腊、古罗马在内的早期法律发展中都可以见到的一种普遍现象。但希腊法、罗马法内里的精神跟中国法很不相同。古希腊、古罗马很早就有法是全社会调节器的观念，法是确定权利义务的标尺，是保障权利实现的手段。相比较而言，中国古代法不是保障权利的手段，而是暴力工具，是镇压手段，儒法两家对此认识是一致的。今天我们所说的民事关系在古代也是用刑法来调整的。这就决定了中国古代法的公法性质，不像罗马法的私法性质。“这正是中国古代法与希腊、罗马法的根本区别之一。”①据此，可以说，中国的“法治”源头是公法，西方的“法治”源头是私法。

中国古代法治最精彩、影响最大的当属法家的“法治”学说。其主要内容有：(1)法律应当公布于众。“法律制定以后，既然要人们遵守，就必须以成文的形式予以公布，并力求做到家喻户晓。”②商鞅指出：“圣人为法，必使之明白易知，名正，愚知偏能知之；为置法官，置主法之吏，以天下为师，令万民无陷于险危。”③韩非强调法要显现于外，让老百姓都知晓，“法者，编著之图籍，设之于官府，而布之于百姓者也。……是以明主言法，则境内卑贱莫不闻知也，不独满于堂。”④(2)法律要一体遵循，刑无等级。要使法治真正得以实行，必须强调法的大公无私，强调上下一体遵循。“君臣上下贵贱皆从法”；⑤“所谓一刑者，刑无等级，自卿相、将军以至大夫庶人有不从王令、犯国禁、乱上制者，罪死不赦。”⑥“刑过不避大臣，赏善不遗匹夫”。⑦“法家法治的核心内容，就是要求在治理国家时严格依法办事。法家代表人物邓析就曾明确主张‘事断于

---

① 梁治平：《法辨》，中国政法大学出版社 2002 年版，第 56 页。

② 彭凤莲：《中国传统刑事政策思想》，中国人民大学出版社 2017 年版，第 29 页。

③ 《商君书·定分》。

④ 《韩非子·难三》。

⑤ 《管子·任法》。

⑥ 《商君书·赏刑》。

⑦ 《韩非子·有度》。

法’,强调立法要公正。”①“立法而行私,与法争,其乱也甚于无法。”②(3)以法为本,保持法的稳定性。韩非明确指出:“言无二贵,法不两适,故言行而不轨于法令者必禁。”③商鞅说:“法令者,民之命也,为治之本也,所以备民也。”④在法家看来,国家治理的根本所在是法不是德,是刑不是礼。“要厉行法治,必须统一立法权、统一法律的内容、统一思想认识,并保持法的稳定性。……要实行法治,首先必须以法为本,必须制定出体现国家利益、人人必须遵守的行为规范,作为实行赏罚的依据、治理国家的标准。”⑤(4)“缘法而治、以法为教。”这是法家的核心思想,与儒家“为国以礼”“为政以德”的政治主张针锋相对。商鞅说,“明王之治天下也,缘法而治,按功而赏”。法家认为,要厉行法治,还必须排除仁义、道德以及贤、智等因素。韩非子曰:“夫严刑者民之所畏也,重罚者民之所恶也……吾以是明仁义爱惠之不足用,而严刑重罚之可以治理也。”⑥申不害强调:“尧之为治也,盖明法察令而已。圣君任法而不任智,任数而不任说。黄帝之治天下,置法而不变,使民安乐其法也。”⑦韩非进一步指出:“明其法禁,察其谋计。法明,则内无变乱之患;计得,则外无死虏之祸。故存国者,非仁义也。”⑧“废常上贤则乱,舍法任智则危。故曰:上法而不上贤。”⑨在法家看来,法比贤能之人靠得住。⑩ 要崇尚法律,法律至上,而不是以贤德至上。这就是法家的“法治”。

在群雄并峙的春秋战国之际,严刑峻法比以德化人更易奏效,法家便因其

---

① 彭凤莲:《中国传统刑事政策思想》,中国人民大学出版社 2017 年版,第 29 页。
② 《邓子·转辞篇》。
③ 《韩非子·问辩》。
④ 《商君书·定分》。
⑤ 彭凤莲:《中国传统刑事政策思想》,中国人民大学出版社 2017 年版,第 30 页。
⑥ 《韩非子·奸劫弑臣》。
⑦ 《太平御览》六三八引。
⑧ 《韩非子·八说》。
⑨ 《韩非子·忠孝》。
⑩ 参见何勤华:《中国法学史》(第一卷),法律出版社 2006 年版,第 90—92 页。

主张适应了时代需要而成为显学。法家从人性论出发,认为人类所具有的"好利恶害"的基本属性,决定了治理国家必须用法治,而不能通过德治等其他手段和措施。《管子·禁藏》篇说:"夫凡人之性,见利莫能勿就,见害莫能勿避。其商人通贾,倍道兼行,夜以继日,千里而不远者,利在前也。渔人入海,海深万仞,就彼逆流,乘危万里,宿夜不出者,利在水也。故利之所在,虽千仞之山,无所不上;深渊之下,无所不入焉。"商鞅也说:"民之性,饥而求食,劳而求佚,苦则索乐,辱则求荣。"①"人性好爵禄而恶刑罚。"②"从这种人'生有好恶,故民可治也'③的人性论出发,法家认为要治理好国家,就必须针对人的'好恶'实行以赏罚为后盾的'法治'"。④

秦王朝灭亡之后,法家法治思想是否也一同灭亡?对此学界有争议。梁治平认为,法家以刑为核心,刑罚与道德戒条的结合,使原本的道德规范同时履行法的职能。"这实际上意味着,法失去了它的独立存在,法与包括礼仪、伦常等内容的道德要求不复有明确的界限,乃至混而为一了。……'以礼入法'的说法实在不够确切,应该说是礼刑结合。同样,所谓'儒法合流'的说法也应加以限制,后世所继承的法家……是视法为刑的法家。以镇压、恐吓为本的刑屈从于讲亲亲尊尊、长幼等差的礼,这就构成了中国古代法的独特形态。"⑤梁治平将"道德的法律化与法律的道德化"看作是中国古代法的一个绝大的秘密,并认为这个过程体验肇始于青铜时代,它的完成与视法为刑的观念有极为密切的关系。⑥ 何勤华认为,"汉代以后,在统治阶级'霸王道杂之'的治国之策下,法家的法治理论又被吸收进了正统的封建法律思想之中,从而

① 《商君书·算地》。
② 《商君书·错法》。
③ 《商君书·错法》。
④ 彭凤莲:《中国传统刑事政策思想》,中国人民大学出版社 2017 年版,第 31 页。
⑤ 梁治平:《法辨》,中国政法大学出版社 2002 年版,第 88 页。
⑥ 参见梁治平:《法辨》,中国政法大学出版社 2002 年版,第 84 页。

成为中国传统法律文化的一个重要组成部分。”①但是钱锦宇并不认同儒法合流的说法,而是认为从西汉到清末,法家都处于中断状态。他说,“根本就不存在真正的‘儒法合流’,因为不同的观念价值体系是不可能发生实质性合流的,除非在价值排序上,‘礼’和‘法’之间,‘德’和‘刑’之间真正能够不分上下主从,实现‘礼法并重’、‘德刑并重’,既以德和礼为本,又以法和刑为本,否则儒法两家就不能真正合流。”②儒法两家在核心要义上存在根本分歧。“也根本不存在所谓的‘阳儒阴法’(或外儒内法),因为儒家自身并不排斥法和刑作为国家治理的工具性价值,只是在价值排序中将其置于礼和德之后。……后世的封建法典所贯彻的,基本上都是儒家的思想精义和政治主张,如‘三纲五常’‘亲亲相隐’等,但并未接纳先秦法家的思想精义与核心主张,只有在某些具体制度的建构方面,吸收借鉴了法家倡导的‘连坐’制度和‘十恶’中的‘谋反’一项。换言之,中国封建时期的法典,是儒家经义所塑造的法典,而并非‘儒法合流’的产物,更不存在所谓‘阳儒阴法’或‘外儒内法’。”③

盛行于古代希腊、罗马国家的法观念,与中国古代“刑起于甲兵”相比,要温和得多,内涵也更丰富。原因何在?梁治平认为:“这多半是因为,古希腊人和罗马人面对的问题与我们的祖先要解决的问题很不相同。他们那里没有古代中国惯常见到的氏族间的征战与压迫,却有不同社会集团之间的明争暗斗。这种争斗虽然也可能达到相当激烈的程度,毕竟不像族姓之间的征战那样你死我活,非此即彼。因为这些社会集团主要是根据利益而非种族、姓氏来划分的,它们寻求的,只是社会利益的调整和重新分配,而不是族姓之间的统治和压迫。这样,它们就有可能找到某种中间道路,以妥协方式解决一些基本

① 参见何勤华:《中国法学史》(第一卷),法律出版社 2006 年版,第 86 页。

② 钱锦宇:《新“法家三期说”的理论阐述——法家思想断代的几个问题》,《东方法学》2016 年第 4 期。

③ 钱锦宇:《新“法家三期说”的理论阐述——法家思想断代的几个问题》,《东方法学》2016 年第 4 期。

的社会矛盾，仿佛是订立一项‘社会契约’，使大家共同遵守其条款，和平共处。自然，维持这种格局需要有一套各方共同接受的解决办法，一个‘中立’的权威。换言之，需要一套用来划分和确定各方权利、义务的社会调节机制。著名的梭伦立法便是以此为契机产生的，古代希腊、罗马法律的政治功能皆渊源于此。……在这个意义上，……西方古代法是‘政治法’。不过，在此之外，我们更应注意到，它们还是‘民事法’。这个称谓表明，西方古代法早已深入到私人生活中去，比之‘政治法’有着更广大的天地。”①

在古希腊的成长时期，法律就被看成是权利的保障，因权利有各领域的多种多样的权利，权利之间存在不可避免的冲突，为解决这些冲突，衍生出了正义的观念。就这样，法律又一般地同正义产生联系。我国古代的“法”或“律”是没有这些含义的。中国古代法的功能是“禁暴止奸”。西人讲究法律至上，中国古代讲究道德至上。古希腊对于法律、权利、正义和道德的探究总是交织在一起的。如法律“应该是促成全邦人民都能进于正义和善德的[永久]制度。”②当法律与正义的目标相符时，二者甚至可以合二为一，合法的同时就是合乎正义。③ 法治优于人治，是古希腊思想家的一个基本共识，对于法治的推崇构成亚里士多德《政治学》的基调。“希腊人的‘法治’观念以及反映在希腊语中法律与权利、正义等观念的密切联系，正是以其国家与法产生的历史为客观依据的。”④希腊法的观念在很大程度上影响甚至支配了罗马法学家，“在欧洲历史上，自然法观念的产生、发展和传播构成了完整的一章。西方文化中的二元法观念、法律至上论和把法、权利、正义等概念放在一起考虑的思维方式都与这种思想有关。……罗马法的基本分类：市民法、万民法和自然法，三者通用一个 Jus。”⑤在古希腊、罗马国家形成的历史上，法是其重要里程碑。著

① 梁治平：《法辨》，中国政法大学出版社 2002 年版，第 52 页。

② [古希腊]亚里士多德：《政治学》，吴寿彭译，商务印书馆 1996 年版，第 138 页。

③ 参见亚里士多德：《政治学》，吴寿彭译，商务印书馆 1996 年版，第 275 页。

④ 梁治平：《法辨》，中国政法大学出版社 2002 年版，第 70 页。

⑤ 梁治平：《法辨》，中国政法大学出版社 2002 年版，第 72 页。

名的梭伦改革又是这些里程碑中最耀眼的一个。雅典国家在公元前509年的克里斯提尼改革中最后完成。雅典由氏族迈向国家的进程,每一步都在法律上反映出来。我们今天所说的重要的改革要做到于法有据在两千五百多年前的雅典就已有成功先例。恩格斯在《家庭、私有制和国家的起源》中说,国家是凌驾于社会之上的力量。[①] 从雅典国家形成的历程上来看,"这不啻是说,法律是凌驾于社会之上的力量。梭伦立法的全部权威,甚至,从古代希腊一直到近代西方所谓法治的全部秘密,就在于此。"[②]

中国国家的形成要比古代希腊、罗马早一千年,关键是形成的途径和方式不同。古代有关上古社会的记载,充斥着大量战争的描写。如颛顼之争、蚩尤之战、夷夏之争等等。在不断征战中,俘虏从基本被杀死到被当作劳动力使用,加速了氏族中权力的集中和社会的分化。早期的社会分化在东西方都产生了重大的标志性事件——荷马史诗的诞生与青铜时代的到来。夏朝是中国最早的国家,夏商周三代是中国青铜时代。社会权力与财富的分化在青铜时代伊始已非常明显,古代国家组织到周代近乎完备。然而,青铜主要被用来制造礼器和兵器,而不是制造生产工具,这就需要严密的控制系统。礼器是对内祭祀等重要场合所用,兵器为对外征战所用。由此又有因祭祀而产生的权力、因战争而产生的权力。这两种权力在国家出现之后,可以集中于君主一身。同时祭祀的权力除皇家祭祀之外,由各宗族的族长在本宗族内行使。"青铜兵器的广泛应用和不断改进,提高了战争效能,使其拥有者有更多的俘获,这一方面间接促进了生产力的发展,另一方面则更加强化了它赖以产生的社会秩序。……中国青铜时代的国家就在这种不断的相互作用之中逐渐发达、完善起来,战争则贯穿这一过程的始终,在国家的形成、发展中发挥着重要作用。"[③]《左传》曰:"国之大事,在祀与戎。"祭祀是血缘亲族凝心聚力的重大活

① 参见《马克思恩格斯选集》第4卷,人民出版社1972年版,第166页。

② 梁治平:《法辨》,中国政法大学出版社2002年版,第69页。

③ 梁治平:《法辨》,中国政法大学出版社2002年版,第75—76页。

动，战争是氏族生存的重大活动，二者密切联系，相互促进。因为当时的战争毫无例外的是氏族之间的征战，夏商周之间的更替也是一族一姓之间发生的。“有理由认为，在中国青铜时代到来之前，社会内部的分层正是循着血缘亲族的线索展开的，而当氏族之间的战争转而成为族性的统治与被统治的时候，统治者内部基于血缘的分层就渐渐具有了国家组织的内蕴。由于这种转变，祖先崇拜的祭仪就从单纯的宗教仪式上升而为国家组织的政治活动。”①反过来又强化了国家组织。“这种由战争强化的权力和族长传统相结合所构成的奇特形态与雅典或罗马国家组织截然不同。首先，国家的产生，远不是以氏族组织的瓦解为前提的”②，原有的血缘关系恰恰得以保留和强化，实现了家国一体化，划分居民的标准是氏族而非雅典式的地域。国家权力不像希腊、罗马那样，表现为凌驾于社会之上的公共权力，而是族姓之间的征服和统治，正所谓“胜者王败者寇”。因此，夏商周的国家权力，不是凌驾于社会之上的公共权力，而是族姓统治的合法武力。“这种合法武力，在中国青铜时代就是刑。”③

春秋战国是动荡的年代，青铜文明解体，铁器时代开启。经济社会、思想政治领域剧烈变动。宗法制不复存在，郑国子产作刑书公布成文法。法律从“刑不可知，则威不可测”秘而不宣的状态到公之于众，是一个巨大的变迁。从三代的刑，到战国的法，再到秦汉以后直至明清的律，也表现出了由以刑统罪到以罪统刑的进步。但是，在古代中国，法的惩治功能并未因其成文化公开化而有一点改变，它从来不是驾凌社会之上的力量，而是受控于君主的制裁手段。

“国家与法产生的途径，不仅决定了国家的组织方式，而且也规定了法的社会功能。……古代希腊、罗马国家与法肇始于平民与贵族的冲突，在某种意义上说，它们是社会妥协的结果，而不是任何一方以暴制暴无条件地强加于对

① 梁治平:《法辨》，中国政法大学出版社 2002 年版，第 77—78 页。

② 梁治平:《法辨》，中国政法大学出版社 2002 年版，第 78 页。

③ 梁治平:《法辨》，中国政法大学出版社 2002 年版，第 79 页。

方的命令。……但它毕竟是用以确定和保护社会各阶级（当然只限于自然人）权利的重要手段，并因此获得一体遵循的效力。”[①]在此基础上，希腊城邦国家的政治正义论和罗马的私法才得以发展，西方法治文明才得以发展。相比较而言，中国的青铜时代，国家不是公共权力，而是家天下实施其合法武力的形式；也不存在政治正义论，而是征服异族后的统治术；法不是保护权利的东西，而是镇压的工具，其主要表现形式即为刑。此特征虽形成于三代，却绵延于后世，成为中国古代法的“内在禀赋”。正是中国古代法的这种“内在禀赋”决定了它不宜成为治国方略，否则可能还是很难逃脱秦朝短命的结局。

法家的“法治”不宜成为治国方略，这恰给了德治中心主义得以形成的机会。

三、德治中心主义的基本内涵

农耕文明在东方孕育了中国早期独特的宗法制度，这种宗法制度经过周人的人文化成以后，与封建制度联系在一起，成为早期中国国家治理的基本形式。这种治理模式强调在“家国同构”的基础上，统治者内修其德，并以此规范性的行为施之于政治。受此影响，早期儒家代表人物孔子在吸收周朝文化的同时，对此治理模式进行了理论提升，提出了“为政以德”的治国思想。孟子和荀子则在此基础上分别从“仁”与“礼”的角度做了进一步的阐述，由此奠定了儒家德治思想的基本内涵。儒家在统治方法上，提倡“为政以德”的“德治”或“以德服人”的“仁政”，主张“王道”，反对“霸道”。应用到法律与道德上，虽不反对法律及其强制作用，但更重视道德感化作用。儒家的德治包含以下主要内容。

---

① 梁治平：《法辨》，中国政法大学出版社 2002 年版，第 80—81 页。

（一）为政以德

实施德治的前提是治国者人性修养能不断提高，直到如圣人。要求作为社会个体的官吏及行政人员要是有德之人，讲究修身。统治者要率先垂范、身体力行。“政者，正也，子率以正，孰敢不正？”“其身正，不令而行；其身不正，虽令不从。”从提高治国者的人性综合修养着手，以身作则。

以民为本是德治的必然主张，是为政以德的重要体现。儒家吸取了以往奴隶主贵族统治的经验教训，比较重视民心的向背。为了避免激起人民的反抗，他们主张减轻刑罚和赋税，要求“省刑罚、薄税敛”，反对苛政、暴政和严刑峻法。孔子认为，统治者必须“使民以时”和“博施于民”。孟子则指出：“民为本，社稷次之，君为轻。”“暴其民甚，则身弑国亡；不甚，则身危国削。”①荀子也说：“君者，舟也，庶人者，水也；水则载舟，水则覆舟。”②他们都反对过重搜刮盘剥，认为劳动人民衣食无着没有基本的生活保障是引起犯罪和反抗的主要原因。孟子说，“民之为道也，有恒产者有恒心，无恒产者无恒心。苟无恒心，放辟邪侈，无不为已。”③显然，儒家已经初步认识并分析了犯罪的原因。为了消除产生犯罪的经济原因，他们又主张“富民”“裕民”。这种思想是有积极意义的，既有利于社会生产，又有利于人民生活，对后世立法产生了良好影响，是儒家思想中最有价值的部分。历史上也出现了不少有民本思想的封建官僚，但是，皇权至尊，天下归一，是不可能真正实现以民为本的。

为政以德并不是以道德来改造人民，而是要求掌权者基于“仁”，根据道德的要求来对待人民，苛政猛于虎，当权者要满足百姓基本生活需求，不能施行暴政、苛政。德治是对官吏而非对百姓提出的义务要求。在德与法的关系上，德不仅仅意指有德者得天下、治天下，而且更重要的是要让人间的典章法

---

① 《孟子·离娄上》。
② 《荀子·王制》。
③ 《孟子·滕文公上》。

度合乎天地之性,与天合一,天人合一,天人合德,这就是西方所说的法律的合法性问题。儒家据德而治,以德治国,是要反对刑治,强调以道德统领法律,而不是否定法律。

(二)政教化民

基于“德治”“仁政”,儒家认为统治人民主要不应靠刑罚而应靠教化,即教化优先,刑威于后。孔子强调对人民“道之以德,齐之以礼”,即加强道德感化并对人民要进行礼教,反对“不教而诛”。孟子主张“教以人伦,父子有亲,君臣有义,夫妇有别,长幼有叙,朋友有信”,①不同的身份,有不同的道德要求。荀子是性恶论者,为了能“化性起伪”、改恶为善和禁恶劝善,既重刑罚也重教化,提出了“隆礼尊贤而王,重法爱民而霸”的命题。儒家所谓教化,就是进行“礼教”。除剥削者内部的自我教育外,主要就是对劳动人民灌输宗法伦理道德和等级观念。这不但有利于儒家思想迅速成为整个社会的统治思想,而且有利于使人们习于顺从而不反抗。正如孔子弟子所说:“其为人也孝弟,而好犯上者,鲜矣;不好犯上,而好作乱者,未之有也。”②清末沈家本主持法制变革时说:“化民之道,固在政教,不在刑威。”法治派的领袖如是说,表明终清之世德治乃是治国的基本方略。

重义轻利是儒家教化的另一内容。“天下熙熙,皆为利来,天下攘攘,皆为利往。”,孔子认为“君子喻于义,小人喻于利”③。孟子反对“上下交征利”:“王何必曰利?亦有仁义而已矣。……苟为后义而先利,不夺不餍。未有仁而遗其亲者也,未有义而后其君者也。”④荀子也说:“积礼义而为君子”“纵情性而不足问学,则为小人。”⑤重义轻利的目的之一是想对统治者施加压力,希

① 《孟子·滕文公上》。
② 《论语·学而》。
③ 《论语·里仁》。
④ 《孟子·梁惠王》。
⑤ 《荀子·儒效》。

望其不要唯利是图,使其搜刮民脂民膏的行为有所收敛,以行“仁政”,朝廷、地方政府不要与民争利。义利之辨更为重要的是想用来束缚劳动人民,使其不去为自己应得的一点基本权利进行合法或非法的斗争。儒家的义利观对中华民族不追逐名利、舍生取义等高尚品德的形成有巨大正向作用,但同时对中华民族长期淡薄权利意识、人治长盛不衰、法治不昌也有负面作用。①

教化的最终目的是启发人的内心自觉,让百姓符合皇权统治下的“自化”,实现皇权不下县的社会自治,实现无讼、无刑的理想,希望把百姓教化成自主自为的道德主体,而不是国家暴力强制或制裁的对象。德治所追求的不仅仅是政权的延续、社会的安宁,而且是要建立一个尊卑有序、充满仁爱的道德社会。

(三)德主刑辅

汉王朝建立以后,法逐渐从治国方略的主导地位下降为辅助道德教化的工具,“盛世所不能废,而亦盛世所不尚”。② 严复曾说:“如孟氏之说,则专制云者,无法之君主也。顾申、韩、商、李皆法家,其言督责也,亦劝君任法。然则秦固有法,而自今观之,若为专制之尤者。……孟氏之谓法,治国之经制也,其立也,虽不必参用民权,顾既立之余,则上下所为,皆有所束。若夫督责书所言法者,直刑而已,所以驱迫束缚其臣民,而国军则超乎法之上,可以意用法易法,而不为法所拘。夫如是,虽有法,亦适成专制而已。”③儒法关于国策之争,最终儒家胜利,确立了德治中心主义,并在此前提下推行德主刑辅。

德主刑辅,是说刑是用来助成道德之实现的,刑罚是方法,道德的实现是目的。先德后刑排序的价值取向是先用德礼后用刑罚。就方法与目的的关系来说,方法当然是辅助目的之实现的,出礼入刑,先礼后刑,乃事物必然之理。

① 参见彭凤莲:《中国传统刑事政策思想》,中国人民大学出版社 2017 年版,第 19 页。

② 参见何勤华:《中国法学史》(第一卷),法律出版社 2006 年版,第 92—94 页。

③ 转引自梁治平《法辨》,中国政法大学出版社 2002 年版,第 152 页。

先后主辅的概念,犹之先春后秋、先有父而后有子一样是必然的,这不是说春比秋好或父比子好。① 儒家的一贯立场是,注重道德教化的政治功能,道德教化是国家政治生活中的大事,“不教而杀谓之虐”(孔子)、“谨庠序之教”(孟子)、“不教无以理民性”(荀子)等都持这一立场。中国古代的调解制度、以德礼预防犯罪的制度等,就是这种立场落实到具体制度的安排。调解制度渊源久远,《周礼》中就有“调人”一职,职责是“掌司万民之难而谐和之”。明代的一个带有民间公约性质的《十家牌法》,就很重视调解的作用:“每日各家照牌互相劝谕,务令讲信修睦,息讼罢争,日渐开导,如此则小民日知争斗之非,而词讼亦简矣。”在以德礼预防犯罪方面,儒家在制度设计上覆盖面非常广:各级官员在审狱决案时要以礼释法、官场训话时要宣讲儒家道德;传道授业解惑的师者在授业时要宣讲儒家道德;宗教人士布道等也要宣扬儒家道德,宗教教义也要体现儒家道德,正所谓“儒、释、道三教合一”。其目的之一就是要预防犯罪,以维护社会治安。

重教化轻刑罚虽是儒家的鲜明态度,但是儒家从不否定刑罚的必要性,从不放弃刑罚的使用,只是教化优先刑威在后,先礼后兵。如果教化不起作用儒家仍然主张诉诸暴力,使用刑罚,“出礼入刑”是也。根据形势需要使用“宽以济猛,猛以济宽”两手的统治者,是孔子所赞赏的。后来又发展到荀子的“明礼义以化之”“重刑罚以禁之”的“治之经,礼与刑”。总体说来,儒家认为刑罚是教化的辅助手段,其作用在于促成德治,所以被后人归结为“刑者德之辅”,又称“德主刑辅”。② 德治中心主义,表明道德是绝对权威,或曰道德至上;政治是伦理的政治,人格胜于程序,善恶优于规则,“志善而违于法者免,志恶而合于法者诛”是也,并谓之“刑德”。③ 政治最终权威,由作为典范的最高统治者专享,以致德治通常被概括为人治。法律是伦理性法律,重实质轻程序,常

① 参见王伯琦:《近代法律思潮与中国固有文化》,清华大学出版社 2005 年版,第 22 页。
② 参见张国华主编:《中国法律思想史新编》,北京大学出版社 1998 年版,第 45—51 页。
③ 《盐铁论·刑德》。

以善恶而不是律文定罪之有无。这是道德文明秩序的特征。“德礼为政教之本，刑罚为政教之用”“治之经，礼与刑”的观点反映了一种二元规范论，道德优先，法律辅之，两者缺一不可。孔子的德治，既强调统治者的道德垂范，也重视对老百姓的道德教化，主张通过自上而下的道德努力使社会移风易俗，去恶向善，达到正人伦美风俗的目的。政治制度、法律制度再系统全面，也无法统揽一切、规范一切，单一的政刑无法达致国泰民安，仁义守礼、讲信修睦的理想社会图景的实现始终依赖于包括道德在内的社会文化因素的支撑。德治的意义在于其产生的示范效应与认同效应。通过德治建立统治的政治合法性，能增强百姓的认同感，从而有利于政令统一、社会安定。①

“德主刑辅”自西汉武帝开始就确立为治国方略，且为后世封建统治者所一直推崇。它有两层含义，一是在治国方略层面，二是在法律层面。在前者，它坚持德治中心主义或曰德治至上，要求以道德教化为主，以法律制裁为辅；在后者，“它要求立法、司法，必须以儒家道德原则为指导，使法律的制定与运用均体现儒家的道德精神。”②这后一层含义将在后面“德治中心主义在法律领域中的影响”中论述。治国方略层面的德主刑辅，是指在同样可能达到准则规范被遵守且能使德或礼的内容实现的目的下，用教化的方法比用刑罚的方法好。德治是根本，是中心，是治国方略，在此基本定位的前提下，坚持德刑结合。如何结合？一主一辅，德者为主，刑者为辅。儒者常引用的一句经典“道之以政，齐之以刑，民免而无耻。道之以德，齐之以礼，有耻且格”③讲的就是这个意思。道德与刑罚，一是目的，一是方法。方法与目的不具有可比性，方法当然是辅助目的之达成的。④ 此乃洞见。如刑法规定故意杀人的，处死刑、无期徒刑或者十年以上有期徒刑。这是方法，要达成的目的是不杀人。达

① 参见任玥：《宽猛相济之道——孔子政治图景中的法治与德治》，《原道》2006 年第 13 期。

② 彭凤莲：《中国传统刑事政策思想》，中国人民大学出版社 2017 年版，第 80 页。

③ 《论语·为政》。

④ 参见王伯琦：《近代法律思潮与中国固有文化》，清华大学出版社 2005 年版，第 20 页。

到准则法被遵守的目的,有两种方法,一是教化,一是刑罚。在同样可能达到目的之条件下,润物细无声式的教化方法当然比用残暴的刑罚威吓好,所以孔子的这句经典是颠扑不破的绝对真理。但历史与现实都告诉人们一个事实,那就是教化并不是总能达到目的。所以,法家偏重刑罚,是由于他们可能更务实,认为仁爱德厚之不足以止乱,国家分崩离析时德治不足以让国家强大,而并不是否认德治仁爱的价值优于刑罚。王充说,"韩子岂不知任德之为善哉!以为世衰事变,民心靡薄,故作法术,专意于刑也。"①儒法二家的观点确有不同的是,对国家治理的重心是应当放在教化还是应当放在刑威问题的回答上。对这个问题,儒家从人性本善出发,认为重心当然应该放在教化上,嫌刑罚不能教人向善;法家从人性本恶出发,认为重心当然应该放在刑罚上,嫌教化迂缓柔软。

这种争辩谁胜谁负,西汉以后已见分晓,儒家的见解得到官方认可。贾谊上疏说:"故世主欲民之善同,而所以使民善者或异。或道之以德教,或殴之以法令。道之以德教者,德教洽而民气乐;殴之以法令者,法令极而民风哀。哀乐之感,祸福之应也。"②刘向主张先德教而后刑罚:"王者之政化之,霸者之政威之,强者之政胁之。夫此三者,各有所施,而化之为贵矣。夫化之不变,而后威之,威之不变,而后胁之,胁之不变,而后刑之。夫至于刑者,则非王者之所得已也。是以圣王先德教而后刑罚。"③宋代朱熹也主张明刑弼教——圣人之治,为之教以明之,为之刑以弼之,但是他提高了刑的地位,认为"夫杀人者不死,伤人者不刑,虽二帝三王也不能以此为治于天下"④。可见,先德教后刑罚,代代相传。

"这种把重心放在德教方面的先礼后刑、德主刑辅观念,随着时间之经历

---

① 《论衡·非韩》。

② 贾谊:《治安策一》。

③ 《说苑·政理》。

④ 朱熹:《晦庵先生朱文公文集》,上海古籍出版社、安徽教育出版社2002年版,第657页。

而愈益根深蒂固”，①在清末礼法之争中被后人称为法理派代表的伍廷芳、沈家本，在上奏朝廷《删除律例内重法折》中奏言：“化民之道，固在政教，不在刑威也。”清末颁订的《大清新刑律》中废除了笞杖等身体刑、死刑只用绞不用斩的方式，“充分表示刑罚改革的宽大仁厚的精神，仍不能不说是德主刑辅观念的力量所致。至于保安处分、假释、缓刑等制度，在西方虽已是从以自由意志为根据的报应观念或一般预防观念进至以社会责任为根据的危险性观念或特别预防观念的产物，但新刑律亦能很顺利、很自然地被采纳，亦不能不说是由于德主刑辅观念与之无意识地契合，所谓殊途同归者也。”②

四、德治中心主义在法律领域的影响

“道德法以古代中国宗法社会为根基，相对于其赖以生存的社会而言，它不但是合理的、有效的，而且还是最好的。”③道德法律化是伦理实体化的本质要求，中国古代法以强制手段全面确立和推行儒家道德体系，其弊端十分明显，但其合理与独到之处同样十分显著，如道德的法律强制并不拒斥道德的自律，对伦理亲情的强调与对人际和谐的关注是人类天性等。就此而论，中国古代道德法内涵着诸多超越具体社会形态而富有普遍意义的东西。④ 所以，它的影响在它解体之后还越出了国界。德治中心主义在法律领域的影响，主要讲的是法律与道德关系层面的德主刑辅，以及它对立法和司法的影响。

---

① 彭凤莲：《中国传统刑事政策思想》，中国人民大学出版社 2017 年版，第 61 页。

② 彭凤莲：《中国传统刑事政策思想》，中国人民大学出版社 2017 年版，第 61 页，又参见王伯琦：《近代法律思潮与中国固有文化》，清华大学出版社 2005 年版，第 20—21 页。

③ 胡旭晟：《法的道德历程——法律史的伦理解释（论纲）》，法律出版社 2006 年版，第 109 页。

④ 参见胡旭晟：《法的道德历程——法律史的伦理解释（论纲）》，法律出版社 2006 年版，第 109 页。

(一)法律领域的德主刑辅

中国不像西方哲学界侧重讨论道德与法律在本体论上的关系,而是自古就着重从国家治理的角度论述二者在功能上的关系。在立法司法方面强调以儒家道德原则为指导,这是德主刑辅治国方略在法律领域的贯彻。西周时期,就有"明德慎刑"的政策思想,最早由周公旦提出,他认为商纣王不务德且很残暴,不能得到上天的支持,这是商朝最终灭亡的原因。以此为教训,"西周统治者一定要承天命、顺民意;只有加强自身的道德修养,才能奉天承运。不过西周虽然提出'明德慎刑'的思想,但并未完全抛弃神权法,因为统治者加强自身修养的目的是'以德配天'。西汉'罢黜百家,独尊儒术'之后,儒家思想成为治国之术,礼法合流,但礼是根本,历朝历代都坚持'德礼为政教之本,刑罚为政教之用'这一指导思想,并在刑事立法、刑事司法中处处体现'以德去刑'的政策思想。在这种政策思想指导下,历代对刑罚的适用,都强调'先教后诛'、反对'不教而诛'。"①古有"尊德礼而卑刑罚"之说,认为"人君之治,莫大于道,莫盛于教,莫神于化"②。正如有学者所指出的那样:"在像现代西方这样多元化的社会中,教会和国家、资本和劳工、政府和私人企业诸种力量在法律规定下保持平衡。而在中国人的生活中,耿直和忠心、真诚和仁慈这些整个家庭体制反复灌输的个人美德才是社会行为的规范。法律是政府必需的一种工具,而个人道德才是社会的基础。中国社会并没有因法制观念淡薄而出现无政府状态,整个社会被儒家学说牢固地连在一起。这一伟大的伦理制度在中国的地位之重要相当于法律和宗教在西方共同所占的地位。"③"'德主刑辅'中的'德',是与'刑'(即制裁、处罚)相对应的社会措施,应该是指

① 彭凤莲:《中国传统刑事政策思想》,中国人民大学出版社 2017 年版,第 62 页。

② 《潜夫论·德化》。

③ [美]费正清、赖肖尔:《中国:传统与变革》,江苏人民出版社 1992 年版,第 16 页。

‘为政以德’的‘德’，是指‘仁政’‘德政’。”①

法国近代法学家狄骥把法的规范分为两种：一种是准则法，另一种是技术法。前者是制约社会的任何人遵守的作为或不作为的法则；后者则是在可能范围内用以确保准则法被遵守或实施的法则。王伯琦先生赞同此种分类方法，并联系中国古代法的实际，认为礼是准则法，是全部社会规范的总和；刑或刑法是技术法，是实现此准则法的方法。儒法对立是方法的对立而不是目的的对立，这一见解是对古人观点的正确总结，且颇具启发意义。儒家经典云："礼之于正国也，犹衡之于轻重也，绳墨之于曲直也，规矩之于方圆也。"②法家的管子云："法律政令者，吏民规矩绳墨也。夫矩不正不可以求方，绳不信不可以求直。"③儒家认为礼是规矩绳墨，法家认为法律政令是规矩绳墨。儒法两家都认为治理国家要有绳墨规矩。何耶？礼也好，法律政令也罢，都是臣民必须遵守的行为规范，都是准则法。法家之法，讲求"法术势"的结合，是技术法，如管子所说的"夫法者所以兴功惧罪也"，④韩非所说的"法者，宪令著于官府，赏罚必于民心，赏存乎审法，而罚加乎奸令者也"。⑤ 这也正是儒者诅咒、讥评的法。技术法应以承认准则法之存在为前提，是确保准则法被遵守的法则。所以法家虽多就技术法方面发挥议论，但不是不承认先有道德礼义之存在。如管子是法家，却也时常说到四维八德。"所以就准则法而论，儒法二家的意见并没有出入，他们意见的不同，集中在技术法或方法层面。至清末沈家本修法时代，儒、法二家争辩的主题才集中在准则法的内容上，例如，是力主罪刑法定原则还是力争保留类推比附制度等。历史上争论不休的法治与德治问题，说明了历代儒法二家的冲突之存在。道德的项目，同是儒、法二家要实

① 彭凤莲：《中国传统刑事政策思想》，中国人民大学出版社 2017 年版，第 63 页。
② 《礼记·经解》。
③ 《管子·七臣七主》。
④ 《管子·七臣七主》。
⑤ 《韩非子·定法》。

现的目的。”①目的实现的方法是什么?刑罚、教化都是选项。以教化的方法实现全部道德上的项目就是德治;以刑罚的方法来实现一部分道德上的项目就是法治。所以法治与德治,不是目的的对立,而是方法的不同,也就是法治与德治的路径选择问题。这是历代法律思想上最大的问题。而这一问题的存在几乎形成了我们民族的性格,所以迄今仍是一个大问题。②

德治思想经过先秦儒家的精心构建与不断阐述后,基本上确立了“为政以德”的价值理念。受时代环境的影响,汉代早期儒家吸收和借鉴了道家的“道法自然”观念与法家的“以法治国”观念,在此基础上形成了“德主刑辅”的思想。至汉武帝罢黜百家而独尊儒术后,儒家的“德主刑辅”思想开始坐实到现实运作中,成为治国的大经大法。其主要内容表现为“德礼为政教之本,刑罚为政教之用”,即强调德治在国家治理中的中心地位,而以刑罚为德治的辅助之用。这种治理模式一直延续到清末民初,成为中国古代国家治理的基本模式。德治中心主义体现在皇权与国家生活的方方面面,在法律领域的影响同样深刻久远,主要体现为对立法与司法的影响。

(二)德治中心主义对古代立法的影响

道德对于刑法的影响,在中国古代法中表现得非常明显,国外有学者曾将道德对于刑法的影响归结为以下四点:一是传统刑法中“恶行”的概念,大多源于道德义务,即道德赋予了法律权威性,并强化人们服从法律规定的责任。二是刑法上“责任”一词,使在道德上具有正当理由的“恶行”被排除在犯罪构成要件行为之外,也就是将合乎道德的“恶行”予以非犯罪化。三是法律为确保其权威性,必须获得社会上道德信念的支持,借社会心理的确信以增强法律的权威。四是实际犯罪中存在有道德的“恶行”与“责任”等概念,但在科处刑

① 彭凤莲:《中国传统刑事政策思想》,中国人民大学出版社2017年版,第35页。

② 参见王伯琦:《近代法律思潮与中国固有文化》,清华大学出版社2005年版,第10—13页。

罚的量刑上不得加诸道德义务，以避免刑罚有所偏失。[①] 这里所总结的情形与中国古代伦理法的实际相当吻合。德治中心主义对古代立法的指导突出地体现在以下几个方面。

第一，儒家之礼的法律化。“譬如纲常之礼便是唐律最基本的内容，甚至礼典礼文直接入律成为律文，唐律中《名例律》之‘八议’便是《周礼·秋官·小司寇》‘八辟’的照搬。礼法冲突时，在立法上明确地曲法以全礼，如规定亲亲得相首匿、犯罪存留养亲。此外，历代法典中，不敬、不孝、亲属相奸、干名犯义、无夫奸等条文都是礼的法律化。”[②]此即后世所说的法律的道德化。“德主刑辅”的思想浸透于法律制度之中，是历代法典的常态。从中华法系的典型标志《唐律》来看，这一特征就非常明显。儒家倡导的一些家庭道德伦理要求，诸如“告祖父母父母”“居丧生子”等，在唐律中都成为具体的条文。再如历代皇帝的诏书基本就是一本本道德教科书，越是到了专制王朝社会后期强化道德教育的表现越是明显。中央政权层面，明清帝的《大诰》和《圣谕广训》就是道德的宣言书；地方层面地方官吏以宣讲诏书圣谕，与百姓共读经书等多种方式进行道德浸润。被人传颂的案件的判词也基本是道德评价的文告。[③]

第二，亲情义务和法律义务并重。中国古代社会重视宗法伦理，在犯罪已确定的情况下，刑罚的合理性不仅要来自于法律的规定，而且还必须得到道德的支持，否则就会受到道德明确的修正。[④] 很多以礼破律的案例在历史上常被称颂，主要就是因为符合当时的道德。对于宗法制下的个体而言，他必须同时履行双重义务：基于家庭伦理关系而形成的亲情义务与以皇朝统治为基础的法律义务。为了化解两种义务之间不可避免的冲突，“中国古代的统治者

---

① 转引自黄源盛：《唐律不应得为罪的当代思考》，台湾《法制史研究》2004 年第 5 期。

② 彭凤莲：《论中华法系“重礼轻法”特征的形成》，《安徽师范大学学报》（人文社会科学版）1999 年第 3 期。

③ 参见范忠信：《中国法律传统的基本精神》，山东人民出版社 2001 年版，第 288—289 页。

④ 参见任喜荣：《“伦理法”的内在矛盾及其解决——基于刑事法律范畴的分析》，《比较法研究》2004 年第 3 期。

较为成功地确立了具有东方色彩的二者关系原则和冲突解决模式——亲情义务和法律义务并重,将亲情义务法律化,根据不同情况区别处置。”但是,“这一关系原则和冲突解决模式的确立也使得法律长期受到伦理道德的约束,从制度到观念都未能进入独立发展的阶段。同时,由于亲情义务与法律义务的并行,在履行保障的力度方面前者优于后者,这就使得社会个体在国家政治生活和社会生活中不能获得独立的法律人格,其独立性的发展在法律上受到了很大限制。”①这也是中国古代没有培育起权利观念的重要原因。

第三,立法有等差。“不同的身份等级对应着不同的法律调整,主要表现在两个方面:一是在民商事活动和政治活动上权利义务的设定因主体的身份等级不同而有明显的差别。在全国范围内,至尊的皇帝只有权利没有义务;名列贱籍的奴婢阶层,只有义务没有权利,被法律‘列于资财’、‘比于畜产’,是权利客体。在一个家族内,权利义务也因血缘上的尊卑亲疏而有不同,卑幼者要履行孝亲、尊上、敬祖、守制等法定义务。二是在罪与刑的规定上,不同身份的主体实施同一种行为,对卑贱者可能是‘罪’,对尊贵者可能是‘非罪’。例如《唐律·斗讼律》之‘部曲、奴婢詈旧主条’规定:被放从良的部曲、奴婢过失杀伤旧主者,依凡人论罪;旧主过失杀伤旧部曲、奴婢者,皆勿论。即使是同一种罪行,对尊卑良贱所规定的刑罚也相差甚远。……如《清现行刑律》之‘斗殴’条规定:‘凡雇工人殴家长及家长期亲,若外祖父母者,徒三年;伤者,流三千里;折伤者,绞;死者,亦绞;故杀者,斩;过失杀伤者,各减本杀伤罪二等。’‘若家长及家长之期亲,若外祖父母殴雇工人,非折伤,勿论。至折伤以上,减凡人罪三等。因而致死者,徒三年。故杀者,绞。过失杀者,勿论。’故王子犯法实难与庶民同罪。”②同罪异罚在立法上确立,“准服制论罪”是其适例,这

① 朱勇、成亚平:《冲突与统一——中国古代社会中的亲情义务与法律义务》,《中国社会科学》1996 年第 1 期。

② 彭凤莲:《论中华法系“重礼轻法”特征的形成》,《安徽师范大学学报》(人文社会科学版)1999 年第 3 期。

使罪刑相应与同罪异罚获得了统一的道德基础。“准服制论罪”所造成的同罪异罚符合中国古代社会血缘伦理要求,从而具有深厚的道德基础。存留养亲既可以是“法中之恩”,也可以是“法外施仁”,因为“孝”是法律或法律的执行所充分考虑的一个因素,存留养亲制度正是儒家“仁政”学说的具体体现。历代君主鲜有不声称“以仁孝治天下”的,存留养亲便是对“孝”的充分维护。存留养亲的立法原意是为了保护和强化“孝”这一伦理价值,当与这一价值相违背的时候,或者与对国家的“忠”相冲突的时候,存留养亲便不再适用了。①存留养亲为残酷的古代刑法涂抹上了丝丝温情,也获得了百姓的认同与支持。

第四,亲属间人身侵害通常要加重处罚。法律规范重身份等级,轻平等立法,轻统一司法。如《唐律》规定:“诸子孙违犯教令及奉养有缺者,徒二年。”《清现行刑律》之“妻妾殴夫”条规定:“凡妻殴夫者,处十等罚”;“其夫殴妻,非折伤,勿论;至折伤以上,减凡人二等”。在中国传统法中,亲属间人身侵害通常规定要加重处罚,其理由主要是:亲属之爱是人类爱的起端,最原始却也最深厚,对亲属加以侵害违背了最基本的人伦;亲属之间有抚养与扶养关系以及相互关爱之恩情,如果置这种恩情于不顾,甚至动伤害、杀害之恶念,那自然是罪不可恕。而亲属朝夕相处,无甚戒备之心,很容易受到伤害或杀害,所以法律要设重刑以加强预防。为维护“亲亲尊尊”的道统,对亲属间犯罪的处理向尊者、长者倾斜。②在家族内部,以下犯上是从重处罚的情节,以上犯下是从宽处罚的情节。中国古代法的伦理品格在司法上最典型的体现是“执法原情”“原情定罪”。所谓“情”,“既是以亲情为内涵的人情,也是符合当时社会流行的并被广大民众认可的情理”。③ 前者的“人情”如长辈对晚辈的养育之情,后者的“情理”如亲属犯罪不许告发的亲亲相隐。这些“情”的背后都有一定的“理”,但生活中的情理客观性稳定性较差,所以在司法实践中的应用可

---

① 参见任喜荣:《刑官的世界》,法律出版社 2007 年版,第 40 页。

② 参见任喜荣:《刑官的世界》,法律出版社 2007 年版,第 38 页。

③ 参见张晋藩:《中国法律的传统与近代转型》,法律出版社 1997 年版,第 48 页。

变性很大,从而可能会顾此失彼。中国古代的法律有一个亲情法律网络,该网络主要由三个支点形成:一是严惩危害亲情的行为,如不孝罪、内乱罪、亲属相告等;二是对卑幼设定严格的亲情义务,对尊长赋予超常的亲情权利,如子孙违犯教令、同财共居、存留养亲;三是宽容基于亲情而针对他人的犯罪行为,如血亲复仇。①

因身份而异其罪责只是中国传统法律内容的一个方面,另一面则各罪基本罪责已然贯穿了罪刑等价原则。《大戴礼·本命》:"大罪有五:逆天地者,罪及五世;诬文武者,罪及四世;逆人伦者,罪及三世;诬鬼神者,罪及二世;杀人者,罪止其身。故大罪有五,杀人为下。"这五种犯罪的大小、轻重之分,显然与罪人身份无关。可见罪刑等价原则已经当作因身份而异其刑原则的对立面,存在于旧律中,显示了旧律罪责评价标准的发展方向是从刑与身份等价进为刑与犯罪事实等价。②

"儒家认为这种存在于家族中的亲疏、尊卑、长幼的分异和存在于社会中的贵贱上下的分异同样重要,两种差异同为维持社会秩序所不可或缺。儒家心目中的社会秩序,即上述两种社会差异的总和。"③"贵贱、尊卑、长幼、亲疏都有分寸的社会,便是儒家的理想社会。"④韦伯认为,"在中国传统乡村社会中,立基在孝道(恭顺)原则之上的氏族亲属关系,全面地制约了人们的所有生活秩序。"⑤以儒家学说为主流的中国传统观念虽然不否认法律在创造一个和谐社会方面的作用,但是认为伦理、道德乃是国家治理中更为根本的因素。一个理想的社会应该是人人恪守纲常伦理、无法律无诉讼的社会。在有法律有诉讼的中国古代,认为因尊卑长幼身份而异其罪罚是合理的。

---

① 参见范忠信:《"亲亲尊尊"与亲属相犯:中外刑法的暗合》,《法学研究》1997 年第 3 期。

② 参见蔡枢衡:《中国刑法史》,中国法制出版社 2005 年版,第 189—190 页。

③ 瞿同祖:《中国法律与中国社会》,中华书局 1981 年版,第 272 页。

④ 瞿同祖:《中国法律与中国社会》,中华书局 1981 年版,第 273 页。

⑤ 林端:《韦伯论中国传统法律——韦伯比较社会学的批判》,台湾三民书局 2003 年版,第 40 页。

在立法方面强调以儒家道德原则为指导，是儒家一直坚持的做法。中国封建法律儒家化，是在经历从“法家立法”到“儒家立法”的转换过程中完成的。“‘一准乎礼’的《唐律》，不仅标志着封建立法的完善，也标志着‘德主刑辅’治国方略的制度化、法律化。《唐律》是中华法系最为成熟的代表作，它反映了儒家的道德精神，代表了儒家对一种高度和谐的道德型社会的追求。它凝聚着儒家的治国理念，蕴含着儒家的治国智慧，确定并引导着中华传统法律文化的走向”①，并影响了东亚诸国。

中华法系以儒家思想为理论指导，重视“以礼治国”，强调礼教，同时并不反对运用刑法，但“刑”是不得已而动用之。中国古代用刑之道，是为礼治服务，“礼之所去，刑之所取”是始终坚持的原则。在治国方略上是“宽”还是“猛”，是教化治国还是威刑服民，一直争论不休。法家崇尚“严刑峻法”，主张“重刑轻罪”，理由是：“行罚，重其轻者，轻者不至，重者不来，此谓以刑去刑，刑去事成。罪重刑轻，刑至事生，此谓以刑致刑，其国必削。”②儒家主张“仁政”，宣扬“以不忍人之心，行不忍人之政，治天下可运之掌上”，③反对滥杀无辜的虐政，主张“省刑罚”，提出“无罪而杀士，则大夫可以去；无罪而戮民，则士可以徙”，④反对司法武断专横。“从历史来看，这种从宽猛相争到宽猛结合，‘猛以济宽，宽以济猛’理论的形成，可以说是中国古代对刑法（罚）作用认识的一次飞跃。从认识的相互矛盾到协调统一，表明对刑罚的理解变得深刻，蕴含科学成分。”⑤

董仲舒提出“大德而小刑”的德法关系原则。他认为法家“以刑去刑”的严刑理论，是“以汤止沸，抱薪救火”，⑥主张以仁政代替严刑。“大德小刑”原

---

① 彭凤莲：《中国传统刑事政策思想》，中国人民大学出版社 2017 年版，第 64 页。
② 《商君书·靳令》。
③ 《孟子·公孙丑上》。
④ 《孟子·离娄下》。
⑤ 彭凤莲：《中国传统刑事政策思想》，中国人民大学出版社 2017 年版，第 64 页。
⑥ 《汉书·董仲舒传》。

则，是"'明刑弼教'政策思想的核心，意在使德教与刑罚交互为用，而以德教为主、刑罚为辅。这在中国古代立法上表现为'一准乎礼'，即'于礼以为出入'……用法的强制力来推行礼教的规范，又以礼教的精神力量来强化法的社会作用，把德礼与政刑统一起来，推行以德礼为本、刑罚为用的政策。将之推行于司法实践，必然会形成'志善而违于法者免，志恶而合于法者诛'的现象。中国古代的复仇问题即是如此。……子为父复仇，合乎礼教人伦，而任意的复仇行为又有违于法。"①为解决这一矛盾，历代法律都遵循一个规则："父不受诛，子复仇可也。"②也即是说，子为父报仇不受罚是有条件的，即应以父无罪而遭杀害为前提；若父本为戴罪之身，则不允许子复仇，子若复仇则成立犯罪。这反映在处理法律问题时，首先考虑的是礼教之情理——杀父之仇不共戴天，所以允许复仇；然后考虑的才是法律之是非——父亲无罪被仇杀，复仇才被允许。明代的王守仁重视刑罚的作用，但又认为刑罚的作用毕竟有限，它只能使人们安分守己被迫服从统治，却不能使人们变成道德高尚的"圣人"心悦诚服。所以清除心中的"物欲"、显现心中的"良知"，光靠刑罚肯定达不到目的，还要靠教化，教化才是统治人民的根本方法："徒事刑驱势迫，是谓以火济火，何益于治？若教之以礼，庶几所谓小人学道则易使矣。"③在礼刑德法的关系上，教化的作用远大于刑法禁止驱迫。学界也有人认为，德主刑辅对中国古代立法无甚影响，"德主刑辅"只是儒家的一种理想，"充其量只是在司法领域产生了一定影响，而并未进入立法领域，亦即没有法律条文化"。④ 对此，范忠信教授指出"此论不确"，并做了较为详细的论证。⑤

① 彭凤莲：《中国传统刑事政策思想》，中国人民大学出版社 2017 年版，第 65 页。

② 《春秋公羊传·隐公十一年》。

③ 《王阳明全集》卷十八《牌行南宁府延师讲礼》。

④ 郝铁川：《中华法系研究》，复旦大学出版社 1997 年版，第 51 页。

⑤ 具体反驳内容参见范忠信：《中国法律传统的基本精神》，山东人民出版社 2001 年版，第 288—289 页。

（三）德治中心主义对古代司法的影响

中国古代从民本主义出发，以“德礼”治国，以和谐大同为社会最高境界，“明刑弼教”的说法三代之时便已存在：“汝作士，明于五刑，以弼五教。期于予治，刑期于无刑，民协于中，时乃功，懋哉！”①这种刑法目的论始终指导着中国古代法制的发展。“西汉以后，礼、法合流，但礼是根本，历朝历代都坚持‘德礼为政教之本，刑罚为政教之用’这一指导思想，并在刑事立法、刑事司法中处处体现‘德主刑辅’的政策思想。”②历代对刑罚的适用，在强调“先教后诛”反对“不教而诛”的态度上是鲜明的。

中国古代的法律制度较为完备，而徒法不足以自行，法律的生命在于执行，法律只有通过司法运作才能发挥作用。古人审案断狱，自汉代开始，便喜欢时常绷起纲常礼教这根“伦理”筋儿。古人确信：人误入歧途，通过教育感化，是能够弃恶向善的；而严刑峻法只能触人肌肤而不能触及心灵，使人畏惧却不能教人醒悟。故刑法只能作为不得已的最后手段。③ 从法律运行来看，“德主刑辅”的观念主宰了刑法运行的各个环节，“以礼入法”“执法原情”“守德即守法”是其基本表现。大凡遇到蹊跷头痛的案子，其思路便会神差鬼使地走入这一方向，以求灵丹妙药。“中国封建社会司法操作有一突出特点是原情论罪与依法断狱的对立。本来，引礼入法后，礼与法应该是相统一的，但礼与法毕竟分属于两个不同的范畴，礼与法相对立的情况在立法上和司法上都不在少数。司法操作中，礼、法冲突时，更是曲法以全礼。”④根据“论心定罪”的法律原则，凡“志善而违于法者免；志恶而合于法者诛”，以致断罪“时有

---

① 《尚书·大禹谟》。

② 彭凤莲：《中国传统刑事政策思想》，中国人民大学出版社 2017 年版，第 67 页。

③ 参见刘星：《教化》，见刘星：《法学作业——寻找与回忆》，法律出版社 2005 年版，第 179—180 页。

④ 彭凤莲：《论中华法系“重礼轻法”特征的形成》，《安徽师范大学学报》（人文社会科学版）1999 年第 3 期。

出入于律之外者”。[①] 儒家化的法官在定罪量刑时,并不仅仅是以法律为唯一的标准,而是情理法兼顾,运用多重决讼标准。[②] 例如清道光年间,有个叫周四的人依律犯了两个罪:一个是“居丧嫁娶”之罪,另一个是“同姓相婚”之罪。大清律规定:凡居父母及夫丧而身嫁娶者,杖一百;凡同姓为婚者各杖六十,离异。故此案依法应判决二人离异。但刑部对此案的批复却是律外有礼、律外有情:“律设大法而体贴人情,居家丧娶虽律有明禁,而乡曲小民昧于礼法,违律而为婚者亦往往而有。若必令照法律离异,转致妇女之名节因此而失。故例称:揆于法制似为太重或名分不甚有碍,听各衙门临时斟酌,于曲顺人情之中仍不失维持礼法之意。凡属办此种案件,原可不拘律文断令完娶。若夫妻不和谐,则此种违律为婚,即有离异之条,自无强令完娶之理。所有该司书辨周四居丧娶周氏为妻一案,自京临时斟酌,于律例并无不合,应请照办。”[③]这正如有学者所言:“吾国盛行德治,自西汉以迄清末,未曾稍衰。历代虽有法典之制订,但道德力量始终处于领导地位,道德就是法律,法律反可不是法律。”[④]这种对德治的概括是精当的。

执法实践严格遵守同罪异罚的范围。伦理刑法中的同罪异罚在血缘伦理、等级伦理、政治伦理中寻找着自己的合理性和正当性,从而使自己具有了深厚的现实基础,获得了百姓的普遍认同。普遍公正与差别对待处于一种和谐共生的状态。执法过程中的同罪异罚对这种和谐状态可能构成威胁,消除这种威胁最好的办法就是要求执法者严格执行立法上界定的亲属同罪异罚的范围,并将之与凡人相犯、良贱相犯、主奴相犯相区别。[⑤] 亲属间的同罪异罚

---

① 《盐铁论·刑德》。

② 参见范忠信、郑定、詹学农:《情理法与中国人——中国传统法律文化探微》,中国人民大学出版社1992年版,第231—239页。

③ 《刑案汇览》。转引自彭凤莲:《论中华法系“重礼轻法”特征的形成》,《安徽师范大学学报》(人文社会科学版)1999年第3期。

④ 王伯琦:《近代法律思潮与中国固有文化》,清华大学出版社2005年版,第232页。

⑤ 参见任喜荣:《刑官的世界》,法律出版社2007年版,第41—42页。

不管在立法上还是在司法上均获得了朝野上下的广泛认同。

（四）德治中心主义对国际社会的影响

德治中心主义虽是中国古代的治国方略，但它对国际社会也有一定的影响。我们比较熟悉的是对东亚的影响，如蔡墩铭先生曾指出："古代中国刑法典不仅施行于中国本土，因其被邻国的韩日等国所抄袭而成为韩日等国最早的刑法典，形成所谓中华法系的独自法律系统……"①这一点本人有切身感受。2015 年 8 月，笔者作为中国刑法学研究会代表团一位成员去韩国参加中韩刑事法论坛，在此期间，分别参观了韩国的最高法院与最高检察院，在他们的陈列室里看到了大明律、大清律，看到了一份份用中文写就的韩国判决书。儒家文化在现代韩剧、新加坡的法律等当中，都有体现。其实，中国的德治不仅是对东亚，对全世界都有一定的影响。

《世界人权宣言》是第二次世界大战后最重要的国际人权文件之一，中国学者张彭春作为人权委员会副主席全程参与了《世界人权宣言》的制定。该宣言"超越抽象的'自然权利'人权理论，建立了'全球道德共识'人权理论。这一世界新人权理论的确立与中国学者张彭春的贡献密不可分。……他以儒家思想为依托，提出了反对西方中心、提倡多元、抛弃宗教哲学纷争寻求道德共识、用良心制约理性等诸多人权理论主张。他提出把'仁'这一道德禀赋作为人权的基础，为面临宗教批判、理性批判和权力批判而陷入困境的传统人权话语找到了新的合法性源泉"②。把"仁"融入世界人权理论是汉语法律文明的世界性贡献。近代西方将"理性"而非"神示"作为天赋人权的形而上学基础，也与启蒙思想家对儒家天理、人性学说之继受不无关系。③

---

① 蔡墩铭：《刑法研究之过去与未来》，台湾《月旦法学杂志》2003 年第 9 期。

② 鞠成伟：《儒家思想对世界新人权理论的贡献——从张彭春对〈世界人权宣言〉订立的贡献出发》，《环球法律评论》2011 年第 1 期。

③ 参见张君劢：《儒家哲学之复兴》，中国人民大学出版社 2006 年版，第 140 页。

2016年9月,笔者首次走进美国联邦最高法院大楼,当时大法官们正在度假,接待我们的是美国联邦最高法院的行政长官,然后在相关工作人员的带领下走进了美国联邦最高法院的法庭。我们在这里坐下,聆听一位女性工作人员对这栋大楼和法庭的介绍。随着她的介绍,我们在法庭一面墙的上方的浮雕中找到了中国的孔子,甚是惊喜和疑惑。回国后笔者在网上搜索了关于美国联邦最高法院大楼的相关资料。于1935年建成的这座雄伟的大楼,由卡斯·吉尔伯特(Cass Gilbert,1859-1934)负责建筑设计。设计师匠心独具,富有创意地在大楼内外刻有世界各国对法学有显著贡献的历史人物,以彰显人类法治文明的丰富性、多样性以及文明的接续,这其中也包括了中国的孔子。美国联邦最高法院大楼里一共两处有孔子的雕像,一处是在大楼的东侧门楣,另一处是在法庭的南墙。东侧门楣的中央雕刻着三位伟大人物:以色列的先知、十诫的创建者摩西,中国的先知孔子,古希腊法学家梭伦(Solon,前638—前559)。法庭的左右两侧墙上有18位历史人物——人类历史上对"法学"作出过重大贡献的人物。南北墙的上方各有9人,中国的孔子在南墙。让中国人纳闷的是,既然要选择对"法学"作出过重大贡献的人,那应该是管仲、商鞅、韩非等中国古代法家的代表人物中的一位入选啊,为何孔子入选?对此网上有一种解释:老外对中国法家代表人物了解很少,孔子是儒家学派的创始人,儒家思想对东亚地区有深远的影响,犹如摩西十诫的影响力,因此择其为代表人物。私见认为,这种解释颇值得质疑。

中华法系法律与道德密不可分,法是政治道德的组成部分,要求官方遵守法律实为要求官方遵守政治道德之一端,儒家德治观于此蕴含了"官方行为与法律的一致性"。儒家尚德但并不反对法,相反赞成法律与道德相联结的命题——儒家是倡导德治最有力的代表,德治更有理由归入儒家而非法家等其他学派。德治本来就属于中国固有的法哲学观念。"儒家德治观是其法律理想主义的一部分,对德治的理解应在其法哲学的整体内在体系中把握其意义脉络。既要结合儒家对其德治理想的正面阐述,也应注意其对黑暗政治现象的抨击。中国古代政治一向‘儒表法里’……于此，结合时代继承和发扬儒家传统德治思想精髓，援用这一传统法哲学观念于中国法治建设的志业，具有辩证发展意义。”①

申言之，礼与刑（法）同是社会调整的行为规范，但属于不同的范畴，具有不同的特点。大体说来，礼是各种礼仪、伦常规则的集合体；法是国家强制规范，是禁邪惩奸的手段，其突出特征是刑的运用。相对于等差的礼，法则以一视同仁相标榜——“法不阿贵，绳不挠曲，法之所加，智者弗能辞，勇者弗敢争，刑过不避大臣，赏善不遗匹夫。”②因“礼”中有相当部分属于道德范畴，这大概是从礼法关系演变成德法关系的根据。先秦礼法之争，法家取得了暂时的胜利，商鞅变法成就了秦国一统天下，但是秦朝迅速覆亡，却不得不让人深思法家“法治”之得失。真可谓成也法，败也法。秦始皇以任法得天下，因滥刑失天下，便是“汉家自有制度，本以霸王道杂之”的因由。董仲舒的“罢黜百家，独尊儒术”被汉武帝采纳之后，儒家学说取得正统地位，但并没有导致弃法去刑的结局，而是确立了德主刑辅的治国之道，且一直延续到清末法制变革。儒家强调礼，法家讲求法，目标都是追求天下大治，所不同的是实现“治”的手段，一为礼，一为刑（法），而且其实质皆为人治。正因为目标相同、本质相同，才为礼法或德刑既对立又统一提供了可能性。“就先秦儒法之争而言，儒家务德，只是极度轻视法律政令的人治；法家务法，乃是只信奉权谋威势而不屑于说教的人治。二者携起手来，就叫做德主刑辅，明刑弼教。此后历代关于王政、霸业的论辩，只涉及施政宽、猛的程度问题，于‘人治’实质并无触动。秦以后两千余年，中国的知识—统治阶层都在这个共同传统下讨论问题，甚至所用概念、术语也无出其右。”③

① 舒国滢、王重尧：《德治与法治相容关系的理论证成》，《河南师范大学学报》（哲学社会科学版）2018年第5期。

② 《韩非子·有度》。

③ 梁治平：《法辨》，中国政法大学出版社2002年版，第106页。

五、德治中心主义的局限性

德治中心主义表现在治道上,就是"德主刑辅"。首先意味着德刑各有指向,其次有个德如何主、刑如何辅的问题。单纯的德,缺乏政治威慑力;单纯的刑,缺乏伦理感召力。"德主刑辅"是权力发挥作用时道德与法律互动的机制。而德刑结合,作为上法天、下治人的治道,实际是对为君为臣之道的抽象,在此,权力单一化、专制化就不可能达到完全的德主,它要求治权的分化,从而使伦理政治在治权上表现出一定的宽松和"民主"性质。而这德刑结合可能正是构成伦理政治思想中最富有现代性的成分。① 如果把"德主刑辅"的"刑"理解为今天的刑法,那么"德主刑辅"对今天社会治理越来越依赖刑法的倾向也有警醒作用。在德治中心主义模式下,法只是刑法,是"刀把子",是专政的工具,只具有社会防卫的功能,而不具有保障人权的功能。传统的存在是一个中性的事实,对今人来说,传统总是有利与弊的双面性,而传统又仿佛是一条能穿越时空之链,串着过去、现在与未来,鉴于此,我们对待传统的态度应该是:辩证地看待,批判地继承。德治中心主义是中华文明的一大标志,让中国封建社会绵延了两千余年。四大文明古国中,唯独中华文明接续不断,德治中心主义贡献莫大。道德教化所形成的社会人际风尚,让中华民族被誉为礼仪之邦,这是西方法治所不能及的。但是德治中心主义也有其局限性。

(一)为政在人,人却未必靠得住

"为政在人,取人以身,修身以道,修道以仁。""法之所以顺行者国有君也。君之所以位尊者身有义也。身有义者君之政也。法者君之命也。人君思

① 参见任剑涛:《伦理政治研究——从早期儒学视角的理论透视》,吉林出版集团有限责任公司2007年版,第158页。

正以出令而贵贱贤愚莫得违也,则君位于上而民氓治于下矣。”①这些讲的都是为政在人的道理。可是,这“人”靠得住吗?历史上,明君贤相有能力的有几个?被后世称道的,数来数去不就是尧舜周公、秦皇汉武、唐宗宋祖?被称为治世的有几个?说来说去不就是文景之治、贞观之治、康乾盛世?在法律领域留有声名在身后的能有几人?荧屏上演来演去的不就是一个包青天?其实,古人已经洞察到了人是靠不住的:“其人存,则其政举,其人亡,则其政息。”②人存政举、人亡政息的历史循环是德治中心主义的必然结果。德治能敦民风,却难以一以贯之。历史上治世时,德治中心主义贯彻得比较好,乱世时,德治中心主义则难以贯彻,基本上是按照“治乱世用重典”的循环来运作。例如东汉末年,儒家名教德化之治渐趋浮华腐弛,吏治败乱,宫闱祸迭,民不聊生。东汉思想家王符面对这一现实,极力反对“德化可独任”的观点:“议者必将以为刑杀当不用,而德化可独任。此非变通者之论也,非叔世者之言也。夫上圣不过尧、舜,而放四子,盛德不过文、武……固有以诛止杀,以刑御残。”③故而“法令赏罚者,诚治乱之枢机也,不可不严行也”④。朱元璋重典治国,世人皆知。黄宗羲是抨击君主专制最力的思想家,但其关于置相和学校的议论仍然未摆脱贤人政治的窠臼,“天下事有大根本,有小根本。正君心是大本。”⑤自天子以至于庶人,皆以修身为本,这样治理天下的治国理政问题就成了修身养性的道德要求,“大抵立法必有弊,未有无弊之法,其要只在得人。若是个人,则法虽不善,亦占分数多了。若非其人,则有善法,亦何益于事!”⑥“法之不行,自上犯之。”⑦专横的权力、暴虐的法律、沉沦的人性,都是人治之

① 王符:《潜夫论·衰制》。
② 《中庸》。
③ 王符:《潜夫论·衰制》。
④ 王符:《潜夫论·三式》。
⑤ 《朱子语类·论治道》。
⑥ 《朱子语类·论治道》。
⑦ 《史记·商君列传》。

下最常见到的现象,中西方皆同。但在中国传统的人治模式中,把社会进步的希望寄托在开明君主身上,化国家治理为道德,以为依靠思想和道德的力量就能解决一切社会问题,这是中国传统政治的最大弊害。德治的预设是性本善,如此对个人道德教化自然要重于法律制度的构建。而缺乏规范制约,容易让人肆无忌惮、为所欲为。

古代德治中心主义的治国主张,根本上是一种人治,治国之道,一定意义上就是为君之道,每一个被后世称颂的太平盛世无不仰赖于治国者,尤其是君主的个人道德修养,“子帅以正,孰敢不正”。[①] 皇权政治下的治国智慧中,君主及其臣僚的治国者集团作用突出,人民群众的作用不彰。国家如何构建、权力运行的边界、权利等重大法理学问题几乎没有讨论。我国古代的治国智慧主要是君主智慧,而不是民主智慧。尽管某些贤君贤相能认识到“君,舟也;民,水也。水能载舟,亦能覆舟”[②],但是一来贤君贤相少见,二来民本思想在治国理政实践中即使是贤明君主也很难坚持到底。分久必合、合久必分,历史治乱循环中多有乱世,乱世中百姓期待开明皇帝的出现。在君臣错位、政权危难之时,重大自然灾害发生之时,君主会下罪己诏。久而久之,人们习惯于将国家治乱和皇帝个人的品格相联系。如,“禹、汤罪己,其兴也勃焉;桀、纣罪人,其亡也忽焉。”[③]在治国理政中,皇权不下县,人民群众被排除在政治活动之外,不作为政治活动的主体予以重点考虑、对待。[④]

(二)为政以德,德却只能修身正己

道德治理,圣人之德如何修炼?“故凡立王者,将以诛邪恶而养正善……”[⑤]对新立国王的期待是:分清善恶,奖善罚恶。“法以君为主,君信法,

① 《论语·颜渊》。

② 《贞观政要·论政体》。

③ 《左传》庄公十一年。

④ 参见张茂泽:《中国古代治国智慧的特点和历史前景》,《西部学刊》2016 年第 6 期。

⑤ 王符:《潜夫论·述赦》。

则法顺行；君欺法，则法委弃。”[1]在法与人的关系上，不仅是徒法不足以自行，而且是君主个人起决定作用。“法之奉与不奉，其秉皆在于君，非臣下所能为也。”[2]法律是否得到有效执行，最根本、最重要的源头在于国君，国君若相信法律、尊重法律，愿意推行以法治国，那么法律施行就比较顺畅；国君如果不相信法律，不带头遵守法律，那臣子想依法办事也无能为力，最终自然是法纪废弛。“君敬法则法行，君慢法则法弛。”[3]“人君之治，莫大于道，莫盛于德，莫美于教，莫神于化。道者，所以持之也；德者，所以苞之也；教者，所以知之也；化者，所以致之也。民有性，有情，有化，有俗。情性者，心也，本也。”[4]道德教化是人君之治的根本。

道德的目的，从社会意义上来看，就是要通过减小过分自私的范围、减少对他人的有害行为、消除两败俱伤的争斗以及社会生活中其他潜在的分裂力量而加强社会和谐。[5] 道德治理是运用道德的“应当”和“不应当”这一特殊命令方式发挥其抑恶扬善的社会作用，是以抑恶的禁止性命令和扬善的激励性期待相统一的方式不断推动道德发展进步。[6] 但是，道德作为一种非正式制度约束也存在一系列缺陷：比如，道德的“非确定性易导致过度弹性，自觉自律性易导致缺乏普遍有效性，非普遍性易导致标准多元化，过多至善理想性易导致缺少宽容和衡平。因而，单靠道德将使社会变得是非标准混乱，社会个体各行其是，一盘散沙，难以形成共同和主流的行为模式和方向”。“在任何社会，法律与道德都是各有侧重，相互作用，彼此取长补短的，协同调整社会关

---

① 王符：《潜夫论·本政》。

② 王符：《潜夫论·明忠》。

③ 王符：《潜夫论·述赦》。

④ 王符：《潜夫论·德化》。

⑤ 参见[美]博登海默：《法理学：法律哲学与法律方法》，邓正来译，中国政法大学出版社2004年版，第440页。

⑥ 参见王艳：《道德治理：道德发展进步的历史逻辑》，《道德与文明》2016年第1期。

系和人们行为,形成良好的社会环境和社会秩序。”①德治中心主义的直接后果是司法的非终局性,着重追求的是实质正义,并将实质正义的实现寄托在青天大老爷身上,包拯则是中国古代老百姓追求司法公平正义的典型符号。

古代的德治着重在修身正己,难以培育社会公德。中国古代道德以自然血缘为基点,具有自然化的特征,而血缘必然存在亲属等差。如果道德执念于自然血缘的立场,必然导致一种局限于血缘伦理的私德。中国传统道德推崇“百善孝为先”,统治者标榜以孝治天下,是因为孝本质上体现了父母子女之间的血缘亲情,父母官的说法正是血缘亲情的推展。而“这种自然化的血缘亲情遮蔽并解构了公平、平等、正义观念,间接支持或配合了专制等级制度,导致中国旧有的道德既不能走向公德,也无法保证国家的长治久安”②。二十四孝的故事,因时代变迁在今天并不是都具有正向的教育意义。德治中心主义将过高的道德义务转化成法律义务。中国传统立法思想、立法实践均透现着浓浓的道德精神。在中国传统法律文化中,儒家立法思想占有主干地位,道德思想主导立法是儒家一直关注的核心问题,并很好地付诸了实践。中国法制史上的“法律儒家化”过程就是一个儒家道德原则被转化为法律原则、儒家道德规范被转化为法律规则的过程,这一过程便是一个立法的过程。法律儒家化所追求的目标是“礼法合一”,让立法符合礼的原则、体现道德的精神。唐律被认为堪称这方面的典范。法律的儒家化过程,大体始自汉代,完成于唐代。这一过程中,各朝立法在逐步加大吸收儒家道德伦理的力度,将“八议”“十恶”“准五服以制罪”“子孙违犯教令”“干名犯义”“存留养亲”“亲属相隐”“七出三不去”“和奸”等不断立为律文。当然,也应该看到的是,中国历史上的法律儒家化运动除孕育了伦理色彩浓厚、独树一帜的中华法系外,也存在

① 蔡宝刚:《迈向实务:西方法律与道德关系理论的流变路向》,《南京农业大学学报》(社会科学版)2009 年第 3 期。

② 戴茂堂、谢家建:《德治与法治:何以协同? 谁更优先?》,《马克思主义哲学研究》2018 年第 2 期。

一些弊端，就伦理道德的角度言之，就有把过高的道德义务转化成了法律义务，从而造成“强人所难”的不良后果。① 从女性与卑幼的角度言之，他们承担着过多的道德义务与法律义务，从而难以形成男女、尊卑、夫妇、父子、君臣在人格上的平等。

中国传统道德偏重个体伦理和私德，而西方偏重社会伦理和公德。个体伦理和私德更多地导向道德的内在性，社会伦理和公德更多地趋向法律的外在性。而与法律直接相关的伦理道德问题，包括它所需要的伦理资源和道德支持，大多属于社会伦理和公德领域。这导致历史上的西方远比传统中国更关注社会正义和政治安排，而传统中国几乎不曾对政治和法律提出过正义的价值诉求，而主要关注家庭伦理与推而广之的君臣伦理。“所以，中国古代法一方面在规范或技术和手段的层面上与道德混而为一；另一方面却在目的或价值的层面上与道德基本脱节。西方传统则大不相同，一方面是法律在规范或技术和手段的层面上与道德分离；另一方面却是法律在目的或价值的层面上自觉追随某些道德目标。”②

（三）德治中心主义造就了发达的农耕文明，却不能适应商工文明

一般说来，在陌生人社会，法律和契约更能发挥规范作用；在熟人社会，道德更具约束力。德治中心主义在农耕文明类型下有较好的功效，但难以适应商工文明。

中华法系是世界五大法系之一，其影响很大，除施行于中国本土外，还不断被邻国——今天的朝鲜、韩国、日本等国所袭用而成为韩日等国最早的刑法典，“惟自十八世纪末欧陆各国展开工业革命以来，欧陆各国工商业进步迅

① 参见崔永东：《中国传统立法文化中的道德精神》，《金陵法律评论》2011年秋季卷。

② 胡旭晟：《法的道德历程——法律史的伦理解释（论纲）》，法律出版社2006年版，第176页。

速,带动社会与法制之进步,此使欧陆各国法典不断推陈出新,尤其刑法典为然。十八世纪以来西方社会之发达所以超越世界其他地区,西方法律之不断革新居功甚伟,最后成为世界其他地区国家模仿或抄袭之对象。"①日本率先移植法国、德国等大陆法系国家的法律,清朝末年我们反而移植日本的法律。如此巨大的反差,原因何在?这其中的原因,主要是中国古代法律的保守性和超强稳定性,使其历经二千年而内容少有变化的缘故。长期的农耕文明,不仅形成了长期超稳定的君臣上下、家国一体的社会结构,还形成了长期超稳定的以刑为主的法律结构。农耕文明的社会结构以家庭为主,生产方式是自给自足,生活方式是安土重迁、数世同堂,所以以德治国、以德治家是农耕文明的自然产物,伦理法的突出亦是自然之理。然而清朝末年,偌大的农耕文明古国被西方工业文明强国一次次践踏,一次次割地赔款,中华民族遭遇了深重的灾难和危机,国将不国,民不聊生。德治中心主义的治国方略显然难以抵御外侮。为了变法图强,为了挽救民族危机,清帝于内忧外患中不得不下变法诏。接下来的几乎整整一个世纪即20世纪,中国都在不断地移植西方的法律制度。制度层面越来越完善了,但由于农耕文明的深厚基础和巨大惯性,法律制度与其文明的匹配性不甚一致,法律制度的实施效果难尽人意。一方面我国坚持以经济建设为中心,不断发展经济,并于1992年宣布实行社会主义市场经济体制。市场经济需要依靠多主体的活跃性,打破了家庭内部的自给自足,打破了计划经济的统购统销,不同主体之间需要依靠契约进行交易和解决纷争,这大大促进了我国商工文明的进步。与商工文明的发展相适应,1997年我国确立了依法治国方略,市场经济是法治经济的观念逐渐形成。

社会生活流动不息,而成文法在制定后的数年甚至数十年几乎一成不变。不变的条文如何适应社会实际的变化?主要方法是对现行法实行增、删、改、释,使它不仅为裨益实践而产生,而且为裨益实践而变化。成文法不仅随着社

① 蔡墩铭:《刑法研究之过去与未来》,台湾《月旦法学杂志》2003年第9期。

会历史的变迁，通过立法程序而发展，还可随着阶级斗争的形势和犯罪形势的变化，通过适用和解释条文而发展。① 与时俱进的法律才会有生命力，而中国传统法在以《唐律》为标志发展成熟之后过分固守传统，改朝换代之后虽然也有增删修补等行为，但终究因没有吸收其他异质文明，且强调遵守祖制，导致创新不够而被世界所淘汰，就连我们自己作为中华法系的创始国，在西学东渐中亦不得不弃之，清末的法律改革，就是走了西化的路子。19 世纪所有东方国家的现代化运动无不以大量吸收西方思想、制度为其开端和基本内容。现代社会的法律必定是西方式的。中国传统法制虽存续数千年，却不能抵制西方法律于一时而被迫转型。清末的法律改革，一是打破传统“诸法合体”的格局，逐渐建构起专门化、技术化的近代部门法体例与体系。二是改组机构，建立专业化的司法组织。三是让法律与道德分立，从而取得更深层次的形式化存在和独立化发展。从形式上看，沈家本的事业在 20 世纪 30 年代终于完成，国民党政府的“六法全书”与欧陆法律体系相差无几，各种法律设施和法律教育也基本上与国际接轨。② 然而，从历史的实际看，当时国民党政府推行的法治基本上是有其形体而无其魂魄，再加上局势动荡，非和平时期是无法治可言的。因此，20 世纪上半叶的中国，旧的道德法已经破裂，而与道德分离的独立法并未有效建立起来。

“德主刑辅”是伦理政治的治道基调。“德主刑辅”的治道基调难以培育法的独立品格。“德主刑辅”之刑(法)的来源是君主个人意志，而非天下百姓公意；君主并不受法的约束，法为君主服务，为君权服务。今天，改革的目标应当是使人心系于制度，风气定于法律。1980 年邓小平说，十年“文化大革命”，“不是说个人没有责任，而是说领导制度、组织制度问题更带有根本性、全局

① 参见蔡枢衡：《中国刑法史》，中国法制出版社 2005 年版，第 110 页。

② 参见胡旭晟：《法的道德历程——法律史的伦理解释(论纲)》，法律出版社 2006 年版，第 112 页。

性、稳定性和长期性”。[①]“制度好可以使坏人无法任意横行,制度不好可以使好人无法充分做好事,甚至会走向反面。”[②]中国古代法附属于道德、从属于权力,甚至法在适用时屈从于礼,所以缺乏独立的品格,有人认为,礼是可以表明古代中国人正义观的一套价值准则,是中国古代几千年唯一的“正义”观,作为主宰和支配法的价值准则,它是独立的,与法没有任何关系。[③] 有人认为,礼是具体的规则。[④] 中国传统法,源于君主的意志,以刑罚为其标志,以德礼为其依归,它是统治者经常运用的工具——一方面把道德礼教置于治国的主导地位,一方面又不排除发挥刑法的镇压作用,[⑤]却从不被认为是改造社会、促进社会发展乃至重新塑造社会的基本手段。[⑥] 所以德治中心主义的法不能适应商工文明的发展。德治中心主义在总体上是农业社会的产物,甚至是血缘社会的象征,当社会处于农耕文明阶段,并为“身份”所支配时,宗法伦理连同其法律附属物的确能很好地调节人际关系、促进社会发展,其法律的繁荣也随之而来。然而,人类文明的进化必然要超越农耕文明和身份社会,而走向更高层次的市场经济和契约社会,这就从根本上注定了宗法伦理、德治中心主义的衰落,以及中华法系在近代悲剧性的命运。因为,宗法伦理自身所特有的狭隘性、保守性和排他性决定了它们就总体而言不可能适应商工文明的需要。

古代德治理论中没有包含对国家起源、政府来源、君权本源、百姓权利等问题的讨论,国家、君主、君权等多被归之于神秘天命,即君权神授;即使有政治思想家讨论过这些问题,也没有将国家与君主、君权分开探究。周公制礼、孔子创儒学,开创了以“德”的修养来为国家、政府或君权产生提供正当性的优秀传统,后来的孟子、董仲舒等,提到君权源于民授问题,接续、弘扬了这一

---

① 《邓小平文选》第二卷,人民出版社 1994 年版,第 333 页。
② 《邓小平文选》第二卷,人民出版社 1994 年版,第 333 页。
③ 参见梁治平:《法辨》,中国政法大学出版社 2002 年版,第 155 页。
④ 参见於兴中:《法治东西》,法律出版社 2015 年版,第 87 页。
⑤ 参见单玉华:《法治与德治辨析》,《法学家》1998 年第 6 期。
⑥ 参见梁治平:《法辨》,中国政法大学出版社 2002 年版,第 157 页。

优秀传统。但发展流行的只是民本思想，民众作为国家主人、君权本源的本质地位和作用，却一直未能发展成为明确的理论主张和实践形式，这使国家或政府的产生、朝代的更替、君主继位等重大政治活动，未能纳入人的理性认识范围而从根本上摆脱神秘天命的制约。神秘天命被扮成一姓之国家、君主的护身符，今天宫廷电视剧中高频出现的“奉天承运，皇帝诏曰”是当年皇权的流行语。朝廷甚至以天命的神圣性代替儒家对皇权的合法性要求，抵制近代民权人士对皇权合法性的追问。在天命观的笼罩下，思想家们倾向于以神秘天命的运行解释朝代更替的历史，自觉或不自觉地习惯于承认国家、政府、皇权已经存在的事实，对其合法性、正当性则疏于理性思考。① 儒家的等级观念、重农抑商及重利轻义等，既是农耕文明的产物，又支撑了农耕文明。但是，它们不利于平等民主自由政治价值观的形成，不利于商品经济的形成，不利于人们对合理利益的追求，与国家治理现代化存在着矛盾冲突。②

儒家德治思想发展到明清之际，其内在法律之维开始彰显，“有治法而后有治人”成为当时儒者的基本共识。受此影响，儒家德治思想的内涵发生了转变，在本体层面开始由汉唐时代的“天道”与宋明时代的“天理”转向“制作”层面。“治法”开始成为当时儒者思考德治问题时的一个独立的出发点和落脚点。近代以降，随着中国社会的转型，原有的德治传统开始发生嬗变。因受到西方法律思想中的人本价值因素和逻辑分析方法的影响，儒家开始以西方法学为参照，并吸收与借鉴日本近代法律改革方面的经验和成果而对原有的律学展开了系统性的转化，其德治思想中的法律之维已经完全彰显，法治在国家治理中的主体地位开始确立。

中国的德治传统发展到近代，积累了大量的历史资源。虽然这种德治传统是在农耕文明基础上产生与发展的，忽视运用法律和制度约束统治者，但是通过对其内容中“道德教化”等理论与实践资源的现代转化与汲取，可以为当

① 参见张茂泽：《中国古代治国智慧的特点和历史前景》，《西部学刊》2016 年第 6 期。

② 参见迟成勇：《论儒家伦理思想与国家治理现代化》，《甘肃理论学刊》2016 年第 3 期。

下中国的法治建设提供历史借鉴与传统支持。事实上,在现代社会,法治更侧重于对人的客观行为进行规制,相对忽视了“道德教化”在法治运行中所起的重要作用,由此造成了社会成员守规意识薄弱、责任伦理缺失的现象。因此从德治传统资源的现代转化入手,通过对其“道德教化”等内容的脉络性转化,汲取其中符合时代性发展的要素,为当下的依法治国提供历史资源层面的借鉴与支持,让人们确信,公理和正义高于物质力量,道德责任感必须服从,是十分必要的。然而,不同的文明秩序类型和不同的社会发展阶段,各有与之相匹配的行之有效的治理机制。当今社会是复杂社会,是商工文明时代,传统的德治中心主义因其局限性不能在商工文明时代担当大任而成为治国方略。

小　结

礼法关系贯穿了中国古代法律全过程,大体上可以分为礼法混同阶段(德法混同)、礼法对立阶段(德法分立)、礼法合流阶段(德法交融)、礼法分离阶段(德法分离)。上述四个阶段也可以归纳为两次大的合与分。第一次合与分:夏商西周的礼乐之治,是德法混同;春秋战国秦是法·律之治,德法分离。第二次合与分:由汉至清,治理模式是礼法之治,特征为德法合治,德主刑辅;清末法制变革以来治理模式是法治,特征是依法而治。从历史规律看:大凡合的时候,治理效果相对较好,有利于国家的长治久安;大凡分的时候,治理效果相对较差,会引发道德情理与法律规定相冲突的现象。①

“德”概念的提出,为周人统治找到了合法性依据,经由孔子发扬光大,成为了中国几千年的权威思想——德治(Rule by Virtue)。② 德治在“罢黜百家,独尊儒术”之后成为一种统治方式,也是一种秩序观。两千年的古代社会是德治中心主义社会。德治中心主义是农耕文明的产物,农耕文明是德治中心

① 参见龙大轩:《新时代“德法合治”方略的哲理思考》,《中国法学》2019 年第 1 期。

② 参见於兴中:《法治东西》,法律出版社 2015 年版,第 88 页。

主义产生的根本原因,维护君主统治是德治盛行的政治原因。中国古代法家的“法治”以禁暴止奸为主要内容,是镇压的工具,主要表现形式是刑,这一“内在禀赋”决定了它不宜成为治国方略。

德治的主要内容体现为:一是为政以德。这是对官吏而非对百姓提出的义务要求。统治者要率先垂范,以身作则,目的是“其身正,不令而行”。主张民本思想,当权者要满足百姓基本生活需要,不能行暴政、苛政。二是政教化民。化民之道,在政教不在刑威。讲求君子人格,重义轻利。教化的最终目的是把百姓教化成自主自为的道德主体,而不是国家暴力制裁的对象。三是德主刑辅。在治国方略上,坚持德治中心主义,以道德教化为主,以法律制裁为辅;在法律领域内,要求立法执法司法守法均以儒家道德原则为指导。以中国为代表的东方“德治”作为道德秩序的权威理想,与西方“法治”在法治文明秩序中的地位相当。

德治中心主义影响了中国整个封建社会的立法与司法。在立法上,突出地体现在法的具体规定尽显伦理法的特征:儒家之礼法律化、亲情义务法律化、身份等差法律化、亲属间侵害行为罪刑配置差异化。在司法上,德主刑辅观念主宰了法律适用的各个环节,执法原情是其基本表现。原情论罪与依法断狱的对立,是司法的一突出特点。德治中心主义作为中国的治道致思,不仅对东亚,对全世界都有一定影响。美国联邦最高法院的东侧门楣和法庭南墙上都有孔子的雕像、《世界人权宣言》接受了中国的“仁”和良心的概念赋予人权新内涵即为明证。但是,德治中心主义有它的局限性:为政在人,人却未必靠得住;为政以德,德却只能修身正己。德治与农耕文明相互成就,农耕文明衰退时德治中心主义也就自然衰落。

第三章　西方法治及其危机

言"治"并非中国人的特权，不同国家只是治之理念不同、路径不同。在中国古代常以王道、霸道，务德、务法等思想、方法言"治"，而西方言"治"的传统自柏拉图以来即从政体展开。治道不同，法在国家治理中的位置自然就不同。以此为标准，各种政治及其理论，布局何种政体，都可以归入人治、法治这样两大类。① 西方被公认为法治这一类。

虽然学界一般认为，法治源于西方，但是西方的法治也不是天生的，而是经历了人治与法治的对话的。中国春秋战国的礼法之争后，法家学说取得短暂的统治地位并付诸实践，缔造了一个强大的秦朝，但随着秦王朝短命而亡后，法家学说作为治国理政的学说也随之衰微。继之而起的是儒家学说获得了正统地位，并长期被奉为治国理政的正统学说。因此，大体上说，中国先秦礼法之争的结果，是中国一步一步逐渐走上了人治的道路。不管是法家的"法治"还是儒家的"德治"，其本质都是人治。在久远的西方，也有一场关于法治与人治的对话，这便是千古流传的哲学王的统治与法律的统治之争。他们争论的结果，大体上使得古希腊一步一步逐渐走上了法治的道路，当然也与当时古希腊的城邦体制有关。当今世界正在经历意识形态的危机和价值的激

① 参见梁治平：《法辨》，中国政法大学出版社 2002 年版，第 95 页。

烈碰撞,社会正面临深刻变革。法律和司法体系也不能例外。法律被不断要求就各种性质的新生事物表达立场。随着“社会生活司法化”逐渐加剧,司法机构所经常面临的一个问题便是它的“正当性”以及如何确保万众期待的“社会安宁”。

一、西方法治的起源

通常一谈哲学,就言必称希腊,事实上,谈到西方法治的起源,也得从古希腊法谈起。考古发现,古希腊也曾经历过一个“神授王权”时代,其法律与世界其他早期法律文明一样属于神权法。公元前 7 世纪,曾因公元前 12 世纪外族人入侵而大规模海外殖民的古希腊人重返故土。其间,由于航海与贸易的冲击,“神授王权”逐渐瓦解,但传统的宗教并未因此退出古希腊社会,古希腊社会进一步发展出了以宙斯为最高神的宗教,该宗教维系着古希腊民族的完整性。但是,由于古希腊政治的非宗教化以及世俗社会生活的发达,再加上哲学领域理性主义传统的确立,古希腊法始终未能发展成为宗教法。相对说来,古希腊法中的道德法因素更多一些,其显著表现是道德激情在整个法律运作中发挥着突出作用。雅典司法机构是古希腊法律生活中非常富有特色的机构,它更像一个公共舆论的道德法庭,其中的随意性与大众道德激情对最终判决有巨大影响力,正因为如此,很难将它同独立法联系起来。

就整个西方法的发展而言,古希腊法尚未进入具体制度的现实构建阶段,它的历史使命及真正意义是在于独立法的精神预制,一种将一切社会争端都纳入法律轨道的观念传统和思维模式业已诞生。古希腊伦理学将幸福视为至善,并确立为人生的终极目的,这对近代自然法思想的发展具有深刻的影响。著名的立法者梭伦开西方幸福伦理学之先河,亚里士多德随其后将至善和幸福作为其伦理学的出发点和归宿。他在西方历史上确立了这样一种政治法律伦理观:国家与法律的目的,应当超出对秩序和安全的维系,促进全邦人民的一切善德,达致人类真正的美满幸福。这种伦理观对后世西方法的发展产生了深远影响。古希腊伦理学尽管存在理性与感性之争,但理性主义是主流,强调理性对欲望的把控、人的自主和自律、节制等美德,这些恰恰构成了西方法治特别是守法传统的伦理学基础。这种理性主义传统还具有衡量利益得失的特性,在根本上促进了古希腊公正观念的发展,推动了其道德追求的制度化、法律化。从公元前 334 年至公元前 1 世纪的希腊化时期,斯多葛学派同样坚持了理性主义立场,主张幸福就是按照人的本性(“自然”)而生活,由此正式开启了西方自然法传统的大门。①

亚里士多德曾说:“在我们今日,法律是最优良的统治者,法律能尽其本旨作出最适当的判决,可是,这也得设置若干职官——例如法官,他们在法律所没有周详的事例上,可以作出他们的判决。就因为法律必难完备无遗,于是,从这些缺漏的地方着想,引起了这个严重争执的问题:‘应该力求一个完备的最好的法律,还是让那最好的一个人来统治?’”②亚里士多德意识到了法律不可能周详完备无遗漏,那么在这些缺漏之处需要法官的主观能动性,于是就有了最好的完备的法律与最好的统治者之间谁更重要的争论,这就是西方最初的人治与法治之争。

柏拉图起初认为,“法律的制定属于王权的专门技艺,但最好的状况不是法律当权,而是一个明智而富有国王秉性的人作为统治者。”③很明显,他认为国王优于法律,即人治优于法治。“任何真正具有国王那样的专门技艺的人……我料想,他在任何时候都不会用我们称之为法律的文件在自己的路径上设置障碍。”④国王不应受法律羁绊。“法律从来不能用来确切地判定什么

---

① 参见胡旭晟:《法的道德历程——法律史的伦理解释(论纲)》,法律出版社 2006 年版,第 123—127 页。

② [古希腊]亚里士多德:《政治学》,吴寿彭译,商务印书馆 1996 年版,第 171 页。

③ [古希腊]柏拉图:《政治家》,黄克剑译,北京广播学院出版社 1994 年版,第 92 页。

④ [古希腊]柏拉图:《政治家》,黄克剑译,北京广播学院出版社 1994 年版,第 95 页。

对所有的人说来是最高尚和最公正的从而施予他们最好的东西；由于人与人的差异，人的行为的差异，还由于可以说人类生活中的一切都不是静止不变的，所以任何专门的技艺都拒斥对所有时间和所有事物颁布的简单规则。……法律所要的差不多正是这种简单的规则，就像一个执拗无知的人不允许任何人做任何与他命令相左的事，以至于向他问一个问题也不行，即使是出现了比他自己制定的规则更好的东西，也不能允许。”①柏拉图首先承认法律是一种规则及其刚性约束，但同时认为法律规则过于简单、过于呆板。如果法律不能实现“等者等之”，那么，在柏拉图看来，以它为根据的法治就是具有很多缺陷的，如法律作为规则不能适应变动不居的人类生活，如果让一个充满智慧的哲学王处理这些千差万别的变化多端的事情，那么事情就可能很好解决。柏拉图还认为法律的缺陷之一是法律也不能判定什么对所有人来说都是好的东西。因为立法者不论“是颁布成文法，还是依据不成文法的传统习俗宣示成规，他总是为多数人立法，而大体上只是粗略地考虑到个体”②。这都让人感觉法律还不如人的智慧来得灵活。他认为，“对于优秀的人，把这么多的法律条文强加给他们是不恰当的。需要什么规则，大多数他们自己会容易发现的。”③所以，他主张智慧的哲学王治国，是不需要法律约束自己的。

柏拉图主张人治，而且认为人治中最好的模式就是哲学王的统治——由哲学家或者精通哲学的人来当国家的统治者。哲学王是个完美无缺的超人，上知天文地理，下通人情世故，还掌握了普遍性质的管理知识与智慧，该智慧被认为能够使人有智慧地治理国家。“除非哲学家成为我们这些国家的国王，或者目前我们称之为国王和统治者的那些人物，能严肃认真地追求智慧，使政治权力与聪明才智合二为一……我们前面描述的那种法律体制，都只能

① ［古希腊］柏拉图：《政治家》，黄克剑译，北京广播学院出版社 1994 年版，第 93 页。
② ［古希腊］柏拉图：《政治家》，黄克剑译，北京广播学院出版社 1994 年版，第 94 页。
③ ［古希腊］柏拉图：《理想国》，郭斌和、张竹明译，商务印书馆 1986 年版，第 141 页。

是海客谈瀛,永远只能是空中楼阁而已。”①在柏拉图的设想中,一个具体的人要当上国王,有两个方面需要认真终身学习:知识和道德。在知识方面,他最看重几何数学,认为它可以锻炼良好的推论能力,这种能力是认识真正存在的“普遍真理”与“终极善”的必要资质。学好了数学,并在此基础上学习普遍性质的学问的时候,知识——对普遍绝对“善”本身的认识——就已经把握了。在道德方面,他认为道德养成是一个潜移默化的涵养训练,有了知识学问的不断影响,道德水平自然不成问题。当然,在柏拉图的理想国里,法律不是没有用处,只是法律绝对不能也不应该约束统治者,因为作为哲学王的统治者是完美无缺的人,全知全能的人,掌握的是绝对真理。正因为如此,柏拉图的哲学王主张被称之为人治。柏拉图推崇的“哲学王”计划想在其培养的叙拉古王国的小王子身上实现,没承想小王子即位后把柏拉图当做奴隶卖掉了,这种讽刺标志着其“哲学王”计划遭到了彻底的失败。

此后,柏拉图开始反省“哲学王”计划,但是并不完全甘心,因为他假定的前提是人性善。英国学者波普(Karl Raimund Popper,1902-1994)在对比苏格拉底(Socrates,前469—前399年)和柏拉图时不禁感慨:“哲学家国王这个观念真是人的渺小的碑石啊!他同苏格拉底的真纯和人道之间的差别是多么的遥远啊!苏格拉底提醒政治家要防止被他自己的权力、他的优越性和智慧所蒙蔽的危险,他还力图教给政治家以最重要的事情——我们都是易犯错误的人。从这个反躬自问的、理性的和真诚的世界下降到柏拉图的哲人王国是多么严重的倒退啊!哲人的神秘力量把他提升到凌驾于一般人之上,尽管不是高到足以无需使用谎言……以换取凌驾于他人之上的权力。”②波普在书中还提到康德对“哲学王”计划感到莫名其妙:“国王竟然成为哲学家,或哲学家竟然成为国王,这样的事情是不可能发生的;而且也是不可取的,因为权力的拥

① [古希腊]柏拉图:《理想国》,郭斌和、张竹明译,商务印书馆1986年版,第215页。

② [英]波普:《开放社会及其敌人》,杜汝楫、戴维民译,山西高校联合出版社1992年版,第164—165页。

有不可避免地会贬低理性的自由判断。”[①]越是认为只有自己是绝对正确的，越有可能缺乏反省的能力，从而越有可能实施独裁，甚至暴政。[②] 因此，哲学王计划的破产是必然的。

柏拉图的学生亚里士多德则主张法治。柏拉图不赞同法治，在国家治权上首选人治。他认为法律不能公平地“相同情况相同对待”，即不能“等者等之”，并以此为根据批评法治。亚里士多德却认为，法律的统治才应当是治权的首选——“法治应当优先于一人之治”。[③] 针对柏拉图的人治，他不客气地指出：“说应该让一个个人来统治，这就在政治中混入了兽性的因素。常人既不能完全消除兽欲，虽最好的人们（贤良）也未免有热忱，这就往往在执政的时候引起偏向。法律恰恰正是免除一切情欲影响的神祇和理智的体现。”[④]他虽然承认完全按照成文法律统治的政体不会是最优良的政体，但是，“凡是不凭感情因素治事的统治者总比感情用事的人们较为优良。法律恰是全没有感情的；人类的本性（灵魂）便谁都难免有感情。”[⑤]他在法治与人治的比较上，主张尽管法律有缺陷，但是法治比人治靠谱，而且法律就是控制人类兽性的东西，国家统治者有法律的制约，国家治理才更加安全可靠。对柏拉图所说的“完人”总会出现的观点，亚里士多德完全不赞同，认为哲学王是不可能存在的、是虚幻的，现实中有感情或者“兽性”的真实个人，受到权力的诱惑和腐蚀几乎是必然的，为政者会凭借名位逐渐贪婪腐化。在不受制约的权力面前，不可能出现道德圣人般的哲学王，一般人更是抵抗不住权力的诱惑。因此，法治是唯一的选择。

亚里士多德基于人性的脆弱和权力的腐蚀，相信法治好于人治，不赞成个

① ［英］波普：《开放社会及其敌人》，杜汝楫、戴维民译，山西高校联合出版社1992年版，第160页。

② 参见刘星：《西方法律思想导论》，法律出版社2007年版，第258页。

③ ［古希腊］亚里士多德：《政治学》，吴寿彭译，商务印书馆1996年版，第167—168页。

④ ［古希腊］亚里士多德：《政治学》，吴寿彭译，商务印书馆1996年版，第167—169页。

⑤ ［古希腊］亚里士多德：《政治学》，吴寿彭译，商务印书馆1996年版，第163页。

人的统治,而要法律的统治。“法治应该包含两重含义:已成立的法律获得普遍的服从,而大家所服从的法律又应该本身是制定得良好的法律。”①据此,亚里士多德的法治又被称为良法之治。这与其祖师爷苏格拉底不同。苏格拉底70岁那年即公元前399年,三个雅典人迈雷托士、赖肯和安匿托士控告苏格拉底犯下两个罪——渎神与腐化、误导青年。雅典法律规定:“对一切不相信现存宗教者和神事不同见解者,治罪惩罚。”雅典“法官”以281票对220票,少数服从多数的形式,判决苏格拉底两个罪名成立,处以死刑。临刑前,苏格拉底的好朋友克力同劝他越狱,理由是雅典的法律是不公正的,没有必要遵守不公正的法律。苏格拉底则反问克力同:即使对我的指控不公正,那越狱就正当吗?这里提出了一个重大的理论问题,即人们有没有服从恶法的义务?苏格拉底基于自己对法律的“信仰”,最终还是选择了接受死刑。时隔14年后,雅典人认定苏格拉底审判是冤案一桩,反过来判决控告苏格拉底的三人诬告罪,其中对迈雷托士处以死刑,对赖肯和安匿托士处以驱逐出境。因此,在古希腊就存在良法、恶法问题以及恶法是否要服从的问题的争论了。

柏拉图和亚里士多德都认识到法律存有缺陷,柏拉图基于此主张人治,亚里士多德基于此提出了经由自由裁量的公平的概念:“既然立法者说了一些笼统的话,有所忽略和出现失误,那么这些缺点的矫正就是正确。如若立法者在场,他自己会这样做;如若他知道了,自己就会把缺少的规定放在法律中了。所以公平就是公正,它之优于公正,并不是优于一般的公正,而是优于普遍而带来了缺点的公正。”②当然这也存在解构一般规则的风险。

“在西方法律史上,希腊法是最早的世俗法律制度。而且,它很早就摆脱了附在它身上的种种形式主义特征……不幸的是,它始终没能与政治保持相当的距离。在民主的雅典,它既是捍卫民主的最有力武器,但同时也是公众舆

① [古希腊]亚里士多德:《政治学》,吴寿彭译,商务印书馆1996年版,第199页。

② [古希腊]亚里士多德:《尼各马科伦理学》,中国人民大学出版社2003年版,第111页。

论的工具。"①在法律方面,他们更多偏爱抽象的正义,可是有时所依循的正义原则,往往只是他们个人的好恶和偏见。苏格拉底即死于雅典的法律。古希腊法最终无以传世。但是亚里士多德与柏拉图之间的法治与人治之间的对立与对话,让亚里士多德的法治观念得以流传于世,并认为是世界法治的源头。亚里士多德认为,幸福必须具备身体、财富和德行三个条件,而德行为其首。德行,体现于个体,便是智慧、勇敢、节制、公正,体现于城邦,就是正义或公正。公正是法律与道德最直接、最主要的交接点,几乎是世界所有民族早期道德观与法律观共同的主题。但是,古希腊的公正观较早地超越了同态复仇的原始公正,它具有计算的量化和可操作性特征,这为道德走向法律提供了可能。《理想国》的核心主题便是公正,柏拉图认为,公正就是"各守本分、各司其职"。亚里士多德则进一步将公正分为一般公正与特殊公正。前者指守法,即促进社会的整体利益;后者指平等,具体的分为三种:分配公正、矫正公正和交易公正。这种公正理论对后世西方法律发展具有巨大意义和深远影响。古希腊的公正观念不仅为法律的发展确定了公正这一核心主题,还为道德合理地走向法律开辟了可行的道路、提供了直接的资源。虽然古希腊法还远不是形式法,但迈向形式化法律的大门已经打开。② 苏格拉底毕生寻求"美德的共同本性"、柏拉图追求"善理念"、亚里士多德致力于"正义",至此西方独立法的精神预制基本完成。

古希腊学人从伦理学上阐明了法治对于人类的根本意义和守法的重要性。中国有句国骂叫"畜生",这是把人和动物的区别设定为"礼义",不懂人之礼义,便是畜生。古希腊却以"法律"来区分人与动物,如柏拉图在《论法律》中指出:"人类必须有法律并且遵守法律,否则他们的生活将像最野蛮的兽类一样。"亚里士多德继承了这一思想,并成为其主张法治的根本性理由。

---

① 梁治平:《法辨》,中国政法大学出版社 2002 年版,第 178 页。

② 参见胡旭晟:《法的道德历程——法律史的伦理解释(论纲)》,法律出版社 2006 年版,第 127—129 页。

因此,古希腊法的主要作用有二:一是初步提出了人类文明秩序的一种类型——法治;二是将法治秩序置于一种具有普遍性和根本意义的道德基础之上。古希腊哲学,"一面充满了对于宇宙的好奇,一面是对于正义问题的关注,两方面的结合产生了自然法的正义说。……这种法律哲学曾对罗马法的演进发生了深刻影响,并通过罗马法影响到人类生活的更多领域,甚至波及人类今天的思维和生活状况"。[①] 法与正义,在西方历史上有着不可分割的内在联系,当人们谈论高于实在法的价值准则时,他们依然在谈论法——相对于实在法的自然法。法在西方是作为一种社会秩序的基础而存在的,其社会作用绝不止于禁暴止奸,法本身就是一种包罗万象的秩序。在古代中国,与这种秩序观相当的是礼而不是法。严复说,孟德斯鸠所说的法,是"治国之经制也。其立也,虽不必参用民权,顾既立之余,则上下所为,皆有所束。"而中国古代,"所谓法者,直刑而已,所以驱迫束缚其臣民,而国君则超乎法之上,可以意用法易法,而不为法所拘。夫如是,虽有法,亦适成专制而已。"[②]东西方的历史上,有官本与民本、神本与人本之区分,"在东方,官本的夹缝中,喊出了民本的强音;在西方,神本的挤压下,生出了人本的欲求。不幸的是,在传统社会,素王不敌荤(昏)君,民本不敌官本,生母不如圣母,人权难抗神权。"[③]对于中国古体"灋"字,虽然也能解读出"公平正义"的含义,但是中国更强调个人的内在——贤与能,无一例外地都寄希望于贤君和清官。"有治人,无治法,这不但是中国人的实践,也是中国人的信仰。"[④]西人的法,总体上是对于君主、国家而自在的,视法为正义的源泉,故对程序非常重视。中国人则更注重个人的修养、品质,更愿意把希望寄托在有能力的贤人身上。孟子认为,人性中皆有善端,只要将此善端扩充之即可成圣人,推广之即可行王道,由此逐渐发展

---

① 梁治平:《法辨》,中国政法大学出版社 2002 年版,第 171 页。

② 转引自梁治平《法辨》,中国政法大学出版社 2002 年版,第 152 页。

③ 高鸿钧:《法律:规制与解放之间——读〈迈向新的法律常识——法律、全球化与解放〉》,《政法论坛》2012 年第 4 期。

④ 参见梁治平:《法辨》,中国政法大学出版社 2002 年版,第 155 页。

出德治理论,成为制度系于人心的人治模式。亚里士多德并不看好人性,发展出了西方的法治主张,形成了权力受制约的法治模式。后世的洛克、孟德斯鸠的分权学说、制衡理论都奠基于此。

二、西方法治的曲折发展

法与正义的关系乃是古老而常新的话题。正义的概念虽然不限于法律,但显然与法律有密切关系。经历了罗马法的复兴、中世纪的人治,然后在法治与人治的再次对话中,西方的法治得以发展。

(一)罗马法及其复兴

在古希腊、罗马神话中,正义女神是职司法律的。在英文辞源里,正义与司法同为一词。法官、司法判决、正当性都与此相关或由此派生。源自古希腊的西方法律哲学,正义始终是其一个重要主题。① 早期罗马法具有神权法的混沌法特征,宗教、道德、法律混而为一,宗教成分略占优势。但随着罗马王权的衰落以及罗马早期社会没有创造出一神宗教,罗马法律与宗教渐行渐远。《十二铜表法》的神权法痕迹已经所剩无几了,道德色彩则浓烈许多。《十二铜表法》之后,平民追求平等化的不懈努力继续推动着罗马法的发展,这时古希腊哲学为罗马法的发展注入了精神动力和内在灵魂。突出人物是斯多葛学派的西塞罗,他让古希腊哲学尤其是政治法律哲学在罗马社会真正扎下根。自然法理论在西塞罗时才具有了社会正义论的意义。西塞罗的突出贡献,是将柏拉图、亚里士多德的普遍理性、法治和正义论与早期斯多葛学派的平等观、自然观进行了综合集成,让以自然法为表现形式的社会正义论得以进入罗马法学家的思想观念中,再由罗马法学家落实到政治法律层面,最终培育出人

① 参见梁治平:《法辨》,中国政法大学出版社 2002 年版,第 171 页。

类历史上第一个法学世界观。自然法与人定法、普遍的理性与个人的权利、正义与平等、公平与诚实信用,是这种法学世界观的核心范畴。直到公元3世纪以前,无论是西塞罗还是盖尤斯(Gaius,约130—180),都将自然法与万民法混而为一,至乌尔比安(Domitius Ulpianus,约170—228)后,两者区分开来了。这使得道德与法律的界限得以明确,从而免除了罗马法走向道德法的最后危险。同时,它使得源自古希腊的法律二元论思维模式最终完成,法律概念的精确性增强,法律的形式化发展有了更大的空间,也使得道德对法律的监督和评判获得了必要的空间距离和形式载体。①查士丁尼(Justinian,约483—565年)法典是那时透现着自然法与正义论最好的形式载体:法学是关于正义与非正义的科学,正义是给予每个人他应得的部分的这种坚定而恒久的愿望,法律的基本原则是给予每个人应得的部分。② 将每个人的应得——个人权利视为正义核心的道德理念为罗马私法的发展奠定了坚实的伦理基础,罗马私法的灵魂是道德——既有商品经济独特的市场伦理,也有人类社会一般的道德信念。正是基于市场伦理,恩格斯评价罗马法是"商品生产者社会的第一个世界性法律"。

"就整个西方法的发展而言,从古希腊到古罗马构成独立法的第一个逻辑环节。在这一奠基(肯定)阶段,希腊文化的贡献主要是精神预制,罗马文化的成就主要是制度建构,两者的结合使独立法得以初步完成。"③说它是"初步",是因为由于政治、经济以及文明进化程度的局限,法治模式未能真正实施。而此后经历了漫长的中世纪黑暗时期。

在罗马帝国的废墟上,日耳曼人建立了国家,最初的日耳曼法还处在从原

---

① 参见胡旭晟:《法的道德历程——法律史的伦理解释(论纲)》,法律出版社2006年版,第136—137页。

② 参见[罗马]查士丁尼:《法学总论——法学阶梯》,张企泰译,商务印书馆1989年版,第5页。

③ 胡旭晟:《法的道德历程——法律史的伦理解释(论纲)》,法律出版社2006年版,第141页。

始习惯到习惯法的过渡中,但日耳曼民族确立了有关法律的原始信念:法律以一般的习惯或习俗为基础,它属于全民族或全体民众,任何人包括国王均须服从法律的统治,法律不是被制定的而是被发现的,法律的宣布需要得到全体民众至少是其代表的同意等。日耳曼法中含有宗教因素:神明裁判、共誓涤罪裁判以及高度的象征性和严格的仪式等现实主义特征,特别是宣誓在整个法律运作过程中发挥着关键性作用。这使得日耳曼法具有了鲜明的象征性和仪式性特征,其严格的形式主义特征正由此而来,也是后世程序正义的历史渊源。日耳曼法最核心的内容赔偿金制度蕴含着早期日耳曼民族最主要的伦理追求,包括公正、和解、和平、荣誉、家庭的安宁与团体的责任等。日耳曼法所蕴含的合理基因主要通过英国法得以培育、发展并传递给现代社会。这一切的促成得益于某些偶然性的历史机遇,由此引发的司法体制的独特性成为日后英国法与大陆法分道扬镳的主要原因,它一方面创立了英国的普通法,另一方面创建了新传统——程序先于权利,后世英美法对正当程序的强调即源于此。14 世纪英国衡平法的出现标志着一次道德革命,因为衡平法的使命在于对普通法的不公正进行伦理矫正。在接下来近二百年的时间里,衡平法几乎总是以道德的名义运转,公平、平等、正义这些自然法的口号构成了衡平法精神的核心内容和指导原则。正是通过衡平法的道德因素的大量输入,形式主义的英国法才重新获得其弹性和活力,也只有借助道德之名,合乎商品经济要求的罗马法才能被悄悄地引入英国。作为柏拉图哲学和西塞罗自然法思想的保存者奥古斯丁(Saint Aurelius Augustinus,354-430),对中世纪以后西方法律文化的发展产生了深远的影响。他对上帝之城与人间之城的区分构成了后来教会与国家分立、进而是道德与法律分野的早期历史资源。承此之绪,经院哲学家安瑟伦(Anselmus,1033-1109)与阿伯拉尔(Pierre Abelard,1079-1142)创立了新神学,西方理性主义传统的复兴正由此发端。安塞姆的救赎学说为西方的新法学奠定了宗教与道德基础,阿伯拉尔则从根本上将法律与道德区分开来:只有外在行为才是宗教法院应当予以审查的对象,因为只有上帝才能透视人的内心、思想和灵魂。法律与道德的分离恰是独立法的关键所在。[①] 经由基督教经院哲学的集大成者阿奎那(Thomas Aquinas,约 1225-1274)的神学改造,古希腊的法治观、理性观、正义论和古罗马的自然法思想重获新生,并创新发展。教会法的体系化和形式化始于 11 世纪下半叶,随后一百多年里高度体系化的教会法迅速建立起来,专门化的教会法院体系和职业化的教会法学家阶层也随之诞生。伯尔曼(Harold J. Berman,1918—2007)称之为"第一个西方近代法律体系",整个西方法的近代化在很大程度上得益于它的推动。

成熟时期的罗马法主要是市民阶层的法律,西罗马灭亡之后,欧洲大陆似乎又回到了农耕文明时代,罗马法几近毁灭。11 世纪末,基督教伦理观念随着商人阶级的壮大和自治城市的兴起,发生了很大转变——从谴责金钱和财富到鼓励追求金钱和财富。随之城市法和商法发展起来了,史称"罗马法的复兴"(Revival of Roman law)。罗马法的复兴,在中世纪经历了一个从注释法学派(11 世纪末到 13 世纪)到评论法学派(13 世纪后半叶至 15 世纪),再到人文主义法学派(15、16 世纪)的发展阶段。在这最后一个发展阶段,公平、正义、理性、平等、自由、权利这些集聚在人性旗帜下的罗马法的道德信念,"不仅形成了对中世纪宗教时代的否定,而且预示着一个新时代的即将来临"。[②]

(二)欧洲中世纪的人治与理性说的复活

罗马帝国时期,跟中国皇权社会一样,皇帝敕令是最高的法律渊源,君主凌驾于法律之上,"为君主所喜之物具有法律效力"。罗马人说:"就法律的约束力而言,一个君主的地位是超过法律的。这是因为谁也不能为其自身所束缚,并且法律的约束力只能起源于君主的权力。所以,据说君主的地位就超过

---

① 参见胡旭晟:《法的道德历程——法律史的伦理解释(论纲)》,法律出版社 2006 年版,第 145—149 页。

② 胡旭晟:《法的道德历程——法律史的伦理解释(论纲)》,法律出版社 2006 年版,第 155 页。

法律，因为如果他违犯法律，谁也无法对他宣告有罪的判决。”①这是罗马人的“人治”说，其核心在于：法律制定出来之后，除了立法者不要遵守法律，其他人都要遵守法律。这与柏拉图的人治说的论证思路不同。柏拉图是在比较法治与人治利弊的基础上主张人治；而上述罗马人是从“法从君出”的角度论证立法者不必遵守法律，与人治法治的利弊无关。但同时罗马皇帝狄奥多西(Theodosius,346-395)写信给地方长官沃鲁西亚努斯说：“如果君主自承受法律的约束，这是与一个统治者的尊严相称的说法；因为甚至我们的权威都以法律的权威为依据。事实上，权力服从法律的支配，乃是政治管理上最重要的事情。”②这是与上述人治完全不同的法治。这两种观念在后世皆有较为充分的展开。

罗马人的人治说在欧洲中世纪后期才日渐盛行。一些世俗的独立、主权和民族的国家相继出现，这些国家的当权者特别希望摆脱中世纪的教会势力，排除神学对国家全方位的控制。意大利学者马基雅维利(Niccolo Machiavelli,1469-1527)当时便主张世俗帝王的至高无上——为世俗国家的君主权力提供理论论证。世俗王权的兴起，马基雅维利的王权学说，刺激了人们对世俗法律的崇拜。人们总是想到世俗国家“法自君出”，想到古罗马查士丁尼经典名言“凡君王所希望的便具有法律效力”。

13世纪以后，为正在兴起的王权张目，“为君主所喜之物具有法律效力”的专权格言在西欧各国又时兴起来。而理性说的复活，恰好代表了限制王权的倾向。对普遍理性的强调，导致了对实在法的批判。科克(Edward Coke,1552-1634)在捍卫普通法以抵制王室特权的时候，就是以理性作为其根本依据的。“这种理性的法律观上承古希腊的法律哲学，中经圣·托马斯的复兴，下启近代启蒙学者，一直延续到今天。”③古希腊、罗马人以其天才和智慧，创

① [意]阿奎那：《阿奎那政治著作选》，马清槐译，商务印书馆2015年版，第122页。

② [意]阿奎那：《阿奎那政治著作选》，马清槐译，商务印书馆2015年版，第123页。

③ 梁治平：《法辨》，中国政法大学出版社2002年版，第153页。

造了古典西方文明,这种创造,贯穿着理性的自由活动。5 世纪以降,战乱频仍,最后被中古的黑暗所吞没。11 世纪以后,随着秩序的重建,城市和商业的复苏,新的理性生活方始恢复。对于理性的强调,是 13 世纪经院主义哲学大师阿奎那法律观最突出的特征。他坚持启示的真理与理性的真理并存。他认为,“法律是行为的规则和标准,人们借此实施行为或限制行为;法律(lex)在词源上来自束缚(ligare),它约束着人的行为。上述明确表明,人的行为规则和标准是理性,它是人的行为的首要原则(first principle…)。”①人生最终的目的是幸福或至福,因此法律一定首要地承载着至福的安排。“由于法律首要地指向共同善,除非关涉共同善,任何其他有关个人行为的规则必定缺乏法律的自然本质。因此,法律都指向共同善。”②阿奎那给法律下的定义是:“法律只不过是由照管共同体的人为着共同善制定并颁布的理性指令。”③

自然法的观念源于公元前 6 世纪的古代希腊。梅因(Henry Sumner Maine,1822-1888)在《古代法》中简述了自然法观念的生成和它的内在性质:“后期希腊学派回到了希腊最伟大的知识分子当时迷失的道路上,他们在‘自然’的概念中,在物质世界上加上了一个道德世界。他们把这个名词的范围加以扩展,使它不仅包括了有形的宇宙,并且包括了人类的思想、惯例和希望。……他们所理解的自然不仅仅是人类的社会的道德现象,而且是那些被认为可以分解为某种一般的和简单的规律的现象。”④自然哲学与道德哲学在这里融为一体了。“人类的价值判断在物质世界中间找到了一种不容置疑的权威性,外在的自然则在人类灵魂深处发现了自己最真实的生命。”⑤自然法这个伟大的观念便产生了。而“自然法从一开始就充满着矛盾。一方面,它是自然法则、客观规律,是无可怀疑的事实。另一方面,它又确确实实只是特

① [意]阿奎那:《论法律》,杨天江译,商务印书馆 2016 年版,第 3 页。
② [意]阿奎那:《论法律》,杨天江译,商务印书馆 2016 年版,第 7 页。
③ [意]阿奎那:《论法律》,杨天江译,商务印书馆 2016 年版,第 11 页。
④ [英]梅因:《古代法》,沈景一译,商务印书馆 2015 年版,第 31 页。
⑤ 梁治平:《法辨》,中国政法大学出版社 2002 年版,第 198 页。

定时代特定人群的信仰、理想,是变动不居的价值判断”。[①] 这个矛盾的观念又产生了一个超越时空的问题——法律是什么和应当是什么。前者是实际支配人们生活的具体规则即实在法,是真正的事实;后者是应然的法律,是期望中的理想。这种自然法与实在法的对立,产生出最早的二元法观念:“一方面是自然的、永恒的和抽象而单一的法则;另一方面是人为的、暂时的和具体纷繁的规范。这种把人类制定的法律同自然法区别开来的传统一直可以追溯到赫拉克利特(Heraclitus,约前540—前480)。”[②]

柏拉图没有明确提出自然法的观念,但他认为,“存在着一种永恒不变的正义,可以作为实在法的依据。这乃是希腊思想的一个特征,也是全部自然法学说赖以建立的起点。”[③]自然法观念经由公元前3世纪的斯多葛学派流传于罗马,罗马人把斯多葛学派的理性主义传统贯彻到法律实践中去。查士丁尼在《法学阶梯》中说:“受法律和习惯统治的一切国家,部分是受其固有的特定法律支配,部分是受全人类共有的法律支配。一个民族所制定的法律,称为该民族的‘民事法律’,但是,由自然理性指定给全人类的法律,则称为‘国际法’,因为所有的国家都采用它。”这里所说的“国际法”或者说“万民法”,正是体现了自然理性的自然法。这样,希腊哲学家的自然法演变成了罗马法学家的自然法,这是自然法的第一次革命。

阿奎那几乎原封不动地接受了古代的自然法学。他以自然法模式改造神学并使之理性化;将古代朴素的自然法学抹上一层神学的色彩使之成为中世纪神学体系的有机组成部分。阿奎那说:“法律是否有效,取决于它的正义性。但在人类事务中,当一件事情能够正确地符合理性的法则时,它才可以说是合乎正义的;并且,像我们所已经知道的那样,理性的第一个法则就是自然法。由此可见,一切由人所制定的法律只要来自自然法,就都和理性相一致。

① 梁治平:《法辨》,中国政法大学出版社2002年版,第198页。
② 梁治平:《法辨》,中国政法大学出版社2002年版,第199页。
③ 梁治平:《法辨》,中国政法大学出版社2002年版,第199页。

如果一种人法在任何一点与自然法相矛盾,它就不再是合法的,而宁可说是法律的一种污损了。"①

在13世纪的法国,"巴列门"(Parlemen,王室法院)援引古老的法律、惯例与国王特权相抗衡。在13世纪的英国,普通法之父王室法官布莱克顿(Henry de Bracton,? -1268年)的名言——"国王在一切人之上,但在上帝和法律之下",体现了中世纪的传统法律观,并不断被后世引用,普通法则被成功地用来抵制国王的特权。16、17世纪英国普通法法官科克、政论家弥尔顿(John Milton,1608-1674)不断将布莱克顿的名言作为合乎理性的有效法律依据来引用,他们已经在表达一个新时代的政治理想,并孕育了后来政治发展的可能性。在洛克和孟德斯鸠的政治理论中,"权力的分立和制衡被认为是政治自由的最佳保障,着眼点正是法律至上权威的确立。"②

(三)现代法治概念的出现

现代法治的概念一般认为首先是英国的专利。③ 法治作为一种英国现象是在长期的斗争中发展起来的。在公元五六世纪的时候,盎格鲁-撒克逊人入主英国,带来了古日耳曼民族的习惯法。此习惯法有明显的法律至上的倾向——在山包上树一个高杆作为法律的象征,遇到纠纷时,由部族集体作出决定。不过,这种努力并没有使法律至上成为英国法律的主要原则。现代法律秩序的法治观念是在宗教秩序的襁褓中逐渐发展强大的。1066年,法国诺曼底人在威廉一世(William Ⅰ,1027-1087)带领下登上英伦岛,并且建立了不列颠帝国。诺曼底人认为当地盎格鲁-撒克逊人分散而又凌乱的各类习惯法不利于政治统治,所以便由皇家派出巡回法院进行巡回审判。而当时没有完整统一的君王法令,法官依照自己的法律观念进行宣判。巡回法官们特别喜

① [意]阿奎那:《阿奎那政治著作选》,马清槐译,商务印书馆2015年版,第116页。

② 梁治平:《法辨》,中国政法大学出版社2002年版,第150页。

③ 参见於兴中:《法治东西》,法律出版社2015年版,第18页。

欢在伦敦聚会谈法、切磋交流，并且相约，以后遇到类似的案件，便依照以前法院的判决统一处理，举世闻名的判例法——普通法就这样逐渐形成了。[①] 遵循先例是判例法的要义。这表明，所有法官都要尊重以前法官的“看法”而不是君王的“看法”，法官明确肯定的法律是源自法官群体本身，而不是像威廉一世这样的主权者。爱德华一世(Edward I,1239-1307)时期，不列颠出现了议会立法，制定法不断出台，但是法官还是习惯于通过判例来适用制定法，甚至有时以先例破制定法。英国法学家的态度也一样：立法中包含的各项原则只有在判例中予以实施，再提出并发展后才为法学家所完全承认，并真正纳入普通法体系。[②] 此法官法，不仅使法官悄然“拿走”了君王“君言即法”的部分立法权，而且也悄然“拿走”了议会的部分立法权，渐渐形成了对抗制约君王议会权力的均衡力量。“即使君王议会强行运用立法权力，发布敕令或立法要求法官依照立法审理案件，法官也能通过弹性的法律解释方法悄悄地运用‘法官法’的原则精神，使其不知不觉地失去效力。”[③]17世纪，英国著名法官科克便断言：“法官法是不容更改的自然理性原则的体现，控制议会法令是理所当然的；而且违反‘公共权利和理性’的议会立法，本身只能被法官视为无效的、失灵的。”[④]科克本人也被认为是普通法的象征和王权的对抗者。至此，立法与司法的分立在英国已是共识了。“王在法下”的观念在1215年《大宪章》中得到了充分展现，但直至16世纪都没有成为法律生活中的现实。英国的科克大法官为改变这一现状作出了卓越的贡献。他与英王詹姆斯一世(James I,1566-1625)进行理论：即使国王也不能干预法院审理案件。通过他的不懈努力，普通法在英国历史上获得了至上的地位。英国的法治，在经验主义指导下，从日耳曼习惯法的传统中产生萌芽，经过《大宪章》等一系列教权、

---

① 参见刘星：《西方法律思想导论》，法律出版社2007年版，第280页。

② 参见[法]勒内·达维德：《当代主要法律体系》，漆竹生译，上海译文出版社1984年版，第366—367页。

③ 刘星：《西方法律思想导论》，法律出版社2007年版，第280页。

④ 转引自刘星：《西方法律思想导论》，法律出版社2007年版，第280页。

皇权和贵族势力之间的博弈,达成了妥协,加之司法制度的独特性,以及对人民权利的高度重视,英国的法治终于形成了自己的传统。

英国的法治具有以下特点:一是英国法治的发展是教权、皇权与贵族妥协的结果。二是体现了对权利的尊重与保护。英国是宪政、法治和人权的发祥地,11 世纪就已经开始形成权利的学说。《大宪章》《人身保护令》《权利请愿书》等都记载了保护平民和公民权利的措施。在英语中,法律(law)与权利(right)是两个词,欧洲其他国家法律与权利同出一源,如法语 Droit、德语 Recht、意大利语 Diritto、拉丁语 Jus 都既有法律又有权利之意。但自由的概念是英国文化中最重要的概念之一。三是契约精神。诺曼底人入侵之后为英国引进了当时的封建法。封建领主和其附属之间是一种契约关系,双方各有一定的权利和义务。这种实践为后来的洛克、霍布斯的社会契约论提供了思想资源,也成为推动现代法治政府的一股力量,使得政府和人民都有契约意识。四是独特的司法制度——遵循先例。12 世纪下半叶,英国诞生了统一的司法机关,古代英国皇家的法官被视为法律原则的真正根源和解释者。最初他们判决的案件并不具有约束力,到 18 世纪与 19 世纪初叶,借助于比较科学的案例报道方法,逐渐使案例具有约束力。在 19 世纪,英国随着法院审级体系的巩固,逐渐发展出了上级法院的判决对下级法院有约束力,最高司法机关的案例对以后的判决具有约束力的规则。这便是普通法系中遵循先例原则。①

(四)三权分立思想的提出

1651 年,英国霍布斯的《利维坦》(Leviathan)问世。霍布斯重温了罗马人的法观念,取其精华并使之成为西方法律思想的经典理念。在霍布斯看来,法律是主权者的命令,体现了命令者的意志。他与柏拉图相似,看好精英个人理性的偏好,而这使他强调主权者个人不受法律的约束:“国家的主权者不论是

① 参见於兴中:《法治东西》,法律出版社 2015 年版,第 24—25 页。

个人还是议会,都不服从国法。因为主权者既有权立法废法,所以便可以在高兴时废除妨碍自己的法律并制定新法,使自己不受那种服从关系的约束;这样说来,他原先就是不受约束的。……而且任何人都不可能对自己负有义务,因为系铃者也可以解铃,所以只对自己负有义务的人便根本没有负担义务。”[①]霍布斯相信,主权者在法律上的发言权是绝对的,奢谈对主权者的法律约束是非常幼稚的。但是,霍布斯同时认为,主权者并不是可以为所欲为,因为除主权者制定的法律之外,还有一个叫自然法的东西。自然法要求,主权者在立法的时候,不能不顾一般臣民的利益,不能让他们的生计越来越差,不能让他们生活在危险环境中。霍布斯一方面接受了柏拉图的人治——最高统治者不受法律约束的观点,试图摧毁亚里士多德“普遍服从”的法治神话,但另一方面他又接受了亚里士多德“良法”的概念,认为将自然法弃之不顾的世俗法是邪恶的:“良法就是为人民的利益所需……的法律”,否则“便不是良法”。[②] 自然法大致说来就是道德指南。[③] 柏拉图将统治者的希望寄托在哲学知识上,霍布斯则将其寄托在道德知识上,因为国君对自然法的尊重倚赖于他自己的良知克制——在英明君主的“智慧和自制中发现自然法得以实现的最终保证”。这显示了霍布斯对开明专制主义观念的积极肯定,期待贤明君主的出现。

18 世纪,霍布斯的学说风靡欧洲,使那些世俗君主以为,法律必须是自己手中的武器,而自己总是公平正义的化身。1779 年,普鲁士的一个小水磨坊作坊主阿诺德,因一个渔户开渠使水量减少,致磨坊无法转动,而交不起租金,地主起诉阿诺德要求支付租金,阿诺德败诉,磨坊被人买走。腓特烈大帝(Frederick the Great,1712-1786)得知此案后,查阅卷宗、听取各方意见,认为

① [英]霍布斯:《利维坦》,黎思复、黎廷弼译,杨昌裕校,商务印书馆 2017 年版,第260 页。

② [英]霍布斯:《利维坦》,黎思复、黎廷弼译,杨昌裕校,商务印书馆 2017 年版,第 270—271 页。

③ 参见刘星:《西方法律思想导论》,法律出版社 2007 年版,第 274 页。

判决错误,下令对主审法官提起刑事诉讼。而审理该刑案的法官当庭宣判被审法官无罪。腓特烈大帝将审理刑案的法官一一撤掉并予以罚金,接着下令为阿诺德翻案:买主立即退还磨坊给阿诺德;用受罚法官支付的罚金来补偿磨坊买主;拆毁渔户分水渠道,恢复水磨坊正常供水。该案的最终处理显示了君王主权者在法律上的绝对权威,他既是立法者,又是司法者。在霍布斯那里,绝对权威只是就立法而言的,而腓特烈大帝还直接将其植入了司法过程之中。①

遵循亚里士多德思路的学者对此不赞同。腓特烈大帝是人不是神,也会有犯错的时候,所以还是要用法律来制约君王的行动。制约的路径便是分开立法和司法。如果将司法从立法中分离出去,人们行为是否合法(包括君王的行为)就会由别人来裁断。这样专职的法官就会产生了。洛克说,就自然法而言,"如果没有专职的法官,人们由于情欲或利害关系,便会错误地加以引证或应用而不容易承认自己的错误……在每人都是……他自己案件的裁判者、解释者和执行者的情况下,尤其是这样。"②"如果同一批人同时拥有制定和执行法律的权力,这就会给人们的弱点以绝大诱惑,使他们动辄要获取权力,借以使他们自己免于服从他们所制定的法律,并且使他们在制定法律和执行法律时,使法律适合于他们自己的私人利益。"③

14 世纪中叶至 17 世纪初在欧洲发生了一场深刻的思想文化运动——文艺复兴(Renaissance)。延绵两个多世纪的文艺复兴运动从根本上颠覆了欧洲中世纪神学统治:提倡以理性反对神性,以人权反对神权,以科学反对神学,奠定了现代西方法治精神的理性根基;提倡的自由、平等、民主、公正等价值观决定了现代西方法治精神的价值取向,为法治社会的形成提供了深厚的文化

---

① 参见刘星:《法治·分权制衡·法律现代性的困境——从腓特烈大帝过问阿诺德案说起》,《比较法研究》1999 年第 3 期。同时参见刘星:《西方法律思想导论》,法律出版社 2007 年版,第 277 页。

② [英]洛克:《政府论》(下篇),叶启芳、瞿菊农译,商务印书馆 2018 年版,第 84 页。

③ [英]洛克:《政府论》(下篇),叶启芳、瞿菊农译,商务印书馆 2018 年版,第 89 页。

底蕴。文艺复兴打破了神权诫命的统治，树立了现代西方社会的法律笃信思想，对现代西方法治社会的形成具有无可替代的奠基性作用。① “西方的文艺复兴吹响了现代解放的多重号角。人们不再敬畏神性、屈从权威和压制欲望，而开始张扬人性之力，主张民主之治，讴歌肉体之美，顺应欲望之需。随后，现代社会带着四项解放承诺隆重登场：平等、自由、和平与控制自然。”②

17 世纪、18 世纪在欧洲发生的启蒙运动，与理性主义思潮等一起对现代政治法律文化的诞生、法治精神的养成发挥了巨大作用。启蒙运动对西方社会进行了一场伟大的洗礼，自然科学、哲学社会科学都被启蒙运动精神渗透。反对专制王权、贵族特权、等级制度和愚昧迷信，提倡政治民主、权利平等、个人自由和科学精神是欧洲启蒙运动的内容。权力分立、分权制衡被主张法治的人所强调，法国思想家孟德斯鸠在这方面最为突出。他设想，使人感到安全的政府形式只能是立法、司法、行政三权分立，这被称为孟德斯鸠定理。至于分权的原因，他分析道：“一切有权力的人都容易滥用权力，这是万古不易的一条经验。有权力的人们使用权力一直到遇有界限的地方才休止。”“要防止滥用权力，就必须以权力约束权力。”③权力集中就会滥用权力，滥用权力就会侵犯公民的自由。既然任何人都会滥用权力，那么将权力分给不同的人行使，他们彼此之间就会相互牵制甚至掣肘，因为每一种权力如果没有外力的阻碍，都会自我膨胀。分权的必然思路就是制衡。

卢梭则不同于霍布斯与孟德斯鸠。卢梭不赞同霍布斯的人治，通过所谓的契约来“规定一方是绝对的权威，另一方是无限的服从，这本身就是一项无效的而且自相矛盾的约定”④。他对霍布斯的理论大不以为然：“不管一个国

---

① 参见徐瑾、刘淞：《文艺复兴与现代西方法治精神的形成》，《价值论与伦理学研究》，2018 年上半年卷。

② 高鸿钧：《法律：规制与解放之间——读〈迈向新的法律常识——法律、全球化与解放〉》，《政法论坛》2012 年第 4 期。

③ ［法］孟德斯鸠：《论法的精神》（上），张雁深译，商务印书馆 1982 年版，第 154 页。

④ ［法］卢梭：《社会契约论》，何兆武译，商务印书馆 1996 年版，第 16 页。

家的政体如何,如果在它管辖范围内有一个人可以不遵守法律,所有其他的人就必然会受这个人的任意支配。"卢梭对孟德斯鸠分权制的法治也存有怀疑。因为孟德斯鸠依然是从不同的角度强调少数人的统治,只是在少数人之间加了分权制衡机制,所以卢梭总在猜疑:多数人的自由是否依然是由少数人决定的?他不赞同权力分立与制衡,认为它不仅多余,而且贻害无穷。"制定法律的人都要清楚,法律应该怎样执行和怎样解释。因此人们所能有的最好的政体,似乎莫过于能把行政权与立法权结合在一起的体制了。"①这恰与中国封建社会政治体制相暗合。卢梭设想的是与农耕文明相适应的田园乡村式的熟人小社会:"一群群的农民在橡树底下规划国家大事,而且总是处理得非常明智。"②"每个人都能胜任他的职务,没有一个人需要把他所负的责任委托给别人。在这样一个国家中,人民彼此都互相认识,邪恶的阴谋,或谦逊的美德,都不能不呈现于公众的眼前并受公众的评判。"③他非常反感霍布斯、孟德斯鸠所推崇的贵族精英文化,所以非常警惕像他们那样或明或暗主张自上而下的法治的启蒙分子,悄然放逐民主的意念。以农村经济为主体的小社会同与之类似的社会结成松散的邦联,这种方案实际上大概最能代表卢梭的理想。卢梭希望的小社会,一方面可以保持法律的民主性,使权力不至于落入少数权贵之手,从而出现少数人统治多数人的局面;另一方面又可以使法律基础深厚,从而让法律的实施更加稳定。

卢梭为了追求民主,在区分众意与公意的基础上,特别强调公意:"众意和公意之间经常总有很大的差别;公意只着眼于公共的利益,而众意只是个别意志的总和。但是,除掉这些个别意志正负相抵消的部分而外,则剩下的总和仍然是公意。""如果当人民能够充分了解情况并进行讨论时,公民彼此之间没有任何勾结;那么从大量的小分歧中总可以产生公意,而且讨论的结果总会

① [法]卢梭:《社会契约论》,何兆武译,商务印书馆1996年版,第16页。
② [法]卢梭:《社会契约论》,何兆武译,商务印书馆1996年版,第135页。
③ [法]卢梭:《论人类不平等的起源与基础》,译林出版社2019年版,第51页。

是好的。""公意永远是公正的,而且永远以公共利益为依归。"[①]国家也因此而获得了抽象的实体资格和当然的绝对权力:"正如自然赋予了每个人以支配自己各部分肢体的绝对权力一样,社会公约也赋予了政治体以支配它的各个成员的绝对权力。"[②]在卢梭看来,公意是法律的政治基础。卢梭讲究法律与民主的结合,而多数民主的实质总是和公意存在着联系,因此法律与民主的勾连也就变成了法律与公意的勾连。

然而,卢梭所说的公意永远都是公正的吗?永远都能以公共利益为依归吗?英国学者密尔(严复译为穆勒,John Stuart Mill,1806－1873)对此很是怀疑:"当社会本身是暴君时,就是说,当社会作为集体而凌驾于构成它的个别个人时,它的肆虐手段并不限于通过其政治机构而作出的措施……而这种社会暴虐比其他种类的政治压迫还可怕,因为它虽不常以极端性的刑罚为后盾,却使人们有更少的逃避办法,这是由于它投入生活细节更深更多,由于它奴役到灵魂本身。"[③]法国的托克维尔(Tocqueville,1805－1859)也反对卢梭的"法治",认为那是多数人的专制。多数人掌握的立法机构有一种惯于包揽一切权力的倾向,而权力的这种集中,既非常有害于良政的推行,又为多数的专制奠定了基础。[④]他在《论美国的民主》一书中指出,多数民主之下的法治是存在很多问题的,"人民的多数在管理国家方面有权决定一切"这句格言,是渎神的和令人讨厌的。在美国那样的民主国家里,"多数人的统治极为专制和不可抗拒。以至一个人如想脱离多数规定的路线,就得放弃自己的某些公民权利,甚至要放弃自己做人的本色"。[⑤]卢梭的出发点,是要抵抗霍布斯和孟德斯鸠"精英贵族"式的法学理论,他认为孟德斯鸠的法治思想,实际倡导的

① [法]卢梭:《社会契约论》,何兆武译,商务印书馆1996年版,第39页。

② [法]卢梭:《社会契约论》,何兆武译,商务印书馆1996年版,第41页。

③ [英]约翰·穆勒:《论自由》,严复译,北京联合出版公司2013年版,第4页。

④ [法]托克维尔:《论美国的民主》,董果良译,商务印书馆2019年版,第173页。

⑤ [法]托克维尔:《论美国的民主》,董果良译,商务印书馆2019年版,第287页。

是另外一类的人治——法官的统治。因此，要真正实现人人都服从法律的法治，就必须在田园乡村式的小社会里建立全面的大民主，一切立法由全体乡民来作出决定，一切纠纷也依照这种模式予以解决。① 但是，“这种小型社会在欧洲已无足轻重，在美洲其重要性也不过转瞬即逝”。② 卢梭生活的年代已是第一次工业革命发生并完成的时代，机器生产正替代手工劳动，人类已由农耕文明进入商工文明，就连他自己也坦承乡村田园式小国已不可能复返了。

文艺复兴之后，西方的启蒙时期，人治与法治的争论与柏拉图、亚里士多德的争论有很大的不同。霍布斯主张人治，因为法律是人颁布的，颁布者自然在法律之上。孟德斯鸠则主张法治，因为权力之间可以分立制衡。卢梭则追求与民主密切勾连的法治。在这次人治与法治的争论之后，“不论怎样，经过启蒙时期，西方法治思想的基本观念已经大致进入了法治与民主相结合的思路。”③西方开始了一场举世瞩目的法律现代化运动，法治在西方世界成了普遍的治理方式，西方法治也因此而兴盛起来。启蒙运动为美国独立战争、法国大革命运动准备了思想条件。战争和革命之后确立起来的《美国宪法》《权利法案》《人权宣言》成为西方法治精神的标志性文件。④ 其中，《美国宪法》是孟德斯鸠三权分立分权制衡经典学说的制度化实践。

西方启蒙思想家普遍存在一种理性主义立法观，认为法治的首要前提就是建立一个法律体系，该体系要包括所有的法律制度、规则、条文等一般规范式的要素。这导致了法律现代化运动的第一步，即大量法律的出台。英国宪法、美国宪法、法国宪法，1794 年的《普鲁士腓特烈大帝法典》，1804 年的《拿破仑民法典》、1896 年的《德国民法典》、1907 年的《瑞士民法典》都是令人称羡的样本。然而，事实证明，追求一个无所不包、一一对应人类生活的法律体

① 参见刘星：《西方法律思想导论》，法律出版社 2007 年版，第 310 页。

② ［美］萨拜因：《政治学说史》，托马斯·索尔森修订，邓正来译，上海人民出版社 2015 年版，第 665 页。

③ 刘星：《西方法律思想导论》，法律出版社 2007 年版，第 312 页。

④ 参见钱弘道：《法治精神形成六论》，《法治现代化研究》2017 年第 1 期（创刊号）。

系的梦想，是不大可能实现的。例如，1912 年英国法院审理的波拉德（Pollard）诉特纳（Turner）案就显示出了法律的滞后性。特纳每天蹬着三轮脚踏车沿街叫卖自己做的面包，每份面包上标有价格和重量，但没有携带秤。一天下午，波拉德买了特纳的面包，回家用自家秤称了一下，发现重量比标注的少了四分之一。波拉德立即找特纳补足斤两，特纳不肯，说面包你都拿回家了，你家里的秤不准。波拉德向法院起诉了特纳。此案审理的法律依据是 1836 年英国议会颁布的《面包条例》，该条例规定：任何用"轻便送货车"（car）或小型送货车（carriage）送面包的人，都必须携带秤，以备在买主要求时称重量，但是没有提到三轮"脚踏车"（bicycle）——这是在《面包条例》颁布之后才发明的。因此，法官对能否将三轮脚踏车认定为轻便送货车或小型送货车感到有些棘手。[①] 这里涉及两个问题：一是立法上法律用语的概括性问题，二是司法实践中出现新问题时法律的适用问题。比如，上例中《面包条例》采取明确列举的方式规定了具体的规则，这本身就会存在列举难以穷尽的弊端，再加上人类社会的进步，卖面包用的各种不同的车的类别会不断出现。所以如果采用上位概念——运输工具，则其容量立马大大增加，不管是独轮车、三轮车还是四轮车，也不管其动力源是人力、畜力还是电力，都不影响认定为运输工具。在概念基础上，还存在一种叫做原则的东西，比如庞德、德沃金都主张法律原则是法律的组成部分，认为法治不仅在于"明确规则的法治"，而且还在于"原则式的法治"，原则式的柔性法治同样可以实现相似情况相似对待。[②] 富勒甚至主张，法律的目的也属于法律的一部分，用它来解决问题，同样是法律的统治。法治允许而且推崇对法律目的的理解以及以此为根据得出具体的法律结论。到了现代，西方学者所说的法治，大多是规则、原则和法律目的彼此糅合、互为补充的法治，没有人再去固执地坚持"一一对应"那类纯粹的规则法治，甚至根据法律的精神解释法律。"根据法律规定的精神进行法律解

---

① David M.Walker, *The Oxford Companion to Law*. Clarendon Press, 1980, p.125.

② Ronald Dworkin, *A Matter of Principle*. Harvard University Press, 1985, pp.11-12.

释,不会使法律失掉了确定性和可预见性,尽管这种解释需要司法机构高度的自我控制。"①与规则法治相对应,这也被称为柔性法治。

自由是西方文化的传统和精粹。罗马的西塞罗说,为了自由,我们做了法律的奴隶。罗马法是西方法治文明的源头。罗马在公元前 300 年到公元后 100 年社会发展繁荣,法律也随之发达到很高程度。其发达的标志之一就是东罗马帝国查士丁尼(Justinian,483-565)大帝集法律之大成,编纂完成的《国法大全》(含《法学阶梯》《学说汇纂》《法典》《新律》)。康德说:"个人是自由的,如果他只服从法律而不服从任何人。"孟德斯鸠说:自由就是"做法律所许可的一切事的权利。"②所有的人都必须服从法律,并注重法律的合法性问题——法律的制定、修订须遵守法定程序。"法由手段上升为目的,变成一种非人格的至高主宰。它不仅支配着每一个个人,而且统治着整个社会,把全部的社会生活都纳入到一个非人格化的框架中去。这就是近代西方法治思想的哲学基础。"③

在阿奎那之后的 400 年,自然法经过神学的改造之后,再一次受到理性主义的改造。16 世纪后的理性主义已经具有强烈的自然科学色彩。受此洗礼的自然法,神学的色彩逐渐褪去。欧洲经历了从神到人的巨变。古典自然法的奠基人格劳秀斯说:"自然法是正确理性的意旨,表明与理性一致的行为的高度道义性与理性不一致的行为缺乏道义性,显示这种行为或是遵照自然创造主——神的意旨,或是为神所不允许。"但对于近代自然法论者来说,这里的神——上帝的概念并非实体,而不过是某种较高价值如理性的代名词。神学的自然法经历了启蒙思想家的改造,从一个保守的神学概念变成为革命的政治公式。格劳秀斯、霍布斯、洛克、卢梭、孟德斯鸠等古典自然法论者的政治主张虽各不相同,但在坚持理性立场,认为实在法应服从自然法上却是一致

① Peter Stein & John Shand, *Legal Values in Western Society*, Edinburgh University Press, 1974, p.36.

② [法]孟德斯鸠:《论法的精神》(上),张雁深译,商务印书馆 1982 年版,第 154 页。

③ 梁治平:《法辨》,中国政法大学出版社 2002 年版,第 89 页。

的,都以自然法的名义宣布人类先进的理想。自由、平等这些理想大多写进了诸如美国独立宣言、法国人权宣言等近代国家宪法。自然法完成了它的第二次革命,并在19世纪发展到了顶峰。但2000年来,自然法“那种把价值冒充事实,以主观代替客观,因而混主观价值与客观规律于一体的做法曾经非常流行,而且被视为当然,现在所有这些都受到怀疑”。① 1740年休谟(David Hume,1711-1776)的《人性论》区分了理性、事实与价值,从根本上动摇了自然法的理论基础。康德进一步区分了法律与道德的概念,认为不能以法律正义强制执行道德正义。与古典自然法同时,法律受理性支配的学说还通过另一途径获得发展。这主要以康德的法哲学为代表,认为自主的人类理性具有至高无上的地位,是立法上绝对的和普遍的依据。这种唯理论的传统经由费希特、施塔姆勒和罗尔斯传续至今。②

独立法时代,法律逐渐自立,且生发出对道德母体的拒斥,所以道德不得不在法律世界中寻找和培育代理人,这就是自然法。自然法的实质终究是人类的道德理想。“近代古典自然法的实质,是资产阶级启蒙思想家以当时最先进的道德理想和道德原则做素材,为西方近代法制进行精神的预制。”③这一过程经历了三个环节:第一个环节,以格劳秀斯、斯宾诺莎、霍布斯、普芬道夫(Pufendorf Samuel Baron von, 1632 - 1694)和沃尔夫(Wolff. Christian, 1679-1754)为代表。他们以国家为原点,关注的核心价值是安全,做出了两大贡献:一是完成和强化了法学和神学的分离,使西方独立法的发展摆脱了学术形态上的主要羁绊;二是支持了近代绝对制国家的巩固。第二个环节,以洛克和孟德斯鸠为代表。他们以个人为原点,关注的核心价值是自由,也做出了两大贡献:一是以高度理性化的分权制衡政体有效遏制了政府对自然法的违

---

① 参见梁治平:《法辨》,中国政法大学出版社2002年版,第203页。

② 参见梁治平:《法辨》,中国政法大学出版社2002年版,第194页。

③ 胡旭晟:《法的道德历程——法律史的伦理解释(论纲)》,法律出版社2006年版,第160页。

犯；二是维护了个人自由，高扬了个体人格的自主性。第三个环节，以卢梭为代表。他以社会为原点，关注的核心价值直接指向终极幸福，自然法所蕴含的革命意义在这里被发挥到极致，而古典自然法的历程到此亦基本结束。①

三、西方法治的兴盛

西方法治确立后，随着商工文明的兴起与自然法的复兴，启蒙运动的精神预制，两大法系诞生，司法权威树立，西方法治逐渐兴盛起来。

（一）西方法治兴盛的背景

1. 商工文明的兴起

从15世纪开始，进入16世纪以后，西方逐渐发展了新的文明形式——商工文明。西方文明产生一开始是商业的发展，环球航行、地理大发现、奴隶贸易等等，通过商业积累了大量的财富，后来才有工业的发展。另外，这个文明的特征，就是商业主导工业，生产不是为了自己消费，而是为了交换才去生产，市场能挣钱，才去生产，能挣大钱，就大规模生产，并且积极改变生产方式、生产技术、生产组织管理方式，降低成本。所以这是商业主导的工业。从18世纪下半叶开始的工业革命，就是由商业主导的。商业最大的特点就是牟利，在交换牟利的前提下，它形成了很多与农业文明不一样的东西。商业文明在牟利的驱动下，改进生产方式、生产工具、生产技术、生产组织方式等，并产生了一系列新的观念，比如人和人平等，在交换之前要承认相互之间的所有权，交换必须是自由的交换，等等②。随着资本主义生产方式取得支配性地位以及

① 参见胡旭晟：《法的道德历程——法律史的伦理解释（论纲）》，法律出版社2006年版，第160页。

② 参见张恒山：《论文明转型——文明与文明类型》，《人民论坛》2010年第32期。

资产阶级建立起自己的绝对制国家，近代西方成为了一个以个人与财产为基础的市民社会。正是在这样的社会背景下，法律与道德分立才成为一种历史的必然，独立法才能获得真正的实现和巩固。近代主权制国家的形成，使得法律在基本形态上成为国家法，政教分离让国家无须也无权照看人们的思想和灵魂，因而以法律强制推行道德得到根本性控制。但绝对制国家典型的理论形态是法律实证主义，本身也潜伏着危险，它容易导致国家意志对社会道德的压迫，甚至由此成为反道德或不道德的。①

自 12 世纪始，西欧封建国家逐渐脱离了政治动乱和无政府状态，王权得到加强。四百年后君主政体大为盛行。在此过程中，罗马法与古代中国法一样在为王权张目："为君主所喜之物具有法律效力""君主不受法律约束"。但是，西欧社会经历了 17、18 世纪启蒙思想家的彻底洗礼，资产阶级的商工文明战胜了封建国家的农耕文明，从"权力支配法律"——如路易十四的"朕即国家"，成功转型为"法律支配权力"。"从罗马帝国一直到洛克以前的英国和孟德斯鸠时代的法国，欧洲政治的基本格局是权力支配法律（至少在公法领域），而 17—18 世纪之间所有进步的政治理论和实践，无非是要把这个公式颠倒过来，使法律支配权力。"②是法律支配权力，还是权力支配法律，这是治国理政模式的区别。人治与法治的论证、封建主义与资本主义的搏斗都是围绕这一根本矛盾展开的。

2. 法律科学的兴盛与自然法的复兴

启蒙运动的一个重要成就就是孕育了一个在世界上占主导地位的法学学派自然法学派。启蒙运动、契约精神的弘扬、自然法学派的产生、现代法律体系的构建、西方法治理论和法治精神的形成，是一个合乎历史逻辑和社会实践

① 参见胡旭晟：《法的道德历程——法律史的伦理解释（论纲）》，法律出版社 2006 年版，第 157 页。

② 梁治平：《法辨》，中国政法大学出版社 2002 年版，第 227 页。

的有机整体。① 19 世纪下半叶,各种法学思潮迭起。自然法观念式微,法律科学兴盛。古典自然法学作为一种革命理论,其宣扬的自由、平等、博爱等被广为接受时,便完成了其使命。革命之后,需要的是秩序以及对破坏秩序的解决或恢复,因此像自然法那样抽象的东西难以提供有效的解决方案,科学的理论、技术性的措施、实证的方法转而有市场了。法律被看成纯粹的事实领域,价值不容涉足。正如边沁所说,在文明社会里,一切权利只能来自法律。那么,法律只是规则的汇集还是也凝聚着人类内心的追求?它只是一种事实还是也蕴含着不可随意支配的价值?合法律性的合法性何以可能?因为实证法解决不了这些带有根本性的问题,人们自然又重回历史资源中去寻找,所以在 20 世纪自然法重新兴起,以法国人西蒙(Yves R.Simon)出版《自然法的复兴》(1910 年)为开端,兴盛于第二次世界大战以后。新康德派的代表人物施塔姆勒提出了新正义观,认为自然法的内容是可变的。希特勒(Adolf Hitler)的法西斯行径似乎都有"法律的名义"或"法律的外衣",这迫使人们思索法律的正义性问题,思考法律的实然与应然的关系问题。拉德布鲁赫(Gustav Radbruch,1878-1949)目睹纳粹倒行逆施的暴行后,深刻地总结道:"在忽视正义的地方,在作为正义核心的平等在成文法条款中不断遭否定的地方,那里的法律就不仅是'不公正'的法律,而是完全失去了法律的本性。"

新自然法学代表人物之一的富勒主张法律应具有道德性。他在《法律的道德性》一书中详细论证了如何让法律具有内在的道德性,并具体提出了八个方面的内在道德。不具备这八种道德的法律不宜称其为法律。他把以往自然法注重实体内容的合理性(他称为"外在道德")转向了注重程序的合理性(他称为"内在道德")。前者为实体自然法,后者为程序自然法。这也标志着法律发展的新趋势。当代著名学者德国的哈贝马斯在追问法律的合法性来源时,也转向了程序性道德,并创建了程序主义法律范式。他们共同的特点是对

① 参见钱弘道:《法治精神形成六论》,《法治现代化研究》2017 年第 1 期(创刊号)。

法律之价值问题的关注。这种关注在西方法律文化中,可以说从古希腊思想家那里一直延续至今,在资本主义形式法占主流地位时,仍不乏学者在深思法律的工具性与不可改变性环节的关系问题,这是我们今天理解西方法治的重要线索。探索法律的价值意义就是在寻找法律最真实的生命。①

经过 17 世纪、18 世纪的启蒙运动后,西方逐渐进入法治兴盛时期。"现代西欧和美国社会,被称为民主与法治的社会,其突出特点是法律在社会、政治、经济生活中的不可动摇的主导作用。它的价值取向完全为法治主义所统治,而最重要的制度是司法制度,最重要的权威是法律权威,生活在其间的人民具有非常强烈的权利和法律意识。"②这种文明秩序是法律文明秩序。美国被认为是这类文明秩序的范例。

(二)西方法治兴盛的主要表现

波澜壮阔的思想启蒙运动是又一次古希腊式的"精神预制",它在法律领域的结晶是古典自然法的形成,绵延两个半世纪的法制革命是第二次古罗马式的现实建构,两大法系的诞生及其迅速扩张是其杰作。③

1. 18 世纪末到 19 世纪初的法律化浪潮

18 世纪末到 19 世纪初,法学流派纷呈:刑事古典学派与刑事人类学派、自然法学派与实证法学派,等等。但是,因西方的自然法有两条发展路径:世俗自然法和宗教自然法,后者与圣经有联系,所以某种意义上说,法律在西方人心目中具有神圣性,形成了社会规则权威一元主义。因此,西方人的法律观可以简单归结为法律至上。这一时期,世界主要国家的宪法和法律纷纷制定。

① 参见梁治平:《法辨》,中国政法大学出版社 2002 年版,第 208 页。

② 於兴中:《法治东西》,法律出版社 2015 年版,第 43 页。

③ 参见胡旭晟:《法的道德历程——法律史的伦理解释(论纲)》,法律出版社 2006 年版,第 156 页。

英国早在 1689 年就通过了《权利法案》,此后有美国 1787 年宪法、1789 年法国《人权宣言》、1789 年法国宪法、1803—1804 年《法国民法典》、1810 年《法国刑法典》,相继问世。大规模的法律移植也随即开始了。拉美国家的"宪法等公法领域主要受到美国的影响,例如独立后的巴西宪法……以民法为核心的私法主要受法国等欧陆法的影响,例如海地、玻利维亚、多米尼加以及墨西哥诸国都以《法国民法典》为蓝本起草和颁布了本国的民法典;阿根廷、智利、哥伦比亚、委内瑞拉、厄瓜多尔和乌拉圭以及巴西等国的民法典……。在立法者、法官和法学家的地位和作用上,在法律职业和法学教育以及诉讼模式上,独立后的拉美各国接受了大陆法模式,尤其接受了大陆的法律形式主义思维模式"①。1889 年日本明治宪法移植的是普鲁士宪法、1898 年实施的日本民法典移植的是德国民法典、1880 年日本刑法典移植的是法国刑法典、1907 年日本刑法典移植的是德国刑法典。中国清朝末年法制变革,又从日本移植法律,1907 制定的《大清新刑律》主要移植的是日本的刑法典等。除了清末《大清新刑律》等法律因清朝的覆亡未来得及实施外,各国法典制定后,并没有束之高阁,而是得到了各自国家较好的奉行。例如,法国民法典没有随拿破仑大败于滑铁卢而遭到废除,美国 1787 年宪法没有因为内战而停止适用。

法律化浪潮中最炫目的一朵浪花莫过于欧洲大陆的民法典。它在近代的发展经历了三个阶段:第一阶段,18 世纪末的普鲁士邦法。该法体现了古典自然法第一个环节的道德观念,它拥护国家的开明专制。第二阶段,19 世纪初的法国民法典。该法典是古典自然法第二个环节的道德理念的代表,它强调个人自由。第三阶段,19 世纪末的德国民法典。该法典反映出当时西方社会伦理观念由个人本位向社会本位的转变。在这一进程中,自然法主要转化为内在的穿透力,对欧陆民法的影响大致有二:一是形式理性——促成了民法的法典化,这提高了西方近代法的形式化程度,推动独立法走向成熟。二是价

① 高鸿钧:《美国法全球化:典型例证与法理反思》,《中国法学》2011 年第 1 期。

值理性——为民法注入了道德的理念，既巩固了人类以公平为核心的普遍性道德，又发展了以个人主义和自由主义为核心的近代市民社会伦理。而后者是欧洲民法的灵魂，拿破仑民法典则是其完美体现。拿破仑民法典所确立的民法三大原则——自由平等、绝对所有权与契约自由——至今尚被各国所追随。19 世纪欧洲大陆的民法典成了捍卫资产阶级道德价值的核心堡垒，构成了保证个人权利免受国家侵犯的屏障①，甚至“这些民法典被认为发挥着类似于宪法的某些作用”②。

随着资产阶级政权的建立，资产阶级失去革命性，自然法也随之有一定程度的式微，再加上古典自然法理论本身的缺陷——例如其建立在非科学的理论基础之上，自然法被兴起的功利主义法学派和历史法学派所扬弃。18 世纪末兴起于英国的功利主义法学首先抛弃了古典自然法的“自然权利说”，否定“权利”的“天赋”性，而将权利的来源委身于实在法，认为道德与法律建基于可以验证的“趋乐避苦”的人性经验，此即其功利原则。从功利原则出发，边沁将法律的根本目的定位于谋求最大多数人的最大幸福。19 世纪以后对西方法产生巨大影响的另一个法学流派是德国的历史法学派，代表人物是萨维尼（Friedrich Carl von Savigny，1779-1861）。历史法学派主要扬弃了自然法学派的非历史方法，重新将法律的根基诉诸法律与道德的共同母体“习惯”，强调法律与民族特性、普遍信念、历史传统的内在勾连。这对《德国民法典》影响至深。

2. 法律实证主义的兴起

如果说 17 世纪、18 世纪是古典自然法的时代，那么 19 世纪则是解构自然法的时代。“19 世纪的时代主题是：实施、完善和捍卫资产阶级的法律体

① 参见胡旭晟：《法的道德历程——法律史的伦理解释（论纲）》，法律出版社 2006 年版，第 165—166 页。

② ［美］亨利・梅利曼：《大陆法系》，顾培东、禄正平译，知识出版社 1984 年版，第 108 页。

系。在这一时代主题下,法律的形式化远比伦理的实体化重要。功利主义者谋求普通法的成文化、系统化,历史法学派寻求法律的科学化、概念化,实证主义者追求法学的实证化、独立化,这都是同一历史主题的产物。"①法律实证主义是西方独立法最后的完成者。其历史机遇和契机是多方面的,主要可以归结为以下两个方面:首先,资产阶级主权国家是实证主义法根本的制度供给,是对资本主义物质生产方式的观念模拟;其次,近代自然科学的飞速发展与实证方法在人文社会科学领域的广泛运用。西方近代法律史虽然早在古典自然法的第一个环节就已将法学从神学中解放出来,从而在理论形态上扬弃了宗教,但是法学依然附属于哲学、伦理学。这表明,近代法律对道德的扬弃尚未取得自身的理论形态和学术支持保障,而这最后的使命由法律实证主义完成了。19 世纪中叶,奥斯汀厘定了法理学的范围,将法理学的研究对象限定在"实在法",从而首次将法理学与伦理学明确地区分开来。这是人类法学史上一场深刻的革命,此后法理学才有了自身独立的研究范围与研究对象,法律与道德的分立才真正取得了学术的形态,自近代以来法律的形式化——系统化和体系化、专门化和技术化、抽象化和概念化、科学化和逻辑化——发展,才真正获得了自身独立的力量和空间,从而走向繁荣和极致。② 此后的实证主义法学家一步一步地将道德和价值逐出法学领域,试图建立纯粹法学。

法律与伦理道德的关系一直是法理学当中经久不衰的话题,对于二者之间关系的不同理解,成为自然法学派与实证法学派的争论焦点。由于法理学对部门法的普遍指导意义,这一问题又进一步在部门法领域延伸,例如在刑法学中即表现为刑法与伦理道德的关系。在自然法学派看来,法律蕴含道德因素,良法应该符合道德要求,因此法律与道德二者具有紧密联系。与此相反,

① 胡旭晟:《法的道德历程——法律史的伦理解释(论纲)》,法律出版社 2006 年版,第 169 页。

② 参见胡旭晟:《法的道德历程——法律史的伦理解释(论纲)》,法律出版社 2006 年版,第 170 页。

受到实证自然科学的启发,实证主义法学派希望在法学领域建立科学的逻辑体系,这一体系应是建立在自身的经验基础上,而非受到外部价值的影响。例如奥斯汀指出:“一个法,只要是实际存在的,就是一个法,即使我们恰恰并不喜欢它,或者,即使它有悖于我们的价值标准。”①此种观点,即是该学派思想的典型体现。实证主义法学反对不确定因素对法律明确性的破坏,而伦理道德作为价值存在模糊性,受到实证主义法学的质疑:“正义是人的认识渴望达到却永远无法达到的理想。”②作为实证主义法学的代表人物,凯尔森在纯粹法学思想中,对于事实和价值二者的区分推崇备至,并极端化地认为法律研究的重点在于对法律内部结构的探究,法律研究在其看来变成一种单纯技术性的活动。

19 世纪中叶以来,实证主义思想盛行于西方社会,实证主义法学基于对法律与伦理道德关系的认识,开启了对自然法学所创法律体系的祛伦理化进程。其中,刑法领域也毫无疑问受到这一思潮的影响。在此,通过回顾实证主义法学祛伦理化的经验教训,能够进一步明确伦理对于刑法的重要意义。首先,在对犯罪的本质——法益的正当性解释中,实证主义法学倾向于在法律内部体系中寻找可能的理由,层层追及,最后将其归结为对宪法基础性权利保护之需要。其次,在犯罪体系中,实证主义法学构建了古典犯罪论体系,在行为理论上采用因果行为论,认为行为是人之身体动作作用于外界的自然活动,是一种纯粹的因果联系。再次,在犯罪构成要件理论中,古典犯罪论主张各构成要件要素的客观、中立性,否认构成要件和违法性的实质关系。最后,在违法性上,古典犯罪论体系坚持形式违法性,李斯特就认为,“违法是指一行为在形式上与法制的要求或禁止背道而驰,破坏或者危害一种法益。”③此外,在刑

① [英]约翰·奥斯汀:《法理学的范围》,刘星译,中国法制出版社 2002 年版,第 208 页。

② [奥]凯尔森:《法与国家的一般理论》,沈宗灵译,中国大百科全书出版社 1996 年版,第 13 页。

③ 参见[德]李斯特:《德国刑法教科书(修订译本)》,徐久生译,法律出版社 2006 年版,第 167 页。

事责任和刑罚观上,实证主义法学也同样坚持了祛伦理化的做法。

总体而言,实证主义法学建立在经验主义的基础上,毋庸置疑,经验主义在自然科学领域取得了无数成就,但能否将物质世界的研究方法同等作用于人类社会,从一开始就难以获得有效证明。如果认为实证主义是合理的,立足于经验主义的属性,则证实其合理性的方法就类似于经验主义对自然科学正确性的检验——除了观察和经验科学以外,没有其他检验和证实真理的方法。即便如此,经过经验检验的真理也是相对的,正如牛顿(Isaac Newton,1643—1727)的经典物理学在诞生几百年后被发现在高速、微观的物质领域难有作为,继而后世科学家加以修正和解释。由上述讨论引发的问题是经验主义,也存在自身的局限性,容易陷入不可知论,而法律适用于变化的社会生活,实证主义法律体系的适应性如何解决?脱离了伦理价值的填充,内部证成的实证主义法律体系如何保持包容和发展?另外,实证主义应用到法学领域,仅仅解决了立法的问题,而由于祛伦理化的主张,将法律与民众之间的关系物化,使得民众的一般社会伦理观念被排除在法律之外,作为一门实践的学科,此种做法可能会降低民众对法律的信赖程度。随着实证主义法学的展开,其在实践中的问题也逐渐显现。首先,是法律的机械适用,实证主义法学不承认超法规事由等做法,导致了实质上不具有可罚性的行为被纳入刑法处罚范围。其次,在科学实证主义的视域中,犯罪人的主体性、尊严性逐渐模糊,他们成了服务于"社会秩序"的工具和客体,成了"可用实验验证"的经验对象。① 犯罪人丧失了主体性尊严,成为实现法律目的的工具。

此后,实证主义法学也作出了妥协,在法律与道德的关系上,新分析实证法学派代表人物哈特认为,法律应当包含最低限度内容的自然法,法律不再与道德完全分立。而在犯罪论体系上,新康德学派的理论渗透到刑法学中,形成了新古典犯罪论体系,价值、目的等体现伦理化的内容重新进入犯罪论的体系

① 参见张林、马勇、郑平安:《从实证主义刑法学到新康德主义刑法学的转变——德国古典犯罪论体系与新古典犯罪体系比较研究》,《山东社会科学》2012 年第 12 期。

中。自此,实证主义法学所提倡的法律与伦理完全分立的主张,在实践中破产。这一状况表明,在法律中祛伦理化的观念是有失偏颇的,因此有必要重新审视刑法中的伦理性基础。

第二次世界大战结束后,法律与发展运动开始。对于这场运动,很多学者诸如罗德里格兹、杜鲁贝克、S.牛顿、戴维·肯尼迪、高鸿钧等都有研究或描述,并有不同的分期。高鸿钧教授将之分为两个阶段:"第一个阶段是'二战'结束后至20世纪70年代中期,高峰是20世纪60年代中期至70年代中期,然后进入了反思和批判时期;第二阶段——20世纪80年代至现在,高峰是80年代中期至90年代中期,此后进入了反思和调整时期。"①"在第一个阶段,美国把当时国内流行的法律功能主义和工具主义输出到拉美一些国家;在第二阶段,美国则把国内流行的自由主义法律模式输出到世界各地。"②这场运动跟上述第一轮以欧洲法为核心的法律输出不同,虽然还是西方国家向非西方国家输出法律,但是法律输出的主导者不再是欧洲而是第二次世界大战后迅速崛起的世界第一强国美国。具体内容将在下面美国法的全球化部分予以论述。

3.以美国为典型代表的法治的发达

美国法治的发达主要体现在美国国内司法权威的树立以及在美国本土外美国法的全球化。

"资本社会的发展经历了三个阶段,即自由资本主义时期、组织化自由资本主义时期和去组织化资本主义时期。它们大体对应于自由放任时期、福利国家时期以及后福利国家或新自由主义时期。"③在第一阶段,是立法主导型

① 高鸿钧:《美国法全球化:典型例证与法理反思》,《中国法学》2011年第1期。

② 高鸿钧:《美国法全球化:典型例证与法理反思》,《中国法学》2011年第1期。

③ 高鸿钧:《法律:规制与解放之间——读〈迈向新法律常识——法律、全球化和解放〉》,《政法论坛》2012年第4期。

法治,承担社会治理重任的主要是各国的立法机构,致力于实现“等者等之”的形式理性治理。第二阶段是行政主导型法治。始自19世纪末,市场失灵导致贫富两极分化。为了矫正自由放任经济和形式理性法律的弊端,行政机构是这个阶段社会治理的主角,手段是自我立法和行使行政裁量权,目的是实现“不等者不等之”的实质理性治理。行政权膨胀对民主构成了威胁,行政自我立法的合法性饱受质疑,福利负担日益沉重,因而治理之策必须调整。第三阶段是司法主导型法治。自20世纪60年代末开始,西方一方面采取实用主义策略协调利益冲突,另一方面倡行公法新自由主义。由此,司法机构主动承担起社会治理的重任。司法能动主义在美国得势,美国司法系统成为“社会冲突的协调者,法律纠纷的裁断人,以及法律发展的主导者”①,并向世界其他国家和地区输送法律,美国的司法权威几乎成了全世界顶礼膜拜的对象。

美国的独立运动兴起于古典自然法的鼎盛时期,《美国独立宣言》堪称以自然法的道德标准评判现实政治和法律的典范。美国独立后,继承了英国的法律传统,自然也有权力分立思想。美国宪法的体制安排完全是孟德斯鸠分权制衡学说的制度化落实。它在宪法上将国家权力分为三种:国会的立法权、总统的行政权与联邦最高法院的司法权。国会有权立法,但要总统签字批准才有效;联邦最高法院又可以审查国会的立法是否与宪法相违背,若相违背则有权宣布无效。国会与总统和联邦最高法院也可以互相实施权力制约:总统任命高级官员要经过国会的批准;总统有权否决国会议案。国会又可以以三分之二多数票推翻总统的否决,重新通过议案。国会可以动议弹劾联邦最高法院的法官;总统可以提名法官人选;最高法院又可以审查总统发布的规章和命令是否违反宪法。

法治的核心是用规则对权力进行制约,而对权力进行约束又在于分权制衡。所以在某种意义上说,法治和分权制衡是一个问题的两个方面。但是,分

① 高鸿钧:《美国法全球化:典型例证与法理反思》,《中国法学》2011年第1期。

权制衡是三种权力彼此制约的无限循环，还是有一个“游戏规则的临时终点”[①]？如果允许无限循环，则不仅会导致国家治理效率下降，而且还会导致彼此之间彻底的掣肘。因此，在双方或多方的关系上，需要一个临时的最终权力。例如，在议案通过上，国会具有最终的权力，只要三分之二的国会议员决心否决总统的否决，议案就能通过。最高法院可以审查国会的规则并宣布其无效，而国会可以再立新规则，必要时还可以通过宪法修正案来制约最高法院，但是最高法院依然具有解释规则、宪法及宪法修正案的权力。可见，美国国会可以最后制衡总统的制衡，而最高法院可以最后制衡国会的制衡，因此法院是站在游戏终点的裁判者。这一制度设计为美国司法权威的树立奠定了基础。当然，美国司法权威的树立，主要还是来源于联邦最高法院法官们一个个经典案例的判决。1801 年美国联邦最高法院审理的马伯里诉麦迪逊案（Marbury v. Madison），便是美国权力分立制衡的生动案例。

19 世纪初，美国联邦最高法院首席大法官马歇尔（John Marshall，1755－1835）审理过许多颇具争议和很有影响力的案件，以致在美国司法界流传着马歇尔神话的说法。先看一下马伯里（William Marbury）诉麦迪逊案。美国总统亚当斯（John Adams，1735－1826）离任前，按照法定程序任命了 17 名治安法官，命令上有总统的签名，有国务卿的印章。然而，任职令待新总统杰弗逊（Thomas Jefferson，1743－1826）上任时仍然没有发出，并转到了新国务卿麦迪逊（James Madison，1751－1836）手中。新总统杰弗逊却不承认前任总统任命的效力。17 名治安法官中的马伯里不能接受这一结果，要求新国务卿麦迪逊下发任职令，但遭拒绝。于是马伯里向联邦最高法院起诉麦迪逊。诉讼理由是：根据 1789 年国会制定的《司法条例》第 13 条规定，联邦最高法院在法律原则和习惯允许的范围内，应该向联邦政府现职下达令状，要求其履行法定义务。以马歇尔为首席大法官的联邦最高法院通过审理提出了以下观点：其一，

---

① 参见刘星：《西方法律思想导论》，法律出版社 2007 年版，第 288 页。

马伯里有权担任治安法官,因为任职令有总统的签字和国务卿的印章,是有法律效力的。其二,马伯里作为治安法官的任命遭到拒绝时,司法应该提供救济。第三,提供救济的不应该是联邦最高法院,因为根据《联邦宪法》第 3 条第 2 款,只有当驻外大使、公使、领事以及州政府是当事人时,联邦最高法院才有初审管辖权。这里就涉及《司法条例》第 13 条与《联邦宪法》第 3 条第 2 款之间的关系。联邦最高法院解释道:《司法条例》第 13 条的规定变相扩大了联邦最高法院的权力,违反了《联邦宪法》第 3 条第 2 款的规定,因而无效。① 美国联邦最高法院虽然没有宪法法院之名,但是它有违宪审查权,事实上相当于宪法法院。

再看吉邦斯诉奥格登案(Gibbons v. Ogden)。这也是马歇尔大法官审理的案子。1815 年,新泽西州商人奥格登(Ogden)与享有从新泽西州的伊丽莎白镇到纽约州的哈德逊河航道独占权的两位纽约商人签订了租用航道的契约。航道主人的权利源自纽约州议会的授予。后来新泽西州的另一位商人吉邦斯(Thomas Gibbons)在伊丽莎白镇的河边建造了码头,使自己的船只在奥格登租赁的航道上航行。这分明是在与奥格登抢夺航运生意。两位航道主人和租户奥格登(Ogden)认为吉邦斯侵犯了神圣的私有权,在警告无效后向当地法院起诉吉邦斯。吉邦斯败诉后,以原告身份起诉州议会,认为关于上述航道的法令违反《联邦宪法》第 1 条第 8 款的规定,认为州与州之间的通商,州议会无权过问,更无权制定法令加以管制,一切均由国会决定,并反诉那两位航道主人和租赁者没有理由独占州际航道。而国会没有就州际航道作出过决定,因此自己的船只通行因没有国会的法律予以禁止,所以不应受阻。纽约州联邦法院还是判决吉邦斯侵权成立。吉邦斯不服,上诉到了联邦最高法院。首席大法官马歇尔认为,该案的关键在于如何解释宪法中的"通商",案件中原被告争论的"航运"能否解释为"通商"? 纽约州联邦法院对"通商"理解为

---

① 转引自刘星:《西方法律思想导论》,法律出版社 2007 年版,第 286 页。

做生意、做买卖。马歇尔说,这种理解太狭隘,宪法是大法,“通商”不仅指做生意、做买卖,而且包括相互往来。于是,吉邦斯胜诉。[①] 该判决影响深远,“因为它不仅宣布了航运独占制的寿终正寝,而且使当时以及日后的所有州际通商所用的运输工具和通讯工具,包括飞机、火车、电话、电报等,无不受制国家的整体管辖之下,从而获得飞速发展,甚至旅游、大众传媒等行业的发展也因此获益匪浅。”[②]

马歇尔神话让美国的司法权威迅速树立,并促进了美国的发展。法国学者托克维尔这样评价:美国的安定繁荣直至生存本身完全仰仗联邦最高法院大法官之手,没有他们,宪法只是一纸空文。[③] 19 世纪 30 年代,托克维尔预言:“在美国,几乎所有政治问题迟早都要变成司法问题。”[④]

宪法是美国法律文明秩序中的权威文件,随着美国联邦最高法院一个接着一个具有深远影响力的关乎宪法的重大案件的判决,宪法拥有了美国政治法律秩序中至高无上的权威。宪法所享有的神圣地位与解释它、运用它的九个大法官彼此成就了对方,而均备受尊崇。美国的权威机构,主要体现为宪法三权分立的架构:行政、立法、司法分立制衡。形式上看三权并列,但是重大事情的最终裁决权往往是在司法机构。行政、立法、司法机构也只有法官是终身制,这也为法官成为美国权威的象征奠定了制度性基础。在法律文明秩序概念范畴中,“最重要的是权利和法律,而其基础则是理性。其基本取向可以概括为以理性为背景的规则中心主义。这也是‘法治’在作为一个概念的意义上最基本的含义”[⑤]。美国的制度安排也是围绕法治和法律规则中心主义展开的。规则中心主义的前提是,规则是客观且普遍适用的。法的独立和法律自治是美国法学家们孜孜以求的梦想。而事实是,几乎不存在纯粹客观的规

① 转引自刘星:《西方法律思想导论》,法律出版社 2007 年版,第 290 页。
② 刘星:《西方法律思想导论》,法律出版社 2007 年版,第 290 页。
③ 参见[法]托克维尔:《论美国的民主》,董果良译,商务印书馆 2019 年版,第 169 页。
④ [法] 托克维尔:《论美国的民主》,董果良译,商务印书馆 2019 年版,第 310 页。
⑤ 於兴中:《法治东西》,法律出版社 2015 年版,第 63 页。

则,几乎所有的规则都含有主观因素。美国政治家对法的独立亦持支持的态度。“在美国政治家们不是设法控制法院,而是紧紧地控制着行政机关。美国的政治家对法院采取合作的态度,并不对其进行控制,是因为法院本身对行政机构有一种牵制的作用,本身就在履行着政治家控制行政的作用。”①这进一步促进了司法权威的树立。

美国法治的发达通过美国法律的全球化趋势亦能体现。20 世纪 70 年代至 80 年代,英美出现了新自由主义的转向。20 世纪 90 年代,苏联及东欧的社会主义国家走向解体和重建。“自 20 世纪 90 年代以来,在世界政治格局中,美国确实取得了世界霸权大国的地位。”②新自由主义纲领《华盛顿共识》在全球推广,新的通信技术和越来越便捷的交通使世界日益成为一个地球村。美国法全球化步伐因此加快了。20 世纪后期,以美国和英国为代表的西方国家,面对福利国家的巨大压力,在重重危机中寻找新机,乘世界冷战格局结束之机,毅然选择了新自由主义发展道路。其纲领集中体现在《华盛顿共识》中,包括新自由主义的经济共识、弱化国家权力的共识、自由主义的民主政治共识与以司法为核心的法治共识。以司法治理为特色的法治,属于新自由主义的法治模式。这种模式随着全球化时代背景也出现了全球化趋势。最为典型的是美国,“在‘法律与发展’的名义下,对拉美国家进行了两轮大规模的法律输出。第一轮法律输出发生在 20 世纪 60 年代中期至 70 年代中期,第二轮法律输出发生在 20 世纪 80 年代中期至 21 世纪前几年。”③

在第一轮法律输出中,输出者骨干是美国学者杜鲁贝克和加兰特。这一轮输出的基本共识是:“(1)法律是一种内在之美,从自由主义法条观(liberal legalism)出发的法律与发展项目,有助于推动社会发展;(2)法律具有推动社

① 於兴中:《法治东西》,法律出版社 2015 年版,第 116 页。

② 高鸿钧:《美国法全球化:典型例证与法理反思》,《中国法学》2011 年第 1 期。

③ 高鸿钧:《美国法全球化:典型例证与法理反思》,《中国法学》2011 年第 1 期。

会变革的潜能,法律改革会带来所期望的社会变化;(3)法律与发展领域的研究是一种科学,有助于揭示法律的跨文化潜能和对于第三世界的效用;(4)法律与发展领域是一种在道德上值得追求的事业;(5)通过法律的输出,美国能够对第三世界的发展做出有益贡献。"①第一轮输出的"重点是改革法学教育,即以美国的启发式教学法,代替大陆的灌输式教学法,以案例分析取代法典诠释;在法律职业模式上,用美式法律工程师取代大陆式法律卫道士。……在法学基本理论定位上,用美国的工具主义法律观取代大陆的形式主义法律观。"②本轮输出,"资助者限于美国国际开发署和福特基金会,美方参与机构主要是美国的一些大学、美国律师协会、美国国际法学会以及国际法律中心等。……美方参与人员……骨干是法学教授……奔赴拉美的法律'传教士'不过 50 人,而拉美国家的合作对象也主要是为数不多的大学法学院(系)。"③涉及的法律输出的对象国家"主要是哥斯达黎加(1965 年)、巴西(1966 年)、智利(1967 年)、秘鲁(1968 年)、哥伦比亚(1969 年)"④等少数几个国家。总体规模不大,输出方式主要有:在大学"成立独立的实施项目机构……选择法律教育的试点……双方法学院院、系主任、教授互访和赴美学习……举办培训班,培训美国法律知识"⑤。

第二轮法律输出,主要是《华盛顿共识》的输出。《华盛顿共识》主要包括四个方面的共识:"(1)新自由主义的经济共识,其要义是全球市场化、市场自由化、财产私有化、交易合同化……必须对全球经济进行法律规制,民族国家必须服从世界贸易组织和国际金融机构的规制和协调;(2)弱国家共识。其主旨是,国家权力强大,市场无法健康发展,公民自治无法壮大,为此必须弱化国家权力,以使公民社会迅速成长壮大;(3)自由主义的民主政治共识,其核

① 转引自高鸿钧:《美国法全球化:典型例证与法理反思》,《中国法学》2011 年第 1 期。
② 高鸿钧:《美国法全球化:典型例证与法理反思》,《中国法学》2011 年第 1 期。
③ 高鸿钧:《美国法全球化:典型例证与法理反思》,《中国法学》2011 年第 1 期。
④ 高鸿钧:《美国法全球化:典型例证与法理反思》,《中国法学》2011 年第 1 期。
⑤ 高鸿钧:《美国法全球化:典型例证与法理反思》,《中国法学》2011 年第 1 期。

心是个人主义的选举权、参政权、表达权、结社权以及对抗政府的权利;(4)以司法为核心的法治共识,主要内容是司法独立和司法公正,强化司法效能,尤其强化刑事司法在打击犯罪和控制社会秩序方面的效能。"①

第二轮法律输出的"突破点是改革司法体制……司法改革的目标实质上在于推动经济和政治体制的全面改革,实行美式自由主义法治,确保经济的快速增长"②。本轮输出者是官方、民间、金融机构全上阵,"资助者不仅包括美国政府和民间资助机构,还包括世界银行和美洲发展银行等国际资助机构;直接参与者主要是美国政府官员、法官和检察官,法学教授和其他非官方人员只扮演了辅助的角色。"③拉美国家的合作对象主要是司法机构和其他政府机构。与第一轮输出的民间性质、学术色彩与技术性外观特征相比,第二轮输出则凸显了官方性质、实务特征与政治性气质。第二轮的输出对象国进一步扩大,除第一轮的国家外,"还增加了阿根廷、玻利维亚、厄瓜多尔、萨尔瓦多、危地马拉、洪都拉斯、墨西哥、巴拉圭、乌拉圭、委内瑞拉"。④ 本轮输出的重点是法律制度。例如美国国际开发署等推动哥伦比亚进行宪政改革,于 1991 年通过新宪法,设立具有司法审查权的宪法法院。美国司法部推动了哥伦比亚采用美国式的检察制度,改进洪都拉斯警察制度。美国国际开发署推动了危地马拉的刑事诉讼法修改、洪都拉斯的刑法典修改以及乌拉圭的商事立法,等等。⑤

美国律师在美国法的全球化趋势中也发挥了突出作用。他们在经济和法律全球化时代,巧妙地占领了新商人法阵地。"鉴于国家法和国际法都无法适应跨国公司交易活动的需要,全球的新商人法应运而生。由此,商人法在经

---

① 高鸿钧:《美国法全球化:典型例证与法理反思》,《中国法学》2011 年第 1 期。
② 高鸿钧:《美国法全球化:典型例证与法理反思》,《中国法学》2011 年第 1 期。
③ 高鸿钧:《美国法全球化:典型例证与法理反思》,《中国法学》2011 年第 1 期。
④ 高鸿钧:《美国法全球化:典型例证与法理反思》,《中国法学》2011 年第 1 期。
⑤ 参见高鸿钧:《美国法全球化:典型例证与法理反思》,《中国法学》2011 年第 1 期。

历了欧洲化和国家化之后，又进入了全球化进程。”①鉴于新商人法的效力及其纠纷解决机制均来自当事人之间的合同，托伊布纳称这种通过合同建构的法律为“反身法”（reflexive law）——自我繁衍、自我发展、自我合法化的自创生系统。法律中的反身性同时意味着经验分析与规范评价。② 适用新商人法的主要主体是跨国公司，“跨国公司的自我立法及其纠纷解决机制，导致了商法的全球化，商法的全球化实际上就是美国化。”③美国大型律所把它们在纽约形成的跨国商事合同予以全球化。20 世纪 80 年代开始，美国律师以巧妙的方式进入了国际仲裁机构，很快将欧陆法律专家独享的国际商事仲裁领地变成了美国律师主导的海外法律市场，并将国际商事仲裁改造成美国律师熟悉的对抗制诉讼。美国律师又将欧陆的仲裁方式在美国国内推广，积极发展替代性纠纷解决机制，并将这一机制向拉美国家输出。“新商人法的美国化，无疑有利于美国律师拓展和垄断全球法律市场，有利于美国跨国公司从事国际商业活动，进而有利于美国通过法律来影响和主导全球商业贸易过程和结果，从而使美国利益最大化。”④

在现代化的转型中，俄国一开始移植的是以法国为代表的欧陆法律，“十月革命”成功后建立了社会主义国家，在世界范围内一个新的法系——社会主义法系随即诞生，受其影响的是东欧以及中国等诸社会主义国家的法律。20 世纪 80 年代末 90 年代初，苏东剧变，在经历了激进的经济、政治和社会转型后，随即开始了在美国主导下的激进的法律体制的改革和重构。首先，“美国政府机构积极支持和参与这场法律输出。直接参与的……美国政府机构包括美国国务院、商业部、司法部、联邦贸易委员会、证监会、美国新闻总署以及

① 高鸿钧：《美国法全球化：典型例证与法理反思》，《中国法学》2011 年第 1 期。

② 参见［德］托伊布纳：《法律：一个自创生系统》，张骐译，北京大学出版社 2005 年版，第 81 页。

③ 转引自高鸿钧：《美国法全球化：典型例证与法理反思》，《中国法学》2011 年第 1 期。

④ 高鸿钧：《美国法全球化：典型例证与法理反思》，《中国法学》2011 年第 1 期。

美国国际开发署等。”①美国国际开发署设立“东欧民主基金项目”,支持市场导向的法律建构;美国联邦贸易委员会帮助匈牙利起草公司法与证券法等。其次,美国法学界积极主动、直接参与俄罗斯和东欧转型国家的法律改革。例如,“马里兰大学帮助亚美尼亚起草了《破产法》,乔治城大学法学院法律中心为爱沙尼亚起草了合同法、反垄断法和消费者保护法。休斯敦大学对俄罗斯的石油立法提供了咨询。”②美国通过培养、培训俄罗斯和东欧国家的立法者、司法者、法学师生,迅速输送了美国法的理念和制度。复次,美国法律实务界也直接参与了这些转型国家的法律变革。例如,美国律师协会 1990 年成立“中欧和东欧法律项目部”,“开展了广泛的法律项目,包括法官和律师制度的重建与发展、司法伦理准则的起草、刑事法律和商事法律的改革,以及法官培训等。”③美国联邦律师协会设立“民主发展项目部”,帮助独联体各国改革政治和法律制度。“美国联邦法院系统在华盛顿举办了系列法律培训项目,对中欧和东欧转型国家的法官和行政官员进行培训;美国国家司法中心对来自俄罗斯等国的法律学者和学生进行培训。”④美国民间或国际基金会对美国法输出给上述国家和地区给予支持。例如,福特基金会支持它们民主制度、法律体制和法学教育的改革;索罗斯基金会设立“宪法和法律政策项目部”,支持转型国家的政治和法律改革;马歇尔将军基金会资助转型国家的非政府组织等。它们通过多种途径和方式不遗余力地输出美国的一般法治价值、美国的宪政原则和体制、美国的经济法和商事法。输出者把美国法进行“去美国化”和“技术化”的乔装打扮,冠之以普适价值或技术性规则,以普适、科学和中立的名义输往转型国家。⑤

① 高鸿钧:《美国法全球化:典型例证与法理反思》,《中国法学》2011 年第 1 期。
② 高鸿钧:《美国法全球化:典型例证与法理反思》,《中国法学》2011 年第 1 期。
③ 高鸿钧:《美国法全球化:典型例证与法理反思》,《中国法学》2011 年第 1 期。
④ 高鸿钧:《美国法全球化:典型例证与法理反思》,《中国法学》2011 年第 1 期。
⑤ 参见高鸿钧:《美国法全球化:典型例证与法理反思》,《中国法学》2011 年第 1 期。

在美国法律确立和发展过程中，许多理念和制度都源自欧洲。“在‘二战’之前，对于欧洲法而言，美国主要是输入者而不是输出者。……自‘二战’之后，尤其是20世纪末的经济全球化以来，美国法不再追随和继受欧洲法，而是大规模地反攻欧洲法，甚至使欧洲法出现了美国化的趋势。”①美国宪法、市场管理法、侵权法、商事法、证券法、诉讼法、法律职业模式等无一不对欧洲产生了影响。以宪法和诉讼法为例略作展开。美国宪法是世界第一部现代成文宪法，问世之后便产生了广泛的影响。第二次世界大战后，其对欧洲宪法的影响更加显著。1949的德国基本法在法治、有限政府、基本权利和自由等理念，以及联邦制、分权制衡和司法审查制度等方面，都深受美国宪法影响。第二次世界大战后，欧洲国家普遍确立了司法审查模式，其中北欧国家和希腊、瑞士的一般法院审查模式直接受美国影响。20世纪90年代以来，欧洲司法能动主义和政治司法化的风潮强劲，法院的权威和影响颇有压倒议会和行政机构之势。欧洲司法权威的这种变化，美国学者夏皮罗(Carl Shapiro，1955-　)认为是欧洲法“美国化”的结果。②《欧洲人权公约》(The European Convention on Human Rights)和《欧洲宪法条约》(Treaty of the European Constitution)也深受美国宪法中的《权利法案》(the Bill of Rights)的影响。许多欧洲国家引进了美国的某些宪政体制。美国诉讼法对欧洲法的影响集中体现在对抗制诉讼与辩诉交易方面。自20世纪70年代始，一些欧陆国家在刑事诉讼中引入对抗制因素，如意大利引入了交叉询问。德国、意大利和法国分别于1975年、1989年、1998年引入了美国的辩诉交易制度，挑战了欧陆国家主义的法律文化。③

在美国法的全球化中，中国和越南等社会主义法系的成员也经历了重大改革，在许多领域移植了美国法。20世纪90年代中期以来，美国法对中国法

① 高鸿钧：《美国法全球化：典型例证与法理反思》，《中国法学》2011年第1期。

② 转引自高鸿钧：《美国法全球化：典型例证与法理反思》，《中国法学》2011年第1期。

③ 参见高鸿钧：《美国法全球化：典型例证与法理反思》，《中国法学》2011年第1期。

的影响凸显出来,在商事法领域尤为突出,其次是刑事诉讼法领域,今天我国刑事诉讼法中的无罪推定、非法证据排除以及认罪认罚制度等都有美国法的影子。

美国一步步构建起了"全球法律帝国",通过法律技术的运用,几乎实现了对世界的控制。"但历史的发展往往出现自我颠覆的吊诡,巨大危机通常不是来自'外鬼',而是源于'家贼'。果然,核心国家正在欢呼资本主义征服世界的胜利之时,一场经济危机悄然降临。先是……美国次贷危机。然后,美国的金融危机、欧洲的欧债危机以及全球的经济危机接踵而至。"①Covid-19让美国再次面临重大考验,自由与秩序的冲突在疫情蔓延中越来越凸显。

四、西方法治的危机

一些人谈到法治,往往会流露出对西方法治的向往和崇拜,认为西方社会是真正的法治社会,西方文明是完美的法治文明。然而,事物往往是盛极而衰,西方的法治模式在达至全盛之后,其弊端也日渐显现。一些西方法治国家的一些著名学者,也不同程度地认识到了法治模式的缺陷,为解决西方法治的缺陷,不约而同地转向了对道德的关注。以研究正义著称的罗尔斯、以认真对待权利闻名于世的德沃金、以自由为圣经的伯林(Isaiah Berlin,1909-1997)、以反计划经济为己任的哈耶克都给道德穿上了理性的外衣。但道德在西方社会主要是作为知识系统,对人有潜移默化的作用,不具有绝对控制的作用。而且事实上,西方法治在发展中始终与病痛相伴,直到今天也还有种种病象存在。尽管中国传统社会的法或法治与西方的法治不是一个内涵相同的概念,但作为规制手段的基本含义是一样的,在这个意义上,中国的孔子就提出过

① 参见高鸿钧:《法律:规制与解放之间——读〈迈向新的法律常识——法律、全球化与解放〉》,《政法论坛》2012年第4期。

“法治”的弊端:“道之以政,齐之以刑,民免而无耻;道之以德,齐之以礼,有耻且格。”①一语道破了法治在治国理政中的局限性——用政令来引导,用刑法来规范,民众可以免于犯罪,但不会有廉耻之心。西方法治危机的主要症候有:经典的分权结构难以维系,法律由确定性转向不确定性,价值司法的出现和私法实质化。这在德国、美国都有很明显的表现。

(一)三权分立的宪法架构的破产

福利国家的实质化的法律秩序相对于自由主义法律范式而言,可能显得是一种剧变,甚至宪法架构的破产。“福利国家法律不仅仅是、从来也不主要是由一些界定明确的有条件纲领所构成的,而包括一些政治性的政策,并且在法律运用中依赖于出于原则的论证。用实证主义的分权命题来衡量,法律的实质化导致了一种‘重新道德化’,它通过将道德原则的论据和政治性政策的论据接纳进法律论辩之中,而松动了政治立法者对司法的直接约束。”②这意味着司法判决范围的扩大,强化了司法权力,导致有牺牲公民自主性、颠覆古典法治国规范框架的危险。

一方面,司法攫取了立法的部分权能,但是它并不能赋予这种权能以民主的合法性。作为司法机关的法院攫取了部分立法功能,这在三权分立的国家主要是指宪法法院或最高法院。自由主义的范式对立法、司法与行政的严格的法律限制,导致了经典的分权格局,目的是从法治国角度规训绝对主义国家权力的任性意志。政治立法者取向于未来,做出对未来有约束力的决定;法官司法取向于过去,注意力集中于政治立法者过去的决定;行政部门解决现在出现的现实问题。把法律看作一个循环的封闭系统的实证主义观点,与这种模

① 《论语·为政》。

② Jürgen Habermas:*Between Facts and Norms*:*Contributions To a Discourse Theory of Law and Democracy*,translated by William Rehg,The MIT Press,Cambridge,Massachusetts,Second printing,1996,p.246.

式非常切合。以德国为例,德国联邦宪法法院大致有三种任务:政府内争端的解决、法律法规的合宪性审查、宪法申诉。宪法法院同立法部门之间的竞争,在抽象的规范审查领域矛盾尖锐。因为被提交司法审查的,是议会通过的某条法规是否合宪,或至少同权利体系的自洽阐发是否矛盾。在法规通过以前,这是议会必须解决的问题。但是,在议会业务挤压之下,当伦理道德问题被重新定义为可讨价还价的、有可能妥协的问题时,立法者便忘却了从一开始就该记住的宪法原则的规范内容。抽象的司法审查是属于立法功能还是司法功能?对此争论一直存在。凯尔森坚决主张将宪法法院建制化,认为抽象的司法审查是司法功能。与他争论的施米特(Carl Schmitt,1888-1985)则持反对意见:认为抽象的规范审查因为缺少了规范和事态(Tatbestand)之间的联系,所以不是一个规范运用的问题,不是真正的司法判决事实。对此,凯尔森回应道,审查的对象不是成问题的法律的内容,而是采纳此法律之行动的合宪性。①

已经确立一定时间的福利国家法律范式也不再很有说服力。在美国,1933年富兰克林·罗斯福(Franklin.D.Roosevelt,1882-1945)任总统后实行一系列经济政策,史称罗斯福新政(The Roosevelt New Deal),核心措施被称为“三R”——Relief,Recovery,Reform,分别对应中文的救济、复兴和改革。新政的一个重要特征是政府不再仅仅是守夜人,而要对经济直接或间接干预。1964年美国总统约翰逊发表演说时宣称:“美国不仅有机会走向一个富裕和强大的社会,而且有机会走向一个伟大的社会。”由此所提出的施政目标,便称为“伟大社会”。相应的,国会通过四百多项立法,主要围绕“向贫困宣战”、“保障民权”及医疗卫生等方面,大大推进了美国的社会改革。这种“权利革命”可以理解为一种挑战,要人们根据新的历史经验来对法治国原则提供新

① See Jürgen Habermas: *Between Facts and Norms: Contributions To a Discourse Theory of Law and Democracy*, translated by William Rehg, The MIT Press, Cambridge, Massachusetts, Second printing, 1996, pp.243-246.

的诠释。森斯泰因(C.R.Sunstein,1954-　)在对美国最高法院判决研究的基础上,提出一系列"背景规范",旨在改变对于法治国原则的范式性理解:在法规出现意义含糊的情况下,法院应该解释调节性的法规,从而尽可能协调不同的调节性法规,以构成一个融贯整体,使过时的法规同法律、政策和事实的不断变化保持一致。① 一直到20世纪30年代,自由主义的法律范式表达了一种法律专家们广泛分享的背景共识,法律似乎可以在不需要进行诠释和未受质疑的情况下进行运用。而其后,任何原则性判决都超越对法律文本的诠释,为宪法法院"创制法律"打开了大门,而根据分权的逻辑,这种法律创制应该是立法部门的任务。② 自由主义法律范式因此解体。

宪法法院的判决反映了对基本权利理解的转变:基本权利由主观自由权利转变为客观法内容。原先是一种主观自由权利时,被理解为保障自由、确保干预性行政恪守法律的抗拒权利;后来转向为一种法律秩序的基础性原则时,把主观自由权利内容转变成了建构性的、穿透性的基本规范的客观法内容。联邦宪法法院已经承认和强调了基本法的"开放的"结构,这使得从议会立法的国家向宪法法院的司法性国家的转变不可避免,议会和宪法法院在发展法律、使法律更具体化方面相互竞争:议会从原创性立法降格为提供具体规定,宪法法院则从诠释性运用法律升格为创造法律之含义的具体化。从而,法治国的立法和司法之间质的区分被取消了。当然,宪法法院的"立法"之民主合法化问题也被提出来了。③ 自由主义法律范式"是同古典政治经济学的社会假定命运与共的,而这些假定已经被马克思的批判所动摇,并且不再适合于西

---

① See C.R.Sunstein:*After the Rights Revolution*,Harvard University Press,1990,170ff.

② Jürgen Habermas:*Between Facts and Norms:Contributions To a Discourse Theory of Law and Democracy*,translated by William Rehg,The MIT Press,Cambridge,Massachusetts,Second printing,1996,p.253.

③ See Jürgen Habermas:*Between Facts and Norms:Contributions To a Discourse Theory of Law and Democracy*, translated by William Rehg, The MIT Press, Cambridge, Massachusetts, Second printing,1996,pp.246-249.

方各发达后工业社会”①。

法律的实质化的直接后果是破坏了立法、行政、司法部门的经典的、权限清晰的功能分工。其中，司法部门的权力扩张了，主要表现是司法机构通过判例法逐渐扩展出一种隐性立法权，攫取了原本属于政治立法权的部分权能，从而危害司法权力部门的合法化基础，动摇了三权分立的经典分权制衡格局。政府越来越卷入一些新的、受科学技术影响的、受传染病疫情影响的风险的产生，比如说核能风险、基因技术的风险、传染病的风险、生物病毒的风险，等等。一方面，立法者的预防性规范只能对它们进行部分的规范性调节；另一方面，那些更适合于应付物质性风险的强制性导控手段，已经难以应对潜在的或显现的对于大规模人群的危险，如基因风险、新型病毒风险。一个基于法律确定性的系统变成了一个基于法律价值保障的系统。导控任务的增长导致行政权力自成一体，被司法部门边缘化的立法部门越来越边缘化，如此，一个自我编制议程的行政部门不得不放弃古典分权格局所蕴含的处理规范性理由时的中立立场。在现代的服务性行政中，出现的大量问题是要求对集体物品和价值进行权衡、在相互冲突的目标之间进行选择，并对具体案子进行规范性评价。政府任务呈复杂性增长趋势，重点任务由维持秩序任务转为对社会补偿的公正分配，再复转为应对集体性风险。“制约绝对主义的国家权力，克服资本主义产生的贫困，预防由科学技术引起的风险，这些任务提供了各个时代的议题和目标：法律确定性、社会福利和风险预防。”②

（二）法律的实质化

在整个19世纪，私法独立自足的封闭性特征都很明显。到20世纪初，资

① ［德］哈贝马斯：《在事实与规范之间——关于法律和民主法治国的商谈理论》，童世骏译，生活·读书·新知三联书店2014年版，第309页。

② Jürgen Habermas: *Between Facts and Norms: Contributions To a Discourse Theory of Law and Democracy*, translated by William Rehg, The MIT Press, Cambridge, Massachusetts, Second printing, 1996, p.435.

产阶级法典编纂时,私法的实质化已经开始了。魏玛共和国建立后,私法所具有的自足性的宪法基础消失了。福利国家显然构成了对私法的一种挑战。根据古典的私法,充分确保个人自决即消极自由的途径,是人身权利和各种免受侵权的法律保障,如物品、劳务交换的契约自由,财产权利以及对婚姻家庭的建制性保障。但随着社会法等新的法律领域的出现,合同法、财产法等的实质化情形发生了根本性变化,原来界限分明的公法、私法混合交织在一起了。私法的目标不再局限于保护个人自决,因时代变迁,也要服务于社会正义的实现。对公民生存的确保、对平等实现的保障、社会主流性别等社会伦理视角进入了法律领域,社会正义的视角要求解决形式平等但实质不平等的法律现象。

财产法和合同法这些古典领域中的法的一些变化,可以作为资产阶级形式法的实质化的主要例证。关于财产法的变化,一方面是财产保障超出实物财产范围,而包括了具备财富价值的所有主观权利,如成员身份权、养老金获得权等,因此在一些领域中,财产的公众代理人如社保局、民政局代替了物权法所起的保障自由作用;另一方面,财产保障所具有的基本权利约束力牵涉到处于社会关系中的所有对象,不仅表现在消极的意义上,也表现在积极的意义上。关于合同法实质化的变化,其中一些规定的公开目的,是向那些在市场上处于弱势地位的人们如雇员、承租人、消费者等,提供市场失灵补偿。典型的公信力保护状况、自我约束以及履行义务等,被理解为一些福利国家的保护规范。法律为财产所规定的社会约束、法院对合同内容和合同缔结进行的干预,追求的目标都是平衡调整经济力量状况中的不对称。"这种提供照顾、分配生活机会的福利国家,通过有关劳动、安全、健康、住宅、最低收入、教育、闲暇和自然生活基础的法律,确保每一个人都具有符合人类尊严的生活的物质条件。"①"向福利国家模式过渡的理由在于,主观权利不仅可能受到行政部门非法干预的损害,而且也会受到行政部门拒不提供服务的损害。社会的结构性

① [德]哈贝马斯:《在事实与规范之间——关于法律和民主法治国的商谈理论》,童世骏译,生活·读书·新知三联书店 2014 年版,第 504 页。

变化使人们想到享受平等自由的普遍权利所具有的客观法内容。”①

20世纪50年代,F.维亚克(Frank Wieacker)在解读古典的私法法典中的自由主义法律范式的时候,借助于资产阶级形式法范式,阐明了法律的“实质化”(Materialisierung)出现的背景。法律实质化的趋势,马克斯·韦伯(Max Weber,1864-1920)已经诊断出来了,只是在第二次世界大战结束以后社会福利国家的发展中才得到充分展开。这种法的社会转型(sozial Wandel des Rechts)最后取消了自由主义的法律范式。这引发了宪法学界有关德国联邦基本法体系结构中的社会福利条款的地位和意义的争论,实际上也就是资产阶级形式法的条件性纲领与福利国家的目的性纲领之间的争论,一方所积极主张的恰是另一方所反对的。德国法学界认为这是一个“法的危机”。

议会制定的法律的约束力降低、权力分立的原则受到威胁,是当代法律批判的核心。在古典自由主义情形下,抽象的法规用确定的法律概念表述典型事实,并且把它同明确的法律后果相联系。古典的规范类型是条件性纲领,通常包括假定和制裁两部分。假定部分是条件性纲领列出的国家可以干预的条件;制裁部分是国家可以运用的措施作为法律后果。其意义在于确保公民的法律自由免遭权力侵犯。然而,当行政部门受福利国家立法者的要求而承担计划和政治导控的任务时,古典意义上的确定的普遍的法规就不能适应需要了,古典的干预性行政被服务性的政府取而代之。现代服务性行政承担广义的政治导控任务:提供基本生活保障,制定经济社会发展规划,防范金融、生态、生物等非传统安全风险。跟古典的规范类型相比,法律形式的范围扩大了,不确定的法律概念涌入了立法语言,这引起了美国、德国等法学界关于“法律不确定性”的讨论。“规范的大量产生,给人一种混乱无序的印象,有人将规范的大量产生称为‘无政府式的泛滥’,因为每一种制度似乎都孕育着那

① Jürgen Habermas: *Between Facts and Norms: Contributions To a Discourse Theory of Law and Democracy*, translated by William Rehg, The MIT Press, Cambridge, Massachusetts, Second printing, 1996, p.428.

么多的不确定成分,都在同时产生某种现象以及这种现象的反面,几乎达到自相矛盾程度,使人们很难从中找到任何头绪。"①实践正在让新的调节形式不断地大量出现,这些新的调节形式在数量上已经相当多并且很分散,这就是人所共知的灵活性所产生的悖论。灵活性的目标是要排除各种界限,但它也孕育着一种"软的"法律,这种"软的"法律具有的弹性本身又带来了方便条件,使规范有可能大量产生。这些"模糊"的法律,即使不是完全不确定,至少也是确定程度相当有限的法律,将导致人们承认各种各样的"余地"(marges),而各种各样的"余地",就是各种各样被分散的权力,就是从规范制定者转移给接受和执行规范者的各种权力。这样便产生了使制度相对化的诸多危险,而保护制度本来是作为具有普遍性的制度来设计的,因为它的相对化,保护制度也就被削弱了。②

(三)价值司法的出现

不管是美国联邦最高法院还是德国宪法法院所关心的,仅仅是价值冲突的案子,例如同性恋是否合法化,这些案子的判决因其具有原则性判决的开创性,后来成为重要的先例。因此,法律的不确定性问题在德国宪法法院判决中越来越多、越来越尖锐。德国联邦宪法法院在 1973 年 2 月 14 日的决议中,通过引用《德意志联邦共和国基本法》第 20 条第 3 款对法律的不确定性问题做了相当干脆的回答:"法律并不等于全部成文法的总和。在有些情况下,在国家权力机关颁布的法律之外,还可能存在着一种附加的法律成分,它来源于立宪的法律秩序的意义总体(das Sinnganze),并可以作为成文法的纠正物起作

① [法]米海伊尔·戴尔马斯-马蒂:《世界法的三个挑战》,罗结珍等译,法律出版社 2001 年版,第 65 页。

② 参见[法]米海伊尔·戴尔马斯-马蒂:《世界法的三个挑战》,罗结珍等译,法律出版社 2001 年版,第 65 页。

用,司法的任务是发现这种成分并将其实现于它的判决之中。"①此处的"意义总体"相当于黑格尔的法律精神、德沃金的法律原则。在自由主义社会模式下,"宪法曾经把摆脱国家的社会经济领域与国家领域分离开来,社会经济领域是个人以私的自主的方式追求幸福、服从他们各自利益的领域,而国家领域则是追求共同善的领域。……国家的任务和目标是政策的事情,根据自由主义的理解,它们决不应该是宪法规范的对象。与此相应的,把基本权利理解为对于国家的防御权利。"②

共和主义把宪法法院理解为商议性民主之监护人的角色:"美国宪政体制的基础是敌视仅仅因为私人团体之政治力量而施加负担、授予利益的那些措施的;政府行动还需要一些公共价值。"③共和主义它倡导一种宪法法院能动主义。共和主义者米歇尔曼(Frank I.Michelman)认为,最高法院在干预政治立法过程、废除国会通过的法规时,只能诉诸一种来自人民的自决权利的派生性权威。米歇尔曼所根据的是亚里士多德主义的"政治观"传统,这个传统以罗马哲学和意大利文艺复兴时期政治思想为中介,不仅在卢梭那儿获得了现代自然法理论的形式,而且通过詹姆斯·哈林顿(James Harrington),作为洛克自由主义之外的一个选择进入了美国的宪法讨论。④"共和主义的'政治'(Politik)概念不仅仅涉及作为私人的公民们对生命、自由、财产的受国家保护的权利,而是突出地涉及取向于共同善的、把自己理解为一个合作的、自治的共同体之平等成员的公民的自决实践。polis(公共生活场所或城邦)是

---

① 转引自哈贝马斯:《在事实与规范之间——关于法律和民主法治国的商谈理论》,童世骏译,生活·读书·新知三联书店2014年版,第302页。

② 参见[德]哈贝马斯:《在事实与规范之间——关于法律和民主法治国的商谈理论》,童世骏译,生活·读书·新知三联书店2014年版,第303页。

③ Jürgen Habermas:*Between Facts and Norms*:*Contributions To a Discourse Theory of Law and Democracy*,translated by William Rehg,The MIT Press,Cambridge,Massachusetts,Second printing,1996,p.275.

④ R.W.Kahn:"*Reason and Will in the Origins of American Constitutionalism*",Yale law Journal 98,1989.

可以形成和巩固积极参与公共事务之德性的地方;与 polis 中的伦理的共同生活情境相比,法和法规是第二位的。"①

价值司法在法国同样较为明显,尤其是在法国人权领域。构成人权的这些权利中的大部分都不太明确并且还处在发展变动之中,这种状况,便利了这样一种自然的倾向:某些法官,正如某些国家一样,可以按照自己的价值体系来确定人权的意义。一方面,有"司法解释余地",另一方面,还有"国家评判余地",这些都是法律技术。"司法解释余地"的概念在法国成文法不太完备的领域,运用更为普遍,行政法或宪法就是其中的例子,尤其是在涉及将人权包括进法律推理性的时候,更是如此。有人径直用"法律上的政变"来表述最高行政法院或宪法委员会的工作。对这种"法官的政府"的合法性,有些评论家已经提出了质疑。②

在英国,"家长主义——保护人们免受其自身的侵害——是一种非常连贯而清晰的政策。的确,在二十世纪中叶来看,对它的奉行是一件奇怪的事情,自由放任主义的消退自从密尔时代以来就是社会史上一件平常之极的事,而且我们的法律里面家长式专断的例子也比比皆是,无论刑法还是民法。"③

在宪法法院的判决中,一些学者主张要严格区分规范与价值。首先,规范是义务性的,价值是目的性的。有效的行动规范使它的承受者有义务平等地满足一般化了的行为期待,而价值则被理解为主体间共享的偏好。其次,规范有效性主张的编码是二元的——有效的/无效的;而价值是逐级的——某些善比其他善更具有吸引力。再次,二者的约束力不同。规范的"应当性"具有一种无条件的、普遍的义务的绝对意义,应做之事所要求的是对所有人同等的好或善;主体间共享的价值具有在文化或生活形式中确立或采纳的诸善评估的

---

① 参见[德]哈贝马斯:《在事实与规范之间——关于法律和民主法治国的商谈理论》,童世骏译,生活·读书·新知三联书店 2014 年版,第 330 页。

② [法]米海伊尔·戴尔马斯-马蒂:《世界法的三个挑战》,罗结珍等译,法律出版社 2001 年版,第 71—72 页。

③ [英]哈特:《法律、自由与道德》,支振锋译,法律出版社 2006 年版,第 34 页。

相对意义,价值选择或偏好是对"我们"或者"我"是好的或善的。最后,各自内部的连贯性所必须满足的标准不同。不同的规范,如果适用范围相同就不能相互矛盾;而不同的价值在优先性方面彼此竞争,只要它们得到主体间承认,它们就形成有伸缩的、充满紧张的复合体。① 这种区分在一定意义上是客观的,但是并不能表明规范中就没有价值,或者规范不需要以价值为基础、以价值为指引。在联邦德国,宪法法院便提出价值学说,推行"价值司法"。认为"联邦德国的基本法主要不是一个由原则提供结构的规则体系,而更多的是一种'具体的价值秩序',同实质性的价值伦理学……有关。……伯肯弗德(E.W. Boeckenfoerde)也把原则理解为价值:'客观的原则性规范'应该是以'价值决定'为基础的。"②随着"诸善权衡"的过程,对现行法律的诠释就变成一种在同案件的关联中进行具体化的价值实现。"法官必须既不是拘泥于严格的字面解读,也不是依赖于多数人的信念:'要诠释宪法的有些条款,主要是确认这些条款的心愿意义(aspirational meaning),然后对这种意义加以运用。'"③也就是说,法官的理想意义与立法者的意义存在冲突,如果按照理想意义运用,法院该做什么。这就是价值司法。这种价值司法隐含地具有立法的意义,从而赋予宪法判决与立法机构并列的地位。④ 当然这种价值司法的做法遭到了一些学者的反对,比如哈贝马斯就说:宪法法院如果采纳价值秩序的学说,并且把自己的判决建立在它的基础上,非理性判决的危险就会相应增加,因为这样一来,功能主义的论据就会居于规范性论据的上风。再如 Elly

① 参见[德]哈贝马斯:《在事实与规范之间——关于法律和民主法治国的商谈理论》,童世骏译,生活·读书·新知三联书店 2014 年版,第 315 页。

② [德]哈贝马斯:《在事实与规范之间——关于法律和民主法治国的商谈理论》,童世骏译,生活·读书·新知三联书店 2014 年版,第 313 页。

③ [德]哈贝马斯:《在事实与规范之间——关于法律和民主法治国的商谈理论》,童世骏译,生活·读书·新知三联书店 2014 年版,第 319 页。

④ See Jürgen Habermas: *Between Facts and Norms: Contributions To a Discourse Theory of Law and Democracy*, translated by William Rehg, The MIT Press, Cambridge, Massachusetts, Second printing, 1996, p.258.

认为，宪法法院要维护其公平性，就必须抵制用道德价值判断来塞满其诠释空间的诱惑。他甚至也反对德沃金所说的取向于原则的建构性诠释。在哈贝马斯看来，“司法判决不再能够对自己的社会模式采取一种盲目质朴的态度了，因为范式性法律理解已经失去了一种在背后起作用的导向性知识的单纯性，所以它需要做一种自我批判性辩护。……不管自由主义模式还是福利国家模式都不再令人信服了。这种所要寻求的范式应该满足对复杂社会的最好的描述；它应该重新明确呈现自由平等的公民的共同体的自我构成这个原初观念；它也应该克服这样一种法律秩序的日益蔓延的特殊主义，这种法律秩序在适应未被理解的社会环境复杂性的过程中已经失去了中心，正在越来越走向解体。”①

（四）法治乱象的频发

长期以来，以美国为代表的司法制度在中国人心目中是先进、文明、权威的象征，是敬仰和学习移植的对象。然而，近年来美国政府时不时关门，辛普森案、章莹颖案、奥巴马提名的大法官作废、法国的黄马甲运动，以及在美国发生的乔治·弗洛伊德案等，都暴露出西方所标榜的民主法治的缺陷。在Covid-19大流行的全球公共卫生事件中，美国、英国、法国、意大利等国民主法治体制亦未能很好地发挥效用。资本主义政治制度的局限性是其法治危机的制度原因，合法律性的执法司法缺乏合法性是导致西方法治危机的重要法理因素。

以美国为例，美国具有全世界堪称一流的法律制度，但一流并不意味着没有缺陷。美国“宪法解释中的政治倾向、司法程序中种族间的不平等，法律职业的商业化以及法律教育造成的社会分层，凡此种种都是人所共知的弊端。这些弊端对美国社会的公正和平等有着不可忽视的消极作用。事实上，使美

① ［德］哈贝马斯：《在事实与规范之间——关于法律和民主法治国的商谈理论》，童世骏译，生活·读书·新知三联书店2014年版，第488页。

国成为一个强盛的国家的或许并不在于它是否以法治为依归,而恰恰是那些被法治人权的口号所淹没了的另一些更重要的因素,如深厚的人文传统、坚固的宗教基础、高度的个人自觉、诚实的生活态度以及精明的社会政策(比如保护国内资源,最大限度地利用国际资源及大规模吸引外来人才)。"①社会的不公正、种族间的不平等是美国社会的顽疾。乔治·弗洛伊德案再次证明了这一点。"公正与法治是自由主义社会思想的核心价值。但以法治著称的美国难以摆脱的梦魇恰恰就是社会的不公正。姑且不说美国社会本身的暴力倾向及人与人之间的冷漠关系,仅就其资本主义制度下的社会分层和各阶层间的不平等、个人在高度分化的社会领域中攀登社会阶梯的艰辛、司法上的种族问题以及公司文化的奴役性等方面来看,就足以使人认识到,美国远非一个理想的社会。"②

20世纪七八十年代兴起的美国批判法律研究运动(the Critical Legal Studies Movement)对资本主义法律制度与法律思想进行了整体性、制度性的批判。该运动的社会根源在20世纪60年代中后期席卷美国的发展运动、黑人民权运动和学生运动,核心人物有肯尼迪(D. Kennedy)、楚贝克(D. Trubek)、阿贝尔(R.Abel)以及图什内特(M.Tushnet)。与此同时,女权主义法学、反种族主义法学也在美国兴起。这几大运动既相互支持又相互影响与渗透。例如,对女性、黑人歧视的批判一直是批判法学的一个主要内容。当然,几大运动彼此的侧重点不同。批判法学更关注社会的阶级结构,认为阶级的不平等、拥有社会资源的不平等,是造成美国社会法律不公正的根本原因。女权主义法学主要关注性别的不平等、男女地位的不平等,女性被边缘化,受到歧视、不公正的对待。反种族主义法学关心的自然是种族不平等问题。批判法律研究运动的核心观点可以概括为:其一,批判自由主义法学的法律推理是非政治的、中性的观点,而鲜明主张"法律推理是政治的",认为自由主义法学

① 於兴中:《法治东西》,法律出版社2015年版,第68页。

② 於兴中:《法治东西》,法律出版社2015年版,第68页。

所主张的法律推理只不过是穿着不同外衣的政治。其二,批判自由主义法学之法律代表共识的观点。自由主义法学认为,美国社会的多元化利益之间,通过交流融合会达成共识,而共识恰是法律的基础。批判法学认为,法律的选择归根结底反映社会上占统治地位的阶级利益,并不是共识,相反,他们把有政治倾向、有利于统治者的东西打扮成中性的、有利于全社会的东西。[①] 当然,他们的批判又遭到了主流的自由主义法律思想的批判。

但是,美国的法治危机因为辛普森案日益加重。1994 年前美式橄榄球运动员辛普森(O.J. Simpson)杀妻一案被称为"世纪大案",也是美国历史上疑罪从无的最有影响的案件。[②] 案件所反映的美国社会在观念上的种族对立仍然明显,美国社会正在被其法治撕裂。判决前后,不同的美国人态度的对立让人不知道究竟何为正义。当年大部分美国人不认可的辛普森案的判决,在我国当时是以正面宣扬为主的,成了法学界理解、宣扬、启蒙"程序正义"的鲜活案例。但是,中国留学生章莹颖在美国遇害案对凶手的判决结果,却遭到了国人的质疑,很多人怀疑美国司法主持正义的能力,质疑在所谓程序正义背后隐藏着种族歧视等因素。2019 年 7 月 18 日,美国伊利诺伊州中区联邦法院正式宣布:杀害章莹颖的凶手克里斯滕森(Brendt Christensen)被判处终身监禁且永不得保释。对凶手克里斯滕森没有被判处死刑,中国舆论的态度鲜明,非常不满。这里固然有中美司法制度的差异,有受害人是中国留学生的情感因素,但是美国的司法不公已是屡见不鲜了。实践早已证明,陪审团容易"失控",陪审团制度容易失灵。这在辛普森无罪案中暴露无遗。陪审团成员不

---

① 参见朱景文:《对西方法律传统的挑战——评美国批判法律研究运动》,《中国法学》1995 年第 4 期。

② 此案的审理一波三折,辛普森在用刀杀前妻及餐馆的侍应生郎·高曼两项一级谋杀罪的指控中,由于警方的几个重大失误导致有力证据的失效,辛普森因而无罪获释,后来又被民事判定辛普森对两人的死亡负有民事赔偿责任。判决前的一项问卷调查中,74%的白人认为辛普森有罪,而 77%的黑人则认为无罪。宣判后的调查结果依然与此类似。就全体人口的抽样调查来看,67%的人认为判决不公,28%的人则认为公正——这与美国人口中黑人的比例比较接近,5%的人不确定。

懂法,部分人受教育程度不高,易受到律师的左右。判处死刑必须由 12 名陪审团成员无例外地一致同意,由于不同人生观的冲突和不同思维方式的较量,使得判处死刑的概率大大降低。美国的种族问题积弊甚深、积重难返,一些陪审团成员把偏见带入裁判,易致判决不公。种族歧视因素几乎成为美国司法制度的痼疾,也是美国深层次矛盾的体现。美国内战、1992 年洛杉矶暴乱、2014 年弗格森骚乱等①,都与不公的司法判决不无关系。2020 年在美国发生的非洲裔美国人乔治・弗洛伊德(George Floyd)被警察致死案,又一次引发长时间大规模甚至跨国的骚乱。随着对美国了解和研究的深入,随着对西方法治缺陷的认识,让很多人顶礼膜拜的法治暴露出了华丽皮袍下的虱子。②

美国法全球化的预设严重受挫。在法律与发展运动中,美国法输出者一开始的基本预设如下:一是欧陆的法律形式因其厚重的哲学传统而偏重形而上的学理性,形而下的实用性相对缺乏。相较而言,美国的实用型法律制度和工具型法律价值比欧陆法更有助于拉美等发展中国家经济的发展,而这要从法学教育入手,这是改革欧陆法律文化的阿基米德基点。二是在任何国家,政治民主、公民权利和社会公平正义都会随着经济迅速增长而实现。美国的经验就是如此,其他国家也一定是经济发展了,民主、权利、公正就自然会实现了。三是美国新自由主义法律模式是实现经济增长的最佳手段。新自由主义法律模式的主要内容是:经济自由化、财产私有化和关系合同化,以及以司法为核心的法治。四是美国政治、经济和社会的发展,得益于美国法律的维护和推动,其他国家若引进美国法则可以产生相同的效果。然而,结局并没有如此这般的美好。在法律与发展运动的第一个阶段之后,参与该运动的美国学者和基金会在及时进行的总结和反思中,承认这一阶段美国对拉美国家的法律援助,陷入了西方的"种族优越论"泥沼,走进了"法律帝国主义"的误区,从而

① 1992 年洛杉矶暴乱导致 53 人死亡、2000 余人受伤、上万人被捕;2014 年弗格森骚乱蔓延美国近 200 座城市甚至波及英国伦敦。

② 参见支振锋:《西方法治皮袍下露出虱子》,《环球时报》2019 年 7 月 24 日。

宣布这场法律与发展运动彻底失败。在这场运动中,“发展”主要赋予的含义是经济发展,这也就决定了第二阶段的运动也不会取得预期的成效。最终,经历第二阶段,上述预设同样严重受挫,“发展中国家引进美国法并没有带来所期待的经济增长,而政治民主、公民自由和社会平等也大多都成了空头支票。”①

法律全球化虽然客观上助长了美国法全球化,但是一个事情总是具有两面性,它也导致了许多非西方和反霸权法律的全球流动,例如保护生态环境和劳动者权益的法律、长期处在西方殖民者统治下的原住民的法律以及世界主义的人权法等。②“许多发展中国家在适应现代世界体系和当代世界法系格局的过程中,开始挑战美国在国际组织和国际金融机构中的垄断地位,挑战世界不合理的经济秩序和不平等的政治权力格局,挑战美国和其他西方国家主导的国际法和霸权式全球法。在这一方面,中国已经取得了一些值得称道的成功。另外,美国法全球化的霸权主义方式及其带来的负面效应,引起了全球反霸权力量的反思,激起了这些力量的挑战反抗。一些国家在具备了经济、政治、军事实力之后,开始总结本国法律现代化的经验和教训,重新发掘、整理和诠释传统文化的精华和法律智慧,从而升华出现代的法律制度和法律文化。与此同时,许多发展中国家在现代化的过程中,开始利用国际平台、全球网络和世界公共领域,要求不同文明和国家进行平等的文化和法律对话,致力于形成某些全球法律共识和人类法律价值,并在此基础上推动不同法律文明的互动交流和多元共存。”③

一部西方文明史,某种意义上就是自由法治的历史。亨廷顿(Samuel Phillips Huntington,1927-2008)在《变化社会中的政治秩序》中提出一个问

---

① 高鸿钧:《美国法全球化:典型例证与法理反思》,《中国法学》2011年第1期。

② 参见[葡]博温特·迪·苏萨·桑托斯:《迈向新法律常识——法律、全球化和解放》(第二版),刘坤轮、叶传星译,中国人民大学出版社2009年版,第318—373页。

③ 高鸿钧:《美国法全球化:典型例证与法理反思》,《中国法学》2011年第1期。

题：为什么那么多接受西方民主宪制的国家最终陷入动乱、暴力、无政府状态的“政治衰败”？他认为不能从政体角度看这一问题，而必须以更为严肃的科学态度思考现代化进程中政治秩序与国家能力的关系问题。因此，他在书中首先就批评美国流行的自由民主政体推动经济发展的意识形态宣传。① 人们在强调司法独立的时候，往往走向极端，把它看成一个绝对的原则。对司法独立的绝对理解导致了一系列问题。美国司法虽享有很高权威，司法独立也被公认为全世界的楷模，但仍然受三权分立制衡的制约。英国的司法独立同样不是绝对的，尤其是在2009年成立最高法院之前。因为英国的最终司法权在议会，但英国枢密院对法院系统具有监督权，而且这种监督权一般是在维护司法独立的基础上行使的。

2016年《求是》杂志发表了一篇署名文章，列举了西方法治的五大病象：第一，西方国家罔顾民众诉求，强行颁布一些法律。第二，西方国家存在严重的司法不公现象。第三，西方国家一些特殊机构知法犯法的现象严重存在。第四，西方国家无视其他主权国家的法律，横加干预其内政。第五，西方某些国家推行霸权主义，肆意践踏国际法。② “西方法治的种种病象，从根本上说，是资本主义政治制度的局限性所致。资本主义政治制度是为资产阶级政党政治服务的，是为资产阶级利益服务的，这就决定了其立法、司法、执法尽管罩上了‘民主’、‘公平’、‘公正’的外衣，但本质上必然维护资产阶级的根本利益，而罔顾本国和世界绝大多数人民的利益，这是导致西方法治种种弊端的真正病根。”③

五、西方法治危机引发对道德的重新关注

法律只能以其自身的强制力给外在行动提供准则，无力解决内在自由问

① 参见强世功：《通过法律构建现代国家与全球秩序》，法意读书公众号，2019年7月9日。

② 具体论证请参见周培清、高文俭：《看看西方法治的种种病象》，《求是》2016年第8期。

③ 周培清、高文俭：《看看西方法治的种种病象》，《求是》2016年第8期。

题。正是基于法律本身的局限，当今西方兴起了德性主义的浪潮。① “德性主义伦理学家认为，所有的道德行为都可以从德性中推出，可以解释为合乎德性的行为，所有的道德规则都可以来自德性，而且主张规则概念是派生的，德性概念才是第一性的。因此，在治理活动中，最重要的是以行为者的德性为中心，为实现一种善的生活培植人的内在品格和美德，而不是以行为的规则为中心，仅强调人的行为对外在法律的遵守与服从。”②1969 年，美国一位年轻的政治学家西奥多·路威出版著作《自由主义的终结：美利坚第二合众国》，轰动一时。该书描述了“近半个世纪以来美国民主政治经历的巨大转变。根据传统分权理论制定的宪法虽仍在，而社会生活实际已发生了惊人的变化。传统的‘三权分立’说仍然是民众的信仰，但实际上已变形，处于衰亡之中。民主面临的危险来自日益膨胀的行政权力，来自支持这种权力的‘大众民主’(mass democracy)。路威的结论不一定人人都会赞同，但他所列举的事实和所描述的现象，却是一般人不能否认的。”③

20 世纪五六十年代，在英国，“有一股堪称法律道德主义(leagal moralism)的复活之潮一直涌动。法官们不仅在他们的正常的司法权能(capacity)中，而且在他们法庭职权以外的阐述(extra-judicial statements)中，都不惮其烦地宣称强制执行性道德……像法律的其他功能那样应该是法律的正当事功。……不管它会带来什么，这种司法思潮之运动已经扬名天下。”④早在 18 世纪，英国的曼斯菲尔德勋爵(Lord Mansfield，1705-1793)在 1774 年的法官附带意见(dictum)中说：“无论是悖离道德还是礼仪(contra bonos mores et decorum)，我们法律之基本原则都一概禁止，王座法院(King' s Court)作为社

---

① 参见[美]迈克尔·斯洛特：《阴阳与道德情感主义》，李家莲译，《湖北大学学报》2017 年第 1 期。

② 戴茂堂、谢家建：《德治与法治：何以协同？谁更优先？》，《马克思主义哲学研究》2018 年第 2 期。

③ 转引自梁治平：《法辨》，中国政法大学出版社 2002 年版，第 230 页。

④ [英]哈特：《法律、自由与道德》，支振锋译，法律出版社 2006 年版，第 8 页。

会公德的监督者和保护人务必要对之加以禁止并施以惩罚。”①当时法律与道德关系的争论源于一个案件——1961 年 Shaw 诉检察总长(Shaw v. Director of Public Prosecutions)。Shaw 编辑出版一本名为《百艳图》的杂志,该杂志就是用于拉皮条的,因为它提供妓女的姓名和地址,告诉人们如何按图索骥联系到妓女,还提供一些裸体画像。Shaw 被指控犯有三项罪行:一是出版淫秽作品,二是利用妓女在该杂志中看到非法广告从而聚敛不义之财;三是图谋利用《百艳图》的出版腐蚀社会公德。英国国会上院的法官们认可了检诉中的犯罪,法院通过 Shaw 案,复活了这样一种观念——法院应该以其行动表明其作为道德的当然看管人或公共行为方式的总监督者和守卫者的身份。哈特对此极力反对:“肖案所导致的后果是,实际上,如果陪审团用溯及既往(ex post facto)的方法能够把它界定为违反道德的话,甚至连任何一种合作性质的行为都会是犯罪了。”②哈特非常赞赏密尔在《论自由》一书中所确立的原则:个人的自由权和社会及政府的权力要划一个明确的界限,该界限的判定标准是个人行为是否涉及他人的利害,是否危及他人的利益。而这一原则在百年之中遭到了两位普通法大家的挑战。一位是维多利亚时代的法官、刑法史学家詹姆斯·菲兹詹姆斯·斯蒂芬(James Fitz-james Stephen,1829-1894),他在其著作《自由、平等、博爱》中批驳了密尔,认为对道德进行法律强制是正当的,主张法律应该是“对大量形式的不义(vice)的行为的镇压(persecution)”。英国德夫林勋爵(Lord Devlin,1905-1992)在其著作《道德规范的强制执行》中,攻击了沃尔芬登委员会报告的结论——“我们必须保留一部分私人生活的领域给道德或者非道德,简单而概括地说,就是对这些领域之调整并非法律的职责所在”,并且主张“压制不义和镇压颠覆活动一样,都是法律职责之所在”。③

葡萄牙人桑托斯回顾了西方现代社会治理的主要历程:在资本主义社会

① 转引自[英]哈特:《法律、自由与道德》,支振锋译,法律出版社 2006 年版,第 9 页。

② [英]哈特:《法律、自由与道德》,支振锋译,法律出版社 2006 年版,第 14 页。

③ [英]哈特:《法律、自由与道德》,支振锋译,法律出版社 2006 年版,第 19 页。

发展的三个阶段——“第一个时期，自由资本主义时期，涵盖了整个19世纪，尽管后三十年有过渡期的特征。第二个时期，组织化资本主义时期，起源于19世纪晚期并在两次战争期间和第二次世界大战后的二十年得到了充分发展。最后，第三个时期，去组织化资本主义时期，肇始于20世纪60年代末，至今仍伴随着我们。”①——与之相对应的法治范式大致分别是立法主导模式、行政主导模式和司法主导模式。他认为司法主导模式具有许多优势：社会问题权利化，政治问题法律化，法律问题司法化，司法问题程序化。但对于马克思所倡导的追求解放的目标而言，则远远不够。因为这种法治模式仍然具有资本主义社会的性质，仍遵循法律去政治化的进路，仍没有把法律置于充分的民主基础之上。② “在法律文明秩序中政治活动被完全规则化、程序化，个人人格已经与合法性基本无关。合法性的意义完全在于被合理化了的程序的合法性。具体表现为选举程序、立法程序、司法程序及政治参与等方面。官员的选用与任用不取决于德，也不取决于才，而取决于众心所向。……个人人格的感召力和才华的呈现虽然也有影响力，但起不了决定的作用。与政治的规则化、程序化相一致，法律文明秩序中的经济活动也被予以规则化和程序化。与关系经济或伦理经济相比，可以称之为规则化的经济或市场经济。经济活动以纯粹的营利活动为目的，经济活动的规则公开化、标准合理化、规模系统化。”③

20世纪肇始之时，中国法学家沈家本就主张一种中西法学之间的融合——会通中西，后来被一种致力于法律现代化的思潮所继承，其方法是将寻求现实和理性置于保守法学家的教条之上。然而，“梦醒的过程是残酷的。事实上，文明人类的法律并不能够阻止殖民战争和两次世界大战的巨大破坏。

① ［葡］博温特·迪·苏萨·桑托斯：《迈向新的法律常识——法律、全球化和解放》（第二版），刘坤轮、叶传星译，中国人民大学出版社2009年版，第48页。

② ［葡］博温特·迪·苏萨·桑托斯：《迈向新的法律常识——法律、全球化和解放》（第二版），刘坤轮、叶传星译，中国人民大学出版社2009年版，第431—432页。

③ 於兴中：《法治东西》，法律出版社2015年版，第66页。

第二次世界大战之后,比较法陷入危机。首先有政治原因……其次也有理论原因……很多法学家采取了实证主义和实用主义的立场,将重点放到了研究现存法律的具体问题上。”①近代以来西方法在世界范围内的迅速扩张,根本原因就在于商工文明的市场伦理被人们所广为认同和接受,在于市场经济的日益发达的历史趋势无可阻挡。“一方面,法律的形式化发展必须维持一种适当的‘度’,无论是它的不足,还是它的过‘度’,都将损伤人类伦理道德的实体;另一方面,西方的独立法依然不是人类法律史可以止步的理想境地……”②

“20世纪上半叶人类法律的种种变异(尤其是纳粹德国的法制化暴行)也无不表明,在西方独立法走完其全部逻辑历程之后,非但是理想的境地没有出现,而且还降临了人类法律史上空前的大灾难;无疑,人类需要进一步超越独立法。”③张文显教授曾说,“在世界上没有唯一正确、普遍适用的法治模式。英美法系、大陆法系都有各自的法治模式。”④西方法治模式不是唯一普遍有效的。“事实上我们在法治领域有自己的创新,我们积累法治经验的丰富程度,是其他很多国家不能相比的。……我们立法当中的很多东西外国也是高度重视,例如婚姻家庭法律制度、多元化的纠纷解决机制;我们在大数据领域,在移动通讯领域,在电子商务领域的实践和制定的规则,已成为相关国际组织和许多国家的立法参照。”⑤另外,“全球化时代在经济、环境、公共事务等领域呈现出一体化发展趋势,相应地,法治领域必然有很多交往和互鉴。西方积累了很多法治经验,比如契约自由、正当程序、人权保障等理念和规则,代表了现

① [法]米海伊尔·戴尔马斯-马蒂:《世界法的三个挑战》,罗结珍等译,法律出版社2001年版,第91页。

② 胡旭晟:《法的道德历程——法律史的伦理解释(论纲)》,法律出版社2006年版,第171页。

③ 胡旭晟:《法的道德历程——法律史的伦理解释(论纲)》,法律出版社2006年版,第171页。

④ 张文显:《用正确法治理论引领法治实践》,《人民日报》2017年5月31日。

⑤ 张文显:《用正确法治理论引领法治实践》,《人民日报》2017年5月31日。

代法治文明的水平。中国要继续吸收其他国家法治的优秀成果，不应当有任何思想上的障碍和态度上的犹豫不决。如果不这样，我们与世界法治文明就会擦肩而过，甚至离开世界法治文明的大格局。但是，西方的法治文明不是唯一的，其法治模式也不是唯一普遍有效的。当借鉴西方法治经验时必须要甄别，有分析，有比较，有反思；同时要开展法治对话与交流，把当代中国的法治智慧、经验和法治文明成果奉献给人类社会。”①

小　结

西方法治源于柏拉图与亚里士多德之间的人治与法治的对话。古希腊法初步提出了人类文明秩序的一种“法治”类型，并将法治秩序置于一种具有普遍性和根本意义的道德基础之上。古希腊哲学产生了自然法的正义说。古希腊的法律哲学对罗马法的演进产生了深刻影响。西方历史上，法与正义有着不可分割的内在联系，法在西方是作为一种社会秩序的基础而存在的，其社会作用绝不止于禁暴止奸，法本身就是一种包罗万象的秩序。在古代中国，与这种秩序观相当的是礼而不是法。东西方的历史上，有官本与民本、神本与人本之区分，西人的法，总体上是对于君主、国家而自在的，视法为正义的源泉，故对程序非常重视。中国人则更强调个人的修养、品质，更愿意把希望寄托在贤人身上。孟子认为，人性中皆有善端，只要将此善端扩充之即可成圣人，推广之即可行王道，由此逐渐发展出德治理论，成为制度系于人心的人治模式。亚里士多德并不看好人性，发展出了西方的法治主张，形成了权力受制约的法治模式。

罗马法是商品生产者社会的第一个世界性法律。古希腊文化的贡献主要是精神预制，罗马文化的成就主要是制度建构，两者的结合使独立法得以初步

① 参见张文显:《用正确法治理论引领法治实践》,《人民日报》2017 年 5 月 31 日。

完成。但由于政治、经济以及文明进化程度的局限,法治模式未能真正实施。此后经历了漫长的中世纪黑暗时期。罗马法的复兴经历了一个从注释法学派到评论法学派,再到人文主义法学派的发展历程。在最后一个发展阶段,公平、正义、理性、平等、自由、权利这些集聚在人性旗帜下的罗马法的道德信念,形成了对中世纪宗教时代的否定,并且预示着一个新时代的即将来临。

现代法治的概念通常认为首先是英国的专利。英国的法治从日耳曼习惯法的传统中产生了萌芽,经过了《大宪章》等一系列教权、皇权和贵族势力之间达成的妥协,加上独特的司法制度,以及对人民权利的高度重视,最终形成了自己的传统。现代法治对权利的尊重与保护、契约精神在英国法治中均已体现,而且英国形成了独特的司法制度——遵循先例,这成为英美法系的源头。

在人治与法治的再次对话中,三权分立思想被明确提出。霍布斯积极肯定开明专制主义,与柏拉图相似,期待贤明君主的出现。18 世纪,霍布斯的学说风靡欧洲,深受世俗君主欢迎。世俗君主认为法律不仅是主权者的命令,还必须是自己手中的武器,而自己是公平正义的化身,不受法律约束。遵循亚里士多德思路的学者对此并不赞同。洛克、孟德斯鸠的分权学说、制衡理论都是对霍布斯君主法治实为人治的否定。洛克说:“谁认为绝对权力能够纯洁人们的气质和纠正人性的劣根性,只要读一下当代或其他任何时代的历史,就会相信适得其反。”①孟德斯鸠的名言——“一切有权力的人都容易滥用权力,这是万古不易的一条经验”②至今还常被引用,同样是从不看好人性出发的。卢梭反对霍布斯的人治,也不赞同孟德斯鸠所推崇的贵族精英文化,认为孟德斯鸠主张的法官的统治是另外一类的人治。卢梭主张在田园乡村式小社会里建立全面的大民主,一切立法和司法均由全体乡民做决定。1787 年美国宪法是第一部三权分立的宪法,它完全建立在孟德斯鸠的分权理论之上。经过这次

---

① [英]洛克:《政府论》(下篇),叶启芳、瞿菊农译,商务印书馆 2018 年版,第 56 页。

② [法]孟德斯鸠:《论法的精神》(上),商务印书馆 1982 年版,第 154 页。

人治与法治的对话，洛克、孟德斯鸠的分权学说、制衡理论逐渐被确立为官方理论，并被写进1787年美国宪法、1789年法国人权宣言，成为法治原则。

商工文明是西方法治兴盛的根本原因。经过17世纪、18世纪的启蒙运动后，西方逐渐进入法治兴盛时期。近代主权制国家的形成，使得法律在基本形态上成为国家法，法律科学兴起。但绝对制国家典型的理论形态是法律实证主义，容易形成国家意志对道德的压迫。在对实证法学派的批评中，自然法复兴起来了。西方法治兴盛的主要表现有：法学流派不断涌现；18世纪末19世纪初法律化浪潮席卷全球；法律实证主义兴起且具有强劲生命力；以美国为代表的西方法治发达国家的司法权威不断树立，美国通过不断输出法律一步步在全球建立了法律帝国。

随着商工文明向生态文明、信息文明秩序的转型，西方法治逐渐暴露出其危机。西方法治危机的主要症候有：经典的分权结构难以维系，三权分立的宪法架构破产；法律由确定性转向不确定性，价值司法在美国、德国、法国、英国纷纷出现；私法的实质化严重挑战了自由主义法律范式。法律全球化虽然助长了美国法全球化，但事实上美国法全球化的预设严重受挫，也导致了许多非西方和反霸权法律的全球流动，引起了全球反霸权力量的反思，激起了这些力量的反抗。西方法治的根本目的是维护资产阶级的利益和统治，这是其存在严重的司法不公现象、严重的种族歧视现象等种种法治乱象的根本原因。

西方法治危机引发对道德的重新关注。基于对法律本身的局限和西方法治危机的思考，德性主义浪潮在当今的西方兴起。西方法治的种种乱象表明，西方的法治不是人类法律史可以止步的理想境地。西方的法治文明不是唯一的，其法治模式也不是唯一普遍有效的。在全球共建共享生态文明、信息文明的时代，国家治理的模式或许应该是会通中西，西方的法治文明要吸收东方的德治文明，东方的德治文明也要吸收西方的法治文明，坚持法治与德治相结合。法治与德治的结合，是构建人类命运共同体的必由之路。

第四章　依法治国与以德治国相结合何以可能与必要

法律、道德从来就不是单独存在,而是与国家治理密切相关的。法治是人类历史的一项成就,尤其是西方国家治国理政的典型模式;德治则毫无疑问是中国历史上治国理政的典型模式。单就治理模式来说,不能简单地说法治、德治孰优孰劣,都是人类文明杰出的成就,不能以一种模式否定另一种模式,其成长都有特定的历史背景和文明类型。法治作为国家治理的实践是近代以后首先在西方流行,促成了西方工业文明的发达和主要资本主义国家的兴盛,尤以美国为典型;德治作为国家治理实践盛行于古代东方,与农耕文明相适应,尤以中国为代表。德治让中华文明绵延不绝,汉唐盛世、明清富庶,都是人类文明史的佳话。只不过,德治是农耕文明的产物,是中国农耕文明秩序自然生长出来的,并适应农耕文明的治理模式;法治是商工文明的产物,是西方工业文明秩序自然生长出来的,并适应商工文明的治理模式。人类文明发展到今天,西方法治模式的缺陷不断暴露,西方有识之士不断回望道德;中国德治模式的基础农耕文明发生了根本性的改变,转向商工文明,与此相适应,确定了法治方略。德治不是完美的"一",法治也不是。人类文明互鉴程度明显增强,为法治与德治的结合提供了历史机遇。

法治模式因其显著优势几乎被世界每一个国家所接受,中国在 2012 年党的十八大报告中鲜明指出："全面推进依法治国。法治是治国理政的基本方式。"这表明，中国在国家治理上公开与人治决裂，但这并不是对德治的否认；相反，德治因情理法兼容的民族性格得以继承和创新。正如有学者所言："法治固然有其不可否认的优点，但绝不是最理想的或唯一的选择。从所谓人治/德治社会走向法治社会其实没有走很远，仍然是从一元的社会走向另一个一元的远非理想的社会。由于强势文化和二元认识论的限制，这一简单的事实却难以为人们所认识。处在转型期的中国需要更为广阔和深刻的理论探讨，以寻求更为理想的社会安排；而不应该仅仅热衷于法治，从而忽视了社会生活的多样性和人的多样性以及与之相适应的社会制度安排的多种可能性。"①然而，西方的法治文明不是唯一的，其法治模式也不是唯一普遍有效的。② 在第一章已大致梳理了法治的种种概念，从人类的文明秩序角度来说，法治通常由法律概念系统、法律意识系统、立法文本系统与司法系统组成。"作为法律文明秩序的法治包含四个相互关联、相互依存的组成部分：以法治理想及其载体宪法文本为主导的权威系统，以权利和法律为中心的概念范畴系统，以司法制度为社会根本制度安排和以个人权利及法律为依归的文明秩序意识。法治建设必须注重这四方面的综合发展。"③法治社会追求民主、自由、正义、效率、人权、平等等价值。这些价值取向是抽象的、外在的，预设是人性恶。相应的制度安排，是以规则、权利为中心，为公民的政治参与、经济交往提供公平合理的程序安排和竞争环境，用制度约束人性的弱点，"争"是其特征。但是这一套外在的价值体系却不能为造就理想人格或升华人性提供保障，不能涵养君子人格。相对说来，德治社会强调的价值有：情义仁爱、诚信友爱、谦让包容、与人为善、怜悯慈善等。这类价值的取向是以人为本的、内在的，预设是人性善，"不争"是其特征。它们为培养人的品格和人性的高贵、升华人性提供指引，但

① 於兴中：《法治东西》，法律出版社 2015 年版，第 68 页。

② 参见张文显：《用正确法治理论引领法治实践》，《人民日报》2017 年 5 月 31 日。

③ 於兴中：《法治东西》，法律出版社 2015 年版，前言。

是却不能为人们的政治参与、经济交往提供相对确定的规则和制度环境。

法治社会只是世界上若干文明秩序中的一种类型,它在人的秉性的发展必须以人的生存为基础才会有效这一点上,优越于宗教文明秩序和道德文明秩序。然而,现代法律文明秩序建立在纯功利理性和实用主义思想之上,重视人的智性开发而忽视人的心性和灵性的培养,它能给人的智性提供乐土,但却无法滋润人的心灵;能培养出个人利益至上的现代人、经济人,但这样的人缺乏历史感与道德责任感。因此,法治虽然在很多方面具有不可否认的优点,但也绝不是最佳的善,也绝不是人类发展的唯一的选择。今天西方的法治社会的乱象已清楚地告诉了我们这一点,并促使我们认真反思人类社会的治理模式。认识到法治的局限性,从全球眼光和中国视角出发,对推进我国国家治理体系和治理能力现代化不无益处。它带给我们的启示是:“在接受法治的同时不应该抛弃中国原有的文化传统,而应该从中国原有的文化传统中发掘出与法治相适应的文化因素来,进一步完善现有的法治模式。”①尽管经过千百年岁月的陶铸,法治已成为现代性观念和制度的一个标志,②但是芝加哥大学教授爱泼斯坦(Richard A. Epstein,1943-)曾提醒说,对于一个理想的文明社会来说,只有法治是远远不够的,还应该注重德性的建设。③

因此,既要文明互鉴吸收法治模式的优长,又要弘扬德治传统扬弃人治因素,将德治与法治扬长避短地相结合,相辅相成、相得益彰,这是中国国家治理模式的最佳选择。

一、依法治国与以德治国相结合何以提出

截至目前的人类文明秩序的理想主要是两种:一是推崇道德的德治中心

① 於兴中:《法治东西》,法律出版社 2015 年版,第 7—8 页。

② 参见郁建兴:《法治与德治衡论》,《哲学研究》2001 年第 4 期。

③ 转引自於兴中:《法治东西》,法律出版社 2015 年版,第 8 页。

主义，如古代中国和朝鲜；二是独尊法律的法治规则主义，如欧美各国。这两种秩序基本上是一种一维或一维为主的文明秩序。一维或一维为主的秩序虽然不是不健康的秩序，但也不是理想的秩序，第二章、第三章在分析了二者的优点之后，也都分析了各自的缺陷。道德秩序对人们的欲望采取控制甚至压制的态度，讲究修身克己，讲究君子人格，把化解纠纷、和睦共处、无讼、无刑看做理想的社会状态，强调道德至上，但并不意味着道德万能。仁义礼智信、中庸、友善、和睦等构成道德秩序的概念范畴体系。法律秩序不耻于言利，对人的欲望、创造性及生产力则采取鼓励甚至放纵的态度，人们勇于追求自己的欲望。个人欲求的外化便表现为权利。为了保障权利，就需要法律，法律因此被看做最终权威。权利、义务、法治、侵权、合法性等构成法律秩序的概念范畴体系。强调法律至上，但并不意味着法律万能。在道德秩序中，社会通常以经年累月沉淀的道德原则为自己辩护；在法律秩序中，社会通常以奠基于理性的法治原则为自己辩护。

梳理中国数千年治国理政的实践，可以发现法律与道德、法治与德治也是处于“合久必分，分久必合”的分分合合的状态。我们大致经历了两次大的合与分：第一次，“合”是夏商西周时期，德法混同，“分”是春秋战国秦，德法分离；第二次，“合”是由汉及清的德法合治，“分”是清末法制变革以来的依法而治。新中国治国理政的实践亦表明，依法治国，法治是治国理政的基本方式，同时法律与道德是车之双轮、鸟之两翼。自 2001 年提出“依法治国与以德治国相结合”以来，我国法治与德治开始了第三次由分到“合”的时期——由清末法制变革以来的依法而治之“分”到 21 世纪初年开始的德法相结合。

1949 年新中国成立后，中国的法治建设经历了四个阶段：新中国成立初期的法律实用主义、“文化大革命”时期的法律虚无主义、改革开放时期的法律经验主义和新时代的法律理念主义。“文化大革命”结束后，国人有一种普遍认知，即“文化大革命”是人治的恶果，中国要富强，民族要复兴，人民要幸福，必须要摒弃人治而走法治之路。所以，新中国的法治建设主要是从改革开放之后开始的。

1978—1989 年,在法治建设上解决的重点问题是有法可依,有法必依。1978 年 12 月,邓小平在中共中央工作会议闭幕会上的讲话中指出:"为了保障人民民主,必须加强法制。必须使民主制度化、法律化,使这种制度和法律不因领导人的改变而改变,不因领导人的看法和注意力的改变而改变。"这是依法治国思想的雏形。1979 年 3 月,邓小平在会见英国友人时说,我们坚持民主集中制原则,同时也要加强法制,任何一个国家没有法制是不行的。邓小平对党员干部也提出了明确的道德要求:"每一个党员严格地遵守党章和国家的法律,遵守共产主义道德,一切党员,不管他们的功劳和职位如何,都没有例外。"①1979 年 6 月,他在五届全国人大第二次党内负责人会议上讲话指出:"我们制定法律的步伐要加快。确实要搞法制,特别是高级干部要遵守法制。……法立了之后,坚决按法律办事。"1980 年 11 月,邓小平在接受南斯拉夫记者采访时说:"我们要加强社会主义民主,同时也要加强法制。中国在历史上是缺乏民主传统的国家。只讲民主,不讲法制不行。中国有十年'文化大革命'的经历,在青年一代中,发展了无政府主义,发展了极端个人主义,所以我们在提倡社会主义民主的同时,也要加强法制……"1979 年,新中国第一部刑法、刑事诉讼法出台;20 世纪 80 年代初开始了用法律手段解决重大政治问题,审判"四人帮"就是当时一次重大法治实践;1982 年宪法出台。这些重大法律事件标志着中国走向法治的决心。

1988—2002 年,在进一步加强立法工作的同时,突出解决严格执法的问题,依法治国的方略确立起来了。1995 年 8 月,江泽民在第十四届亚太法协大会开幕式上的讲话中指出:"经济的发展,社会的进步,都离不开法制的健全。经济和社会的发展,呼唤着法制的完善;反过来,法制的完善,又会进一步促进经济繁荣和社会进步。建设符合本国国情的完备的法制,是一个国家繁

① 《邓小平文选》第一卷,人民出版社 1994 年版,第 243 页。

荣昌盛的重要保证。我国人民在邓小平建设有中国特色社会主义理论的指导下，坚持一手抓经济建设，一手抓法制建设，把完善社会主义法制，作为建设富强、民主、文明的社会主义现代化国家的重要目标之一……”1996 年 2 月，江泽民在中共中央举办的领导同志法制讲座上的讲话中，较为充分地阐释了依法治国的基本内涵：“坚持依法治国，保障国家的长治久安，就是使各项工作逐步走上法制化和规范化；就是广大人民群众在党的领导下，依照宪法和法律的规定，通过各种途径和形式参与管理国家、管理经济文化事业、管理社会事务；就是逐步实现社会主义民主的法制化、法律化。”“坚持依法治国，一个重要任务是要不断提高广大干部、群众的法律意识和法制观念……干部依法决策、依法行政是依法治国的重要环节；公民自觉守法、依法维护国家利益和自身权益是依法治国的重要基础。广大干部和群众的法律水平的高低，直接影响着依法治国的进程。”1997 年，党的十五大确立了依法治国基本方略。1999 年依法治国基本方略写进宪法。2001 年 1 月，江泽民在全国宣传部长会议上首次从国家治理的角度，提出依法治国与以德治国相结合：“我们在建设有中国特色社会主义，发展社会主义市场经济的过程中，要坚持不懈地加强社会主义法制建设，依法治国，同时也要坚持不懈地加强社会主义道德建设，以德治国。对一个国家的治理来说，法治与德治，从来都是相辅相成、相互促进的。二者缺一不可，也不可偏废。法治属于政治建设、属于政治文明，德治属于思想建设、属于精神文明。二者范畴不同，但其地位和功能都是非常重要的。我们应始终注意把法制建设与道德建设紧密结合起来，把依法治国与以德治国紧密结合起来……”他解释道：“法治以其权威性和强制手段规范社会成员的行为，德治以其说服力和劝导力提高社会成员的思想认识和道德觉悟。道德规范和法律规范应该相互结合，统一发挥作用。”①依法治国与以德治国，法治与德治、法律与道德相结合的命题正式提出来了。2002 年江泽民在四川

① 《江泽民文选》第三卷，人民出版社 2006 年版，第 91 页。

考察工作时指出:“要坚持依法治国与以德治国相结合。在我国社会主义现代化建设的进程中,依法治国和以德治国都有自己的重要作用。我们要坚定不移地实施依法治国基本方略,同时要充分发挥以德治国的重要作用。法治和德治是一个紧密结合的整体,从来都是相辅相成、相互促进的。只有把这两个方面的工作都抓好,并使它们与实际生活紧密配合,才能保证社会的良好秩序,保证国家的长治久安。”

2002—2012 年,在坚持江泽民提出的“坚持党的领导同坚持依法治国是完全一致的”基础上明确提出,坚持党的领导、人民当家作主和依法治国的有机统一。2002 年 12 月,胡锦涛在首都各界纪念现行宪法公布施行 20 周年大会上的讲话中指出:“在整个改革开放和社会主义现代化的进程中,我们都必须坚持依法治国的基本方略。”2004 年 9 月,胡锦涛在首都各界纪念全国人民代表大会成立 50 周年大会上的讲话中指出:“必须坚持依法治国的基本方略,不断推进建设社会主义法治国家的进程……依法治国首先要依宪治国,依法执政首先要依宪执政。”2008 年 3 月,胡锦涛在十一届全国人大一次会议闭幕会上的讲话中指出:“坚定不移地维护社会主义法制的统一、尊严、权威……弘扬法治精神,促进社会公平正义,确保社会和谐稳定……以尊重权利和遵守法律为荣,以滥用权力和违反法律为耻。”2011 年 3 月,胡锦涛在中共中央政治局第二十七次集体学习时的讲话中指出:“在全社会大力弘扬社会主义法治精神,对全面贯彻落实依法治国基本方略、建设社会主义法治国家具有基础性作用,必须把加强宪法和法律实施作为弘扬社会主义法治精神的基本实践,不断推进科学立法、严格执法、公正司法、全民守法进程。”从党的十六大开始,党中央更加重视领导干部的思想道德建设,提出了社会主义的“八大荣辱观”,致力于建立社会主义核心价值体系。2012 年 11 月,胡锦涛在党的十八大报告中指出:“要坚持依法治国与以德治国相结合,加强社会公德、职业道德、家庭美德、个人品德教育,弘扬中华传统美德,弘扬时代新风。”这些道德教育旨在提高全民族的道德素质,夯实依法治国的群众基础,同时该报告中对党员、干部提出了更高的要求:“抓好道德建设这个基础,教育引导党员、干部模范践行社会主义荣辱观,讲党性、重品行、做表率,做社会主义道德的示范者。”

2012 年以后,习近平总书记更加注重从国家治理的角度强调依法治国与以德治国的关系。2004 年习近平总书记就提出了“以德用权”的思想:德不仅是立身之本,也是立国之基;官德就是从政的道德,共产党人的官德就是“为民、务实、清廉”,其中“为民”是官德的核心,务实是官德的基础,清廉是官德的内在要求。2012 年 12 月习近平总书记在首都各界纪念现行宪法公布施行 30 周年大会上的讲话中指出:“依法治国是党领导人民治理国家的基本方略,法治是治国理政的基本方式,要更加注重发挥法治在国家治理和社会管理中的重要作用,全面推进依法治国,加快建设社会主义法治国家。”2013 年 2 月,他在中共中央政治局第四次集体学习时的讲话中指出:“要坚持依法治国与以德治国相结合,把法治建设和道德建设紧密结合起来,把他律和自律紧密结合起来,做到法治和德治相辅相成、相互促进。”2014 年,党的十八届四中全会通过《中共中央关于全面推进依法治国若干重大问题的决定》,将“建设中国特色社会主义法治体系,建设社会主义法治国家”确立为全面依法治国的总目标。“坚持依法治国和以德治国相结合”是实现这一总目标的五大原则之一。[①] “国家和社会治理需要法律和道德共同发挥作用。必须坚持一手抓法治、一手抓德治,大力弘扬社会主义核心价值观,弘扬中华传统美德,培育社会公德、职业道德、家庭美德、个人品德,既重视发挥法律的规范作用,又重视发挥道德的教化作用,以法治体现道德理念、强化法律对道德建设的促进作用,以道德滋养法治精神、强化道德对法治文化的支撑作用,实现法律和道德相辅相成、法治和德治相得益彰。”2017 年党的十九大报告首次提出“新时代中国特色社会主义思想”,厘定了建设新时代中国特色社会主义的十四个基本方略,其中在“坚持全面依法治国的方略”中,再次重申了全面依法治国的总目

① 其他四大原则是:坚持党的领导、坚持人民民主地位、坚持法律面前人人平等、坚持从中国实际出发。

标,指出:全面依法治国,必须“坚持依法治国与以德治国相结合”,“提高全民族法治素养和道德素质”。有细心的学者发现,在党的十九大报告中,多次提及“法治”概念,使用“德治”概念 1 次,使用“道德”词组 7 次——道德素质、道德观念、道德规范、道德建设、道德水准、公民道德、职业道德,使用“德”的词组 12 次——德治、以德治国、社会公德、家庭美德、个人品德、德艺双馨、立德树人、德智体美、师德师风、有品德、德才兼备、以德为先。① 党的十九届四中全会决定指出:坚持依法治国和以德治国相结合,完善弘扬社会主义核心价值观的法律政策体系,把社会主义核心价值观要求融入法治建设和社会治理,体现到国民教育、精神文明创建、文化产品创作生产全过程。

学界有一种观点,说“依法治国”与“法治”有很大的不同,认为前者是工具论的产物,后者才是正宗。本书认为,“依法治国”与“法治”一样,既有工具理性,也有价值理性。“以德治国”与“德治”也一样兼具工具理性与价值理性。因此,本书中依法治国与法治一般同义使用、以德治国与德治亦不做特别区分。龙大轩教授也持有这一观点:“在习近平新时代中国特色社会主义思想中,法治是德治基础上的依法治国,德治是法治保障下的以德治国,二者相辅相成、相得益彰。”②

二、依法治国与以德治国相结合何以可能

人类走过了几千年的农耕文明社会,也走过了商工文明的鼎盛时期,在后现代的复杂社会——通过市场而整合各种不同信念系统和利益状况彼此竞争的多元主义社会,在转向生态文明、信息文明新的文明类型时,需要法律与道

① 参见龙大轩:《守正出新:新时代“德法合治”思想的历史渊源与现实意义》,《华东政法大学学报》2019 年第 1 期。

② 龙大轩:《守正出新:新时代“德法合治”思想的历史渊源与现实意义》,《华东政法大学学报》2019 年第 1 期。

德相辅相成，需要法治与德治相得益彰。

（一）法律与道德的共同参照点与区别

首先，道德与法律是同时分化出来的。“人类社会早期发展阶段，调整人们相互关系的习惯、宗教教条、禁忌以及具有强制力的道德信条等行为规范之间，没有多少区别。因此作为特定的社会共同体日常生活中的行为准则，法律和道德有着共同的起源。”①从社会学角度看，道德与法律是“同时从传统法和具有法规效力的伦理之间仍然交错不分的全社会精神气质当中分化出来的。法律、道德和伦理生活所构成的这种网络的神灵基础一旦动摇，一些分化过程就开始启动。在文化知识层面上……法的问题同道德问题、伦理问题区分开来。在建制的层面上，实证法同被贬为纯粹惯例的习俗和习惯区分开来。”②社会法学派的代表人物庞德认为，在原始法阶段，法律与道德同根同源；在严格法阶段，法律从社会规范中分化出来，法律开始从道德中分离出来。法律与道德的同源性，法律源于道德这一事实从根本上赋予法律以一种天然的伦理属性，并使得道德成为法律有机体之内在血脉。这种法律的道德根源性为人们对法律进行价值评判提供了依据和理由。由于伦理为法律形成、生长的根基，法律的有效性就在相当程度上取决于它是否具有一种现实的道德属性。法律之天然的道德属性，意味着法律与道德间的关联绝非外在的、偶然的，而是内在的、必然的。③ 其次，法律与道德都属于社会意识形态领域，社会物质生活条件决定了它们的产生与发展。马克思主义法学认为，“法律不是从来就有的，也不是永恒存在的。它随着私有制、阶级和国家的产生而产生，也将随着私有制、阶级和国家的消亡而消亡。”所以，法律是一个历史范畴。道德

① ［英］戴维·M.沃克：《牛津法律大辞典》，光明日报出版社1988年版，第151页。

② ［德］哈贝马斯：《在事实与规范之间——关于法律和民主法治国的商谈理论》，童世骏译，生活·读书·新知三联书店2014年版，第131页。

③ 参见胡旭晟：《法的道德历程——法律史的伦理解释（论纲）》，法律出版社2006年版，第31—33页。

属于意识形态的一种具体表现形式,经济基础决定了道德水平,道德服务于经济基础。不同发展阶段的社会物质生活条件,都会产生与之相适应的道德观念,经济基础的变化也会引发道德观念的变革。① 复次,“道德问题和法的问题涉及的是同样一些问题:人与人之间的关系如何进行合法的调节,多个行动如何借助于经过辩护的规范而得到彼此协调,行动冲突如何可能在主体间承认的规范性原则和规则的背景下以共识的方式加以解决。”②现代社会的道德和法律都受到了理性的洗礼,“法律成为了理性的法律,道德成为了理性的道德,道德和法律都需要进行重新论证,而论证都应服从商谈原则——有效的只是所有可能的相关者作为合理商谈的参与者有可能同意的那些行为规范。”③所以,就是在宗教规条及它们的特殊制裁和其他的社会控制力量分离之后,法律和道德依然紧密联系着。④ 而且,法律与道德从来都不只是形而上的问题,而且主要与国家治理密切相关。“法律和道德都具有规范社会行为、调节社会关系、维护社会秩序的作用,在国家治理中都有其地位和功能。”这是 2016 年 12 月 9 日,习近平总书记在中共中央政治局第 37 次集体学习时的讲话中所指出的法律与道德的共同点。

习近平总书记在这次集体学习时还指出:“法律是成文的道德,道德是内心的法律。”这从哲学角度说明法律与道德是两种不同的事物。“后传统的道德仅仅表达一种文化知识,而法同时在建制层面上获得约束力”,⑤所以二者间的区别也是明显的:一是程序的充分性及视角不同。“法律程序因与建制

① 参见赖怡静:《全面依法治国视域下法律与道德关系再研究》,《求实》2016 年第 9 期。

② [德]哈贝马斯:《在事实与规范之间——关于法律和民主法治国的商谈理论》,童世骏译,生活·读书·新知三联书店 2014 年版,第 131 页。

③ 参见高鸿钧:《商谈法哲学与民主法治国——在〈事实与规范之间〉阅读》,清华大学出版社 2007 年版,第 80—81 页。

④ 参见[美]博登海默:《法律与其他社会控制力量的差别》,潘汉典译,《中国法律评论》2014 年第 4 期。

⑤ See Jürgen Habermas: *Between Facts and Norms: Contributions To a Discourse Theory of Law and Democracy*, translated by William Rehg, The MIT Press, Cambridge, Massachusetts, Second printing, 1996, p.107.

化的、因而是独立的标准相联系,故而接近于充分的程序合理性的要求。一个决定是否是符合规则地产生的,根据这些独立的标准可以从一个非参与者的眼光出发来决定。道德的、不受法律规则支配的商谈,其程序合理性是不充分的。因为缺少外在的或事先规定的标准,所以某事是否是从道德观点出发加以判断,这只有从参与者的眼光出发才能决定。"①二是功能上的不同。法律规整人们的外部关系,而道德则管理人们的内心生活。该学说的首倡者是托马修斯和康德,此后被无数法理学者所接受。"在法律为社会统治的最高机关的社会秩序里面,它是适合这个社会秩序的唯一学说。它是表现法治国这个思想的学说;它是纯粹的理想的法律所要求的学说。"②"一种自主的道德所拥有的,仅仅是可错主义的规范论证程序。由于以对情境敏感的方式把高度抽象的规则运用于复杂的情境,是同一种附加的结构不定性相联系的,这使得高度的认知不确定性更加剧了。因此,在冲突、重大问题和社会事件一般来说要求做出明确的、及时的、有约束力的调节的所有行动领域,法律规范都必须把纯粹道德调节产生的不确定性消化掉。法律的约束力是通过与国家进行制裁的可能性相联系而获得的。对法律的职业性执行,卸除了私的法权人在以道德方式解决行动冲突时要求个人本身所做出的努力。因此,有些问题需要法律调节,而不能交给后传统类型的道德规则。"③三是与政治的关系不同。"法律依赖于政治,道德则不需要。实证法所具有的俗成的性质,在于它是通过政治立法者的决定而生效的,所以原则上是可以任意改变的。这种对政治的依赖也解释了法律的工具性。道德规范始终是自我目的,对行动冲突进行公平的解决,法律规范也是政治目标的手段,除了解决行动冲突,还

① 彭凤莲:《论复杂社会法律与道德的关系——哈贝马斯关于破解西方法治国危机的思考》,《哲学分析》2020 年第 2 期。

② [美]博登海默:《法律与其他社会控制力量的差别》,潘汉典译,《中国法律评论》2014 年第 4 期。

③ 彭凤莲:《论复杂社会法律与道德的关系——哈贝马斯关于破解西方法治国危机的思考》,《哲学分析》2020 年第 2 期。

要实现政治纲领。”①“推行那些道德规范所使用的方法,应该是非政治的。”②尽管道德可以不依赖于政治,但不能反过来说政治对道德没影响。例如中国古代几乎历代王朝都标榜“以孝治天下”,这种政治对“孝”这一道德形式当然会有推动作用,流传至今的“二十四孝”故事当与推行孝道政治有关。四是调整范围不同。以上的不同决定二者之间调整的领域不同。一般来说,法律调整的范围要窄于道德,因为法律主要是以有限的条文规范或判例法为载体,尽管可以说法律的内容包罗万象,但相对于人类生活世界来说,那是挂一漏万;而道德是弥散性的,只要是有人类生活的地方,就无处不在,可以弥补天网恢恢密而有漏的法律之短板。但这不是说两者之间没有交集,例如,偷盗、杀人、抢劫、强奸等既是道德调整的领域也是法律调整的领域。

(二)法律与道德范畴上的并列关系

中外历史上都曾出现过法律从属于道德的观点。中国古代德治中心主义之下的德主刑辅即典型的从属说,并成为两千余年治国理政的实践模式。在西方,康德等人亦持从属说。理性法的一个形而上学遗产是把实证法置于自然法或道德法之下。康德在《道德形而上学基础》中,论述了如何获得法律规则的进路:从道德律的基本概念出发,通过“法律承受者的自由选择、一个人对另一个人的外在关系、一个人在受到干涉时被赋予的对另一个人实施的强制力量”这三个方面的限定而获得。法律原则在这三个方面对道德原则进行限定。经此双重限定,“道德的立法反映在法律的立法之中,道德性反映在合

① 彭凤莲:《论复杂社会法律与道德的关系——哈贝马斯关于破解西方法治国危机的思考》,《哲学分析》2020年第2期。

② [美]博登海默:《法律与其他社会控制力量的差别》,潘汉典译,《中国法律评论》2014年第4期。

法律性之中，善的义务反映在法律义务之中。”①其采用的研究进路是：从道德之通常的理性知识转至哲学的知识、从通俗的道德哲学转至道德之形而上学、从道德的形而上学转至纯粹实践理性的批判。②“康德的法权原则主张构造一种以主观权利形式出现的法律代码，其所要求的不仅是对于一般的主观自由的权利，而且是对平等的主观自由的权利。每个人的自由应当根据一个普遍法则而与一切人的同等自由共存。此普遍法则的形式对自由的分配起合法化作用，因为其所表现的是特定法律经受了理性（对法律进行审核的理性）的普遍化测试。这导致了法律对于道德的从属。对康德来说，实证法还保持着一种根本的道德性质，他从实践理性中先天地引出自然法则或道德法则，法律则为其摹本。从20世纪70年代初期开始，社会科学对理性法传统之规范主义的破坏，引起了……法哲学发生转向，以相当直接的方式使理性法传统恢复了荣誉，以致哲学家、法学家乃至经济学家都已经习惯于毫无拘束地采用17、18世纪的理论，以罗尔斯的《正义论》（1971）为代表。他在《正义论》中提出‘组织良好的’社会的观念、‘反思平衡’的概念、‘重叠共识’的概念。罗尔斯的正义论是后形而上学的正义论，是从形式上定义的‘好’的概念为基础的正义论。罗尔斯的正义论在理论建构层次上已经涉及了抽象的正义原则如何在法律上建制化的问题，但是实证法与政治正义的关系在罗尔斯那里仍然有待说明。罗尔斯关注的焦点是法律的合法性问题，而没有对法律的形式本身以及法的建制向度作专门讨论。在反思的层次上，罗尔斯思考在当代多元主义社会之公共交往的文化背景下，正义原则怎样才是可行的。以罗尔斯为代表的新自然法学派诊断出了西方法治的病症，但旧药方对新症候自然无

① 彭凤莲：《论复杂社会法律与道德的关系——哈贝马斯关于破解西方法治国危机的思考》，《哲学分析》2020年第2期。

② 参见［德］康德：《康德的道德哲学》，牟宗三译，西北大学出版社2008年版，第9页。

疗效。”①

康德“以一种特定方式把法的不可随意支配性环节置入法律的道德基础之中,从而实证法被置于理性法之下了。哈贝马斯批评这种法律从属于道德的观点同关于实现于法律媒介本身之中的自主性观念,是不一致的。”②康德从实践理性中先天地引出来的自然法则或道德法则,所居位置太高:“人人必须承认:如果一个法则是要真有道德的力量,即真可成为一义务的基础,则它必须具有绝对的必然性;……人人亦必须承认:义务的基础必不可在人之自然(人性)中或在人所处的世界内的环境中去寻求,只当先验地在纯粹理性的概念中去寻求;而且最后人人亦必须承认:纵然任何其他基于纯然经验的原则上的箴言,在某些方面,或可是普遍的,而只要它基于一经验的基础上……,则这样的箴言虽可为某一实践的规律,但却绝不能叫做是一道德法则。”③这“使法律有融化进道德的危险——法律几乎被还原为道德的一种有缺陷模态。在基督教自然法的屋顶崩塌以后,废墟上残留下两根廊柱:一是经过自然主义解魅的政治,一是成为政治性决定的法律。康德试图重建这座倒塌的建筑:宗教—形而上学自然法所留下的空位应该由自主论证的理性法来占据;法律的实证化被看作是仍然处于理性之律令之下的理性法原则的实现。在德国,康德的理性法理论的道德内容在法律理论中分别沿着私法学说和法治国观念这两个平行方向而得到延续,在19世纪却因实证主义而逐渐枯竭了。无论在私法学说中,还是在法治国理论中,康德把政治和法律置于理性法的道德律令之下的构造都被否定了。”④“一方面,实证法的道德基础不可能以高高在上的理性法

① 参见彭凤莲:《论复杂社会法律与道德的关系——哈贝马斯关于破解西方法治国危机的思考》,《哲学分析》2020年第2期。

② 彭凤莲:《论复杂社会法律与道德的关系——哈贝马斯关于破解西方法治国危机的思考》,《哲学分析》2020年第2期。

③ [德]康德:《康德的道德哲学》,牟宗三译,西北大学出版社2008年版,第6页。

④ 彭凤莲:《论复杂社会法律与道德的关系——哈贝马斯关于破解西方法治国危机的思考》,《哲学分析》2020年第2期。

的形式来说明;另一方面,这种道德基础也不可能在没有等价物来替代的情况下消除掉,不然法律就会失去本质上内在于其中的那个不可随意支配性环节。"①实证法中的道德拥有一种自调性程序的超越力量,它用这种力量对自己的合理性进行审核。

"随着多元主义世界观的出现,在现代社会里,宗教以及其中的伦理便不再是一种所有人都认可的道德的公共有效性基础。"②法律秩序是"目的王国"的本体秩序在现象世界的一种模仿,同时也是一种具体化,这种柏拉图主义(Platonism)的直觉是康德设想的基础。"每一理性存有必须把他自己以及一切别人不只看作工具,但须在任何情形中,同时亦看作自身即是目的。""道德即存于一切行为之关联于立法,单只这立法才能使目的王国成为可能。这种立法必须是能存在于每一理性的存有中,而且必须是能从他的意志中而流出……"③"哈贝马斯承认实证法仍然保留着同道德的联系,但道德并不在法律之上,法律并不从属于道德。他从如下假设出发:在后形而上学的论证层次上,法律规则与道德规则同时从传统的伦理生活分化出来,实证法和后俗成道德同源地产生于分崩离析的实质性伦理生活的库存。道德和法律是作为两个虽然不同但相互补充的类型的行动规范而并列地出现的,他反对屈服于一个根深蒂固的偏见,以为道德只涉及个人为之负责的社会关系,而法和政治正义则延伸到以建制为媒介的互动领域;也反对根据行动领域姓'私'姓'公'来对道德和法律进行分而治之,因为政治立法者的意志形成也延伸到需要调节的那些问题的道德方面。"④尤其是在"社会生活司法化"逐渐加剧的趋势下,如何确保万众期待的社会安宁?如此,立法和司法所经常面临的一个问题即正

① [德]哈贝马斯:《法律与道德》,见哈贝马斯:《在事实与规范之间——关于法律和民主法治国的商谈理论》附录一,童世骏译,生活·读书·新知三联书店2014年版,第609页。

② [德]哈贝马斯:《包容他者》,上海人民出版社2002年版,第11页。

③ [德]康德:《康德的道德哲学》,牟宗三译,西北大学出版社2008年版,第63、64页。

④ 彭凤莲:《论复杂社会法律与道德的关系——哈贝马斯关于破解西方法治国危机的思考》,《哲学分析》2020年第2期。

当性则更加令人关注。案结事不了,一次次出现司法信任危机。有效应对司法信任危机的关键或许恰恰在于通过有效实施司法公共参与等适应国情的"制度化的不信任"机制来实现。① "一种法律秩序只有当它不与道德原则相矛盾的时候,才是合法的。借助于法律有效性当中的合法性成分,实证法仍然保留着同道德的关联。但这种同道德的关联并不意味着在规范等级的意义上道德被置于法之上。法的等级观念,属于前现代法的世界。"②当今世界正在经历意识形态的危机和价值的激烈碰撞,社会正面临深刻变革,法律不断地被要求就各种性质的新生事物表达立场,不论是民事、商事、行政还是刑事。③如果政治和法律被放到执行实践理性法则之工具的从属地位之上,政治就失去了它的立法能力,法律则失去了它的实证性。④ 不能把出现在宪法规范之实证内容当中的基本权利理解为只是道德权利的摹本,不能把政治自主理解为只是道德自主的摹本。把法律视为道德的附属品对于现代社会的现实也缺乏经验描述力,现代法正是为了弥补不堪社会整合之重负的社会秩序的功能缺口才从伦理中分化出来。⑤

(三)法律与道德内容上的交叉关系

俗成的外化的法律和内化的道德的互补关系是学者们感兴趣的一个方面,关于这一点将在"依法治国与以德治国何以必要"部分予以论述。学界感

---

① 参见陈洪杰:《现代性视野下司法的信任危机及其应对》,《法商研究》2014 年第 4 期。

② 彭凤莲:《论复杂社会法律与道德的关系——哈贝马斯关于破解西方法治国危机的思考》,《哲学分析》2020 年第 2 期。

③ 参见司徒民正:《司法——危机? 发展与信任》。这是我保留的一份纸质材料,但不记得它的来源,从落款时间 2019 年 9 月 2 日推断,可能是 2019 年 9 月 10 日在重庆召开的中华司法研究会暨第二届中华司法研究会高峰论坛材料。当时司徒民正是澳门中级法院法官,2019 年 12 月出任澳门特区终审法院法官。

④ 参见[德]哈贝马斯:《法律与道德》,见哈贝马斯:《在事实与规范之间——关于法律和民主法治国的商谈理论》附录一,童世骏译,生活 · 读书 · 新知三联书店 2014 年版,第 606 页。

⑤ 参见陆宇峰:《从主观权利看法律与道德的关系》,载高鸿钧:《商谈法哲学与民主法治国——在〈事实与规范之间〉阅读》,清华大学出版社 2007 年版,第 362 页。

兴趣的还有一个方面是，道德和法律之间存在的相互交错。“道德与法律之间之所以交错，是因为法治秩序要求运用实证法手段，以便分担举证责任，把可以受到道德论辩影响的论证过程建制化。”①马克斯·韦伯“把现代西方社会的政治秩序理解为‘法理型统治’的各种表现，其合法性建立在对于行使统治之合法律性的信念基础之上，是内在于法律形式本身之中的合理性。韦伯从规则合理性、选择合理性、科学合理性三个方面论证法的形式属性是可以在一种狭义的、道德上中立的意义上描述为‘合理的’。韦伯用这个命题支持了一种实证主义的法律概念——法律就是政治立法者根据一个法律上建制化的程序制定为法律的东西，它拥有一种自己独有的、不依赖于道德的合理性。因此，法律形式的赋予合法性的力量就不是从法律与道德的亲缘关系中得来的。此即法律与道德分离说。但韦伯诊断出了法律道德化现象，并将之描述为资产阶级形式法的‘实质化’”②。“随着近代阶级问题的兴起，一方面来自部分法利害关系者（尤其是劳工阶级）这边，另一方面来自法的意识形态者这边，对于法律提出实质的要求……并要求一种奠基于激昂的伦理要求（‘正义’、‘人类尊严’）上的社会法。不过这意味着，对法的形式主义提出根本的质疑。”③在社会法和劳动法中，在卡塔尔法和公司法中，非形式化的趋势十分明显。由此产生出这样一个批判性命题：法律和道德之间的内在联系意味着内在于法律媒介本身之内的合理性的破坏。哈贝马斯则认为，韦伯的实证法在道德上并不是中立的，批评从三个方面展开。

第一，“法律确定性与不确定性的价值冲突必须从不同利益中可普遍化这个道德角度来选择。被理解为对生命、自由和财产之干预的可预见性的法

① 彭凤莲：《论复杂社会法律与道德的关系——哈贝马斯关于破解西方法治国危机的思考》，《哲学分析》2020 年第 2 期。

② 彭凤莲：《论复杂社会法律与道德的关系——哈贝马斯关于破解西方法治国危机的思考》，《哲学分析》2020 年第 2 期。

③ ［德］马克斯·韦伯：《法律社会学》，康乐、简惠美译，广西师范大学出版社 2011 年版，第 326 页。

律确定性,是一种会同其他价值发生冲突的'价值'——例如,机会平等地参与政治决策或对于社会财富的平等分配。福利国家的、只有借助于不确定的法律概念才能实现的政策,需要在不同原则之间进行道德平衡。这样的冲突必须从不同利益中那个有可能加以普遍化这个道德角度来决定。"①第二,"法的形式根据充满道德内容的原则才能够被辩护为是理性的。……规则取向的法规纲领与目的取向的纲领相比具有优势——它们由于其语义上的普遍性而与法规面前人人平等的原则相呼应。由于其抽象性,这种类型的法律甚至也适用于'平等者平等对待、不平等者不平等对待'的原则。这样,与韦伯的功能主义论据相反,抽象和普遍的法规的形式只有根据这些充满道德内容的原则才能够被辩护为是理性的。"②第三,"法的科学合理性道德上不是中立的。……韦伯对法律系统用科学方法进行建构,其本身也无法解释合法律性所具有的合法化作用。恰恰是法律专家的系统化成就,使我们意识到法律之有效性的后传统模态。在实证法中,规范已经在原则上失去了那种习俗般的有效性。因此,单个的法条必须被作为一个特定的法律秩序的组成部分而得到论证,法律秩序总体上是根据原则而有意义地构成的。在规范性讨论层面的合理性,更接近于康德的实践理性而不是纯粹的科学合理性——这种合理性,不管怎么样,并不是道德上中立的。概言之,韦伯把道德洞见理解成了主观的价值取向,认为价值是无法进一步合法化的实质内容,是同法律的形式性质不一致的,这表明韦伯没有看清资产阶级形式法的道德核心。韦伯没有把覆盖彼此冲突的价值内容的整个幅度的价值评估,与不随规范内容的变化而变化的规范之约束性或有效性的形式方面区分开来。"③"事实上,近代法律史

① 彭凤莲:《论复杂社会法律与道德的关系——哈贝马斯关于破解西方法治国危机的思考》,《哲学分析》2020 年第 2 期。

② 彭凤莲:《论复杂社会法律与道德的关系——哈贝马斯关于破解西方法治国危机的思考》,《哲学分析》2020 年第 2 期。

③ 彭凤莲:《论复杂社会法律与道德的关系——哈贝马斯关于破解西方法治国危机的思考》,《哲学分析》2020 年第 2 期。

的各个方面——从17、18世纪的历史法学派，从美国的宪法到欧洲的私法——都无不隐含着法律与道德的关联。”①

“韦伯把现代理性法与实证化了的‘形式法’对立起来，认为不可能‘存在一种纯粹形式的自然法’。韦伯不对法律做结构与实质之区分，是试图把‘自然’和‘理性’混同于形式法急于摆脱的价值内容，他把后传统论证层次的程序属性错误地等同于实质性的价值取向。哈贝马斯认为，社会契约的模型可以理解为建议一种特定程序，这种程序的合理性将确保任何合乎程序地产生的决定的正确性。道德不仅与法律相互补充，而且在法律扎下根子的道德具有纯粹的程序性质。具有纯粹的程序性质的道德已经摆脱了全部特定的规范内容，而升华为可能的道德规范内容之运用的一种程序。这样，程序法和程序主义道德可以进行相互审核。”②“但另一方面，道德论辩也被作为一个公开程序而建制化，它服从自己的逻辑、控制它自己的合理性。法律框架并不干预到这种论辩的内部、以至于使这种论辩在实证法之边界上止步不前。法律本身准许并激发一种论证机制，这种机制以一种实证法所无法确定的形式超越这种法律。”③“在法律扎下根子的道德具有纯粹的程序性质”这一命题与富勒的法律的内在道德——八个程序性道德的观点有耦合之处。

可见，程序性道德的命题在西方越来越受重视。通过法律程序而建制化了的论证过程，从论辩逻辑的角度看仍然是向道德商谈开放的。据此，哈贝马斯提出如下的假设：“以合法律性为中介的合法性之所以可能，是因为产生法律规范的程序也是在道德实践之程序合理性的意义上是合理的，是在这意义上合理地实施的。合法律性的合法性之所以可能，是因为法律程序与服从其

① 胡旭晟：《法的道德历程——法律史的伦理解释（论纲）》，法律出版社2006年版，第31—33页。

② 彭凤莲：《论复杂社会法律与道德的关系——哈贝马斯关于破解西方法治国危机的思考》，《哲学分析》2020年第2期。

③ ［德］哈贝马斯：《法律与道德》，见哈贝马斯：《在事实与规范之间——关于法律和民主法治国的商谈理论》附录一，童世骏译，生活·读书·新知三联书店2014年版，第583页。

自身程序合理性的道德论辩之间的一种相互交叉。”①不同的合法性价值——以效率为中心的合法性价值与以公平为中心的合法性价值——直接会导致对实证主义来源命题的支持和反对。对合法性价值独特性的准确理解又有赖于合法性环境这个概念工具。“以效率为中心的合法性价值强调,法律的本旨在于通过可预期性和合理规划的方式来确保对行为的指引以及促进社会合作。此种效率价值观为实证主义的来源命题提供了道德证立。以公平为中心的合法性价值认为,法律的本旨在于运用公平程序解决广泛存在于现代社会的合理分歧。”②法治是现代社会的核心精神,程序是法治规则的核心理念;法治中有程序要素渗透,程序中有法治精神意蕴。自由民主构筑程序基础价值,平等正当提供程序公平和比例价值,公正正义追求程序目标价值,秩序伦理规制程序追求道德价值,合法构建程序衡量价值,规则参与程序保障价值。③ 以程序主义方式提出的道德理论和正义理论,才许诺一种对原则进行论证和评价的公平程序。规范论证和有约束力之规则的运用中的公平性观念,是通过从道德角度判断实践问题的一些程序,在现行法律、立法程序和司法程序之间确立起建构性联系。这个公平性观念构成了实践理性的核心。具有赋予合法性力量的是一些程序,这些程序把进行论证的要求以及论辩地满足这些要求的途径加以建制化。……罗尔斯的契约协议模式、科尔伯格(Lawrence Kohlberg,1927-1987)的角色承当模式、阿帕尔和哈贝马斯的道德论辩程序模式,都属于这种程序主义正义理论。这三种模式的出发点都是康德传统,但它们用来阐明公平意志形成过程之程序的模式各不相同。前两种模式存在一个共同的缺点:“没有充分重视道德判断要求承认的认知上的有效性。根据契约模式,道德洞见被等同于具有合理选择性质的决定;根据角色承当模式,道德

---

① [德]哈贝马斯:《法律与道德》,见哈贝马斯:《在事实与规范之间——关于法律和民主法治国的商谈理论》附录一,童世骏译,生活·读书·新知三联书店 2014 年版,第 567 页。

② 张超:《基于合法性价值的法概念研究》,中国政法大学 2011 年博士学位论文。

③ 参见胡利明:《程序的法治价值》,《中州大学学报》2017 年第 4 期。

洞见被等同于身临其境的理解行动。”[①]只有道德论辩程序模式是把道德论辩本身理解为合理的意见形成过程的恰当程序。[②] 道德律是管理准则的程序，该程序要求准则中的关切及其满足方式获得从小群体到大群体再到所有理性行为者共同体的逐渐承认。[③] 程序主义的法律和对于原则的道德论证相互蕴含。当法律秩序对随着法律实证化而产生的论证需要做出反思的反应，并且受到道德商谈影响的法律的决策程序作为这种反应的结果获得了建制形式时，合法律性才能产生合法性。

“一种以有义务进行论证的实证法的形式来行使的统治，其合法性始终来源于法律的形式属性中隐含的道德内容。”[④]17、18 世纪是古典自然法的时代，19 世纪则是解构自然法的时代。19 世纪的时代主题是实施、完善和捍卫资产阶级的法律体系。在这一时代主题之下，法律的形式化远比道德的实体化更为重要。功利主义者谋求普通法的成文化、系统化，历史法学派寻求法律的科学化、概念化，实证主义者追求法学的实证化、独立化。这些都是这一时代主题的产物，其中法律实证主义是西方独立法最后的完成者。法律实证主义将道德和价值逐出法学领域，这种绝对做法所隐藏的巨大危险是显而易见的。19 世纪末期的德国实证主义法学正是循着这样的逻辑走向了极端，并最终在 20 世纪上半叶充当了纳粹的帮凶。[⑤] 对此，哈贝马斯十分清楚，所以他不断然否认法律与道德之间的内在联系，在泰纳演讲中，他说，“道德不再像理性法理论所设想的那样作为一套超实证规范高悬在法律之上，它进入了实

---

① ［德］哈贝马斯：《法律与道德》，见哈贝马斯：《在事实与规范之间——关于法律和民主法治国的商谈理论》附录一，童世骏译，生活·读书·新知三联书店 2014 年版，第 578—579 页。

② 参见彭凤莲：《论复杂社会法律与道德的关系——哈贝马斯关于破解西方法治国危机的思考》，《哲学分析》2020 年第 2 期。

③ 参见陈虎平：《康德式的道德程序论》，《德国哲学》2015 年 12 月辑刊。

④ 彭凤莲：《论复杂社会法律与道德的关系——哈贝马斯关于破解西方法治国危机的思考》，《哲学分析》2020 年第 2 期。

⑤ 参见胡旭晟：《法的道德历程——法律史的伦理解释（论纲）》，法律出版社 2006 年版，第 169—171 页。

证法之中,但并没有与之重合。"①他赞同德沃金将现代法律分为规则和原则两个层次,许多法律原则"同时既具有法律性质,也具有道德性质。自然法的道德原则在现代立宪国家中已经成为实证法"。② 博登海默也曾指出:"那些被视为是社会交往的基本而必要的道德正义原则,在一切社会中都被赋予了具有强大力量的强制性质。这些道德原则的约束力的增强,是通过将它转化为法律规则来实现的。"③

20 世纪 90 年代初期哈贝马斯再次强调,法律与道德内容上可以重叠。他在一篇附记中论述了法律的道德内容,他把法律规范分为三类,不同类型法律规范的道德内容有较大差别。第一类,"在压制性、补偿性的命令和禁令中,各种规范的道德内容的相对分量体现为公民对于相应的违规现象的反应——公民方面的非正式的非议或谴责和法庭所施加的制裁——的强度。对违规和犯法进行分类惩罚,可以被理解为对道德内容的法理学权衡。一些诸如杀人、伤害、偷窃等基本犯罪现象,被认为是道德上应谴责的。"④所以既是道德问题,也是法律问题,在刑事法上,通常称为自然犯。第二类,"在与奖赏或转让有关的法律——诸如同再分配性质的赋税和资源指派的政策有关的法律,以及同集体物品的再分配和提供的政策有关的法律,则是以一种道德上中

① 参见[德]哈贝马斯:《法律与道德》,见哈贝马斯:《在事实与规范之间——关于法律和民主法治国的商谈理论》附录一,童世骏译,生活·读书·新知三联书店 2014 年版,第 583 页。哈贝马斯于泰纳演讲后在《在事实与规范之间》一书中明确地提出法律与道德的并列说。有趣的是,他在之后完成的《包容他者》(1996 年)中指出:"法律的调节过于具体,以致只能通过与道德原则的相容性而为自身获得合法性。"随即话锋一转:"可是,如果实在法不是从一种较高的道德法那里获得自身的合法性,那它又该到哪里去寻找其合法性呢?"在这里,他似乎对并列说有所修正——承认道德法"较高"于实在法,道德法是实在法合法性的源泉。这表明,法律道德关系问题是他一直思考的问题,并随着思考的深入不断修正以前的观点。

② [德]哈贝马斯:《法律与道德》,见哈贝马斯:《在事实与规范之间——关于法律和民主法治国的商谈理论》附录一,童世骏译,生活·读书·新知三联书店 2014 年版,第 567 页。

③ [美]博登海默:《法理学——法哲学及其方法》,邓正来、姬敬武译,华夏出版社 1987 年版,第 361 页。

④ 彭凤莲:《论复杂社会法律与道德的关系——哈贝马斯关于破解西方法治国危机的思考》,《哲学分析》2020 年第 2 期。

立的方式指向那些被认为主要取向于成本—收益计算或干脆是‘需要’的人们的。这些行为未能做到立法者意图中的行为控制，在道德上并不是‘可谴责的’。”[①]如果触犯刑法，则为行政犯或法定犯。但是，“奖赏或转让类法律规范不一定缺少、通常确实不缺少道德内容”，[②]例如，关于奖赏是否有承诺未兑现的问题、关于转让是否存在诈欺问题，还有逃税、污染环境等等问题，因为这些同样是道德上得到论证的法律纲领的组成部分。第三类，“诸如赋予像社团、大学、专业协会等等准公共性团体以具体权能的中间性程序规范，是介于充满道德内容的规则和很大程度上非道德化的规则之间的”，[③]没有非此即彼的清晰界限，实践中“行使这些权能要遵守的程序和形式要求，有时候也扩展到同道德有关的行为，比如，提供信息的责任，关怀老人妇女儿童的责任，保护消费者的责任，排除不正当竞争手段的责任，等等”。[④]“作为正确法律的标准，道德的作用首先在于立法者的政治意志形成过程，在于公共领域的政治交往。”[⑤]法律中的道德，已将道德内容转译成法律规则。“内容上的重叠，并不取消在后俗成论证层次上、在现代世界观多元主义条件下不可逆转地分化开来的法律与道德之间的界限。……以同一条商谈原则作为基础的法律基本规范和道德基本规范，在内容上是相互交叉的”，[⑥]但道德内容移入法律之中并

---

① 彭凤莲：《论复杂社会法律与道德的关系——哈贝马斯关于破解西方法治国危机的思考》，《哲学分析》2020 年第 2 期。

② 彭凤莲：《论复杂社会法律与道德的关系——哈贝马斯关于破解西方法治国危机的思考》，《哲学分析》2020 年第 2 期。

③ 彭凤莲：《论复杂社会法律与道德的关系——哈贝马斯关于破解西方法治国危机的思考》，《哲学分析》2020 年第 2 期。

④ 彭凤莲：《论复杂社会法律与道德的关系——哈贝马斯关于破解西方法治国危机的思考》，《哲学分析》2020 年第 2 期。

⑤ ［德］哈贝马斯：《在事实与规范之间——关于法律和民主法治国的商谈理论》，童世骏译，生活·读书·新知三联书店 2014 年版，第 254 页。

⑥ 彭凤莲：《论复杂社会法律与道德的关系——哈贝马斯关于破解西方法治国危机的思考》，《哲学分析》2020 年第 2 期。

不意味着任何对法律的直接的道德化。① 相反,“植入实证法之中的道德发挥着特殊功能,它拥有一种自调性程序的超越力量,用这种力量它对道德与法律的合理性进行审核”。②

(四)德主刑辅二元规范论的传统

我国历史上有德主刑辅二元规范论的传统。该传统在第二章“中国德治中心主义及其局限性”里已充分论述,这里仅做简要提示。“道之以政,齐之以刑,民免而无耻;道之以德,齐之以礼,有耻且格。”这便是以德礼政刑为基本概念的规范二元论,是儒家治国的基本态度。从方法上看,辩证实用理性是中国文化本身的内在逻辑。辩证指的是以二元对立的眼光看待事物,如德法、礼法、礼刑等,并在二元对立中求得一种和谐和平衡,通过事物之间的联系与矛盾的把握达到一种整体性的理解。作为一种认识模式,它建立在直观的基础上,凭直觉感受,不细究根底,排除系统知识的建构。实用是指对现实生活的依赖性,现实生活中最重要的是伦理关系。故实用理性也就是伦理理性。中国古代家国一体,伦理关系既是个人做人的准则,也是进入政治社会的主要规范。实用理性正是为保证伦理关系在自然社会和政治社会中的全面落实应运而生的。其适用范围仅限于“人事”,关注的焦点是人事的融洽、和谐,而不是求知求真,注重的是内容、实质而非形式、程序。简言之,“辩证实用理性作为古代中国文化的内在逻辑具有重视二元对立、笼统综合、伦理关系和现实使命,而轻视形式理性、逻辑分析、纯粹求知和超越的特点。中国的文化传统直到现在为止还经受着这一内在逻辑的制约。”③“我国从春秋战国时期孔子提

---

① Jürgen Habermas: *Between Facts and Norms: Contributions To a Discourse Theory of Law and Democracy*, translated by William Rehg, The MIT Press, Cambridge, Massachusetts, Second printing, 1996, p.207.

② 彭凤莲:《论复杂社会法律与道德的关系——哈贝马斯关于破解西方法治国危机的思考》,《哲学分析》2020 年第 2 期。

③ 於兴中:《法治东西》,法律出版社 2015 年版,第 86 页。

出‘宽猛相济’、荀子提出‘隆礼而重法’，到汉代董仲舒强调‘阳为德，阴为刑’，从唐代提出‘制礼以崇敬，立刑以明威’到宋元明清时期一直延续德法合治、以德为主，都体现了德治和法治相结合的治国之道，都被实践证明是行之有效的。”①此德礼政刑规范二元论也是理解古代中国法律传统的密钥。它“不仅是传统中国规范系统的理论基础，也是当今中国规范系统的深层心理结构的基本构成要件。二元规范的结合让中华文明永续流传。从‘礼法’到‘政法’之间有一种从未间断的文化上的联系。……这种规范二元论很有可能会是在中国建立法治的文化阻力，但也有可能成为具有中国特色的法治的文化基础。”②张晋藩教授近年来力倡重构新的中华法系：“中华文化的复兴也包括法文化的复兴，而法文化的复兴又集中体现在构建新时代的中华法系上。”③从中华文明秩序的演进过程看，“法治中国”是“礼治中国”的延伸。④儒家在比较礼与法时，认为礼是比法更为重要的东西。孔子忧心忡忡的是礼崩乐坏，而非法度松弛。桓宽在《盐铁论·申韩》中一语道破法的作用及其局限性：“法能刑人而不能使人廉，能杀人而不能使人仁。”意即法是有制裁的作用的，甚至能剥夺人的生命，但是法不是万能的，法的作用有限，尤其是法的高压不能让人变得廉明和仁义。儒家坚持的是德与刑的主辅问题，不是一味否定法、反对法，反对的只是不任教而独任法、执法而非其人、专以刑人为事的苛刻的法。所以，古代东方的德治与“法治”总是在贤人政治里轮回。

三、依法治国与以德治国相结合何以必要

以法治为国家治理的主要手段，是现代复杂社会之必需，是人类进入商工

---

① 雒树刚：《坚持依法治国和以德治国相结合》，《人民日报》2014 年 11 月 24 日。
② 於兴中：《法治东西》，法律出版社 2015 年版，第 80 页。
③ 张晋藩：《重构新的中华法系》，《中国法律评论》2019 年第 5 期。
④ 参见付子堂：《论法治中国的原生文化力量》，《环球法律评论》2014 年第 1 期。

文明后之必然。法治以其规范性、普遍性、强制性和可操作性为复杂的国家治理提供了强有力的保障,以弥补德治的弱项。德治以其亲和性、涤荡心灵、温润人心的方式为复杂的国家治理提供了公平正义的内生动力,以弥补法治的弱项。在多样化的国家治理手段中,法治的作用会越来越明显,但这并不意味着德治的作用越来越递减。彼此之间并不存在彼消此长的规律,只是发挥作用的方式在不同文明类型中不同而已。

(一)德治的优势与弱项

德治具有法治所无法比拟的特征:

一是道德制约、道德谴责与法律制裁相比具有及时性。一项法律的出台,往往要经过较长甚或数年的时间,例如 2018 年 7 月长春长生生物科技有限责任公司冻干人用狂犬疫苗存在记录造假等行为,引起全国大范围恐慌。长春长生生物科技有限责任公司 18 名犯罪嫌疑人以涉嫌生产、销售劣药罪被提请批准逮捕。该案的刑事责任追究要经过公安机关的立案侦查、检察机关的提起公诉、审判机关的公开审理等,耗时通常需要一年半载。对该案当事人的道德谴责则无须等到法院定罪量刑之后,而是在事件发生后立即开始。2018 年 12 月 24 日中共中央办公厅、国务院办公厅出台《关于改革和完善疫苗管理体制的意见》,提出“完善疫苗药品刑事法律制度”:“强化法律实施,使唯利是图、逐利枉法情节严重、性质恶劣的犯罪分子得到严惩;适时修改完善刑法相关内容,相应修改办理危害药品安全刑事案件法律适用若干问题的司法解释;对药品管理工作中严重失职渎职行为,加大惩处力度;对严重违反药品研制生产经营相关质量管理规范、造成严重后果或者恶劣影响的行为,药品研制、生产、经营、使用过程中编造虚假资料骗取许可证件的行为,追究相关单位和责任人员刑事责任。”这对疫苗药品刑事法律制度的完善指明了方向。但在 2019 年 6 月 29 日通过的《疫苗管理法》中对疫苗药品刑事法律制度的完善才做出回应。这恰恰说明道德控制具有随时随地的优势,既不需要在案件正式处理之后才开始道德批判，也不需要像在法庭这样正规的场所里进行。随时随地通过舆论及时表达的道德谴责，一方面能促使那些昧着良心干坏事的人及时得到反省，另一方面让社会对这些缺德之人的愤懑情绪在谴责后得以纾解。

二是道德自律是全面推进依法治国的保障。古人已说过，徒法不足以自行，意即法需要人来施行。而此“人”既包括依法治国的主体——广大群众，也包括手握公权的立法者、执法者、司法者以及领导立法、保证执法、支持司法、带头守法的执政党。所以，要为人以德，为政以德，为国以德。人之为人，关键在于德，做人，首要的就是立德。古人所说的“三不朽”——立德、立功、立言，立德居首：“太上有立德，其次有立功，其次有立言，虽久不废，此之谓不朽。”①党内外干部要以德治政，清廉实干，要“懂得是非明于学习、境界升于自省、名节源于修养、腐败止于正气的道理”。② 为政清廉是领导必修的政德，“为政清廉才能取信于民，秉公用权才能赢得人心。”③为国以德，要坚持和为贵，反对霸权，坚持合作共赢；要讲包容，“人类文明因包容才有交流互鉴的动力”；④要做到有担当，主张义利统一，主动以自己的发展担负起对国际社会应有的责任。⑤ 人的道德素质越高，就越能超越个人好恶去展示人类高尚道德的魅力。从整个社会来看，注重德治所形成的社会道德氛围，必然为法律的制定、施行与遵守提供良好的价值指引，也是让人民群众在每一个司法案件中都能感受到公平正义的保障。德治为实现中国梦凝聚有力的道德支撑。“中华民族伟大复兴的中国梦在道德层面就是中华民族走向道德自觉、道德自信和道德自强的梦，道德不仅是实现国家富强的手段，更是国家强盛的重要标志，

① 《左传·襄公二十四年》。
② 习近平：《之江新语》，浙江人民出版社 2007 年版，第 38 页。
③ 《习近平谈治国理政》，外文出版社 2014 年版，第 385 页。
④ 《习近平谈治国理政》，外文出版社 2014 年版，第 259 页。
⑤ 参见陈彩利：《习近平德治观论析》，《贵州社会科学》2019 年第 1 期。

是促进国家发展的软实力。”①

三是道德的调整范围几乎无所不包。一方面,在法律不能“及”、能“及”未“及”时,道德都能发挥一定的作用。例如,对婚外恋行为,法律无可奈何,但道德可以裁判;再如,考试作弊未入罪之前,不能对作弊者追究刑事责任,但是从道德上对作弊者不诚信考试、破坏公平正义的指责是得到社会认可的。另一方面,在法律已“及”但“及”之不恰当时,道德出场能发挥情理法兼容的作用,在一定程度上能弥补法律缺陷或机械执法、机械司法的问题,当然不能以道德直接代替法律。例如,天津大妈赵某某涉嫌非法持枪案,一审判处三年半有期徒刑,引起舆论广泛关注,舆论普遍认为一审判决背离常识常理常情。二审赵某某被判处有期徒刑三年,缓刑三年。该案中,法官的道德良知和社会公众的道德舆论在一定程度上化解了机械司法。再如,歌手满某某举报妻子吸毒遭吐槽,父母包庇子女的罪行受同情等皆符合人之常情。再如,在不孝与虐待老人的模糊地带,因中国人传统的观念是“清官难断家务事”,法律往往难以发挥作用,但道德的制约无时不在。“可以说,法律调节之外的所有行为空间均可为道德调节。当然,法律调节范围内的诸多规范,同样可为道德调节,因为许多法律规范本身就源于道德。”②而且,道德还能浸润人心。法律对于人的内心世界无能为力,其魅力在于能稳定人们的行为期待;道德能进入人的精神领域,其魅力在于能养成人的心性。

当然,道德亦存在诸多弱点。“法律形式的构成之所以必要,是为了弥补因传统的伦理生活的崩溃而出现的缺陷。后传统道德表达的仅仅是一种文化知识,法同时在文化和社会的层面上因建制化而被确定下来,所以能够抵消一种主要作为知识而出现的理性道德的弱点。”③理性道德存在哪些弱点?

---

① 童建军:《习近平德治思想研究》,《社会主义核心价值观研究》2017 年第 3 期。

② 单玉华:《法治与德治辨析》,《法学家》1998 年第 6 期。

③ 彭凤莲:《论复杂社会法律与道德的关系——哈贝马斯关于破解西方法治国危机的思考》,《哲学分析》2020 年第 2 期。

一是道德判断的认知不确定性。“理性道德只提供有争议问题之公平判断的一个程序，它无法标出一个义务目录，更无法标出一个规范的等级排序，但它期待主体形成自己的判断。这种认知不确定性被法律之产生过程的事实性所吞并。用强制性法律对道德进行的这种补充，也是可以进行道德的论证的。政治立法者对哪些规范是有效的做出决定，法院对关于有效的但有必要做出诠释之规范的运用方面的诠释争端做出决定，这种决定对各方来说既是诠释性的，又是定义性的。法律系统取消了法权人作为法律之承受者角色的确定判断合法和不合法的权能。”①“议会的立法程序，建制化的司法判决实践，以及法理学的精确说明规则和系统梳理判决的专业工作，对个人意味着免除形成其自己的道德判断的认知负担。”②

二是行动的动机不肯定性。“理性道德赋予个人的负担不仅是解决行动冲突的问题，而且是对于其意志力量的期待。这种不肯定性被法的实施过程的事实性所吸纳。”③例如，刑法典中绝大多数罪名都不规定动机，是出于报复性的动机去杀人，还是出于灭口的动机去杀人，立法都可以在所不问。理性道德必须依赖于在撇开动机和态度情况下对符合规范行动的强制规定，如禁止杀人。强制性的法律如禁止杀人以制裁的威胁（如死刑）来覆盖规范性期待（如尊重生命），以至于承受者可以仅仅局限于结果导向的明智考虑即功利计算。

三是道德缺乏统一标准性。随着科学主义和理性主义的胜利，传统社会的神治丧失了根基；市场化导致了利益纠纷的多样化，现代化导致了社会生活

---

① 彭凤莲：《论复杂社会法律与道德的关系——哈贝马斯关于破解西方法治国危机的思考》，《哲学分析》2020 年第 2 期。

② Jürgen Habermas: *Between Facts and Norms: Contributions To a Discourse Theory of Law and Democracy*, translated by William Rehg, The MIT Press, Cambridge, Massachusetts, Second printing, 1996, p.115.

③ 彭凤莲：《论复杂社会法律与道德的关系——哈贝马斯关于破解西方法治国危机的思考》，《哲学分析》2020 年第 2 期。

价值多元化,城市化导致了人际关系陌生化,这使得德治既缺乏统一标准又显得软弱乏力。历史上专制的教训和现代民主的诉求使得人治难以长久立足,终将成为历史的遗迹。于是,现代社会都不期而然地选择了法治,冷战结束后,这种趋势更加明显。实行法治意味着社会结构、关系和社会生活法律化。①

四是道德的不可责成性。只有法才是内在地反思的;它包含一些次阶规则,用来服务于产生那些导控行动的初阶规则。它可以对能力加以确定、为组织提供基础。"一句话,法可以建立一个责任系统,这个系统不仅涉及自然的法权人,而且涉及虚构的法律主体,比方说公司和公共机构"。② 而道德无法建立起一贯的责任系统。

五是道德牺牲生命的必需性。传统德治重舍生取义,牺牲了生命的必需。生命的意义是建立在生命的必需之上,如果人连自己的必需都满足不了,人生有何意义可言?法治模式恰恰就是在这一点上优于德治模式。传统的德治为了追求生命的意义往往过分牺牲了生命的必需,结果饱受冲击,在人类历史长河中,不得不让位于法治。

六是贤人政治的不可靠性。德治是贤人政治,无数史实证明贤人是不容易出现的,也是靠不住的。在道德文明秩序中,法律的一个重要特征是法律的道德化。一方面法律是道德附庸,没有自己独立的地位和地盘;另一方面道德渗透到法律的内容中去,立法和司法的终极依据是道德。德治中心主义下维护文明秩序的手段,主要是道德而不是法律,法律只作为道德中的一部分,扮演着惩罚违反秩序的角色。法律在道德中的附庸地位,限制了法律自身的发展,因而法律中仍然是以可为、不可为的实体规定作为主体,规则正义和程序

---

① 高鸿钧:《美国法全球化:典型例证与法理反思》,《中国法学》2011 年第 1 期。

② Jürgen Habermas: *Between Facts and Norms: Contributions To a Discourse Theory of Law and Democracy*, translated by William Rehg, The MIT Press, Cambridge, Massachusetts, Second printing, 1996, p.117.

正义还没有成为重要关怀，而可为、不可为的衡量标准完全取决于道德内容。①

晚清以降，中国遭遇千年未有之大变局，在国家治理方面推崇西方法治，道德法律分而治之。民国时期，移植西方法律而成"六法全书"。一方水土养育一方人，移植而来的法律自然会有一些水土不服现象。西风东渐以来的长期德法分治，已经导致了一些负面后果。道德滑坡现象有目共睹。著名社会学家费孝通当时就敏锐地观察到了这一现象。他在《乡土中国》中讲了这样一个故事：20 世纪 40 年代，丈夫因妻子出轨而打伤了奸夫，奸夫反而到县衙控告本夫构成故意伤害罪。1936 年《中华民国刑法》虽然保留了通奸罪名，但只处一年以下有期徒刑。而且实践中，德法分治模式很有影响力，认为通奸行为主要是道德违规，所以奸夫的行为虽然缺德，但通常不以犯罪论处；本夫打伤奸夫，虽符合常情常理，却被新法禁止。"就凭这一点法律知识的败类，却会在乡间为非作歹起来，法律还要去保护他。"②法律与道德的冲突在我国改革开放尤其是市场经济体制确立之后，愈演愈烈。道德与法律的分离导致了游走于二者边缘的投机主义现象不断出现，龙大轩教授曾斥之为"依法缺德"。③ 如诚信缺失、孝道观念淡薄、义利观念歪曲、电信诈骗、"套路贷"铺天盖地，屡禁不止。夫妻之间忠诚义务扭曲，包二奶、婚外情、找小三、家外有家等现象，无论是在党的十八大以前还是之后暴露的高官贪腐案件中均较为普遍。中国目前正经历第三次离婚浪潮。在一般的黎民百姓中，婚姻关系的稳固度大为降低，甚至有调侃说从前熟人见面的问候语"吃了吗"现在变成"离了吗"。离婚率自 2003 年至 2016 年连续 14 年递增。2016 年，民政登记离婚和法院判决离婚的数据相加，一年有近 500 万对夫妻离婚，涉及的当事人达 1000 万人以上，波及的家庭成员超 5000 万人之众。以至于有学者在思考我

① 参见於兴中：《法治东西》，法律出版社 2015 年版，第 60 页。

② 费孝通：《乡土中国》，北京大学出版社 1998 年版，第 58 页。

③ 参见龙大轩：《法象万千：睡龙醒语录》，中国民主法制出版社 2011 年版，第 6—11 页。

国的婚姻法要重新确定离婚的标准。目前婚姻法以感情是否破裂为离婚标准,此为感情说。感情说较少顾及家庭责任,可以引入传统的"义理说"——应当考察当事人的离婚诉求合不合情理。甚至有人为在拆迁、分房等事项中牟利,或是逃避债务,夫妻假离婚、男女假结婚等令人惊讶的失德现象。在前期的脱贫攻坚战中,一度听到有这样的反映:同一个村子里,成年儿子与年迈父母分户,儿子一家人住两三层新楼房,父母住老旧边角屋。从而在扶贫对象识别中,老两口因年迈体弱,无收入来源,又住破旧危房,便成了精准扶贫的对象。孝道观念也因此越来越淡薄。所以,习近平总书记在中央政治局第 37 次集体学习时强调:"要运用法治手段解决道德领域突出问题。"

(二)法治的优点与缺陷

法治与德治相比,在规范性、普遍性、强制性、可操作性等方面具有无可比拟的优越性,能适应商工文明发展的需要,被世界大多数国家选定为治国理政的基本方式。高鸿钧教授总结了司法治理相较于政治治理、行政管理的优点:"一是司法借助于专业技术,具有去政治化的效果,有助于减少和弱化政治冲突;二是司法机构的中立性和解决纠纷的程序性,有助于当事人和社会公众对于裁决结果的接受和认可,从而防止纠纷扩大和冲突激化;三是司法机构通过具体诉讼可以把许多群体之间的冲突分解为不同的单个纠纷,而这有助于防止纠纷群体化和冲突组织化;四是司法机构在解决纠纷的过程中,借助时间的冷却效应,可以缓解当事人和公众的情绪;五是在推进社会和政治改革过程中,诉诸司法判决比通过立法和行政决策更隐蔽,从而有助于减少改革的阻力和对抗。"①

当然,在西方法治被全世界推崇的同时,也有不少西方学者发现了西方法

① 高鸿钧:《美国法全球化:典型例证与法理反思》,《中国法学》2011 年第 1 期。

治仍然存在诸多缺陷，反对把西方法治理想化，而承认其法治文明程度远未达到人们所希冀的理想境地。《牛津法律大辞典》的编者戴维·M.沃克在“法治”词条中就对英国法治的表面性和虚伪性提出了尖锐的批评。虽然“美国具有世界上差不多最完善的法律制度”，但是，美国“宪法解释中的政治倾向、司法程序中种族间的不平等、法律职业的商业化以及法律教育造成的社会分层，凡此种种都是人所共知的弊病”①。现列举法治弊端如下：

一是法治在培养人性上的无能为力。西方纯任法治的一元治式已经显现出诸多严重的问题。法治的一个贡献，是把生命的必需与人的智性紧密结合在一起，使智性得到了极大的发展。法治“这样一元的文明秩序培养的是以理性为基础的智性，它充其量只能给人的智性的开发提供一片乐土，不利于人的秉性的全面发展，无助于或忽视了人的心性和德性的培养。建立在纯粹功利理性和实用主义思想之上的现代法律制度擅长培养个人利益至上的现代人……没有历史感，没有道德责任感”②。因此，法治的发达，不能带来人生意义的实现。凡此种种，都是西方法治进步所带来的直接负面后果。认识到这些负面后果对向往西方法治的人应该是一种警醒。“一个完全建立在智性和法律之上的社会，也就是法治社会，只能造就一大堆现世主义的个人主义者(Presentist Individualists)，却孕育不出秉性健全的人来。”③而在道德文明秩序之中，人生的意义是最重要的关怀，而且有着非常丰富的追求人生意义的资源。人生的必需是人的生物性的需要，几乎与动物无异。人与动物的区别是人有对生命意义的追求。“对生命意义的追求，必然崇尚精神产品；而对生命必需的追求，必然崇尚物质产品。法律文明秩序……究其本质而言是有关生命的必需的。生命的意义在追求利益、计较功利的过程中被淹没了。”④这是

① 於兴中：《法治东西》，法律出版社2015年版，第68页。
② 於兴中：《法治东西》，法律出版社2015年版，第70页。
③ 於兴中：《法治东西》，法律出版社2015年版，第70页。
④ 於兴中：《法治东西》，法律出版社2015年版，第69页。

现代化的代价,也是法治的代价。

二是缺少道德的法治整合社会的能力逐渐下降。西方的文明秩序始终是在宗教和法律二元互动中发展。一部西方近代史可以看作法律文明秩序主导地位上升与宗教文明秩序主导地位下降的历史。道德在两者的夹缝中生存。在西方经典的法治观念表述中,也少见有道德的内容。如,柏拉图在《法律篇》中说:"法律统治执政官,所以执政官统治人民——执政官乃是会说话的法律,而法律乃是不会说话的执政官。"然而,在神灵崩塌之后,西方国家宗教整合社会的势力和能力都消退了,只有法律一端被突出、被强调。西方资产阶级启蒙思想家,在大力批判专制主义人治思想的同时,提出了以"天赋人权"和民主政治为基础的法治思想,阐述了法律至上、权力分立制衡、法律面前人人平等的一系列法治基本原则。洛克、孟德斯鸠、卢梭、潘恩等人是其代表人物。此后,一些资产阶级思想家在资产阶级法治实践的基础上,对法治应当遵循的原则和要求做了更为详细的阐述。但是,凯尔森的纯粹法学、卢曼的法律系统都试图与道德绝缘、与生活世界隔离。尽管有罗尔斯回归正义、德沃金追求对美国宪法的道德解读、富勒强调法律的道德性、哈贝马斯重述法律与道德之间的关系,但是形式主义法还是占主流地位,实质正义相对被忽视。更何况,富勒的法治八原则或称八项自然法——法律的内在道德是形式原则,哈贝马斯的道德也主要是中立的、程序主义的,对法律之道德意义的价值性几乎都讳莫如深。这也导致了西方法治乱象丛生:英国脱欧过程中保守党、工党和自民党党派争论不休,国家治理效率低下;美国三权掣肘、政府经常关门歇业,辛普森案、章莹颖案等让司法权威受损,美国枪击案此伏彼起;法国大规模的黄马甲运动,一波又一波;等等。最终结果,可能是借法治之名毁坏法治自身。

三是西方法治遭遇合法性危机。西方法治大体经历了三个阶段:资产阶级形式法、福利国家法与新自由主义法。西方启蒙运动的一个重要成果是,产生了自由主义法律范式,也称为资产阶级形式法。"在自由主义的模式中,对司法与行政的严格的法律限制导致了经典的分权格局。其目的是从法治国角度来规训绝对主义国家权力的任性意志。政治各权力部门的分立可以沿着集体决策的时间轴心来加以说明:法官判决实践可以理解为一种取向于过去的行动,它把注意集中于已经固定为现行法律的政治立法者的过去的决定;而立法者做出取向于未来的对未来行动有约束力的决定,行政部门处理现在出现的现实问题。这个模式的前提是,民主的法治国的宪法首先应该抵御有可能出现于国家—公民向度中的种种危险,也就是在垄断合法暴力手段的行政机构与手无寸铁的私的人们之间的关系方面的种种危险。"①若以这种模式为基础,那么福利国家的实质化的法律秩序可能显得是一种剧变,甚至宪法架构的破产。福利国家法律不仅仅是,从来也不主要是由一些界定明确的条件纲领所构成的,一些政治性的政策是其法律的重要内容,并且在法律运用中依赖于出于原则的论证。用实证主义的分权制衡命题来衡量,法律的实质化导致了一种"重新道德化",法律论辩之中接纳进了道德原则的论据和政治性政策的论据,从而松动了政治立法者对司法的直接约束。这导致了两个直接后果:一是司法攫取了立法的权能,但是它并不能赋予这种权能以民主的合法性;二是它推进并确认了一种灵活的、可以容纳行政机构之自主性的法律结构,从而侵蚀了法律的民主合法化。从德国联邦宪法法院的判决中可以看到消极自由模式已过时不管用了。基本权利要得到实现,必须由消极自由模式转向为积极自由模式,即必须通过一个能提供基础设施、能抵御各种风险,同时进行调节、推动国家补偿的服务性行政。在自由主义法律范式里,基本权利被理解为保障自由、抗拒干预性行政的消极权利。在司法主导的法律范式里,基本权利则转向为一种法律秩序的基础性原则,主观自由权利内容转换成了客观法内容。议会从原创性立法降格为提供具体规定,宪法法院则从诠释性运用法律升格为创造法律。自由主义模式已经被马克思的批判所动摇,并且不再适合于西方发达后工业社会。福利国家法律范式也不再很有说服力。在美国,罗斯福

① ［德］哈贝马斯:《在事实与规范之间——关于法律和民主法治国的商谈理论》,童世骏译,生活·读书·新知三联书店 2014 年版,第 304 页。

新政时期的社会福利规划效果不完全令人满意。美国 20 世纪 60 年代和 70 年代“伟大社会”设想①激发了福利要求突然扩展。面对这些挑战,美国最高法院也出现了超越法律文本诠释的原则性判决。而这为美国联邦最高法院(实际上的宪法法院)介入因政治而引起的“法律创制”打开了大门,而根据经典的分权逻辑,这种法律创制权归属于民主立法部门。

“不管是资本主义形式法范式还是福利国家的实质法范式都遭遇了危机——就内在而言,法律规则具有合法律性而不具有合法性,只具有事实上的强制力而缺乏规范上的有效性;就外在而言,法治国的法律只具有事实的强制性而缺乏规范的有效性或可接受性。这就是西方法治国的危机。”②控枪与拥枪一直是美国党派之争的一大热点。克林顿 1992 年上台,1993 年通过了著名的《布雷迪法案》,要求在购买手枪之前强制实行等待期,以进行背景调查;1994 年通过了禁止私人持有攻击性枪支的“禁枪令”。布什总统上台后,《布雷迪法案》遭废止。2016 年 1 月,奥巴马总统以行政命令的方式颁布控枪令。特朗普上台后,又支持拥枪。“据美国枪支暴力档案室《2017 年枪支暴力伤亡统计》显示,截至 12 月 25 日,2017 年美国共发生枪击事件 60091 起,共造成 15182 人死亡、30619 人受伤,其中大规模枪击事件 338 起。更有数据统计,1775 年美国独立战争以来,120 万美国人死于军事冲突,但 1968 年以来,已有超过 150 万美国人死于枪击。”③“在越来越多的党派之争和功利主义使得缺乏普遍真理的法律威胁着公民伦理的情况下,律师、法官必须首先解决法律和法律机构内在道德性的问题。如果公民伦理纽带被破坏,公民就没有理由继续遵纪守法。而当法律恶习肆意生长、派系使用法律追求狭隘利益的时候,最

① 1964 年美国约翰逊总统发表演说时提出的概念:“美国不仅有机会走向一个富裕和强大的社会,而且有机会走向一个伟大的社会。”由此所提出的施政目标,便是“伟大社会”。

② 彭凤莲:《论复杂社会法律与道德的关系——哈贝马斯关于破解西方法治国危机的思考》,《哲学分析》2020 年第 2 期。

③ 《长安观察》2018 年 5 月 6 日发布。

终法律会被破坏，利益集团将害人害己。”[①]法律的形式理性、工具理性需要道德精神的介入。

“传统文明秩序一定会被法律文明秩序所代替，但法律文明秩序是需要传统文明秩序赋予其意义的。因此它们之间仍然是不存在绝对的好坏高下的，只是不同而已，没有放弃传统而单独拥抱现代的必要。”[②]走向法律文明秩序并不意味着一定要放弃道德文明秩序。法治与德治也可能会并行不悖。

（三）法律与道德功能上的互补[③]

古语说，“尺有所短，寸有所长”，比喻人或事物各有其长处和短处，法律与道德也一样各有所长和所短，这正是它们互补的前提。道德与法律的互补关系，侧重从社会整合的功能角度论证为什么一种基于原则的道德的后传统形式，要以实证法为其补充。法律与道德的互补，是指功能意义上的，不是指范畴意义或内容意义上的。在国家治理中法律与道德各自发挥作用便是这种功能意义上的互补。

自主的道德和依赖于论证的实定法，从功能意义上处于一种互补关系之中。“现代法律秩序对自主化了的道德是一种同源的补充”的观点是有经验依据的，这一观点不再同把法和道德的关系看作是模仿关系的柏拉图主义的观念相适合。因此，“不能把出现在宪法规范之实证内容当中的基本权利理解为只是道德权利的摹本，不能把政治自主理解为只是道德自主的摹本，相反，一般的行动规范同源地一分为二，成为道德规则和法律规则。从规范的视角看，与此相符合的是这样一种假设：道德自主和公民自主是同源的，是可以

① 戴茂堂、左辉：《法律道德化，抑或道德法律化》，《道德与文明》2016 年第 2 期。

② 於兴中：《法治东西》，法律出版社 2015 年版，第 58 页。

③ 本目下内容主要来自本人的文章，彭凤莲：《论复杂社会法律与道德的关系——哈贝马斯关于破解西方法治国危机的思考》，《哲学分析》2020 年第 2 期。

借助于一条简洁的商谈原则加以解释的”。[①] 该原则具有规范内容,但它所处的抽象层面对于道德和法仍然是中立的,它涉及的是所有行动规范:“D:有效(glütig)的只是所有可能的相关者作为合理商谈的参与者有可能同意的那些行动规范。”[②]哈贝马斯根据这条 D 原则提出了两个重要概念:道德原则与民主原则。“道德原则的作用是充分合理地决定道德问题的论辩规则,而民主原则已经预设了实践问题之合理决定的可能性……在理性的政治意见形成和政治意志形成过程是可能的这个前提下,民主原则仅仅告诉我们这些过程可以怎样加以建制化——亦即,通过一个权利体系,这些权利确保所有人平等地参与一个其交往预设业已得到保障的立法过程。道德原则是在一个特定的论辩游戏的内在构成的层面上发挥作用的,而民主原则则涉及一个外在的层面。”[③]“道德原则延伸到全部只有借助于道德理由才能获得辩护的行动规范的,而民主原则只适用于法律规范。……自然长成的互动功能规则只能根据道德的视角才能加以评判……法律规范则具有一种人为的性质……因此,民主原则必须不仅确定一个合法的立法程序,而且对法律媒介本身的产生进行导向。”[④]那法律与道德如何互补呢?

法律对道德之补充。道德的规范性弱、可操作性差而容易被人有意无意地忽略,从而使道德的约束软弱无力。市场经济条件下,人们的世界观、人生观、价值观有了一定程度的改变,经常有人发出如当年鲁迅笔下九斤老太一样的感叹:一代不如一代。抛开法治的道德是没有保障的,最为急切的就是要用法律解决道德领域突出问题。道德分工的问题标志着后俗成道德的限度,即

① [德]哈贝马斯:《在事实与规范之间——关于法律和民主法治国的商谈理论》,童世骏译,生活·读书·新知三联书店 2014 年版,第 131—132 页。

② [德]哈贝马斯:《在事实与规范之间——关于法律和民主法治国的商谈理论》,童世骏译,生活·读书·新知三联书店 2014 年版,第 132 页。

③ [德]哈贝马斯:《在事实与规范之间——关于法律和民主法治国的商谈理论》,童世骏译,生活·读书·新知三联书店 2014 年版,第 135 页。

④ [德]哈贝马斯:《在事实与规范之间——关于法律和民主法治国的商谈理论》,童世骏译,生活·读书·新知三联书店 2014 年版,第 136 页。

后俗成道德不能解决社会整合的所有问题，道德的约束力不如法律是个共识的事实。恰是这种“不如”对用法律来弥补道德提供了功能上的论证。[①]“但是道德本身并不提供对这些建制进行重构的操作性手段。为此目的，实证法作为一个能够代替其他建制的行动系统而处于备用状态。这是法的作用的一个方面——有助于重构那些由于失去合法性而崩溃的种种自然形成的建制。”[②]现今社会，道德领域都存在一些突出问题。如西方，长期纯任法治，权利义务关系明确，但对家庭道德的忽视，造成离婚率的上升，父母子女之间亲情淡薄；片面追求法律自治、形式法治，导致一些重大案件的处理经精心设计虽符合形式正义而欠缺实质正义，辛普森案即为典型。中国改革开放过程中，长期以经济建设为中心，在国家发展取得巨大成就的同时，个人逐利现象较为普遍，甚至见利忘义，一些不良商家在食品、药品领域，在疫苗领域昧着良心赚黑心钱，一次次触碰道德底线。因此，东西方都存在发挥法治在解决道德领域突出问题中的作用问题。

法律是道德的底线，也是道德的一道屏障。不管是从历史还是现实生活中都可以发现，对那些严重背信弃义的行为、伤风败俗的丑恶行为、激起公愤的缺德行为、极端自私自利的行为，仅靠道德教育是远远不够的，通常也是不奏效的，必须运用法治手段进行治理，为道德建设“保驾护航”。“要引导人们牢固树立有权力就有责任、有权利就有义务观念，加强社会诚信建设，抓紧建立覆盖全社会的征信系统，健全公民和组织守法信用记录，完善守法诚信褒奖机制和违法失信行为惩戒机制，使尊法守法成为全体人民的共同追求和自觉行动。要继续深入开展道德领域突出问题专项治理，加强对见危不扶、出国出境旅游不文明、奢侈浪费、网上造谣谩骂等行为的整治，该劝导的劝导、该处罚

---

① 参见彭凤莲：《论复杂社会法律与道德的关系——哈贝马斯关于破解西方法治国危机的思考》，《哲学分析》2020 年第 2 期。

② 彭凤莲：《论复杂社会法律与道德的关系——哈贝马斯关于破解西方法治国危机的思考》，《哲学分析》2020 年第 2 期。

的处罚;加大对食品药品等领域见利忘义、制假售假行为的执法力度,查办大案要案,让败德违法者付出高昂代价,发挥对整个社会的警示教育作用,推动形成良好社会风尚和社会秩序。"①传统的互动领域也是道德领域如家庭、学校等的建制基础——父母子女之间的赡养抚养的道德关系、师生之间尊师重教爱生如子的道德关系——被用法律方式加以改造,而具有正式组织形式如市场、商业、行政等的行政系统,则通过法的建构——民法、公司法、合同法、保险法、行政许可法等等——而被创造出来。上述法律的改造或创造都是弥补道德约束之不足。这是法的作用的另一个方面,同时也表明在社会现代化的过程中,社会生活法律化、司法化趋势日益明显。

道德对法律的补充。日益复杂化的社会,调节需要和组织需要越来越大、越来越多,这些需要"是由法律规范的特殊功能来满足的,但法律规范的特殊功能并不是仅仅用补充道德的需要所能解释的。法律与道德之间存在实际的相互关系"②。然而,学界论述较多的是法律对道德的补充,反过来则通常是语焉不详。要认识它们之间的相互关系,需要反过来也从法律系统的角度来考察道德,关注道德对法律的补充。"一种仅仅通过社会化过程和个人良心才获得现实性的理性道德,仍然是局限于一个狭隘的行动范围的。但是,道德可以通过一个与之有内在联系的法律系统而辐射到所有行动领域,甚至包括那些以系统的方式自主化的、由媒介导控的互动领域,这些领域解除了行动者除普遍服从法律之外的一切道德期待的负担。"③哈贝马斯在 1986 年的泰纳演讲中提到,"道德的论辩"之形式被"建制化"在法律的论辩形式中,这就是道德对法律的补充,也就是吾人在设计法律的论证形式中,在基本精神上是仿

① 雒树刚:《坚持依法治国和以德治国相结合》,《人民日报》2014 年 11 月 24 日。

② 彭凤莲:《论复杂社会法律与道德的关系——哈贝马斯关于破解西方法治国危机的思考》,《哲学分析》2020 年第 2 期。

③ Jürgen Habermas: *Between Facts and Norms: Contributions To a Discourse Theory of Law and Democracy*, translated by William Rehg, The MIT Press, Cambridge, Massachusetts, Second printing, 1996, p.118.

效“道德论辩”之条件的。可见哈贝马斯恪守的是形式主义立场，主张道德并不是用任何实质的价值限制法律而只是要法律的论证方式仿效一般的“论辩”之条件，亦即把“理想的言谈情境”用法律的内规加以建制，尽量在法律内部的判断程序中予以实现。在他看来，道德补充法律，是因为法律的判断是透过体制内进行“道德的论辩”而做出的。① 哈贝马斯在《包容他者》（1996 年）中再次专门论述实在法与自主道德的互补关系时说，法律和道德之间更多的是一种互补关系，而不是从属关系。但如何互补，遵循的还是同样的理路，只讲法律对道德的弥补，不讲道德对法律的弥补：“我们最好还是把法律理解为道德的功能补充。因为，法律确实有效，又是合法制定的，并且可以反复诉讼，它能使那些具有道德判断和行为能力的人摆脱纯粹基于个人良心的道德要求，主要有认知要求、动机要求以及组织要求等。法律能弥补高标准道德要求的不足，因为从经验效果来看，这种高标准的道德要求最终在认识上是模糊的，在动机上是不可靠的。……但法律的调节过于具体，以致只能通过与道德原则的相容性而为自身获得合法性。”②富勒说，“在法律实证主义的文献中，仔细探讨法律与道德之间的关系当然是一种标准的做法，但道德对法律之影响的探讨一般来说更加不足。”③看来道德对法律作用的论证不充分在西方是一个普遍现象。

相比较而言，中国在论述道德对法律的补充方面，内容经典而又丰富。“坚持以道德滋养法治精神，强化道德对法治文化的支撑作用。”只有以道德为滋养的法治，才有坚实的群众根基、社会基础和广阔的发展空间。在中国特色社会主义法律体系不断完善过程中，一些法律法规的某些条文和具体内容，与社会主义道德规范和核心价值观要求不协调、不“合拍”甚至相悖的问题是

① 参见林立：《哈伯玛斯法律哲学的转折发展及其体系中道德与法律之关系的适切性》，台湾《思与言》2015 年第 1 期。

② ［德］哈贝马斯：《包容他者》，曹卫东译，上海人民出版社 2002 年版，第 298 页。

③ 参见［美］富勒：《法律的道德性》，郑戈译，商务印书馆 2005 年版，第 237 页。

客观存在的。因此,要加快完善与社会主义道德规范相协调的法律体系。法律法规的立改废释,必须充分体现社会主义先进道德的导向,全面贯彻社会主义核心价值观的要求。不仅法律的制定要体现社会主义道德规范的要求,法律的实施更应以社会主义核心价值观为指引。要把社会主义核心价值观作为检验法律实施效果的重要标尺,使执法司法行为既遵从法律标准又符合道德标准,既于法有据又合乎情理,从而获得坚实的民意基础、道义基础。①

道德不仅评价法律调整范围内的国家治理行为,而且要广泛干预法律所不能触及的国家治理行为。法律调整的范围仅限于其明确规定的国家治理领域。法律与道德在治理要求上高低互补。法律以"必须怎样"为调节尺度,是对国家治理活动的底线要求,通过"必须怎样"使国家治理行为限制在利己不损人的范围内;道德以"应当怎样"为调节尺度,不限于最基本的要求,还包括对于现行国家治理来说更高层次的要求,除"必须怎样"外,更重要的是"应当怎样",不仅要求做到行为利己不损人,而且还要做到利他。法律偏重于确认和维护国家治理中人们所享有的权益;道德侧重于引导人们承认、尊重和维护他人的权益。法律对国家治理的调控通常以国家强制力为后盾,因而强制力明显;道德对国家治理的调控主要是通过社会舆论、内心信念、教育劝导等方式,规范公民的道德行为,一般不带有国家强制的性质。法安天下,德润人心。法律通常通过他律手段强制人们做或不做一定的行为;道德是一种自律,是内心的法律,在国家治理中更强调自我的内在约束力。②

伴随着文明秩序的更替,传统德治一定会被法治所代替,但法治需要传统德治赋予其意义。没有放弃优良德治传统而仅仅拥抱现代法治的必要,走向现代法治并不意味着一定要一股脑儿地放弃传统德治中的优秀成分。国家治理体系和治理能力的现代化的实现,不应仅仅在法治与德治之间进行非此即

---

① 参见雒树刚:《坚持依法治国和以德治国相结合》,《人民日报》2014 年 11 月 24 日。

② 参见周杰、王维国:《国家治理现代化中道德与法律的关系论析》,《河南社会科学》2017 年第 1 期。

彼、二居其一的选择。现代的法治是现代政治、商工文明的内在要求，现代的德治则可以诠释为是对政治家、社会成员提出的更高标准和要求。我们今天全面推进依法治国，但依然强调为政以德、党员领导干部要率先垂范。良好的国家治理应是既合法有序又合理有德。历史同样证明，西方的法治理念和模式也有其缺陷。纯任法治可能带来人类的灾难。第二次世界大战期间纳粹政权即是以法治之名行独裁暴政之实的。这在法哲学界引起了对自奥斯汀以来的分析法学传统的反思，著名的哈特与富勒之战也是以此为背景的。① 纳粹暴政也促使不少人越来越认可法律与道德之间的相互关联与依赖，反对把法律与道德隔离、法治与德治孤立的做法。哈特作为实证法学的标志性人物，也不得不“力图使实证主义法学与自然法学说相互结合起来，使学者们的理论与大众认识结合起来，使自己的理论兼具实证主义法学和自然法学说的优势。”②他在坚持实证主义法学的基本立场上，不得不承认法律具有“最低限度内容的自然法”；在坚持恶法亦法的同时，不得不表态“恶法不应适用”。麦金太尔（Alasdair Malntyre，1929-　）在《德性之后》中试图说明德性和法律之间可能具有的积极联系，其基本结论是：懂得运用法律的人往往就是那些具有正义德性的人。若以西方为参照系，我国是没有西方的法治传统的，正如西方没有我们中国的德治传统一样。我们今天坚持和完善中国特色社会主义法治体系，推进国家治理体系和治理能力现代化，首先要从我们的德治传统和法治现实出发，其次要借鉴和吸收人类法治文明成果，以成中国之治。

小　结

法律、道德的存在都是与国家治理密切相连的。法治是人类历史的一项

① 参见单飞跃、肖顺武：《影响中国法治建构的文化因素考量——与西方法治形成条件的差异性比较》，《法治现代化研究》2018 年第 4 期。

② 吴玉章：《哈特法律与道德思想新论——一处自相矛盾的表述》，《现代法学》2018 年第 6 期。

成就,尤其是西方国家治国理政的典型模式;德治则毫无疑问是中国历史上治国理政的典型模式。历史发展到今天,法治已被证明是一种比较好的统治方式,在与人治历史性较量中已取得阶段性胜利。西方进入资本主义时代后,法治因其适应了商工文明的需要和实践成就,被整体证明优于东方的人治。这种优越性通过东西方在近代的失衡性角逐而得到有力的证明,例如西方一些实行法治的国家迅速崛起,实行人治的中国则被西方列强不断欺侮。这也是我们学习西方法治文明的现实原因。德治不是完美的"一",法治也不是。文明互鉴是历史长河中的常态,随着全球化的发展,人类文明互鉴程度明显增强,这为法治与德治的结合提供了历史机遇。将德治与法治扬长避短地相结合,相辅相成、相得益彰,这是中国国家治理模式的最佳选择。

从中国数千年治国理政的实践中可以发现,法律与道德、法治与德治也是处于"合久必分,分久必合"的分分合合的状态。新中国治国理政的实践亦表明,依法治国、法治是治国理政的基本方式,同时法律与道德是车之双轮、鸟之两翼。1997 年中央确立了依法治国基本方略之后,发现在市场经济发展过程中道德滑坡现象严重,于是 2001 年便提出"依法治国与以德治国相结合"。我国法治与德治开始了第三次由清末法制变革的"分"到 21 世纪初年以来"合"的时期。

法律与道德有共同的参照点,同时存在范畴上的相互区别的并列关系、内容上的交叉关系,再加上我国古代有德主刑辅二元规范结合的传统等,依法治国与以德治国能够相结合。坚持法治和德治相结合,是对道德文明秩序、宗教文明秩序和法治文明秩序的深刻总结和明智选择。中国几千年的文明史中,尽管德治是主流,但不可否认的是,法律和道德在国家治理中起着各自独特的、不可替代的作用,历史经验表明,只有把两者紧密结合起来,国家才能治理有序,社会才能健康运行。从世界范围来看,凡是社会治理比较有效的国家,总体上都坚持把法治作为治国的基本原则,同时注重用道德调节人们的行为。"历史经验告诉我们,对于国家治理来说,法治和德治如车之两轮、鸟之两翼,不可偏废。在社会主义法治建设中,必须把法律和道德的力量、法治和德治的功能紧密结合起来,把自律和他律紧密结合起来,使依法治国和以德治国共同发力、相互促进。”①

以法治作为国家治理的主要手段,是现代复杂社会之必需,是人类进入商工文明后之必然。法治以其规范性、普遍性、强制性和可操作性为复杂的国家治理提供了强有力的保障,以弥补德治的弱项。德治以其亲和性、涤荡心灵、温润人心的方式为复杂的国家治理提供了公平正义的内生动力,以弥补法治的弱项。在多样化的国家治理手段中,法治的作用会越来越明显,但这并不意味着德治的作用越来越递减。德治与法治之间并不存在彼消此长的规律,只是发挥作用的方式在不同文明类型中不同而已。法律与道德的互补,是指功能意义上的,不是指范畴意义或内容意义上的。在国家治理中法律与道德各自发挥作用便是这种功能意义上的互补。

① 雒树刚:《坚持依法治国和以德治国相结合》,《人民日报》2014 年 11 月 24 日。

第五章　依法治国与以德治国相结合何以有效

法律是使人类行为服从于规则之治的事业，进入新时代，我国法律改革一再强调法律效果、政治效果与社会效果的统一，这是对中国特色社会主义法律有效性模态的宣示，但理论研究尚显欠缺。在全面依法治国进程中，在实现国家治理能力和治理体系现代化征途中，依法治国与以德治国如何结合才会有效？中国特色社会主义法律如何更加有效？中国特色社会主义法律的有效性模态应如何呈现？本章重点解决两个问题：一是依法治国与以德治国如何相结合，也就是结合的方式；二是二者结合之后如何保证法治作为治国理政的基本方式在国家治理中的有效性问题，也就是中国特色社会主义法律的有效性问题。

一、依法治国与以德治国相结合的方式

（一）方略与原则

依法治国与以德治国相结合的方式在学界存有分歧，分歧主要是德法相结合有无主次之分，有无先后之分。有学者认为，法律与道德不是一对矛盾，

法治(依法治国)与德治(以德治国)也不能简单地视为一对矛盾,因此法治与德治的关系不符合马克思主义的“两点论”和“重点论”的辩证关系原理,进而认为法治与德治存在重点之分是不科学的,两者之间没有绝对的主次之分、重点之别,两者同等重要。① 德治与法治的内在关系应当是相互配合相互支持的资源互补,而不是孰先孰后、孰重孰轻的价值排序。② 有学者则主张法治与德治是有主次之分的,这类观点中又分为两种情况:一种是,提倡我国当代国家治理现代化的新生态应是以法治为主导的“德法合治”,认为法治和德治是国家治理实践中的一对矛盾,法治和德治的关系不能停留在抽象的层面进行理解和把握,不同时代法治与德治的地位和作用是不一样的。法治在现代国家治理中居于主导性地位,法治化是现代国家治理生态的核心标志和关键环节。德法合治的科学内涵是:在党的领导下,法治与德治相互协同,两者相辅相成、相互促进、相互支持。③ 依法治国与以德治国应当结合,也可以结合,但是二者的结合,要以法治为主,以德治为辅。④ 另一种观点是,承认德治与法治之间必须协同共治,但是德治与法治之间不是等量齐观的,而是主张德治相比于法治具有价值优先性。⑤

党的十五大确立了“依法治国”基本方略,1999 年将此治国方略写进宪法。2012 年党的十八大明确提出:“全面推进依法治国。法治是治国理政的基本方式。”党的十八届四中全会是将“坚持依法治国与以德治国相结合”作为实现全面依法治国总目标——建设中国特色社会主义法治体系,建设社会

---

① 参见余达淮、陈光洁:《“法治”“德治”关系三题》,《道德与文明》2016 年第 2 期。

② 参见任玥:《宽猛相济之道——孔子图景中的法治与德治》,《原道》2006 年第 13 期。

③ 参见邹海贵:《国家治理生态:以法治为主导的“德法合治”——兼与戴茂堂、余达淮两位教授商榷》,《深圳大学学报(人文社会科学版)》2018 年第 2 期。

④ 参见张恒山:《论法治德治的主与次》,《中共云南省委党校学报》2005 年第 1 期。

⑤ 参见戴茂堂、谢家建:《德治与法治:何以协同? 谁更优先?》,《马克思主义哲学研究》2018 年第 2 期。

主义法治国家——的一项原则来规定的。[①] 党的十八届四中全会决定指出:“国家和社会治理需要法律和道德共同发挥作用。必须坚持一手抓法治、一手抓德治,大力弘扬社会主义核心价值观,弘扬中华传统美德,培育社会公德、职业道德、家庭美德、个人品德,既重视发挥法律的规范作用,又重视发挥道德的教化作用,以法治体现道德理念、强化法律对道德建设的促进作用,以道德滋养法治精神、强化道德对法治文化的支撑作用,实现法律和道德相辅相成、法治和德治相得益彰。”[②]因此,本书认为,依法治国是宪法确认的治国方略,依法治国与以德治国相结合是实现全面依法治国总目标必须坚持的一个原则。这是两个不同层面的问题。

第一个层面,说的是治国方略——依法治国。要毫不动摇地坚持法治是治国理政的基本方式,德治不是治国方略,人治更不是;宪法确认的治国方略是依法治国,不是以德治国。这是必须要明确的。这第一个层面非常重要,现代世界各国大多数都采取法治模式,所以“法治是治国理政的基本方式”,这是中国特色社会主义法治的“世界结构”。世界联系日趋紧密,中国法治已不可能完全纯粹以自己的视角来审视,其理念、制度都不可避免地被世界所评价、所指引、所牵制,这是中国法治不可摆脱的“世界结构”。[③] “法治被反复提及这样单纯的事实就是强有力的证据,说明遵循法治是全世界范围内政府正统性的公认标尺”。[④] 自清末法制变革以来,法治的世界结构主要是西方法治,它对中国法治已经产生了很大的影响,从接受大陆法系制度到吸收英美法系制度等具体内容不胜枚举,该影响至今还在持续中。

第二个层面,说的是实现全面依法治国方略必须坚持的原则——“建设

---

① 其他几项原则是:坚持党的领导、坚持人民主体地位、坚持法律面前人人平等、坚持从中国实际出发。

② 《关于全面推进依法治国若干重大问题的决定》。

③ 张劲:《法治的“世界结构”和“中国语境”》,《政法论坛》2016 年第 6 期。

④ [美]布莱恩·Z.塔玛纳哈:《论法治:历史、政治和理论》,李桂林译,武汉大学出版社 2010 年版,第 3 页。

中国特色社会主义法治体系，建设社会主义法治国家”，必须坚持依法治国与以德治国相结合。这第二个层面，更多的是“中国语境”。这涉及二者的结合点问题，对国家治理而言，法律与道德相辅相成、法治和德治相得益彰，法律与道德如车之两轮、鸟之双翼，不存在主辅关系、主从关系，否则“车”会倾覆，“鸟”会坠亡。正如习近平总书记在中共中央政治局第 37 次集体学习时所强调的：“法律有效实施有赖于道德支持，道德践行也离不开法律约束。法治和德治不可分离、不可偏废，国家治理需要道德与法律协同发力。”在党的十九大报告中，对道德建设、以德治国的强调涉及多个方面：教育领域，“立德树人”是根本任务，加强师德师风建设，注重学生“德智体美劳全面发展”，五育并举；干部队伍建设，坚持“德才兼备、以德为先”原则，提拔“忠诚干净担当的干部”；国防和军队建设，着重“培养有灵魂、有本事、有血性、有品德的新时代革命军人”；文艺队伍建设，要“造就一大批德艺双馨的名家大师”；农村基层基础工作，要“健全自治、法治、德治相结合的乡村治理体系”。这些都是以德治国的领域和抓手。

跟自下而上的自主性法治相比，中国的法治具有较强的“国家法治主义”“政府主导型法治”的特征。职是之故，中国法治的核心范畴是秩序（稳定）、是不患寡而患不均、是富国强兵，而不是西方法治的核心理念自由、平等、私有财产。自清末以来的法制改革，都与国家富强的目标联系在一起。进入新时代以来，党的十八大提出“全面建成小康社会”的现代化阶段性目标，党的十八届三中全会提出“全面深化改革的总目标是完善和发展中国特色社会主义制度，推进国家治理体系和治理能力现代化”，党的十八届四中全会提出“全面推进依法治国，总目标是建设中国特色社会主义法治体系，建设社会主义法治国家”，党的十九届四中全会提出“坚持和完善中国特色社会主义制度，推进国家治理体系和治理能力现代化”，党的二十大提出“坚持全面依法治国，推进法治中国建设”。可见，“法治”是作为“国家治理体系和治理能力现代化”的基本方略提出的，而“国家治理体系和治理能力现代化”又是服务于“两个一百年"的奋斗目标,最终实现"富强民主文明和谐美丽"的社会主义现代化强国。坚持"以中国为方法""以中国为方位"的法治,是解决依法治国与以德治国相结合何以有效的前提。

在澄清依法治国是方略、依法治国与以德治国相结合是原则这两个层面的问题之后,接着论述依法治国与以德治国相结合何以有效的问题。这是解决中国特色社会主义法律的有效性问题,也是解决国家治理的有效性问题。法律有效性模态,是事实有效性与规范有效性的统一。

(二)三维空间中的结合

法律与政治、道德之间存在着相互渗透的关系。"从福勒到德沃金针对奥斯汀、凯尔森和哈特所进行的法律实证论的内在批判……告诉我们,法律之运用越来越无法不明确诉诸政策性论据、道德论证和对于诸原则的权衡。……这意味着道德代码和权力代码的内容也进入了法律代码之中。"①法律系统不是封闭的,法律一方面与政治有内在关系,另一方面与道德有内在关系,法律的合理性并不仅仅是法律的事情。

实证法在产生过程中与道德和政治之间有着内在关系。哈贝马斯试图从实证法的产生过程论证为什么法律在分化出来以后并没有完全解除它与政治和道德的内在关系。在欧洲,这个过程从中世纪末一直延伸到 18 世纪大规模法律编纂运动。在欧洲中世纪,天主教会的教会法规没有中断地继续了在技术和概念上达到很高层次的古罗马法,而由皇帝政令和法令构成的皇权法,甚至在《查士丁尼民法大全》重新发现以前,就至少与"罗马至上"的观念相联系。甚至习惯法也受到西罗马诸省的罗马—日耳曼混合法律文化的影响,并且从 12 世纪以后以书面形式流传了下来。"这种神圣法或自然法是政治统治者无法随意支配的。相反,在统治者通过其司法功能和科层立法功能而行

① [德]哈贝马斯:《法律与道德》,见哈贝马斯:《在事实与规范之间——关于法律和民主法治国的商谈理论》附录一,童世骏译,生活·读书·新知三联书店 2014 年版,第 594 页。

使其世俗统治时，它为他提供了在其中运作的合法化框架。"①在中世纪，法律的这种传统性质也保持着，"所有法律都从基督教所理解的自然法的神灵来源中获得其有效性。新法律只能以对好的旧法律的改造或恢复的名义而创造出来。当然，在传统法律观中已经存在着一种有趣的张力，一种存在于皇权法的两个成分之间的张力。作为最高司法权威，统治者是隶属于宗教法的。只有通过这种途径，宗教法的合法性才能转移到世俗权力上去。"②此乃体现为在对冲突的司法调节中作为预设的法律的不可随意支配性，即不可工具化的性质。皇权的最高统治者也把法律当作媒介来运用，赋予其命令以集体约束力，这体现为被用来服务于行使统治的法律的工具性。前者体现的是法律与道德之间的联系，后者体现的是法律与政治之间的联系。③

实证法产生之后就切断了与道德和政治之间的联系了吗？在现代社会中，法律的神灵基础动摇了、传统习惯法被制定法淹没了。法律的实证化可以解释为是对这种变化的一种反应，"随着宗教世界观让位于私人化了的诸神诸魔、随着习惯法传统通过现代惯例而渐渐被学者制定的法律所吸收，法律系统的三重结构④也不得不崩溃。法律收缩为其中的仅仅一个向度，只占据……由科层皇权法所占据的位置。统治者的政治权力摆脱了同宗教法的联系，成了至上的主权。……任务是从自己力量出发通过政治立法过程来填补神学家施行的自然法所留下的空白。最后，所有法律都被认为应该产生于政治立法者的主权意志。法律的制定、执行和运用成为一个以政治方式导控的

---

① [德]哈贝马斯：《法律与道德》，见哈贝马斯：《在事实与规范之间——关于法律和民主法治国的商谈理论》附录一，童世骏译，生活·读书·新知三联书店2014年版，第596页。

② [德]哈贝马斯：《法律与道德》，见哈贝马斯：《在事实与规范之间——关于法律和民主法治国的商谈理论》附录一，童世骏译，生活·读书·新知三联书店2014年版，第596页。

③ 参见[德]哈贝马斯：《法律与道德》，见哈贝马斯：《在事实与规范之间——关于法律和民主法治国的商谈理论》附录一，童世骏译，生活·读书·新知三联书店2014年版，第596—597页。

④ 指宗教法、皇权法与习惯法。

单一循环过程内部的三个环节。”①随即法律的不可随意支配性和工具性两个环节之间的关系也随之发生了变化。由于权力分立带来的角色的充分分化,法律纲领仍然是在司法过程之前给出的,但是整个实证法的有效性、约束性权威如何解决呢?

以奥斯汀为代表的“法律实证论中,整个法律被剥夺了规范性质,仅仅被赋予工具性的特征:它被看作是一个主权者的命令”。② 如此,法的不可随意支配性环节就消失了。以凯尔森为代表的法律实证论则“坚持这样一个前提:法律要能够履行其对冲突进行司法调节这个核心功能,被运用的法律就必须仍然保持一种特定意义上的规范性——在不可施加迫令的应然有效性意义上的规范性。但现在这个环节被认为应该是附着在实证法的形式上,而不再是附着在自然法的内容上。从这个观点来看,法律能独自维护其形式、因而维护其自主性的唯一领域,就是与政治和道德泾渭分明、以司法作为其建制核心的法律系统。……两种情况导致同样的结论:由宗教法所提供的对法律有效性的元社会保障,是可以在消失的同时而无所替代的。”③而事实上,不仅传统法律的起源,而且现代法律的起源,都驳斥了法律与政治和道德泾渭分明这个命题。以国家制裁为后盾的法律和具有法律结构的国家权力是同时产生的,只是由于古代世界的法律发展,政治统治——在其中国家权力和国家法律是相互构成的——出现才成为可能。在这个格局中很难想象,法律要么完全被政治所吸纳,要么完全同政治相分离。此外,在法律和国家权力的共生现象的出现中,道德意识的特定结构也被证明起了重要作用;在从传统法律到现代法律——世俗的、以国家对暴力的垄断作为后盾的、政治立法者可以支配的实证

① [德]哈贝马斯:《法律与道德》,见哈贝马斯:《在事实与规范之间——关于法律和民主法治国的商谈理论》附录一,童世骏译,生活·读书·新知三联书店2014年版,第597页。

② [德]哈贝马斯:《法律与道德》,见哈贝马斯:《在事实与规范之间——关于法律和民主法治国的商谈理论》附录一,童世骏译,生活·读书·新知三联书店2014年版,第598页。

③ [德]哈贝马斯:《法律与道德》,见哈贝马斯:《在事实与规范之间——关于法律和民主法治国的商谈理论》附录一,童世骏译,生活·读书·新知三联书店2014年版,第598页。

法——的过程中,道德意识也起了类似作用。“即使在现代法中,面对法律媒介的政治工具化趋势,法律的不可随意支配性环节也构成了对法律媒介之政治工具化趋势的不可或缺的抗衡力量。而这个环节的根源,就在于政治和法律与道德之间的相互渗透。”①

中国主张的“依法治国与以德治国相结合”,从构词法上看是二者之间的结合,而从其实质内容上看则是三维空间的关系:法律、道德与政治,因为治国是最大的政治。法律有效性模态理论就是研究这三者之间的关系的。法律有效性模态,既区别于法律有效性向度,又与法律有效性向度密切联系。在西方知识脉络上,“合法性是一个包含合法律性、有效性、人民性和正义性的概念体系”,②有效性是所有合法性理论流派的最大公约数。“法律有效性涉及两个方面:一方面是根据其平均被遵守情况来衡量的社会有效性,另一方面是对于要求它得到规范性接受的那种主张的合法性。”③规范的法律有效性,要求两个方面同时得到保障:一个方面是行为的合法律性,也就是必要时借助于制裁来强制实施的对规范的平均遵守——可以不问动机,“宽容”行为者对单个规则持取向于自己成功的策略性态度,只要求行为符合法律规定,这是表层的;另一个方面是规则本身的合法性,它使任何时候出于对法律的尊重而遵守它成为可能——期望法律承受者出于不可强迫的义务感而遵守法律,也就是规则本身是良法,人们愿意自觉遵守,这是深层的。④ 这就是法律有效性的两个向度。规范有效性意味着对规范的约束性的接受,此即义务。有效性是表

① [德]哈贝马斯:《法律与道德》,见哈贝马斯:《在事实与规范之间——关于法律和民主法治国的商谈理论》附录一,童世骏译,生活·读书·新知三联书店 2014 年版,第 599 页。

② 参见杨光斌:《合法性概念的滥用与重述》,《政治学研究》2016 年第 2 期。

③ [德]哈贝马斯:《在事实与规范之间——关于法律和民主法治国的商谈理论》,童世骏译,生活·读书·新知三联书店 2014 年版,第 39 页。

④ See Jürgen Habermas: *Between Facts and Norms: Contributions To a Discourse Theory of Law and Democracy*, translated by William Rehg, The MIT Press, Cambridge, Massachusetts, Second printing, 1996, p.31.

达共同利益的规范所允许的,是确信无诈的。①

对法律有效性向度孜孜以求的西方学者很多,但涉猎法律有效性模态的却不多见。法律的有效性模态,是处理同时带有事实性与有效性的法律最终所呈现出来的样态。康德借助合法律性的概念从主观权利出发解释整个法律的有效性模态。哈贝马斯在语言层面、社会层面的事实性与有效性的基础上提出法律层面的事实性与有效性,并对法律有效性模态进行了考察。在法律的有效性模态中,国家对法律施行的事实性与法的制定程序的论证合法性力量彼此结合。这里强调的是法律的事实性与合法性的结合。"有效性模态不同于有效性向度,它不是从纯粹的接受和合理可接受性这个角度来考察有效性的,而是从事实性与有效性的混合/分离这个角度来解释有效性。在生活世界和古代建制中,事实性与有效性混合在一起,有效性之所以有效,是以事实性来兑现的,纯粹的接受和合理的可接受性是混同在一起的。但在现代法律中,事实性与有效性相分离,有效性分化成事实有效性与规范有效性两个向度,并通过不同的方式得到实现。所以,哈贝马斯认为,现代法律表现出一种不同于生活世界和古代建制的有效性模态。"②一方面,"国家对于法律之执行的担保,所起的作用相当于原来由魅惑性权威所起的那种稳定期待的作用。……而现代法则用制裁来代替信念,因为它不问遵守规则的动机,而只强迫对规则的遵守。……规范承受者是不可能对他们所要遵守的规范的有效性提出疑问的。……这种'不可能'获得了……目的合理性意义,因为它改变了有效性模态本身。那些与权威相联系的信念的有效性意义把事实性和有效性混淆起来,而在法的有效性中,这两个环节则彼此分开来了——对法律秩序的强制接受(事实性——作者注),同支持其合理性主张的那些理由(有效性——作者注),彼此区别开来了。另一方面,……它在原则上将所有规范和

① 参见[德]莱利斯·豪:《哈贝马斯》,陈志刚译,中华书局 2014 年版,第 64—65 页。

② 高鸿钧:《商谈哲学与民主法治国——〈在事实与规范之间〉阅读》,清华大学出版社 2007 年版,第 39—40 页。

价值都置于批判性的检验之下。"①中国在全面依法治国进程中，国人期待"宪法具有极大权威，法律具有普遍的实效，任何个人和组织都自觉地在宪法和法律的范围内活动"，②此"普遍的实效"当指事实有效性与规范性有效性在区别基础上的统一。

现代法律有效性模态应兼具政治性与道德性。从亚里士多德到康德、富勒、德莱伊尔再到哈贝马斯，他们对法律有效性的论述都涉及两个重要面向——政治与道德。例如，亚里士多德的良法之治提出了法律的道德命题。哈贝马斯的"法律与政治之间的构成性联系"提出了法律的政治命题，其关于"基于合法律性的合法性何以可能"的思考以及关于"法律、政治和道德的相互渗透"的论证，都是在探究法律的有效性模态。德沃金同意而且强调宪法观与政治信仰的紧密相关性。正因为如此，美国成功地将法学家们以保守派、温和派、自由派或激进派加以分类。"政治和知识上的责任，以及快乐达观都会选择乐观主义。宪法是美国的道德之帆，我们必须把握帆中所充溢的信念之勇气，这种信念便是：我们都可以成为道德共和国的公民。这是一种伟大的信仰，只有乐观主义者才可以将这一信仰付诸实践。"③哈贝马斯通过思想试验认为，"只有在达到一定复杂程度的世界观中，才能形成俗成阶段的道德意识；只有一种对基于传统的、具有道德约束力的规范的意识，才使事实性权力向规范性权力的转变成为可能；只有对合法权力的运用，才允许对法律规范的政治性运用；只有强制性的法律，才能用来对国家权力进行组织。"④

在美国"法律与发展运动"中，"美国法的输出者宣称，法治不具有政治属

① ［德］哈贝马斯：《在事实与规范之间——关于法律和民主法治国的商谈理论》，童世骏译，生活·读书·新知三联书店2014年版，第45—46页。

② 张文显：《新思想引领法治新征程——习近平新时代中国特色社会主义思想对依法治国和法治建设的指导意义》，《法学研究》2017年第6期。

③ ［美］德沃金：《自由的法：对美国宪法的道德解读》，刘丽君译，林燕萍校，上海人民出版社2017年版，导言第34页。

④ ［德］哈贝马斯：《法律与道德》，见哈贝马斯：《在事实与规范之间——关于法律和民主法治国的商谈理论》附录一，童世骏译，生活·读书·新知三联书店2014年版，第602页。

性,是市场经济运作的必要架构或环境,法治与市场经济的结合可以带来所期望的经济发展。"①宣称它们是"法律科学",它们是"法律工程技术";或者宣称它们是国际惯例、一般标准、普适价值。② 法治与市场经济的结合或许可能带来经济发展,但是宣称法治不具有政治属性,则是纯粹的自欺欺人。在"法律与发展运动"的第二阶段,美国政府不遗余力地输出本国法到亚非拉国家,并反攻抢占欧陆法市场,很大程度上是出于战略性考虑,更多关注的是如何使法律输出有利于美国的利益。这种美国优先的战略考虑,怎能说不具有政治性?

"把法律规范归结为立法者的命令,会意味着法律……被消解在政治之中了。……政治这个概念本身也受到了破坏。在这个前提下政治权力至少不再有可能被理解为被在法律上赋予合法性的权力……一旦合法化成为政治自己的成就,我们也就放弃了我们的法律概念和政治概念。"③同样的结果也产生于凯尔森版本的实证主义法律概念,认为实证法可以独自地维护其规范性,即通过一个由法律导控的,但独立于政治和道德而自成一体的司法的法理学成就而维护其规范性,与道德无关,声称:"法律问题,作为一个科学问题,是社会技术问题,并不是一个道德问题。"④"一旦法律有效性失去与正义之诸方面的联系——这种联系是超越立法者决定的道德联系——法律的认同也就必然会分散瓦解。"⑤富勒在对其批评者的回应中指出:分析实证主义将法律看成是一种单向度的权威投射,发端于一个权威源泉而强加到公民身上;实证主义哲学不问法律是什么或做什么用,仅关心它从何而来,谁可以创造法律。⑥这样,只有政治性没有道德性的法律,其规范有效性值得质疑。

① 高鸿钧:《美国法全球化:典型例证与法理反思》,《中国法学》2011年第1期。

② 参见高鸿钧:《美国法全球化:典型例证与法理反思》,《中国法学》2011年第1期。

③ [德]哈贝马斯:《法律与道德》,见哈贝马斯:《在事实与规范之间——关于法律和民主法治国的商谈理论》附录一,童世骏译,生活·读书·新知三联书店2014年版,第602页。

④ [奥]凯尔森:《法与国家的一般理论》,商务印书馆2016年版,第32页。

⑤ [德]哈贝马斯:《法律与道德》,见哈贝马斯:《在事实与规范之间——关于法律和民主法治国的商谈理论》附录一,童世骏译,生活·读书·新知三联书店2014年版,第602页。

⑥ 参见[美]富勒:《法律的道德性》,郑戈译,商务印书馆2005年版,第221—222页。

法律是现代社会的主要整合手段，这在东西方已被普遍接受。但是，在西方传统的权威崩塌之后必须找到一个经过解魅的宗教法的等价物，在中国由人治向法治的转型过程中同样必须找到一个经过解魅的道德法的等价物。该等价物可以为实证法保存一个不可随意支配性环节，也就是让作为媒介的法律不仅仅具有工具性，而且还要具有不可随意支配的价值性。这样一种等价物事实上首先以理性法理论的形式发展起来，不仅在法哲学上，而且对大规模法典编纂运动以及司法实践，它都具有直接的法理学意义。在现代自然法理论与社会契约理论背景下，法律的不可随意支配的环节和工具性环节之间都不可能建立起有说服力的联系。前者侧重价值性，后者侧重工具性。法律如果完全滑向前者，则法律等同于道德；如果完全滑向后者，则法律等同于政治。现代法治的合法性如何取得？要从立法、执法和司法程序之合理性所确保的公平性当中取得其合法性。"法律的有效性模态同时指向两种期待：一种是政治性的，期待人们会服从决定和强制；另一种是道德性的，期待人们会在合理推动下承认一种只能通过论辩才能兑现的规范的有效性主张。"①据此，法律的有效性模态也可以理解为是外在"服从"与内在"承认"的统一。具有法律建制形式的论证过程在一个向度上仍然向道德论辩开放，法律系统的自主性程度，"仅仅取决于为立法和司法的目的而建制化的那些程序，在多大程度上保障公平的意见形成和意志形成过程，并且以这种方式使道德的程序合理性有可能同时进入法律和政治之中。民主不实现，法律就没有自主性可言。"②在现代社会，法律的理由借助实用的、伦理—政治和道德的理由得到辩护。"法律中存在着事实性与有效性之间的矛盾，这种矛盾在司法领域里表

① [德]哈贝马斯：《法律与道德》，见哈贝马斯：《在事实与规范之间——关于法律和民主法治国的商谈理论》附录一，童世骏译，生活·读书·新知三联书店2014年版，第613页。

② [德]哈贝马斯：《法律与道德》，见哈贝马斯：《在事实与规范之间——关于法律和民主法治国的商谈理论》附录一，童世骏译，生活·读书·新知三联书店2014年版，第613—614页。

现为，司法判决的确定性和法的运用的合理性。”①司法判决必须是确定的，确定的判决又必须是合理的。“为了实现法律秩序的社会整合功能和法律的合法性主张，法庭判决必须同时满足判决的自洽性和合理的可接受性这两个条件。”②判决的自洽性指的是判决行为的合法律性，在法律系统内无矛盾抵牾；合理的可接受性指的是判决的合法性，判决的公平正义性在法律系统外注入社会道德领域亦要获得认可。

（三）中国特色社会主义法律的有效性模态

中国特色社会主义法律的有效性模态同样离不开政治与道德，当然中国特色社会主义法律的政治性与道德性的内涵以及它们与法律之间的关系都有着不同于西方的理解。中国特色社会主义法律的有效性理论在实践中不断被创新，形成了法律效果、政治效果与社会效果相统一的有效性模态主张。法律效果，可以从立法、法的施行、守法三个层面体现。在立法层面是指制定出来的法律是合宪之良法，目前已建立起合宪性审查、合规性审查、备案审查体系；在执法、司法层面是指行政机关依法行政、司法机关依法独立公正做出判决，做到实体公正与程序公正的统一，使结果具有自洽性；守法层面，是指人人外在“服从”与内在“承认”的统一，此即有效性模态的法律性。政治效果，是指法律作为规则之治的事业，要围绕中心，服务大局，有利于推动中国特色社会主义的伟大事业，立法、执法与司法都期待人们会服从决定和强制，此即有效性模态的政治性；我们从政治立法者、行政执法者、司法为民这些表述中就能看出法律的政治性。在新冠疫情期间，对妨害疫情防治的案子快立快审快判，就凸显了法律的政治效果。社会效果，是指法律事业的成效要经过社会的评

---

① 王晓升：《商谈道德与商议民主——哈贝马斯政治伦理思想研究》，社会科学文献出版社 2009 年版，第 247 页。

② Jürgen Habermas: *Between Facts and Norms: Contributions To a Discourse Theory of Law and Democracy*, translated by William Rehg, The MIT Press, Cambridge, Massachusetts, Second printing, 1996, p.198.

判与检验,立法、司法、行政都是经过论辩兑现的有效性主张,尤其是司法判决结果要经得起社会的检验,符合社会的道德认同,此即法律有效性模态的道德性。

某些案件宣判后引起舆论哗然,其重要原因就是在法律效果、政治效果与社会效果相统一上出了问题。“法律理论中的实证主义主张将社会和政治的思维从法领域中排除出去”,①从世界范围来看,这不符合法律事业的本来图景,更不符合中国特色社会主义法治建设的主张,中国特色社会主义法律的有效性模态追求的是法律效果、政治效果与社会效果的有机统一。法律效果是法律系统内部要解决的,要体现自洽性和法律自身的价值。政治效果与社会效果是法律外在的效果,是要发挥法律作为媒介的功能。政治效果要解决党、权力、人民与法律的关系,体现的是法律之政治维度的评判,党的十九大报告将“坚持党的领导、人民当家作主、依法治国有机统一”作为发展社会主义民主政治的首要战略任务,科学阐明了党的领导、人民当家作主、依法治国的内在关系。社会效果是解决法律与生活、民众之间的关系,体现的是民众对法律之道德维度的评判。这不同于西方法学家所理解的社会有效性——一个规范在社会中被遵守或违反者受制裁的实际效力,即事实有效性。在法律的有效性模态中,政治效果是顶天的,社会效果是立地的,法律在天地(政治与社会)之间。本章在论述依法治国与以德治国相结合的基础上,重点论述了中国特色社会主义法律有效性模态的政治性与道德性。

二、中国特色社会主义法律的政治性

(一)法律与政治的关系

“法律与政治之间存在一定的张力或对立,因为政治一般来说反映的是

① [德]克劳斯·罗克辛:《刑事政策与刑法体系》,蔡桂生译,《刑事法评论》第26卷,北京大学出版社2010年版,第249页。

某一阶级的意志要求,法律反映的则是国家意志,而国家意志是数个阶级在一定范围内的共同意志。”[①]但法律天然具有政治属性。马克思主义法学认为,法与国家相伴而生,这说明法律天生具有政治性,法与政治之间具有构成性联系。当代自然法理论、批判法学和法律经济学关于法律与政治的关系均趋向于一种内嵌理论模型,在这一模型中法律现象内存于政治世界之中,被这些理论绘制的法律得到政治的欣然接受。[②] “从人类历史上看,无论是新秩序的支持者,还是旧秩序的维护者,人们总是试图凭借法理来支撑特定的正义话语,将自己拥护的社会制度和行为称为公正的。”[③]前政治社会的基础是自然形成的法律与政治权力的复合体,在从按血缘组织起来的社会向早期国家组织起来的社会的过渡时期,能够长期交织在一起。在前法律社会,存在一个规范复合体——习俗、道德和法律在其中彼此交织共生。

国家法律和政治权力同源构成。神灵法律赋予权力以权威,社会权力给予法律以强制性支持。政治权力和国家强制支持的法律作为共同构成一个具有法律形式的两个成分而出现。[④] 以国家方式组织起来的权力由法律预设,并且以法律形式建立起来。只有通过一种以基本权利形式而建制化的法律代码,政治权力才能发展起来。法律既不是通过其形式本身也不是通过先天即有的道德内容,获得充分的规范意义的,而是通过立法程序产生合法性。立法是一种国家权力。纯粹法学是反对法律的道德性的。“道德判断和政治判断是与正义判断一样性质的。这些判断希望表示一种客观价值。根据其意义来说,它们所指的对象是对每个人都是有价值的。它们预定了一个客观上有效

① 参见郝铁川:《法律与政治》,见《法律是一种生活艺术》,法律出版社 2003 年版,第 55 页。

② 参见[瑞典]莫罗·赞博尼:《当代法律与政治关系的内嵌模型》,董政译,《山东大学法律评论》(2016)第 100 页。

③ 张文显:《迈向科学化现代化的中国法学》,《法制与社会发展》2018 年第 6 期。

④ See Jürgen Habermas: *Between Facts and Norms: Contributions To a Discourse Theory of Law and Democracy*, translated by William Rehg, The MIT Press, Cambridge, Massachusetts, Second printing, 1996, p.142.

力的规范。但是这种规范的存在与内容是不能用事实来验证的。它是由作出判断的主体的主观愿望决定的。道德的和政治的价值判断，尤其是正义的价值判断，都是以意识形态为基础的，而这些意识形态，并不是像法律上的价值判断那样，是与一个确定的社会并存的。”①作为法治国家政治基础的政治制度，既设定了法治发展的方向和逻辑，也通过将治国理政方针和国家治理任务转化为制度层面的权力配置、职能构造，实现了对法治框架和内容的拓展。②

美国在“法律与发展运动”中，把许多美国法进行去政治化的处理，宣称它们是国际准则或技术性规则，以“中立”和“科学”的名义输往转型国家。法律系统作为社会的一部分而反映了整个社会；对于一个法律系统来说，资产阶级形式法、福利国家法等哪个范式性理解是正确的，这种争论本质上是一种政治性争论。现代社会，政治问题法律化现象较为普遍，换句话说，用法律手段解决政治问题是法治社会常用的方法，但是如果政治把法律形式用于实现它所要实现的目的，法律就变成了政治任意打扮的小姑娘，变成了政治任意差遣的婢女，那么法律的自身功能便因而被破坏，法律和政治权力的构成性条件就会遭到违反。

“在民主法治国中，政治权力分化为交往权力和行政权力。因为人民主权……不再集中于联合起来的公民的有形的在场，或者他们的聚集起来的代表，而是实现于具有理性结构的协商和决策之中。”③从经验的角度来看，法律的作用常常不过是政治权力所利用的形式。“法律尽管具有实证性，却内在地主张规范有效性，而权力，尽管它是受到授权的，却被一个政治意志用作达到集体目标的手段。”④德沃金说，在美国，“在就联邦法官的提名和确认这样

① ［奥］凯尔森：《法与国家的一般理论》，商务印书馆 2016 年版，第 91 页。

② 参见杜辉：《面向共治格局的法治形态及其展开》，《法学研究》2019 年第 4 期。

③ ［德］哈贝马斯：《在事实与规范之间——关于法律和民主法治国的商谈理论》，童世骏译，生活·读书·新知三联书店 2014 年版，第 168 页。

④ ［德］哈贝马斯：《在事实与规范之间——关于法律和民主法治国的商谈理论》，童世骏译，生活·读书·新知三联书店 2014 年版，第 169 页。

的政治操作过程中,宪法的裁决者们对大是大非问题绝不能持中立态度,这在明眼人看来已经是不争的事实"。① 法律和政治力量的同源构成和概念交叉要求进行一种范围更广的合法化,也就是说,要求国家的制裁权力、组织权力和行政权力本身必须通过法律的渠道。政治权力本身是法治地构成的。"政治权力处于同法律的内在关系之中,它必须在同法律的联系中而取得合法性。"②马克斯·韦伯认为,"在近代权力政治的压力下,尤其是公法理论不得不纳入现实政治的因素。"③在法律与政治权力的关系问题上,哈贝马斯批判了韦伯法律社会学的法律政治权力化倾向,以及帕森斯结构功能主义的政治权力法律化倾向,认为两者都没有把握好法律与政治权力之间的内在关系。哈贝马斯运用商谈论建构法律与政治之间的相互构成关系,这种关系要求重构权利理论,发挥法律在交往权力向行政权力转化过程中的转换器作用。其商谈方案突出权利的基础地位和法律的转换器作用,提供论证法律与政治权力相互构成关系的显性路径,但在实践中带有乌托邦色彩。④

人类历史早已证明,没有法律的政治是危险的政治,是缺乏理性、颇多鲁性的政治。⑤ 法律形式施加给政治的限制是结构性的。中国特色社会主义法律有效性模态的政治性与道德性,与依法治国和以德治国相结合的原则相吻合。依法治国和以德治国相结合的原则是建设中国特色社会主义法治体系,

---

① [美]德沃金:《自由的法:对美国宪法的道德解读》,刘丽君译,林燕萍校,上海人民出版社 2017 年版,第 82 页。

② Jürgen Habermas: *Between Facts and Norms: Contributions To a Discourse Theory of Law and Democracy*, translated by William Rehg, The MIT Press, Cambridge, Massachusetts, Second printing, 1996, p.137.

③ [德]马克斯·韦伯:《法律社会学》,康乐、简惠美译,广西师范大学出版社 2011 年版,第 313 页。

④ 参见刘光斌:《论哈贝马斯对法律与政治权力关系的理论批判与建构》,《东北大学学报(社会科学版)》2016 年第 3 期。

⑤ 参见郝铁川:《法律与政治》,见《法律是一种生活艺术》,法律出版社 2003 年版,第 55 页。

建设社会主义法治国家必须坚持的原则，该原则揭示了法律、道德、政治三者之间的关系，这正是法律有效性模态所涉及的三者关系。边沁曾说："有些人为了方便的缘故，试图在道德和政治之间加以区分，将功利作为其中一个的原则，而将正义作为另一个的基础，这些人只不过表明了他们的观念混乱而已。政治和道德的唯一区别是：一个指导的是政府的运作，另一个规范的是个人的行为；但是它们的目标是一样的，这一目标就是幸福。政治上的善不可能是道德上的恶……"[①]立法与道德具有同样的圆心，但具有不一样的圆周。这一不同有两个原因：首先，立法不能直接影响人们的行动，而只能通过惩罚。其次，法律经常由于试图惩罚罪犯却冤枉好人的危险而裹足不前。[②] 法律的事实有效性与规范有效性的统一是理想的有效性模态，在中国的话语体系中，法律的有效性模态可以转译为法律效果、政治效果与社会效果的统一，这同样是一种理想状态，同样存在"是"（现状——法律效果、政治效果与社会效果不统一时有发生）与"应当"（理想状态——法律效果、政治效果与社会效果相统一）的问题。因为新中国法治的历程与经验表明，"在一个封建专制和人治传统根深蒂固、法治虚无主义'左'的思潮不时沉渣泛起、西方法治中心主义不时冲击的社会"，[③]要实现法律效果、政治效果与社会效果的统一，绝不是轻轻松松就能实现的，而必须持续不断地全面厉行法治，促进法治文明建设，正确处理法律、道德、政治三者之间的关系。

（二）中国特色社会主义法律的政治性体现

中国特色社会主义法律同样具有政治属性。

立法具有鲜明的政治性。以宪法为例，自 1954 年宪法颁布以来，"宪法

---

① 边沁：《立法理论》，中国人民公安大学出版社 2004 年版，第 22 页。

② 参见边沁：《立法理论》，中国人民公安大学出版社 2004 年版，第 78 页。

③ 张文显：《中国法治 40 年：历程、轨迹和经验》，《吉林大学社会科学学报》2018 年第 5 期。

是治国理政的总章程,是根本大法”的观念逐渐深入人心,这也是我国宪法的定位。“总章程”的定位表明,我国的宪法首先是政治宪法,是具有组织规程和办事规则的根本性的规章制度,不只是总结过往经验和成果,更要面向国家未来发展,这是我国宪法不同于西方宪法的重要方面。“根本大法”的定位表明,我国宪法具有与西方宪法相同的属性——规范性,是法治宪法。2018 年修宪是中国特色社会主义进入新时代我国政治体制重大改革的体现,一府两院的国家架构完善为一府一委两院,是现代化治理体制的宪法化和制度化。新修宪法总纲中规定“中国共产党领导是中国特色社会主义最本质的特征”,党领导立法、保证执法、支持司法,都凸显了我国法律的政治性。我国宪法是政治宪法与法治宪法的统一体。2018 年 2 月 24 日,习近平总书记在中共中央政治局第四次集体学习时强调,我国宪法是治国理政的总章程,必须体现党和人民事业的历史进步,必须随着党领导人民建设中国特色社会主义实践的发展而不断完善发展。党的十八大以来我国法治建设的本质特征,是在宪法框架下和法治轨道上的政治体制改革。加强宪法实施包括宪法的政治实施和法治实施。就政治实施而言,主要体现为:首先是坚持党的领导;其次是坚持宪法实施主体的广泛性——全国各族人民、一切国家机关和武装力量、各政党和各社会团体、各企事业组织,都必须以宪法为根本的活动准则,并且负有维护宪法尊严、保证宪法实施的职责;再次是坚持宪法实施领域的广泛性——国体政体、治国方略、政治、经济、文化、民生、国防、科技、外交等,从共产党的领导到国家机构再到百姓生活均包括其中。我国的反分裂国家法、反间谍法、香港基本法、澳门基本法等都具有鲜明的政治性。在汉译西方法哲学著作中,我们经常看到对立法者的称呼是“政治立法者”,这一称呼直截了当地表明了政治与法律之间的亲缘关系。

依法行政同样彰显政治性。当代中国的法治选择是要走国家强大与社会繁荣并存的道路。通过民主实现行政权的公共性与分享性;通过法治平衡个体自由与行政民主的关系;通过人权保障维护依法行政的价值底线。同时,维护社会正义以展现当代中国依法行政的政治性规定，承认个体正义以体现当代中国依法行政的现代性诉求。党的十九届四中全会决定指出："国家行政管理承担着按照党和国家决策部署推动经济社会发展、管理社会事务、服务人民群众的重大职责。必须坚持一切行政机关为人民服务、对人民负责、受人民监督，创新行政方式，提高行政效能，建设人民满意的服务型政府。"就依法行政而言，各级政府必须坚持在党的领导下、在法治轨道上开展工作，创新执法体制，完善执法程序，推进综合执法，严格执法责任；加大行政改革的力度，深入推进依法行政，建立权责统一、权威高效的依法行政体制，加快建设职能科学、权责法定、执法严明、公开公正、廉洁高效、守法诚信的法治政府。中国抗击新冠疫情中，各部门在应对突发公共卫生事件中依法行政彰显的政治性便是适例。国家制度各级行政机关要将行政活动纳入法治范畴，用制度管权，严格依据法律规定行使行政权力，确保政府的一切行政工作依靠人民，服务人民，造福人民。

司法的政治性最为敏感。习近平总书记多次强调，要努力让人民群众在每一个司法案件中都能感受到公平正义，这是新时代中国共产党人的担当。根据马克思主义法学观点，一切法律设施本来都具有政治性质，司法属于上层建筑的重要组成部分，它以处理纠纷、解决争议、惩罚犯罪等形式，通过对案件的裁决来达到维护国家治理秩序的目的。中国特色社会主义司法强调要围绕中心，服务大局，讲的是司法的政治性。现代司法尤其强调保障人权，中国特色社会主义司法强调司法为民，讲的也是司法的政治性。所以，从事司法工作不懂政治是不行的。西方的一些法官也认同司法的政治性。波斯纳说，"表面上法官是在按照法律规则判案，事实上，规则往往只对常规案件起作用，对那些非常规的案件，基本上是政治和个人好恶在起作用。"就美国联邦司法体系而言，"当案件的审理层级逐步由地区法院上升至最高法院的时候，意识形态在司法决策中扮演的角色就越来越重要”。① 现代社会中,法律和政治之间存在着彼此服务的功能联系。法律不仅仅是指导行为的规范,而且也服务于对国家权力的组织和引导,法律的作用是充当政治统治的组织手段;国家权力的作用是促进法律的国家建制化。政治权力的内在功能是实现集体目标,但依赖于法律的形式;法律的内在功能是稳定行为期待,但依赖于政治的权力。维护国家政权的稳定与经济基础的稳固是司法的首要目的。司法功能不仅应定位在依法裁决社会纠纷,而且应定位在审判活动是否体现、实现了国家的总体价值观,社会主义核心价值观在司法审判中的引领和融入便是典型体现。司法不仅要关注法律效果,还应关注政治效果,司法所产生的效果要与国家工作大局保持协调性与一致性。2020 年 2 月 6 日,最高人民法院、最高人民检察院、公安部、司法部联合发布《关于依法惩治妨害新型冠状病毒感染肺炎疫情防控违法犯罪的意见》;从 2 月 11 日到 3 月 20 日,最高人民检察院连续发布了六批妨害疫情防控犯罪典型案例;截至 4 月 15 日,最高人民法院连续发布了三批妨害疫情防控犯罪典型案例。这些无一不体现了司法的政治性。

(三)中国特色社会主义法律之政治性的实现路径

中国特色社会主义法律有效性模态的政治性诉求是期待人们服从决定和强制。何以期待人们服从决定和强制?人们为什么会服从决定和强制?这是实现法律有效性模态政治性诉求应考虑的重点,也是如何彰显法律事业的政治效果问题。

首先,坚持中国共产党的领导。党的领导是国家治理现代化的显著特征。党的十八届四中全会决定提出了实现全面依法治国总目标的五大原则,其中首要的原则便是“坚持中国共产党的领导”。中国共产党的领导具有宪法地位,这是与西方根本不同的。坚持党在全面推进依法治国中的领导,是由中国

---

① [美]李·爱泼斯坦、[美]威廉·M.兰德斯、[美]理查德·波斯纳:《法官如何行为:理性选择的理论和经验研究》,黄韬译,法律出版社 2017 年版,波斯纳为中文版所作序言。

共产党肩负率领中华民族投入赶超式的竞争、实现把中国由传统的农耕文明转变为现代商工文明的历史任务决定的，也因为中国共产党自身的先进性特点使其适宜于担当这样的领导角色。党的领导和全面依法治国是一致的。在强调宪法和法律具有至上地位、党必须在宪法和法律的范围内活动这一原则的同时，党一方面要依据宪法法律治国理政，另一方面要依据党内法规管党治党。党的依法执政体现在四大环节：党领导立法、保证执法、支持司法、带头守法。加强党对立法工作的领导，是为了确保在立法中恪守以民为本、立法为民理念，贯彻社会主义核心价值观，使每一项立法都符合宪法精神、反映人民意志、得到人民拥护。保证执法是指党的各级组织要督促和支持国家机关依法行使职权，依法推动各项工作的开展，切实维护公民的合法权益。① 党的十八届四中全会决定指出："各级人大、政府、政协、审判机关、检察机关的党组织要领导和监督本单位模范遵守宪法法律，坚决查处执法犯法、违法用权等行为。"支持司法，就是要求党的各级组织支持人民法院、人民检察院依法独立公正地行使审判权、检察权。党的十八届四中全会决定指出："各级党政机关和领导干部要支持法院、检察院依法独立公正行使职权。建立领导干部干预司法活动、插手具体案件处理的记录、通报和责任追究制度。任何党政机关和领导干部都不得让司法机关做违反法定职责、有碍司法公正的事情，任何司法机关都不得执行党政机关和领导干部违法干预司法活动的要求。对干预司法机关办案的，给予党纪政纪处分；造成冤假错案或者其他严重后果的，依法追究刑事责任。"党组织和党员守法，虽然是宪法的明确规定，但是明确提出带头守法还是有重大意义的。带头守法是依法执政的关键，也是中国共产党执政的一个必然逻辑。党的十八届四中全会决定指出："各级党组织和领导干部要深刻认识到，维护宪法法律权威就是维护党和人民共同意志的尊严，保证宪法法律实施就是保证党和人民共同意志的实现。各级领导干部要对法律怀

---

① 参见张恒山：《论坚持党的领导与依法治国》，《安徽师范大学学报（人文社会科学版）》2015年第2期。

有敬畏之心,牢记法律红线不可逾越、法律底线不可触碰,带头遵守法律,带头依法办事,不得违法行使权力,更不能以言代法、以权压法、徇私枉法。”党的十九大报告指出:“坚持党的领导、人民当家作主、依法治国有机统一是社会主义政治发展的必然要求。”党中央成立全面依法治国委员会,继续推进党的领导制度化、法治化,把党的领导贯彻到全面依法治国全过程和各方面,为全面建成小康社会、全面深化改革、全面从严治党提供长期稳定的法治保障。

其次,坚持依法执政。中国共产党是执政党,“尽管党领导立法、保证执法、支持司法,在各种政治组织中发挥领导作用,但是党始终在宪法和法律范围内活动”,①这就是依法执政。依法执政是我国宪法和《中国共产党章程》所规定的活动原则。“中国共产党是国家治理现代化的组织者和领导者,是中国特色社会主义国家治理方案和治理政策的制定者,也是中国特色社会主义国家治理价值目标的引领者,对国家治理现代化目标的实现担负着重大的责任使命。”②“法治是中国共产党领导和执掌国家政权的基本方式,意味着中国共产党必须依照宪法和法律规定治党治国治军,依法管理国家、治理社会、治理经济和文化事业。这是中国共产党治国理政的指导原则和策略方针。”③1982年宪法规定中国共产党必须在宪法和法律范围内活动,尤其是在依法治国方略确立之后,“中国共产党的领导方式不是直接以党的命令的方式来指挥国家机构,也不是用党的组织机构来替代国家机构,而是通过一系列组织方式与制度运作来实现的。”④“治国必先治党、治党务必从严、从严必依法度。……既要求中国共产党依宪法和法律治国理政,更需要中国共产党依据

---

① 宋才发:《中国共产党推进国家治理现代化的基本内涵及法治举措》,《广西社会科学》2019年第11期。

② 宋才发:《中国共产党推进国家治理现代化的基本内涵及法治举措》,《广西社会科学》2019年第11期。

③ 宋才发:《中国共产党推进国家治理现代化的基本内涵及法治举措》,《广西社会科学》2019年第11期。

④ 宋才发:《中国共产党推进国家治理现代化的基本内涵及法治举措》,《广西社会科学》2019年第11期。

党内法规管党治党,把严明的组织纪律和法律责任挺在前面。……依法治理是中国共产党治国理政和做好一切工作最基本、最主要、常态化的方式。"①

再次,坚持中国特色社会主义法律的政治性与人民性的统一。人民立场是中国共产党的根本政治立场,是立法、执法、司法的根本立场。中国共产党通过领导立法,使党的主张与人民的意愿相结合。中国特色社会主义法律是党的正确主张同人民意愿相统一的结晶。我国实行中国共产党领导的多党合作与政治协商制度,人民是依法治国的主体,人民自己制定法律,我国的司法机关叫人民法院、人民检察院,这与西方不同的党派上台执政后立法、司法均受该党派很大影响完全不同。从宪法原理上来说,宪法和法律是党领导人民制定的,既体现党的意志,也体现人民的意志。人民自己制定法律,党和国家又主张司法为民,人民服从法律的决定和强制自然顺理成章。当然,从现实来看,在人口众多的国家不再可能实行雅典式的直接民主立法,现代国家基本上是采取代议制。议会多数表决通过,可能就会存在密尔所说的"多数人的暴政"(the tyranny of majority)②。但是智能互联网立法似乎为大民主立法提供了技术条件,不需要雅典式直接在场,它为从公众有限参与走向大规模的立法商谈提供了前所未有的智能化场景。我国采取人民代表大会制度,就法律而言,组成立法者的人大代表有可能因身份、能力、知识结构、视野、所属部门与地域等因素影响立法的质量;司法也会因多种因素的存在或干扰而造成冤假错案。因此,人民服从法律的决定和强制,是法律有效性模态的政治性期待之理想状态,是法律有效性之政治追求的目标。中国特色社会主义制度较好地把政治优势和经济优势结合起来,把党的领导、人民当家作主、依法治国有机统一起来,能够集中力量办大事的特点和优势,彰显了中国特色社会主义是能

---

① 宋才发:《中国共产党推进国家治理现代化的基本内涵及法治举措》,《广西社会科学》2019年第11期。

② See John Stuart · Mill:*On Liberty*, The Pennsylvania State University 1998, p.7.

办大事办好大事的好制度。① 人民陪审员制度是坚持法治事业政治性与人民性统一的很好的制度设计。

最后，把握法的工具性与法的不可随意支配性环节之间的平衡。希特勒时期，德国的法律具有强烈的政治性，立法、司法的纳粹化改造，使法律与政治完全重合，德国人民从一开始盲目拥戴希特勒，到最终被独裁者希特勒一批批送进集中营，导致了人类历史上惨痛的人权悲剧。在纳粹德国，法律只剩下工具性，法的不可随意支配性环节被独裁所吞噬！这是政治完全代替法律的悲剧。这是法律有效性模态政治性诉求的异化——恐怖司法导致德国人民只是被迫服从决定和强制，而法律的规范有效性荡然无存。走出历史的阴霾，我们应批判地分析“法律是命令”的学说，正确理解法的工具性与法的不可随意支配性，两者之间平衡的基点是人民的利益。政治和法律都必须以人民根本利益为最高原则，坚持党的领导、人民当家作主、依法治国的有机统一。“如果一种法律及其制度不能体现人民的意志，那么它就达不到民主政治的要求；如果一种法律及其制度不能体现执政党的主张与人民意志的统一，这个党就承担不起领导人民群众治理国家的历史使命。”②只有党和国家把人民的利益放在心上，执政党的主张与人民意志相统一，法的不可随意支配性环节没有被破坏，良善立法、公正执法与司法，人民才会从内心服从法律的决定和强制，从而法律有效性模态的政治性才能得以展现。

规范有效性主张指向一种合理的推动的承认，期望法律的承受者不是出于强迫的义务感而遵守法律，而是出于对法律的尊重而服从决定和强制。法律有效性模态的政治性应该是法律工具性功能的合理发挥，而不能是纳粹式的狂野无羁，政治功能本身必须被法律地实施。如果政治把法律形式用于实

---

① 参见宋才发：《中国共产党推进国家治理现代化的基本内涵及法治举措》，《广西社会科学》2019 年第 11 期。

② 任中平、李睿：《论政治合法性与法律合法性的关系及其调适》，《政治与法律》2007 年第 6 期。

现它所要实现的任何目的,法律自身的功能就会被破坏,法律和政治权力的构成性条件就会被违反。政治不能代替法律,法律与政治不能完全重合,法律不是政治,也不是政治的延伸。① 即使在西方实质法范式的福利国家中,法律也不能完全被归结为政治。法律形式施加给政治的限制是结构性的,不能用权力运用的效率标准取代法律调节的合法性标准。萨维尼对法的政治性的理解颇为独特。他认为法律与民族的存在与性格之间具有有机联系,法律随着民族的成长而成长,随着民族的壮大而壮大,随着民族对于其民族性的丧失而消亡,民族的共同意识乃是法律的特定居所,并将这种联系称为法律的"政治因素"。② 这对理解中国特色社会主义法律有效性模态,建设中国特色社会主义法治体系颇有启发。保持法律与政治之间的适度张力,在扫黑除恶、生态环境保护攻坚战、疫情防控等专项斗争中有效地防止了片面追求政治效果而忽视法律效果。如新冠疫情防控刑事治理的快速高效,对特殊时期维护社会稳定和社会秩序起到了积极作用。③

三、中国特色社会主义法律的道德性

老人跌倒了扶不扶(彭宇案)、发现小偷追不追(小偷铁轨上撞死案)、违背公共道德劝不劝(电梯抽烟案)、遗产赠送给破坏婚姻的第三者行不行(二奶遗赠案),都引起或褒或贬的广泛讨论。这些案件之所以引起广泛关注,其中一个重要的原因是关乎生活世界的普通人的道德及道德评判问题。

---

① 参见[德]贡塔·托依布纳:《法律:一个自创生系统》,张骐译,北京大学出版社 2004 年版,序言第 3 页。

② 参见[德]冯·萨维尼:《论立法与法学的当代使命》,中国法制出版社 2001 年版,第 9—10 页。

③ 参见刘艳红:《治理能力现代化语境下疫情防控中的刑法适用研究》,《比较法研究》2020 年第 2 期。

(一)道德性是中国特色社会主义法律合法性的内在要求

虐母案、二奶遗产争夺案等之所以引起广泛的舆论关注,是因为都涉及(司)法的道德性问题,都涉及伦理常情问题。影片《我不是药神》的热播让人们再度关注类似案例,也让人们进一步思索法怎样才能合法有效,才能让社会接受,让当事人感受到公平正义。同时,党的十八大以来一系列冤假错案的纠正,不得不让我们思考法律程序的道德性。

法律的道德性在西方自然法中有显著体现,阿奎那说,人生的最终目的是幸福或者至福,法律一定首要承载着至福的安排,法律都指向共同善,"法律不过是由照管共同体的人为着共同善制定并颁布的理性指令"。① 现代法治,其合法性始终来源于法律的形式属性中隐含的道德内容。法国《人权宣言》第15条规定:"刑罚应当与犯罪行为相适应,并应当有益于社会。"这"有益于社会"的要求便是刑法的道德性要求,是社会可接受性标准。"法律的历史其实就是一个民族道德发展的历史。"②许多法律原则,"同时既具有法律性质,也具有道德性质。自然法的道德原则在现代立宪国家中已经成为实证法。"③博登海默说:"若谓在法治社会,道德只是做个人的'灵魂'或'良心'的内在向导,此外别无地位,这是错误的。真正的所谓道德原理,就是建设一种支配特定社会的圣洁的最高品性。伦理的或道德的学说供给我们若干主要的标准,以为人类举措及人类行为的评价之用。……指导社会之道德价值,在每一个社会里面,多少总在法律上反映出来的。……每一个法律体系都把社会上公认为社会一部分的道德的若干主要观念纳入而且使之化为

---

① [意]阿奎那:《论法律》,杨天江译,商务印书馆2016年版,第11页。

② [美]霍姆斯:《法律的道路》,李俊晔译,中国法制出版社2018年版,第13页。

③ [德]哈贝马斯:《法律与道德》,见哈贝马斯:《在事实与规范之间——关于法律和民主法治国的商谈理论》,附录一,童世骏译,生活·读书·新知三联书店2014年版,第567页。

一体。”[①]

在法律的道德性问题上,实证法学基本上持拒斥态度,而自然法学说则经历了一个从强调法律的实体道德性到强调法律的程序道德性的发展过程。阿奎那认为,法律与理性相关。人生的最终目的是幸福或者至福,因此,法律一定是要承载着至福的安排,法律必然正当地使自身与通向普遍幸福的安排相关。由于法律首要地指向共同善,除非关涉共同善,任何其他有关个人行为的规则必定缺乏法律的自然本质。因此,法律都指向共同善。[②] 法律不过是由照管共同体的人,为着共同善制定并颁布的理性指令。[③] 法律的恰当效果明显旨在引导其臣民获得恰当的德性,而德性是使得其臣民向善的事物,那么法律的恰当效果就是使人成为绝对意义上的善人。[④] 古典自然法学派强调法律的道德性和实体性,自然法都是道德法则——自然法就是自然权利本身或由此引申出的基本戒条,自然法都具有实体性——一切人定法都只有符合自然法的实体内容才是真正有效的法律。但是富勒开辟了法律道德性的程序视角。

以美国20世纪的法学泰斗富勒为代表的新自然法学,继承了古典自然法理论的基本观点,以追求法律的道德价值为基本特征,但是富勒特别强调将道德作为法律的程序性要求。富勒基于对“许多年以来,英语世界中的法律哲学基本上是被奥斯汀、格雷、霍姆斯和凯尔森的传统主宰着”[⑤]的现象的不满,在《法律的道德性》一书中系统地提出了法律的八个方面的内在道德:法律的一般性,法律的公开性,法律不溯及既往,法律的清晰性,法律不能相互矛盾(内在逻辑一致性),法律不能要求不可能之事,法律的连续性,官方行动与公布

① ［美］博登海默:《法律与其他社会控制力量的差别》,潘汉典译,《中国法律评论》2014年第4期。

② ［意］阿奎那:《论法律》,杨天江译,商务印书馆2016年版,第6—7页。

③ ［意］阿奎那:《论法律》,杨天江译,商务印书馆2016年版,第11页。

④ ［意］阿奎那:《论法律》,杨天江译,商务印书馆2016年版,第33页。

⑤ ［美］富勒:《法律的道德性》,郑戈译,商务印书馆2005年版,第二版序言。

的规则之间的一致性。[①] 这八种内在道德也被称为法律合法性的八项原则,也就是富勒所说的法律的内在道德——程序性道德。富勒所说的自然法是法律活动所遵循的法则,它们无论从起源还是从应用上讲都是人间的,可以区分为实体自然法与程序自然法,其所称的法律的内在道德乃是一种程序自然法。他指出:“历史上几乎每一位影响或大或小的法哲学家都曾偶然宣称法律应当公布,以便使那些受其约束的人们知道其内容。但很少有人感到有必要为这一命题提供充分的理由或者将其纳入到某种更全面的理论的覆盖范围之内。”[②]美国宪法的自然法基础通常被学者们追溯到 17 世纪的英格兰——这是一个抗议、弹劾、密谋和内战的世纪,既有的制度经历着彻底的重新审视。这一时期的文献集中地体现为两种形式:匿名小册子和司法意见——密集地、而且几乎完全地关注着富勒认为属于法律的内在道德之范畴的那些问题,诸如法律的自相矛盾、不可能遵循的法律、议会在废除某些法律之前便做出与其制定的法律相抵触的举动,等等。富勒所称的法律的内在道德不少是在司法判决中确立的。例如,1677 年英国首席法官沃恩在托马斯诉索雷尔案的判决中说:“一部人不可能服从或无法依循的法律是无效的,并且不算是法律,因为人们不可能服从前后矛盾(的规则)或依其行事。”[③]富勒最推崇的是柯克法官在支持博纳姆医生诉讼请求的判决中流传下来的最著名的宣言:“任何人都不能在与自己相关的案件中充任法官,任何人在涉及自身的案件中担任法官都是违背公平原则的;而且任何人都不能同时担任法官和一方当事人的律师。”[④]这一宣言被认为是自然法观点的经典表述,从中可以看出是多么强调程序。

哈特批评富勒说:无法将这八项法治的要求称为道德,认为这些所谓的

① 参见[美]富勒:《法律的道德性》,郑戈译,商务印书馆 2005 年版,第 110 页。

② [美]富勒:《法律的道德性》,郑戈译,商务印书馆 2005 年版,第 116 页。

③ [美]富勒:《法律的道德性》,郑戈译,商务印书馆 2005 年版,第 40 页。

④ [美]富勒:《法律的道德性》,郑戈译,商务印书馆 2005 年版,第 118 页。

"道德"的确内置于法律当中,但是无论如何也无法称其为道德。因为哈特关注的只是目的,而目的并不必然具备道德属性。富勒之所以将这八项自然法称为"法律的内在道德",是因为它们关注的不是法律规则的实体目标,而是使得规则系统得以有效的方式,并使得规则具备它们应当具备的那些品质。①

哈贝马斯首创的程序主义法律范式更是强调了程序性道德。道德"不仅与法律相互补充,而且在法律扎下根子的道德,当然具有纯粹的程序性质;它已经摆脱了全部特定的规范内容,而升华为可能的道德规范内容之论证和运用的一种程序。这样,程序法和程序主义道德可以进行相互审核。"②韦伯把现代理性法与实证化的"形式法"对立起来,认为不可能"存在一种纯粹形式的自然法"。对此,哈贝马斯批评道,韦伯不对法律做结构与实质之区分,是试图"把'自然'和'理性'混同于形式法急于摆脱的价值内容,他把后传统论证层次的程序属性错误地等同于实质性的价值取向。因此,他没有看到社会契约模型……可以理解为是建议一种特定程序,这种程序的合理性将确保任何合乎程序地产生的决定的正确性。"③从论辩逻辑的角度看,通过法律程序而建制化的论证过程,仍然向道德商谈开放。据此,哈贝马斯提出如下的假设:"以合法律性为中介的合法性之所以可能,是因为产生法律规范的程序也是在道德实践之程序合理性的意义上是合理的,是在这意义上合理地实施的。"④只有以程序主义方式提出的道德理论和正义理论,才许诺一种对原则进行论证和评价的公平程序。规范论证和有约束力之规则的运用中的公平性观念,是通过从道德角度判断实践问题的一些程序,在现行法律、立法程序和

① 参见陈景辉:《法律的内在价值与法治》,《法制与社会发展》2012 年第 1 期。

② [德]哈贝马斯:《法律与道德》,见哈贝马斯:《在事实与规范之间——关于法律和民主法治国的商谈理论》附录一,童世骏译,生活·读书·新知三联书店 2014 年版,第 583 页。

③ [德]哈贝马斯:《法律与道德》,见哈贝马斯:《在事实与规范之间——关于法律和民主法治国的商谈理论》附录一,童世骏译,生活·读书·新知三联书店 2014 年版,第 565 页。

④ [德]哈贝马斯:《法律与道德》,见哈贝马斯:《在事实与规范之间——关于法律和民主法治国的商谈理论》附录一,童世骏译,生活·读书·新知三联书店 2014 年版,第 567 页。

司法程序之间确立起建构性联系的。这个公平性观念构成了实践理性的核心。[①] 合法律性的合法性何以可能,是哈贝马斯长期思索的一个问题。他给出的答案是,扬弃自由主义法律范式与福利国家法律范式,构建程序主义法律范式,认为"具有赋予合法性力量的是一些程序,它们把进行论证的要求以及论辩地满足这些要求的途径加以建制化。这种纯粹的、先于任何建制化的程序所具有的合理性,是根据道德的观点是否在其中得到恰当阐述而加以评价的。"[②]这种程序主义正义理论,有三个候选对象:"罗尔斯契约协议模式、科尔伯格角色承当模式、阿帕尔和哈贝马斯道德论辩程序模式……。这三种模式的出发点都是康德传统,但它们用来阐明公平意志形成过程之程序的模式各不相同。前两种模式存在一个共同的缺点:'没有充分重视道德判断要求承认的认知上的有效性。根据契约模式,道德洞见被等同于具有合理选择性质的决定;根据角色承当模式,道德洞见被等同于身临其境的理解行动'。只有道德论辩程序模式,是'把道德论辩本身理解为合理的意见形成过程的恰当程序'。程序主义的法律和对于原则的道德论证是相互蕴含的。合法律性只有在如下程度上才能产生合法性:法律秩序对随着法律实证化而产生的论证需要做出反思的反应,作为这种反应的结果,一种能受到道德商谈影响的法律的决策程序获得了建制形式。"[③]哈贝马斯超越自然法与实证法范式而创立程序主义法律范式,试图在这一范式中解决法律与道德的关系,但纵观其关于法律与道德关系的论述,观点常有变动,关于道德的界说不清晰,有时说有些法律原则就是道德内容,有时又说在法律扎下根子的道德具有纯粹的程序性质。当然,他对道德的程序性质的强调是一以贯之的,这与其程序主义法律范式相

① 参见彭凤莲:《论复杂社会法律与道德的关系——哈贝马斯关于破解西方法治国危机的思考》,《哲学分析》2020 年第 2 期。

② 彭凤莲:《论复杂社会法律与道德的关系——哈贝马斯关于破解西方法治国危机的思考》,《哲学分析》2020 年第 2 期。

③ 彭凤莲:《论复杂社会法律与道德的关系——哈贝马斯关于破解西方法治国危机的思考》,《哲学分析》2020 年第 2 期。

一致。

说道德性是中国特色社会主义法律的内在要求，就是要反对仅仅从工具意义上来理解德治。如果仅仅把道德当做工具，认为道德不符合像法律一样的权威性、统一性、程序性等工具特征就不能倡导德治，那么不仅误解了德治，同时也误导了法治。道德和法律都不再仅仅是劝导或强制人们服从统治的手段，道德和法律都拥有各自的价值的同时，还拥有共同的价值——尊重人，尊重人的自由和选择，把人作为最高目的。①

我国法律强调道德性由来已久。中华法系被称为伦理法，正是因为它浸润了浓浓的伦理道德味。德主刑辅自汉代开始就成为封建统治者推崇的一种治国之道。新中国成立后逐渐开启社会主义法律建设模式，党的十一届三中全会以来又进入中国特色社会主义法律建设模式。当下，理论界和实务界均承认，法治中国的建设仍然有大量的法律道德主义的理论和事实空间，就理论空间而言，受制于强韧的德治传统和社会心理影响，当代中国其实很难接受没有道德内容的法治观。② 法律有效性模态的道德性期待，是人们会在合理推动下承认一种只能通过论辩才能兑现的规范有效性主张。这表明有效性的法律不可能是独裁者的意志、不可能是统治者的命令，而是需要合理推动——比如，个人之间相互交往与联合的自由、公民的政治参与，需要政府提供保障，需要通过主体间的、民主程序的论辩。中国特色社会主义法律有效性模态的道德性诉求应包括两个基本面向：一是法律的实体性道德，二是法律的程序性道德。

（二）中国特色社会主义法律的实体性道德性建设

在我国，普及道德教育入宪、社会主义精神文明建设入宪，尤其是社会主

① 孙莉：《德治与法治正当性分析——兼及中国与东亚法文化传统之检省》，《中国社会科学》2002 年第 6 期。

② 参见杜宴林：《司法公正与同理心正义》，《中国社会科学》2017 年第 6 期。

义核心价值观入宪,都彰显了宪法的道德性。民法是百姓生活的百科全书,在这类法律规范中不一定缺少,通常也确实不缺少道德内容。我国原《民法总则》、现《民法典》开篇第 1 条都将"弘扬社会主义核心价值观"作为制定本法的重要目的之一,民法的自愿原则、公平原则、诚信原则、公序良俗原则、节约原则无一不具有道德性质。在刑法学领域,向来有自然犯与法定犯的区分,其中自然犯——如杀人、抢劫、强奸、伤害、偷窃、拐卖人口等基本犯罪现象,便是在道德上应受到谴责的。法律的实体性道德在我国法律中已有一定体现,或隐或现,除前面列举的之外,还有诸如父母子女之间的赡养抚养、常回家看看,等等。当下,中国特色社会主义法律的实体性道德建设有三个重点:

第一个重点是社会主义核心价值观入法入规。法律必须以道德为基础,依法治国与以德治国相结合的原则,就隐含了法律必须以道德为基础的命题。"中国当代的依法治国之法,应是现代之法;以德治国之德,应是符合现代精神之德。因此,依法治国之法,只有以现代道德为基础,才能成为自由之法、平等之法、民主之法和宽容之法。中国的法治只有以这种道德为基础,才能保护和促进人权事业,才能得到民众的拥戴、支持和信仰。"①2016 年 12 月,中共中央办公厅、国务院办公厅印发了《关于进一步把社会主义核心价值观融入法治建设的指导意见》,围绕运用法律法规和公共政策向社会传导正确价值取向,具体部署社会主义核心价值观融入法治建设。2018 年 3 月,社会主义核心价值观被写入宪法,成为国家意志的体现。2018 年 5 月,中共中央印发《社会主义核心价值观融入法治建设立法修法规划》,明确提出,"着力把社会主义核心价值观融入法律法规的立改废释全过程,确保各项立法导向更加鲜明、要求更加明确、措施更加有力。"这为进一步推动实现良法善治指明了方向和路径,使法治和德治在国家治理中相互补充、相互促进、相得益彰,共同推进国家治理体系和治理能力现代化。推动社会主义核心价值观入法入规,正

① 高鸿钧:《德沃金法律理论评析》,《清华法学》2015 年第 2 期。

是建立在对法律和道德在国家治理体系中功能定位和相互关系的正确认识基础之上的。2018年9月，最高人民法院发布《关于在司法解释中全面贯彻社会主义核心价值观的工作规划（2018—2023）》，旨在培育和践行社会主义核心价值观，统一裁判标准和裁判尺度，努力让人民群众在每一个司法案件中感受到公平正义。德治与法治如何结合，核心价值观如何融入法律法规，过去法学界不无争议，有学者主张，"以法治的方式推动德治的实现不仅破坏了法的形式合理性和相对独立性，而且也有使道德固化的可能性。"①有学者认为，"从治国方略的意义上说，当代中国只能将法治定位为治国方略，而德治只能作为法治的精神基础产生作用。"②社会主义核心价值观融入法治建设，"应该注意为法治建设奠定良好的文化和道德基础，为法治建设凝聚社会价值共识，从而使我国法律体系能够符合社会文化、价值观念的发展需要。"③

社会主义核心价值观的本质是集体主义，社会主义核心价值观的灵魂是自由平等公正法治，社会主义核心价值观是以德治国的灵魂，以德治国的关键是培育与践行社会主义核心价值观。④ 党的十八届四中全会公报指出："法律是治国之重器，良法是善治之前提。建设中国特色社会主义法治体系，必须坚持立法先行，发挥立法的引领和推动作用，抓住提高立法质量这个关键。要恪守以民为本、立法为民理念，贯彻社会主义核心价值观，使每一项立法都符合宪法精神、反映人民意志、得到人民拥护。"

社会主义核心价值观入法入规大致有四种方式：一是核心价值观在法律条文中直接显现出来。如"爱国"是社会主义核心价值观之一，我国宪法第24

---

① 参见孙莉：《德治与法治正当性分析——兼及东亚与中国传统法文化之检省》，《中国社会科学》2002年第6期。

② 参见姚建宗、金星：《"法治"与"德治"在当代中国的定位与归位》，《法治现代化研究》2017年第3期。

③ 参见李德嘉：《论法治的价值观基础：社会治理中德法并举的本土资源》，《法学杂志》2019年第5期。

④ 参见覃正爱：《社会主义核心价值观的本质、灵魂及与"以德治国"的关系》，《理论视野》2015年第9期。

条第2款规定了"五爱"的公德,五爱之首便是"爱祖国";再如婚姻家庭法中的"婚姻自由"原则体现了"自由""平等"的社会主义核心价值观;2018年宪法修正案在民族关系中新增了"和谐"内容,体现了"和谐"的核心价值观。① 又如《民法典》中的诚信原则,既是法律原则,也是道德规范,体现了"诚信"的核心价值观。二是核心价值观在法律条文中以间接的方式呈现。如《老年人权益保障法》《妇女权益保障法》《未成年人权益保障法》都体现了"和谐""友善"的核心价值观,《民法典》之《合同编》较好地体现了"自由""平等"的核心价值观,《刑法》《刑事诉讼法》较好地体现了"平等""公正""法治"的核心价值观。三是通过某一具体部门法较全面地保障某一核心价值观。如《法官法》《检察官法》《教师法》《人民警察法》就体现了"敬业"的核心价值观。四是在依法治国全过程中体现核心价值观。例如民主立法、文明执法、公正司法、全民守法便体现了"民主""文明""公正""法治"的核心价值观。

现在有一种观点较为流行:法律的立改废,道德与法律应当具有内在一致性,应当根据明确的普遍认可的道德要求来调整法律,并以法律来保障道德践行;"对于法律的具体运行过程,法律具有自身的绝对独立性,不应该受到道德的影响。"②也就是说,道德对法律的影响当且仅当在立法阶段,在法律的施行过程中应当排除,这当然不对。道德浸润滋养法治应该是立改废释适(用)全过程全方位的。"法治社会的以德治国不是让国家直接制定和实施道德规范,将道德法律不加区分,而主要是强调立法要考虑道德教化的要求,执法和司法要在自由裁量的限度内鼓励优良道德操守,贬抑不道德行为。"③2016年3月8日,最高人民法院公布十起弘扬社会主义核心价值观典型案例。同年8

① 2018年宪法修正案将宪法序言第11自然段中"平等、团结、互助的社会主义民族关系已经确立,并将继续加强。"修改为:"平等团结互助和谐的社会主义民族关系已经确立,并将继续加强。"

② 余卫东、鲁琴:《法律与道德的二律背反及内在张力——从哈特与富勒的世纪论战谈起》,《湖北大学学报(哲学社会科学版)》2018年第4期。

③ 童之伟:《国家监察立法预案仍须着力完善》,《政治与法律》2017年第10期。

月 23 日又公布 10 起弘扬社会主义核心价值观典型案例。2020 年 5 月 13 日，再次公布弘扬社会主义核心价值观十大典型民事案例，包括董存瑞、黄继光英雄烈士名誉权案纠纷公益诉讼案、吃“霸王餐”逃跑摔伤反向餐馆索赔案等，涉及英烈保护、见义勇为、公序良俗、诚信友善、孝老爱亲等方面。这些典型案例即是在司法中体现的核心价值观。社会主义核心价值观与中华民族优秀传统文化同符合契，与民法的平等、诚信、公序良俗等原则息息相通。新时期，面对世界范围思想文化交流交融交锋形势下价值观较量的新态势，面对改革开放和发展社会主义市场经济条件下思想意识多元多样多变的新特点，审判工作在多元价值判断、复杂利益平衡以及核心价值观培育、引领、践行等方面面临诸多挑战。

天津仿真枪案、内蒙古收购玉米案等引起很大争议，反映的是案件办理存在机械执法、司法问题，违背了公众的道德情感。在具体案件当中，如果仅考虑法律，不顾及道德情感，就可能会出现裁判不当。所以要强调依法治国与以德治国相结合，强调德法兼修。法官要学会把道德的标准和情感与法律结合，才能得出合法又符合社情民意的判决，这也是规律性的认识。电梯劝阻吸烟案的二审改判让人叫好，正是因为该案的二审支持了市民践行公共道德责任，做了正能量的守护者。2017 年 5 月 2 日，郑州市医生杨某劝老人段某不要在电梯里吸烟，二人发生口角，随后段某因情绪激动而心脏病发作，抢救无效离世。段某家属起诉杨某，要求赔偿 40 余万元。一审法院适用公平原则，判决杨某补偿死者家属 1.5 万元。原告上诉，2018 年 1 月 23 日，二审判决认为，一审判决适用法律错误，损害了社会公共利益，“本案中杨某劝阻吸烟行为与段某死亡结果之间并无法律上的因果关系”。因此，撤销一审判决，驳回原告诉讼请求。此案终审认定劝阻者无责，引起舆论的一致好评。该判决在维护社会公共利益、增进社会道德和公民的文明素养方面，具有重要的现实意义和社会价值。2018 年，《我不是药神》的电影，深获好评。该电影取材于现实中的案件。该案当事人无偿为国内慢粒性白血病患者从印度代购“格列卫”抗癌药品,公安机关以涉嫌妨害信用卡管理罪、销售假药罪移送起诉。2015 年 2 月,湖南沅江市人民检察院作出不起诉决定,被称为德法合治的成功案例。泸州二奶遗赠案,也是德法合治的成功案例。1994 年,黄某(有家室)认识一张姓女子,第二年同居。黄妻蒋某发现后劝告无效。1996 年底,黄某与张某公开以“夫妻”名义生活。2001 年 2 月,黄某肝癌晚期,张某以妻子的身份照顾黄某。同年 4 月 18 日,黄某立下遗嘱:“我决定,将依法所得的住房补贴金、公积金、抚恤金和卖泸州市江阳区一套住房售价的一半(即 4 万元),以及手机一部遗留给我的朋友张某一人所有。我去世后骨灰盒由张负责安葬。”该遗嘱进行了公证。黄某去世后,张某根据遗嘱起诉索要财产和骨灰盒。2001 年 10 月 11 日法院公开宣判,认为:黄某将遗产赠送给“第三者”的这种民事行为违反了《民法通则》第 7 条“民事活动应当尊重社会公德,不得损害社会公共利益……”的规定,因此法院驳回原告张某的诉讼请求。该案将遗产赠送给破坏婚姻的“第三者”,违背社会的公序良俗,后来 2017 年《民法总则》、2020 年《民法典》第 8 条将民事主体从事民事活动不得违背公序良俗作为一项原则写进了第一章“基本规定”中。

2019 年暑假,笔者前往安徽凤阳小岗村开展主题教育活动时得知,优秀驻村第一党委书记沈浩刚到小岗村不久,因改革触动了部分人的既得利益,一天晚上,他工作完回村部其住地时遭到一群人的殴打。报案后经公安机关查明嫌疑人是小岗村的几个年轻人后,公安机关应沈浩主动要求而撤案。该案的处理,情理法兼顾,嫌疑人及其家人非常感激沈浩不要求追究法律责任之恩,为沈浩后来在小岗村的改革和各项工作的顺利推进奠定了良好的人际关系基础。

第二个重点是把握好道德法律化的限度,尤其是“道德的法律强制”的限度。道德规范通常包括三类:禁止损他的道德规范、倡导利他的道德规范与劝告自我完善的道德规范。中国自古就有君子文化,所以总是喜欢用高标准的道德要求他人和自己。阿奎那将人的行为分为三种:一是本质上是善的,如德性行为，这是法律所鼓励的；二是本质上是恶的行为，如不道德的行为，这是法律所禁止的；第三种行为是中性的，这是法律所准许的。① 道德规范入法也有悠久的历史，但是不同的道德规范入法的价值取向不同。可以刑法化的只能是禁止损他的道德规范；倡导利他的道德规范可以写进宪法、民法；劝告自我完善的道德规范因只涉及自己一个人的行为，一般不宜入法。密尔说："凡国家所可禁制其民者，将必使之不得伤人而已。"②"今夫一人所为，而他人显受其弊，取而刑之，有国之通义也。"③哈特也关注"道德的法律强制"："如果某种特定的行为不符合一般道德标准，是否仅凭此一情况就已经足够使之成为可由法律惩罚的行为？而如此地强制执行道德，其本身能否获得道德之许可呢？此类不道德行为就应该是犯罪吗？"④他说，"在一个较严格的意义上说，密尔有关对道德的法律强制之论述好像是正确的。"⑤密尔与哈特所说的"道德的法律强制"显然都是关涉刑法犯罪的，意即哪些道德规范可以或应该入刑，但是他们都没有关注到"道德的法律宣扬"一面，这不能不说是一个遗憾。随着道德与法律的互动发展，道德的法律化并不只是"道德的法律强制"问题，耶夫·西蒙说："法"代表着一种与共同善相关的规则，"公民共同体的规则，称之为法的，是应当鼓励奉献、尊重、敬畏的优越之物。"⑥倡导利他的道德规范是可以作为"道德的法律宣扬"一面入法的，比如核心价值观入宪。菲尼斯认为，法律缺乏道德上的权威，在良知上不具有约束力，是恶法；对恶法，人们在道德上既没有义务遵守它们，也没有义务不遵守它们。⑦

"道德的法律强制"本身就是一个道德问题，所以道德的法律化限度必须

① ［意］阿奎那：《论法律》，杨天江译，商务印书馆 2016 年版，第 37 页。

② ［英］约翰·穆勒：《论自由》，严复译，北京联合出版公司 2013 年版，第 8 页。

③ ［英］约翰·穆勒：《论自由》，严复译，北京联合出版公司 2013 年版，第 9 页。

④ ［英］哈特：《法律、自由与道德》，支振锋译，法律出版社 2006 年版，第 3 页。

⑤ ［英］哈特：《法律、自由与道德》，支振锋译，法律出版社 2006 年版，第 5 页。

⑥ ［法］耶夫·西蒙：《自然法传统——一位哲学家的反思》，杨天江译，商务印书馆 2016 年版，第 135 页。

⑦ 参见［英］约翰·菲尼斯：《自然法理论》，吴彦编译，商务印书馆 2016 年版，第 79 页。

明悉。哈特把道德分为两个部分——维持社会存在所必需的基本道德和非基本道德。诚实守信、公平正义以及禁止强奸、盗窃、诈骗就是基本道德,法律应责无旁贷地进行强制;而卖淫、吸毒、通奸是道德的非基本部分,不应该接受法律强制——不应该作为犯罪惩罚,但应通过立法禁止。

但是,要警惕,法律与道德不能完全重合,道德法律化要有限度,尤其是"道德的法律强制"不能泛化,需要遵循一定的标准。"道德规范在什么条件下转化为法律规则?当人们感到某些规则是如此之重要,以致不遵守这些规则,人类社会就无法继续存在,从而产生要求社会组织起来的权力来强迫人们遵守这些规则时,这些规则就转化为法律规则。"①道德法律化和去法律化都是毋庸置疑的,是法律和道德互动的基本规律,均已被历史和现实所证实。道德法律化的标准和条件应该是:行为涉及多数不特定人的人身和财产利益,纠纷需要寻求法律解决,道德已无法通过舆论谴责和良心自律解决问题,比如杀人行为、强奸行为、重婚行为、不赡养老人行为、基因编辑用于生殖行为。道德去法律化的标准和条件,则是社会观念的转变,公众对一些不道德行为宽容对待,不再把它看作危害社会或损害他人的行为,比如通奸行为。"法律与道德的相互转化或双向流动是人类法律发展史上的壮丽景观:一方面,每个时代总是将该社会至关重要的道德准则法律化,道德规范因而得以不断地上升为法律规范;另一方面,随着社会的发展,每个时代都会根据自身的状况将某些不再具有根本的重要性或者不再经常横遭践踏的行为规则由法律转化为道德,因而许多行为规范得以逐渐退出法律领域、重返道德世界。这种双向流动在今后相当长的时期里仍将构成人类法律发展的基本格局。"②"但就更为长远的历史趋势而言,由法律到道德的流向将日益显著,并逐渐占据主导地位,从而使得未来的法律发展在总体上呈现出趋向于道德的态势,其首要标志便是

① 张恒山:《法理要论》(第三版),北京大学出版社2009年版,第116页。

② 胡旭晟:《法的道德历程——法律史的伦理解释(论纲)》,法律出版社2006年版,第179页。

法律强制力的日渐减弱(这种趋势在现代西方的法学界已经有所反映),这将启示我们应当更加关注法律的内在(道德)机制,而把法的外在强制推至最后的防线。”①现如今,二者的转化都不会大规模进行。法律的道德性对法律是一个永恒的话题,也是现代法治的基础,但它不是简单的道德法律化,而是要求在法治的各个环节和阶段,都要高度重视法治的公平正义精神,把握正确的价值取向,而不是机械立法、僵化执法。② 也就是要充分考虑社会的可接受性。

第三个重点是用法律解决道德领域突出问题。民法中的诚信,刑法中的盗窃类犯罪、诈骗类犯罪、背信类犯罪,都是希冀通过法律解决道德领域突出问题。前述电梯劝阻吸烟案二审的正确改判是在用司法支撑巩固道德观念。前述长春长生生物科技有限责任公司案,国家出台《关于改革和完善疫苗管理体制的意见》,便是拟用法律解决道德领域突出问题。一次次揪心的疫苗事件,让疫苗受种者伤残,让社会陷入恐慌或造成恐慌气氛,“有关行动在整个社会产生了危险和恐慌。最初仅仅是个人性的恶,现在在恐惧的形式下到处扩散。”“如果有关行动没有被制止,这将导致一种普遍的和持久的失望,劳动的停止,和最后,社会的解体。”③严重的疫苗安全事件的严重社会危害性显而易见。因此,在规定药品犯罪的同时突出疫苗犯罪是必要的,假劣疫苗直接入刑符合中国人对刑法的认知和对道德的认知:刑法都规定为犯罪了,说明很严重了;疫苗主要用于婴幼儿,只顾昧着良心赚钱而不顾婴幼儿的健康成长,在疫苗上做手脚,实在太缺德,应该受到道德谴责。疫苗事件一波又一波,由个人性的恶扩散到全社会,每一次重大的疫苗事件都造成一种新的恐慌,法律的虚

---

① 胡旭晟:《法的道德历程——法律史的伦理解释(论纲)》,法律出版社 2006 年版,第 180 页。

② 参见李克杰:《国家治理现代化视阈下的法律、道德与组织规范关系》,《北方法学》2015 年第 3 期。

③ [英]边沁:《立法理论》,李贵方等译,中国人民公安大学出版社 2004 年版,第 72—73 页。

弱——绝大部分按照非法经营罪处理,极少数按照假劣药品犯罪处理——加强了这类混乱,并传播一种普遍的恐慌。社会普遍的恐慌使有关疫苗的非法研制、生产、流通、使用具有了犯罪的性质,并使惩罚成为必需。如果逃脱惩罚的愿望得到了满足,或者罚不当罪——本应得到更重的处罚(生产、销售假药罪与生产、销售劣药罪)却只得到较轻的处罚(非法经营罪),刑法的威慑力就会下降。涉疫苗犯罪的庞红卫案,以非法经营罪定罪量刑就是例证。因此,需要刑法对疫苗犯罪作出新的回应。

“法律是外化于道德生活的见证和积淀。”①一部新法或一个新的法律规范怎么会被创造出来?“戴雪(Dicey)已经向我们表明了公众观念的变迁是如何影响法律变迁的。当然,没有人会说这样的公众观念就是法律,但其在法律的生成中是不可或缺的。”②一旦失望反复出现,显然已不可避免,就有可能被规范化。经过事后的规范化,失望的情形会引起规范建构表达。③ 人们在疫苗问题上的一次次失望,催生了疫苗被刑事法律规范化的可能。“立法者应以公共利益为目标……了解共同体的真正利益是什么,乃立法科学使命之所在。”④假劣疫苗入刑同样要以我们的伦理政治共同体为目标。疫苗犯罪的入刑不是立法机构通过技术变化法案。人们期待“更好的”法律对人们会有更好的结果。虽不能指望每一弊端均有一部矫治性的法律以消除之,但立法要善于保存与肯定民众心中一种确定无疑、颇堪褒扬的倾向,立法不可能凭空制造出来。疫苗立法同样要接地气,不能是纯制度、纯“改革”,否则对社会的作用只会是泛起一丝涟漪。法律的历史其实就是一个民族道德发展的历史,法律的实践必然会引导社会培养良民和塑造好人。⑤ “人们认可法律,是因为

① 参见[美]霍姆斯:《法律的道路》,李俊晔译,中国法制出版社 2018 年版,第 13 页。

② 吴经熊:《法律哲学研究》,清华大学出版社 2005 年版,第 296 页。

③ 参见[德]尼可拉斯·卢曼:《法社会学》,宾凯、赵春燕译,上海世纪出版集团 2013 年版,第 407 页。

④ [英]边沁:《立法理论》,李贵方等译,中国人民大学出版社 2004 年版,第 1 页。

⑤ 参见[美]霍姆斯:《法律的道路》,李俊晔译,中国法制出版社 2018 年版,第 13 页。

他们期待的事务状态应当建立在某种公正或者其他良好价值的基础之上，也正是在这个意义上，法律‘体现’价值。”①法律，解释并表达社会规范。自埃米尔·涂尔干（法语：Émile Durkheim，1858–1917）以来，社会学家一直对刑法规范的象征性职能很感兴趣。犯罪和惩罚标划出社会的道德界限。犯罪不仅因为它本质上危险必须惩罚，而且因为它触犯了社会的团结。它是对“共同良心”的打击。② 法律充满了从道德规范中抽象出来的专业术语，同时也要受到道德的制约。但是道德对法律的制约力并非遍及整个道德体系。对于大多数情形而言，法律被限制在道德体系之内。③ 因此，针对疫苗犯罪的立法，不能只是在美学或系统意义上满足一种专业需要，更要满足社会需要，这样才能承担起整合社会的功能，才能经得起法律与道德的双重追问。④“立法之大要，必令善人劝其德而乐其政，邪人痛其祸而悔其行。”⑤“凡立法者，非以司民短而诛过误，乃以……平赏罚而无阿私，故能使辟奸邪而趋公正。”⑥

（三）中国特色社会主义法律的道德程序建设

法律的程序性道德在中国学界还是一个比较陌生的命题，又确实是一个需要重视的命题。富勒所说的法律的内在道德其实就是法律的程序性道德。富勒特意对“程序”一词做了解释：“程序”这个词应当被赋予一种特殊的以及扩展的意义，以便使它包括像官方行动与公布的法律之间的实质性一致的含义；“程序”这个词显示出“我们在这里所关注的不是法律规则的实体目标，而是一些建构和管理规范人类行为的规则系统的方式，这些方式使得这种规则

---

① ［英］尼尔·麦考密克：《法律推理与法律理论》，法律出版社 2018 年版，第 281 页。

② 参见［美］劳伦斯·M.弗里德曼：《法律制度——从社会科学角度考察》，李琼英、林欣译，中国政法大学出版社 2004 年版，第 22 页。

③ 参见［美］霍姆斯：《法律的道路》，李俊晔译，中国法制出版社 2018 年版，第 15、17 页。

④ 参见彭凤莲：《假劣疫苗刑法规制的回应性与整全性》，《法学评论》2020 年第 1 期。

⑤ 王符：《潜夫论·断讼》。

⑥ 王符：《潜夫论·德化》。

系统不仅有效,而且保持着作为规则所应具备的品质”。① 这对当下如何实现中国特色社会主义法律有效性模态的道德性的程序面向颇有启发。

中国特色社会主义法律的道德程序建设有两个重点:

一是法律程序建制化的论证过程的道德论辩。阿列克西(Robert Alexy,1945-)认为,道德论辩是受规则支配的、以理性的方式平衡利益的独特活动。对于现代法律系统具有核心意义的是法律上建制化的程序的概念,包括立法、司法和行政的程序建制化,目的是使规范的产生规范化。这实际上就是程序正义的建构,程序正义被称为“看得见的正义”,是英美法系国家的一种法律文化传统和观念。而我国传统上一向重视实质正义甚于程序正义,这在立法、司法和执法过程中都有不同程度的体现。一些领导听下属汇报工作时经常说,我没有时间听你讲故事,我只要结果。“只要结果,不问过程”的思维和做法助长了程序正义的缺失。地方立法权放开之后,地方立法成果呈井喷趋势,但其科学性如何?合法性如何?是否经过了建制化的道德论辩?是真的有必要立法还是就只是为了某种考核加分?因此建制化过程的道德论辩不仅是必须而且要审慎。“合法律性的合法性之所以可能,是因为法律程序与服从其自身程序合理性的道德论辩之间的一种相互交叉。”②我国广泛开展的立法协商、立法草案向全民征求意见都是在立法中践行群众路线,是立法过程中的道德论辩。2018 年新修订的《刑事诉讼法》新增的认罪认罚从宽制度便体现了司法过程的道德论辩。

二是力求“官方行动与公布的规则之间的一致性”。建制化程序本身是否合理?立法、执法与司法是否遵从了建制化的程序?公布的规则对官方行动是否具有约束力?官方行动与公布的规则之间不一致的后果是什么?这些都是法律的道德程序建设的内容。事实上,我们经常能够看到官方行动与公

---

① [美]富勒:《法律的道德性》,郑戈译,商务印书馆 2005 年版,第 114 页。

② [德]哈贝马斯:《法律与道德》,见哈贝马斯:《在事实与规范之间——关于法律和民主法治国的商谈理论》附录一,童世骏译,生活 · 读书 · 新知三联书店 2014 年版,第 567 页。

布的规则之间存在的不一致性,也就是你立法、定规则是一套,我执法、司法、守法是另一套,中国人常说的“上有政策,下有对策”能很好地对其中的奥妙进行诠释。党的十八届四中全会提出:党要领导立法、保证执法、支持司法、带头守法。“带头守法”蕴含了以下意义:作为执政党、党员领导干部、关键少数在履行职责时的“官方行动”,必须与公布的规则相一致,也就是依法依规履行职权——依法执政、依法立法、依法行政、依法司法。然而现实中,有的领导干部凡事自己说了算,大搞一言堂,以言代法;有的认为依法办事条条框框多、束缚手脚、效率低,只要能办成事,不一定按照规矩来,什么办法都可以用;有的甚至目无法纪、玩忽职守、滥用权力,最终走上违纪违法乃至犯罪的道路。在官方行动中,这种不带头守法的现象严重损害了党和政府的形象,让党和政府的公信力严重受损。中国学者经常引用的塔西佗陷阱这种社会现象,指的就是当政府部门或某一组织失去公信力时,无论说真话还是假话,做好事还是坏事,都会被认为是说假话、做坏事。这就是为什么党要管党、党要治党、从严治党,为什么执政要依法、立法要依法、行政要依法、司法要依法了。党的十八大以来,一系列冤假错案被纠正,很好地诠释了有错必纠的司法原则,同时也表明依法司法、公正司法观念逐渐深入人心。

只有满足了法律有效性的道德向度,法律的社会效果才能得到承认。道德为法律的正当性提供道义支持。“道德建设应当主动引领法制建设,为立法行为指明方向、提供道义支持,将公正等道德价值融入法律规范。”①中国特色社会主义法律的道德性,不仅涉及执政者的道德素质,而且还涉及立法者、执法者、司法者、守法者的道德素质。因此,在全面依法治国的进程中,有必要实行重视道德践行的以德治国。“法律在现实中的具体命运取决于社会道德对它的支持程度,或者说,法律的实现在很大程度上依赖于法律在

① 罗国杰主编:《建设与社会主义市场经济相适应的思想道德体系》,人民出版社 2011 年版,第 20 页。

观念上的'道德化',即法律转化为人们内在的善恶观念与外在的道德舆论。"①

小　结

依法治国是宪法确认的治国方略,依法治国与以德治国相结合是实现全面依法治国总目标必须坚持的一个原则。这是两个不同层面的问题。中国主张的"依法治国与以德治国相结合",从构词法上来看是二者之间的结合,而从其实质内容上来看则是三维空间的关系:法律、道德与政治,因为治国是最大的政治。法律有效性模态理论就是研究这三者之间的关系的。法律有效性模态,既区别于法律有效性向度,又与法律有效性向度密切联系。

中国特色社会主义法律的有效性理论在实践中不断被创新,形成了法律效果、政治效果与社会效果相统一的有效性模态主张。中国特色社会主义法律有效性模态主张的政治性诉求是期待人们会服从决定和强制;实现路径是坚持中国共产党的领导,坚持依法执政,坚持中国特色社会主义法律的政治性与人民性的统一,把握法的工具性与法的不可随意支配性环节之间的平衡。中国特色社会主义法律有效性模态主张的道德性诉求包括法律的实体性道德与法律的程序性道德两个基本面向。前者建设的重点是:社会主义核心价值观入法入规,"道德的法律强制"与"道德的法律宣扬"及其限度;后者建设的重点是:法律程序建制化的论证过程的道德论辩,官方行为与公布的规则之间的一致性。中国特色社会主义法律有效性模态的政治性与道德性均具有鲜明的意识形态属性和时代内涵,是依法治国和以德治国相结合得以有效的政治前提和道德基石。

---

① 胡旭晟:《法的道德历程——法律史的伦理解释(论纲)》,法律出版社 2006 年版,第 174 页。

法律的有效性，不单单是指法律一经生效而具有的拘束力，而且还指生效法律的可接受性，法律的有效性模态是事实有效性与规范有效性在分离前提下的对立统一。在天命、神灵基础崩塌后，法律的合法性需要论证，违背规律的法律、违背人性的法律、没有经过道德论辩的法律，即使经权威部门颁布生效后其规范有效性也是有问题的。一国的“法治应既具有本国传统的血脉根基，又具有现代的精神气质；既能体现本国独特的法律智慧，又能包容人类普适法律价值；既能切合本国社会的发展需要，又能为人类法律文明和世界和平做出重要的贡献。”①中国特色社会主义法律的有效性模态也应该是事实有效性与规范有效性的对立统一，当然中国特色社会主义法律有效性模态的政治性与道德性均具有鲜明的意识形态属性和时代内涵，例如党的十九大报告指出法治改革的起点在于解决“发展不平衡不充分”这一关键问题，②以回应我国社会主要矛盾的变化。当代中国已进入新时代，应“高度正视当代全球化进程的新变化及其对人类制度与法治文明带来的深刻影响，在积极参与全球治理变革进程、努力推动构建人类命运共同体的同时，深入分析人类社会法治文明演进过程的新趋向新特点，坚定地探索新时代法治现代化的中国模式，坚定地走出一条自主型法治现代化的中国道路。”③中国式法治现代化是中国式现代化的应有之义。

① 高鸿钧：《美国法全球化：典型例证与法理反思》，《中国法学》2011 年第 1 期。

② 参见汪习根、陈骁骁：《习近平关于中国特色社会主义法治重要论述的科学构成》，《中共中央党校学报》2018 年第 6 期。

③ 公丕祥：《新时代中国法治现代化的战略安排》，《中国法学》2018 年第 3 期。

第六章　依法治国与以德治国相结合是国家治理现代化的终南捷径

"治理"在中国并不是一个新词,如治国理政、治理"脏乱差"等,因此一般意义上的治理是人类在主观能动性的支配下改造客观世界的行为方式,不同的国家有不同的治理方式。然而,将治理与现代性相联系则是晚近的事。自20世纪90年代起,治理一词被西方政治学家赋予了现代性的进步意义,成为刻画国家治理新型范式图景的重要语词。① 治理方式是治理体系与治理能力之间的媒介。"治理模式是依据已有的治理体系通向治理能力的桥梁,治理模式的优劣直接决定治理能力的高低与强弱,此种意义上,治理模式属于方法论或手段问题。"②当下中国的治理是政府、社会组织及个人运用法治和德治的方式对国家和社会实现良法善治与厚德尚理相统一的有效推进过程。良法善治是中国共产党所追求的治理模式。"国家治理体系是在党领导下管理国家的制度体系,包括经济、政治、文化、社会、生态文明和党的建设等各领域体制机制、法律法规安排,也就是一整套紧密相连、相互协调的国家制度;国家

① 参见张永奇:《推进国家治理现代化中道德问题的生成逻辑与治理路径》,《河南大学学报(社会科学版)》2017年第6期。

② 吴俊明:《论现代国家治理模式的选择——以法治与德治并举为分析视角》,《法学杂志》2017年第5期。

治理能力则是运用国家制度管理社会各方面事务的能力，包括改革发展稳定、内政外交国防、治党治国治军等各个方面。”①党的十九届四中全会系统阐述了国家治理体系与治理能力问题。

一、国家治理现代化

网络领域新兴信息权利束——如财产权、被遗忘权、人格权，风险领域的新兴安全权——如环境权、食品权、基因权等非传统安全，社会领域的新兴社会权——如知情权、悼念权、民生权、成员权、土地发展权等，正成为不可忽视的权利类型。立法者和司法者正在探索如何通过“创制与设定”“确认与转化”“挖掘与拓展”或者“推定的方式予以回应”。② “算法社会的到来，正在形成新的社会事实，深刻塑造新的社会结构。如何建立相应的规则秩序，尚处于探索之中。”③新兴的市场主体和社会力量分享治理权或自我赋权的趋势，在推动与治理相关的法权发生结构性调整的同时，大大超出了以控制政府行政权为主旨的传统法治观的辐射范围。在治理范围上，人工智能引发的新的伦理、社会议题，都需要发展新的法律工具或新的治理体系予以回应。在治理方法上，法律在调整算法社会的权利义务关系方面将面临重大挑战：区块链中的智慧契约超出了传统契约法的调整范围，④失信大数据的治理存在过度限制权利的风险。在治理体系上，呈现出治理体系多重性，诸如执政党治理、国家治理、社会治理以及参与全球治理。百年未有之大变局中的凡此种种都一再告诉我们国家治理现代化的紧迫性。

国家治理现代化就是国家治理体系和治理能力的现代化。国家治理在不

① 《习近平谈治国理政》，外文出版社 2014 年版，第 91 页。

② 参见姚建宗：《新兴权利论纲》，《法制与社会发展》2010 年第 2 期。

③ 杜辉：《面向共治格局的法治形态及其展开》，《法学研究》2019 年第 4 期。

④ 参见於兴中：《算法社会与人的秉性》，《中国法律评论》2018 年第 2 期。

同阶段有不同的表现形式,我国的国家治理现代化问题是在全面依法治国的历程中和背景下提出的。[①] 新中国成立之初主要是运动治国的思维与理路。1978年,邓小平提出了社会主义民主与法制建设的问题,指出:“为了实现四个现代化,必须发扬社会主义民主和加强社会主义法制。”[②]这在党的意识形态上完成了从“革命与斗争”到“民主与法制”的跨越。党的十五大确立依法治国基本方略,中国治理方式再次完成了一次跨越,并为现代国家治理的构造奠定了根本基础。[③] 四十多年改革开放的成果表明,国家治理的结构框架已经随着目标统一性和内容多元性的增强而日益拓宽。“当前从国家治理体系和治理能力现代化的高度推进法治中国的建设,就是要通过法治形态的发展促成治理的共治转向。”[④]党的十八届三中全会提出:“全面深化改革的总目标是完善和发展中国特色社会主义制度,推进国家治理体系和治理能力现代化。”国家治理体系和治理能力是一个相辅相成的有机整体,有了好的国家治理体系,国家治理能力才有用武之地;有了好的国家治理能力,才能充分发挥国家治理体系的效能。作为治理体系核心内容的制度,其作用具有前提性、全局性、长远性,但是没有有效的治理能力,再好的制度和制度体系也难以发挥作用。

国家治理体系和治理能力现代化取决于中国特色社会主义制度的成熟定型程度,取决于制度的优越性能否充分展现。法治是国家治理体系和治理能力现代化的必由之路。国家治理体系涵盖政治、经济、社会、文化、生态、民生、民族、外事、“一国两制”、军事等各方面。党的十九届四中全会决定指出:“我国国家治理一切工作和活动都依照中国特色社会主义制度展开,我国国家治理体系和治理能力是中国特色社会主义制度及其执行能力的集中体现。”“坚

---

① 参见卓泽渊:《国家治理现代化的法治解读》,《现代法学》2020年第1期。

② 《邓小平文选》第二卷,人民出版社1994年版,第187页。

③ 参见钱锦宇:《从法治走向善治的中国特色社会主义治理模式》,《法学论坛》2020年第1期。

④ 杜辉:《面向共治格局的法治形态及其展开》,《法学研究》2019年第4期。

持和完善中国特色社会主义制度、推进国家治理体系和治理能力现代化的总体目标是,到我们党成立一百年时,在各方面制度更加成熟更加定型上取得明显成效;到二〇三五年,各方面制度更加完善,基本实现国家治理体系和治理能力现代化;到新中国成立一百年时,全面实现国家治理体系和治理能力现代化,使中国特色社会主义制度更加巩固、优越性充分展现。"法治,是国家治理现代化的必由之路。法治,是法理型权威的体现,也是现代社会的基本特征和治理方式。它通过建立体现至善的良法,彰显国家治理现代化以人为本的价值取向;通过引导全体公民崇尚法律、遵守法律,形成规则理性,从而避免人治,实现治理工具的现代化;它通过重塑主流话语体系,倡导现代价值观念,并通过完备的法律体系明晰多元治理主体的治理边界,进而推动多元主体治理格局的形成。① 国家治理现代化是中共领导人民治理国家的基本指向;依法治国是中共领导人民治理国家的基本方略,是推进国家治理现代化的革命性变革;全面依法治国为完善国家治理体系夯实坚实制度基础,为提升国家治理能力奠定坚实法治保障。②法律技术的运用已经成为一种独特的国家能力。要充分认识现代法治的抽象建构能力对国家治理现代化的重要作用。人类历史治理不断迈向抽象化的发展方向,在国家能力中,法治这种抽象化的能力就变得非常重要。福山在《现代政治秩序的起源》一书中,看到了法治在建构秩序中的重要功能。③ 国家治理强调和谐善治,而和谐善治正是现代法治的核心要义。中国将法治确立为治国理政的基本方式,一方面体现了国家治理体系的转型,另一方面也要求治理能力要与之相适应。因此,法治与国家治理现

① 参见杜力:《法治:国家治理现代化的重要路径——一个韦伯理论视野的解读》,《领导科学论坛》2019 年第 10 期。

② 参见孙志香:《全面依法治国助推国家治理现代化》,《理论视野》2019 年第 6 期。

③ 参见强世功:《国家法治能力建构:法律治理能力和法治技艺》,《经济导刊》2019 年第 8 期。

代化具有价值与目标方向上的内在一致性。①

治理模式的总体结构是社会结构的衍生物,而治理模式具体方式的选择在一定程度上取决于当权者的权衡。党的十八届四中全会决定指出:"建设中国特色社会主义法治体系,建设社会主义法治国家,必须坚持依法治国与以德治国相结合。"这是中国共产党作为执政党在顶层设计中对国家治理模式的正式回应,也是对法治国家、法治政府与法治社会建设整体推进的政治定调。② 依法治国与以德治国相结合是执政者的政治探索,在方法论的层面上,行之有效的方式方法可以同时运用,依法治国与以德治国以兼收并蓄的姿态各取所长。从国家治理角度思考依法治国与以德治国的关系,有以下两方面的意义:一方面,这是马克思主义市民社会理论中国化的一项成果。市民社会的本质是公平、安全交易,其重视的利益是私人利益,其核心规则是自治。自1992年党的十四大确立社会主义市场经济体制以来,市民社会正在逐渐形成一股不可忽视的力量,并以各种形式参与并影响着国家治理成效。③ 另一方面,法律与道德功能上的对称与互补,决定了在国家治理中依法治国与以德治国相结合的必要性和可行性。法治与德治在价值上有相通之处,在功能上存在着互补状态,二者的结合反映了现代国家治理的一般规律。④ 从党的十九届四中全会决定来看,在国家治理体系和治理能力部署中,实现了依法治国全覆盖。因此,全面依法治国是实现国家治理现代化的根本进路,在这样的根本前提下,依法治国与以德治国相结合是实现国家治理现代化的不二选择。

---

① 参见韩克芳:《法治在国家治理现代化中的地位、作用及其实现路径》,《江西社会科学》2019年第12期。

② 参见吴俊明:《论现代国家治理模式的选择——以法治与德治并举为分析视角》,《法学杂志》2017年第5期。

③ 参见仇晓洁:《德法共治:基于思想源流和现代化国家治理框架下的思考》,《南京社会科学》2019年第7期。

④ 参见程竹汝:《论法治与德治相辅相成的内在逻辑》,《中共中央党校学报》2017年第2期。

二、依法治国与以德治国相结合是国家治理现代化的不二法门

中西方思想家在历史上都曾探讨过道德与法律的关系，所不同的是：中国经历了百家争鸣时期儒法两家任德与任法的分野，在"罢黜百家，独尊儒术"之后，推行礼法结合，最终走向了德治中心主义；西方则在经历了自然法学派与分析法学派关于德法关系的争论和分野后，最终走向了法治中心主义。20世纪中后期开始，东方的德治与西方的法治出现了逐渐融合的趋势。德治与法治相结合被视为马克思主义法哲学中国化的时代表达和法律发展辩证法的科学体现。法治是全球化治理体系中的共同术语，中国化的法治经历了传承、移植和创新的过程，由于道德和宗教、习惯、政策等规范相比具有独特之处，德治被作为本土化概念成为中国现代化国家治理体系的重要组成部分。① 所以，法德结合是历史逻辑、理论逻辑、实践逻辑的内在统一。推进国家治理体系和治理能力现代化是全面深化改革的重大主题。法治与德治都应该是现代化国家治理体系和治理能力的内在品质和应有秉性，蕴含于其中、体现于其中、作用于其中。法治与德治均为国家治理体系的重要内容，法治是整个国家治理的重要保障，德治是整个国家治理的内在要求。把法治融入治国理政制度、体制、机制的全过程和各方面，最根本的是要推进国家治理体系的法治化；②而德治则是国家治理体系法治化的重要伦理支撑和合法性基础。

一方面，"在当下的多重现代性竞争的客观约束下，西方法治文明秩序所育生的制度及其制度化进路，不再是推进现代化和获取政治正当性的唯一标准和模式，伴随着多重现代性建构的持续展开，西方政治文明逐渐展现出自身

① 参见仇晓洁：《德法共治：基于思想源流和现代化国家治理框架下的思考》，《南京社会科学》2019 年第 7 期。

② 参见卓泽渊：《国家治理现代化的法治解读》，《现代法学》2020 年第 1 期。

的弊端,西方晚期资本主义面临因政治制度失去被统治者的信任而产生的合法性危机和制度所蕴含的文化价值系统危机。”①另一方面,中国传统德治文明秩序所孕育的法律制度和治理模式在经过与市场经济碰撞后,经历了商工文明的洗礼与创新性转换,从而在人治威权的解魅后,在坚持全面依法治国的根本进路中又重放异彩。所以,我们要摒弃西方法治中心主义与中国传统德治中心主义的弊端,解魅规则中心主义和人治威权主义,吸收西方法治中心主义的遇事找法、办事依法的行事风格,吸收德治中心主义对领导干部的高品德要求和处理问题情理法兼顾的精神实质,坚持法治与德治相结合。

法律与道德都是治国理政的重要手段,法律是成文的道德,道德是内心的法律。法治与德治以不同的方式影响社会成员:法治是以权威性和强制性来规范、约束社会成员的行为,德治是以说服力和劝导力来提高社会成员的思想道德觉悟,滋润人们的心田。坚持依法治国和以德治国相结合,对于夯实国家治理体系的制度基础和思想道德基础,让国家治理能力发挥正向作用,实现党和国家长治久安、人民生活安康、实现中华民族伟大复兴的中国梦,具有深远的历史意义和极为重要的现实意义。这既是历史经验的总结,也是对治国理政规律的认识和把握。“全面推进依法治国,本质上是重大的政治改革,是中国社会的大改造,目标是用法治代替人治。用法治代替人治,不是一般意义上的制度修补,而是对治理体系和能力的根本变革,是中国社会精神层面、思想意义上的革命。”②中国的法治革命肇始于党的十一届三中全会,从计划经济转向市场经济成为法治启蒙最大的历史条件。改革促成了意识形态发生重大变化,促成了新思想的形成,促成了顶层设计的重大选择。1999 年依法治国写入宪法、2014 年中共中央《关于全面推进依法治国若干重大问题的决定》、2017 年党的十九大关于法治中国建设再部署、2019 年党的十九届四中全会提出“坚持和完善中国特色社会主义法治体系,提高党依法治国、依法执政能

① 钱锦宇:《从法治走向善治的中国特色社会主义治理模式》,《法学论坛》2020 年第 1 期。
② 钱弘道:《法治精神形成六论》,《法治现代化研究》2017 年第 1 期(创刊号)。

力”、2020年习近平法治思想的形成、2022年党的二十大提出“传承中华优秀传统法律文化”,成为法治进程中的标志性事件,具有里程碑意义。为了解决国家治理中道德信仰危机、社会公德匮乏、知行脱节、金钱至上等突出的道德问题,中国曾先后提出以德治国、八荣八耻,以及社会主义核心价值观。2019年10月,中共中央、国务院印发《新时代公民道德建设实施纲要》。凡此种种重大事件,无不证明以德治国与依法治国同向而行、相辅相成,共同推进国家治理现代化。现代意义上的法治与德治相结合,实质上就是依法治国与以德育人相结合。治国主要包括两大要务:一是处理国家政务、事务,这是理政;二是培育、发展人的精神,这是育人。理政主要依赖法律,育人主要依赖道德。①法律具有唯一性、公共性、强制性,法治能提供一断于法的规矩绳墨;道德具有渗透性与提升性,德治能很好地提升整体社会的道德水平。② 所以依法治国与以德治国可以相互支持,也必须相互支持。

在过去,国家治理一直被限定在国家体制转型与市场化叠加的轨道,这种轨迹既是我国改革开放四十余年经济社会发展奇迹的原动力,也是一系列社会矛盾、社会危机之根源。现在治理的实用主义倾向、对实质正义的追求暗藏着过分软化法治的危险。如何寻求治权配置创新、运行风险控制、主体利益关系平衡等核心问题的法治均衡点,成为治理转型的首要难题。当前治理结构的大致状态是:国家强、社会弱、市场不充分。塑造国家治理秩序,表面上看是政府、社群和市场不同治理机制的互动融合,实质则是要将国家主义法治形态导向更均衡的包容性法治,让人民的参与度和获得感得到更大保障,使法律更有能力回应不断增长的公平正义问题。“基于日趋复杂的治理目标和任务,法律系统需要适度褪去理想主义的外衣,降低法律教义的形式要求及其几何式的思维方法,增强其吸纳和赋权能力,弥合治理的实用主义和法治的形式理

① 参见张恒山:《全面推进依法治国的基本原则》,《科学社会主义》2015年第3期。

② 参见强以华、王晓烜:《关于德法关系的义理诠释》,《价值论与伦理学研究》2018下半年卷。

性的裂缝,提升共治规则秩序的融通性。"①

在全面依法治国背景下,首先要解决治理权的法定化——所有治理主体的行为均要在法律上找到明确依据或概括授权。在今日复杂社会,经济、政治、文化、生态、社会系统要纳入常态化治理轨道,不可脱离法律以及相关组织结构的支配与调整。依靠宪法和法律体系的法理型治理,比依靠政策或意志的试验型、改革型治理,更有助于在大规模治理中凝聚共识、汇集力量。所有行为必须服从法律,在法律框架之下运行,不得任意以自治规则或试验性政策抵消或取代法律规则,即治理规则的法律优先性。所有重要的改革要于法有据,最重大的改革要于宪有据。例如,党的十八大提出"加快形成政社分开、权责明确、依法自治的现代社会组织体制",这表明传统国家治理结构中政府和社会组织的关系,需要从政府对社会的控制转向赋权,以构建新型的合作伙伴关系。有效治理就是要把各方面制度优势转化为国家的治理效能。当前,我国的国家治理除了要完成秩序塑造、排除风险、权利保护等传统意义上的防御性功能外,对于"社会、经济、文化等领域的供应、给付和补贴"等积极性功能,更应保持高度敏感性。推动国家治理现代化就是要确立社会公共利益的优先性,将发展的动力从政府的权力本位导向社会的权利本位,提升治理过程中市场资本、社会力量的参与度,转向确保政府在组织、推进国家建设的同时,能有效防范社会、市场中的不确定风险和道德危机。②

我们长期坚持的国家主义发展道路取得了斐然成就,法律经由国家主义的引领与塑造得以在国家治理中发挥更大作用,③并且着眼于国家治理的实践逻辑与法治的价值逻辑之统合,使得国家治理与法律规范逐渐同构化,从中找到了法律之理与治理之力在法治中国命题中的平衡点。现代社会的一个进步就是找到了一种支撑社会分支的底座或基本规则,这就是法治。法治所建

① 参见杜辉:《面向共治格局的法治形态及其展开》,《法学研究》2019 年第 4 期。

② 参见杜辉:《面向共治格局的法治形态及其展开》,《法学研究》2019 年第 4 期。

③ 参见张志铭、于浩:《转型中国的法治化治理》,法律出版社 2018 年版,第 6 页。

构的秩序是一种基本的正义秩序，它依据的公平正义虽离不开道德评判但不是善恶标准；按照法律规则办事，就是从形式上讲程序，从内容上讲得其应得。道德追求的是高度标杆，而法治讲求的是底线正义。道德学家们往往把希望寄托于政治权力，法治则把政治权力视为监管对象。对于一个国家来说，法治远比道德更为根本和重要。① 这是从治国理政的基本方式来说的。

坚持依法治国与以德治国相结合，"既符合我国的历史文化传统，也是建立市场经济秩序的现实需要"，②同时又有成功的经验可资借鉴，不仅是完全可行的，而且根据我国的国情与世界发展大势，乃是一种合理选择。就现代化国家治理而言，在坚持依法治国是基本方略、法治是治国理政的基本方式的前提下，法律和道德作为国家治理的两种手段，其功能各有所长，也各有所短，在国家治理中，不能简单地得出谁主谁辅、谁重谁轻的结论，没有绝对的主次地位，在不同的场合它们发挥各自不同的作用。"法律和道德都具有规范社会行为、调节社会关系、维护社会秩序的作用，在国家治理中都有其地位和功能。法安天下，德润人心。法律有效实施有赖于道德支持，道德践行也离不开法律约束。法治和德治不可分离、不可偏废，国家治理需要法律和道德协同发力。"③"法律侧重于外在控制，道德侧重于内在控制，只有把二者结合起来，做到内在控制与外在控制的统一，社会秩序才能得到有效维护。"④

2016 年 9 月，笔者有一个机会参加了中国法学会组织的赴美学习培训班，在上课期间和课后的电子邮件联系中笔者都特意提问了关于法律与道德的关系问题。教授们的回答主要是，尽管不少法学家们主张将道德从法律中

---

① 参见高全喜：《法治的德性之维——从胡适的一番言谈说起》，《中国法律评论》2016 年第 1 期。

② 蒋传光：《完善法制与德治并重的国家和社会治理模式》，《法制日报》2015 年 2 月 25 日。

③ 《坚持依法治国与以德治国相结合　推进国家治理体系和治理能力现代化》，《人民日报》2016 年 12 月 11 日。

④ 蒋传光：《完善法制与德治并重的国家和社会治理模式》，《法制日报》2015 年 2 月 25 日。

排除出去，但是美国自20世纪中叶以来特别强调“为政以德”，具体体现是美国有关公务员的道德立法并不少，诸如《1965年政府官员及雇员道德行为准则》《1978年政府道德法案》《1989年政府道德改革法案》《1990年政府官员和雇员道德行为原则》《行政部门雇员的道德行为标准》等。不论是法治还是德治，都是历史的产物。坚持法治与德治的具体的、历史的统一，既是法治与德治内在同一性的要求，也是实现法治与德治有机结合的关键。①

“理论上说，国家治理能力取决于制度与规范体系有效性的程度，而制度与规范体系的有效性则一般地取决于其合伦理性的程度。”②党的十八大以来，中国共产党就着力推进以全面依法治国和全面从严治党为基础，以人民幸福美好生活为目标的治理现代化，探索走良法善治的中国道路，实现中国国家治理的又一次超越。“要把道德要求贯彻到法治建设中。以法治承载道德理念，道德才有可靠制度支撑。法律法规要树立鲜明道德导向，弘扬美德义行，立法、执法、司法都要体现社会主义道德要求，都要把社会主义核心价值观贯穿其中，使社会主义法治成为良法善治。”③党的十八届四中全会决定指出，“法律是治国之重器，良法是善治之前提。”党的十九届四中全会通过的《中共中央关于坚持和完善中国特色社会主义制度　推进国家治理体系和治理能力现代化若干重大问题的决定》，是我国国家治理现代化的政治纲领和行动指南。从治理角度来说，从党的十五大确立依法治国基本方略，一直到党的十九届四中全会的顶层设计，“建构了以全面深化改革为动力，以推进国家治理现代化为导向，在‘全面建成小康社会’这一根本目标统摄下实现‘全面依法治国’和‘全面从严治党’协同合作的‘善治’理念和模式。”④

① 参见王安平：《坚持法治与德治的具体、历史统一》，《理论探讨》2002年第5期。

② 程竹汝：《论法治和德治相辅相成的内在逻辑》，中国社会科学网，2017年5月10日。

③ 《习近平谈治国理政》第二卷，外文出版社2017年版，第134页。

④ 钱锦宇：《从法治走向善治的中国特色社会主义治理模式》，《法学论坛》2020年第1期。

三、德法合治达致善治

何为良法善治？古人云，“徒善不足以为政，徒法不足以自行”，说的就是国家治理只有道德良知不行，还需要法律，只有法律也不行，还需要具有良知的人去实施。说来说去说的都是法律、道德与政治三者之间的关系，真可谓是千古一治。

良法是善治之前提。良法一词，本身内涵就有法的德性。何谓良法？最早论述良法标准的是亚里士多德，他从形式与实质两个维度予以了界定：良法在形式上应具有稳定性、适时性等，实质标准则是法要体现理性、正义和追求善。近代的法学家则明确提出了良法在于维护个人权利、自由的主张。例如，英国的洛克提出，“政治之所以是必要的，是因为个人自由、权利实现的需要，人们将自然和利益换为更高的社会权力，政治的产生就有了客观依据，良法以维护个人的自由和权利为目的。”①法国思想家卢梭认为，社会公约产生了国家和主权，而国家的活动或主权的行使必须以公意为准绳，良法的意义在于使国家或主权遵行公意的原则具有实践的可行性，从而体现统治本身的正义性。② 当然，国家治理的规范性依据已呈现出多元性，其中一个最鲜明的特色就是党内法规体系已成为中国特色社会主义法治体系的重要组成部分。

良知是善治之德性。良知是人的一种天赋的道德观念，人性良知主要包括以下三个方面。一曰“知耻”，即道德的自觉。人有羞耻心，就知道什么该做，什么不该做，有所为，有所不为。相反，人若无耻，就会肆无忌惮，为所欲为，不可救药。二曰“知愧”，即知道惭愧，知道内疚。知愧的前提是知道自己的弱点、缺点和错误。人生的最高境界，不是高官厚禄、锦衣玉食，而

① 参见[英]洛克：《政府论》(下篇)，叶启芳、瞿菊农译，商务印书馆2018年版。

② 参见[法]卢梭：《社会契约论》，何兆武译，商务印书馆1996年版。

是问心无愧。三曰"知恩"即常怀感恩之心。这是人生的一种姿态,是人性的一种证明,是一种社会行为的反省和成熟。不同的角色,要有不同的社会担当。

善政是善治之关键。善政的字面意思就是好的政治。亚里士多德说:"凡订有良法而有志于实行善政的城邦就得操心全邦人民生活中的一切善德和恶行。所以,要不是徒有虚名,而真正无愧为一城邦者,必须以促进善德为目的……而法律的实际意义应该是促成全邦人民都能进入善德和正义的(永久)制度。"①仁政是善在政治上的体现,也就是亚里士多德所说的政治的善。仁政的思想是中国传统政治和伦理文化中的主要思想。这种思想,对限制统治者的暴政,减轻社会下层的负担,具有积极意义。我们今天反对人治,但诞生于人治时期"为政以德"的思想依然是一笔丰厚的财富。今天讲为政以德,就是指政府官员要亲民、爱民,体恤民情,关注民生,以人为本;司法官员则要司法为民、关注弱势群体的权利生态。善政的核心要素是以人民为中心。人民对美好生活的向往,是中国共产党的奋斗目标。坚持以人民为中心是治国理政的核心理念。

善治是良法、良知、善政的三位一体。彼彻姆说:"当我们发现法律和政治结构的道德缺陷和道德上不完善时,我们就修改、订正和推翻法律和政治结构,在重新制订某些法律之前,我们常常指责旧的法律是'不公正的'、'道德上贫乏的'。"②法治是源于一个以防恶为手段而追求善治的价值假定。法律在内容上不与道德相抵触,在制定与实施程序上不与道德相抵触,这两个方面的同时具备是法律权威生成的重要根源。道德的多样性、多层次性是文明社会的一般特征,道德的有效性是构成国家治理能力的重要体现和基础性要素。道德的两难选择是人们经常面临的现实问题。这一困难在社会的转型期表现

① [古希腊]亚里士多德:《尼各马科伦理学》,苗力田译,中国社会科学出版社 1999 年版,第 138 页。

② [美]彼彻姆:《哲学的伦理学》,雷克勤等译,中国社会科学出版社 1990 年版,第 8 页。

得尤为突出。而一旦道德主要是底线道德转化为法律，便形成了对道德秩序的张力，德治亦由此获得了刚性保障。这也说明道德践行离不开法律的约束。另一方面，法治需要道德滋养。国家治理必须解决法律的有效性问题。第五章专门论述了这一问题。法律是一种生活艺术，是善和正义的艺术。法律获得普遍遵守是国家治理能力的集中体现和理想状态。公民的道德素养是普遍守法的充分条件，是依法治国与以德治国相结合展现的又一重要的实践逻辑。"再多再好的法律，必须转化为人们内心自觉才能真正为人们所遵守。"①"要强化道德对法治的支撑作用。坚持依法治国与以德治国相结合，就要重视发挥道德的教化作用，提高全社会文明程度，为全面依法治国创造良好人文环境。"②国家治理现代化所追求的善是具有现代性意义的善，它以中国特色社会主义基础上的现代道德为依据，既不是农耕文明基础上的传统道德，也不是西方资本主义的道德。③

善治是时代文明。随着我国不断加速融入全球治理进程，推进人类命运共同体的构建，善治也终将成为我国国家治理的必然趋势。说善治并不是不要法治，相反，"真正意义上的善治是以法治贯穿其全过程的……实现法治化的善治是走向善治必由之路"。④ 而且善治也必须与法治相结合，否则就有滑向人治的危险。善治的基本要素是透明性、责任性、回应性、稳定性、廉洁性以及公正性等，然而，所有这些要素都离不开法治这条主线。善治并不排斥强制、国家权力和政府权威。党的十五大确立依法治国基本方略，党的十六大指出要形成有中国特色社会主义法律体系，党的十七大指出要全面落实依法治国基本方略，加快建设社会主义法治国家，党的十八届三中全会提出"推进法

---

① 习近平：《加快建设社会主义法治国家》，《求是》2015 年第 1 期。

② 《坚持依法治国和以德治国相结合　推进国家治理体系和治理能力现代化》，《人民日报》2016 年 12 月 11 日。

③ 参见梅萍：《论国家治理现代化语境中德法共治的内在逻辑》，《中州学刊》2018 年第 3 期。

④ 梁莹、肖其明：《论法治化的善治：渊源、内涵与过程》，《社会主义研究》2005 年第 5 期。

治中国建设”,党的十八届四中全会作出《中共中央关于全面推进依法治国若干重大问题的决定》,党的十九大对法治中国建设再部署,党的十九届四中全会决定将依法治国与国家治理紧密结合,实现依法治国对国家治理体系和治理能力的全覆盖,党的二十大强调“坚持全面依法治国,推进法治中国建设”。从“依法治国”到“形成中国特色社会主义法律体系”再到“全面落实依法治国基本方略,加快建设社会主义法治国家”,再到“全面推进依法治国”,实现依法治国全覆盖的转变本身,就“说明了法治重点从管理对象逐渐转向政府权力本身,权力的有限性、政府善治的理性都在于法治,善治必须依法而行。”① 从法治到善治,是政府治理模式的新思维。善治的价值取向归根结底是全球化和民主化进程推动下产生的必然结果。② “当法治国家升级为法治中国,相对于以国家主义为基调的规则秩序而言,法治系统尤应进一步拓宽其覆盖范围,关注隐藏在政府背后的企业、社会组织、网络空间等基本面,探索政府治理之外的新型治理机制。这是法治中国命题对治权结构提出的新要求。”③一个实现“善治”的国家,应该是一个既有强大的国家治理能力,也是有负责任的政府和有良好法治的国家。④

一个国家治理模式的选择毫无疑问是多种因素综合作用的结果,但总体上不外乎内外两大因素。对内而言,一个很重要的因素就是历史延续性或者说历史传承,外部因素主要是我们如何借鉴的问题。说到底,一种治理模式与其说是选择毋宁说是被决定——由文明类型所决定。第二章已论证了农耕文明决定了德治中心主义,第三章已论证了商工文明决定了法治中心主义。但世界文明互鉴的结果最终是你中有我我中有你,从对立走向趋同。例如,自

① 梁莹、肖其明:《论法治化的善治:渊源、内涵与过程》,《社会主义研究》2005 年第 5 期。

② 参见梁莹、肖其明:《论法治化的善治:渊源、内涵与过程》,《社会主义研究》2005 年第 5 期。

③ 杜辉:《面向共治格局的法治形态及其展开》,《法学研究》2019 年第 4 期。

④ 参见[美]福山:《政治秩序与政治衰败——从工业革命到民主全球化》,毛俊杰译,广西师范大学出版社 2015 年版,第 477 页。

20世纪以来,西方国家在凯恩斯理论的指导下,适当借鉴东方国家特别是中国古代的德治思想,在历史传统治理演变的基础上,采用了德治的一些元素。善治的提出是在19世纪以后,当时西方法治发生了很大变化,认为法律能解决一切社会问题的观念有些动摇了。基于种种现实,人们开始怀疑,仅仅依靠法律的强制性,所有的社会问题是否都能圆满地解决?在这种背景下,新的法学流派出现了。一种新的政治分析框架即治理和善治理论,日益并被认为是替代传统政府统治理论的新思想。法律中诸如善意、善良风俗、习惯、调解等一些概括性词句再度流行,"法官和当事人也分别获得了更大的裁量权和选择权,以便真正达到'公正'的目标。这样,东方的传统再次受到重视,它所固有的和解方式和社会和睦的观念又都重放异彩。"[①]中国古代的治理学问是一部德主刑辅的治理史。改革开放后,尤其是市场经济体制确立之后,市场要素得到培育,市民社会日益形成,农耕文明逐渐向商工文明转型。传统的德治经过创新性转换,其中的优秀成分依然可以为今天国家治理所用。刚性的法律可以实现社会分配的形式公正,而柔性的德治可以使社会分配满足实质公正的要求。

法治与德治的关系是中国话语体系,德治中心主义是中国古代治国理政的基本方式,因此把德治作为中国本土化概念纳入国家治理体系是比较容易得到认可的一件事情。那德治为什么就能纳入现代国家治理体系呢?现代德治是围绕国家、政府、社会三个层面展开的,更重要的是有意识地在剔除人治因素,彰显了其与中国古代的儒教规范在本质上的不同之处。中国传统文化与西方文明在近一个多世纪以来碰撞激烈。在中西方文明交汇碰撞融合中,在现代化国家治理逻辑框架下,中国坚定了坚持中国特色社会主义方向,瞄准了德法结合在国家治理体系框架下的意义。现代治理理论是源自西方三权分立法治框架下的治理理论,与我国传统的带有消极意义的治理(如治理脏乱

① 梁治平:《法辨》,中国政法大学出版社2002年版,第252页。

差、治理黄赌毒)含义不同。由世界银行推行的世界治理工程在对全球国家法治成效进行评估时,其标准是三权分立,以此为标准,中国的法治指数自然排名靠后。改革开放后,中国的法治理念在不断深化。改革开放之初,要急切解决有法可依、有法必依、执法必严、违法必究的问题,所以能否严格执行法律,是当时衡量我国是否实行社会主义法治的重要标志。党的十五大确立依法治国基本方略,是具有里程碑意义的事件。党的十八大提出法治中国的蓝图,这表明在吸收法治文明成果的同时,我们的法治建设定位中要有我们中国自己的元素,要坚定走中国特色社会主义法治道路。党的十八届三中全会提出法治中国蓝图的施工方案——法治国家、法治政府、法治社会一体化建设。该施工方案表明,党对法治的认识进一步深化,法治政府建设固然重要,但政府已经不再是单一的法治责任主体,国家、政府、社会都是法治责任主体。尤其是市场经济催生了社会主体的自治意识,《民法典》向来被称为百姓生活的百科全书,其颁布表明公民与生活密切相关的各项权利都得到了充分尊重和保护。一步步的实践证明,依法治国与以德治国相结合的现代化国家治理方式能破除西方的法治霸权模式。多主体共同参与的复杂的、一体化的现代治理体系,单靠法律规范一端进行法律治理无法应对现代经济形式多样化、利益诉求多样化、社会治理复杂化带来的社会问题,这需要法律与道德同时作为规范,在社会不同层面发挥调整社会关系的作用,以增加法律发挥整合社会功能时的弹性和韧性。在当今复杂社会,法治已成为社会规范控制的主要形式,包括德治在内的其他规范控制方式都必须在法治框架内运行。第三章已认真分析了西方法治中心主义所引发的弊端和危机。美国的犯罪和社会问题突出,种族问题一再暴发,其原因不是源于法律自身的缺陷,而是支持法律的道德共识分崩离析。中国的依法治国要顺利实施,就要用德治的方式鼓励人们通过辨析善恶来理解法治,通过以德治国培育公民的道德意识,以公民的道德意识来缓和化解法治中形成的社会矛盾。利益主体的多元性、社会关系的复杂性,注定了单一强制规范治理的苍白性,因此在利益不断调整和再分配的背景下，注定了依法治国与以德治国相结合的必然。“在西方国家治理模式和中国特色道路的角力中，中国现代化国家治理模式在不断解构中完善，德法共治既是对中华法治文明的传承，也是对马克思主义理论中国化的体现。”①

① 仇晓洁：《德法共治：基于思想源流和现代化国家治理框架下的思考》，《南京社会科学》2019年第7期。

主要参考文献

一、 马列经典

《马克思恩格斯文集》第九卷，人民出版社 2009 年版。

《马克思恩格斯选集》第四卷，人民出版社 1997 年版。

《列宁全集》第四十三卷，人民出版社 1987 年版。

《邓小平文选》第二卷，人民出版社 1994 年版。

《江泽民文选》第三卷，人民出版社 2006 年版。

《胡锦涛文选》第二卷，人民出版社 2016 年版。

《习近平谈治国理政》，外文出版社 2014 年版。

《习近平谈治国理政》第二卷，外文出版社 2017 年版。

《习近平谈治国理政》第三卷，外文出版社 2020 年版。

《习近平谈治国理政》第四卷，外文出版社 2022 年版。

《关于全面推进依法治国若干重大问题的决定》，人民出版社 2014 年版。

习近平：《论坚持全面依法治国》，中央文献出版社 2020 年版。

习近平：《加快建设社会主义法治国家》，《求是》2015 年第 1 期。

《坚持依法治国和以德治国相结合　推进国家治理体系和治理能力现代化》，《人民日报》2016 年 12 月 11 日。

二、古籍

《尚书》

《邓子》
《管子》
《论语》
《左传》
《商君书》
《韩非子》
《孟子》
《荀子》
《春秋公羊传》
《中庸》
《孔子家语》
《春秋繁露》
《礼记》
《史记》
《盐铁论》
《汉书》
《论衡》
《潜夫论》
《后汉书》
《贞观政要》
《太平御览》
《朱子语类》
《圣谕广训》
《大清刑律总则草案》
《清朝续文献通考》

三、论文

敖翔:《习近平德治思想研究》,《行政科学论坛》2019 年第 6 期。

蔡宝刚:《迈向实务:西方法律与道德关系理论的流变路向》,《南京农业大学学报(社会科学版)》2009 年第 3 期。

陈彩利:《习近平德治观论析》,《贵州社会科学》2019 年第 1 期。

蔡墩铭:《刑法研究之过去与未来》,台湾《月旦法学杂志》2003 年第 9 期。

曹希岭:《人性论与人治》,《浙江学刊》2003 年第 5 期。

陈金钊:《法治遭遇“中国”的变异及其修复》,《扬州大学学报(人文社会科学版)》2013 年第 1 期。

陈金钊:《“法治中国”所能解决的基本矛盾分析》,《学术月刊》2016 年第 4 期。

陈金钊:《提升国家治理的法治能力》,《理论探索》2020 年第 1 期。

陈景辉:《法律的内在价值与法治》,《法制与社会发展》2012 年第 1 期。

陈少明:《现代德治何以可能?》,香港《二十一世纪》2002 年 2 月号。

陈剩勇:《法礼刑的属性》,《浙江社会科学》2002 年第 5、6 期。

陈新宇:《〈钦定大清刑律〉新研究》,《法学研究》2011 年第 2 期。

迟成勇:《论儒家伦理思想与国家治理现代化》,《甘肃理论学刊》2016 年第 3 期。

崔永东:《中国传统立法文化中的道德精神》,《金陵法律评论》2011 年秋季卷。

戴茂堂、谢家建:《德治与法治:何以协同? 谁更优先?》,《马克思主义哲学研究》2018 年第 2 期。

戴茂堂、左辉:《法律道德化,抑或道德法律化》,《道德与文明》2016 年第 2 期。

戴木才:《坚持依法治国与以德治国相结合》,《人民日报》2017 年 2 月 14 日。

杜辉:《面向共治格局的法治形态及其展开》,《法学研究》2019 年第 4 期。

杜宴林:《司法公正与同理心正义》,《中国社会科学》2017 年第 6 期。

范进学:《论道德法律化与法律道德化》,《法学评论》1998 年第 2 期。

范忠信:《“亲亲尊尊”与亲属相犯:中外刑法的暗合》,《法学研究》1997 年第 3 期。

冯国超:《论先秦儒家德治思想的内在逻辑与历史价值》,《哲学研究》2002 年第 7 期。

傅鹤鸣:《道德:法律阐释的根据——以德沃金对道德与法律关系的阐释及应用为例证》,《伦理学研究》2014 年第 2 期。

付子堂:《马克思主义法律思想中国化的三条经验》,《人民日报》2008 年 7 月 23 日。

付子堂:《论法治中国的原生文化力量》,《环球法律评论》2014 年第 1 期。

高鸿钧:《通过民主和法治获得解放——读〈在事实与规范之间〉》,《政法论坛》2007 年第 5 期。

高鸿钧:《美国法全球化:典型例证与法理反思》,《中国法学》2011 年第 1 期。

高鸿钧:《法律:规制与解放之间——读〈迈向新的法律常识——法律、全球化与解放〉》,《政法论坛》2012 年第 4 期。

高鸿钧:《德沃金法律理论评析》,《清华法学》2015 年第 2 期。

公丕祥:《新时代中国法治现代化的战略安排》,《中国法学》2018 年第 3 期。

顾培东:《中国法治的自主进路》,《法学研究》2010 年第 1 期。

郭道晖:《论依法治国》,《法学研究》1996 年第 3 期。

郝铁川:《性善论对中国法治的若干消极影响》,《法学评论》2001 年第 2 期。

洪楼:《道德义务的神圣命令理论探析》,《道德与文明》2016 年第 3 期。

黄伟文:《道德争议案件与司法的合法性——对"泸州遗赠案"的反思》,《西部法学评论》2011 年第 5 期。

黄源盛:《唐律不应得为罪的当代思考》,台湾《法律史研究》2004 年第 5 期。

蒋德海:《依法治国和以德治国并举要超越历史周期律》,《上海大学学报》(社会科学版)2017 年第 1 期。

金敏:《继承晚清谁人遗产?——梁治平先生〈礼教与法律〉读后》,《清华法学》2015 年第 5 期。

孔庆茵:《中华优秀传统德治思想对构建世界新秩序的价值与启示》,《理论探讨》2019 年第 5 期。

赖怡静:《全面依法治国视域下法律与道德关系再研究》,《求实》2016 年第 9 期。

李德嘉:《论法治的价值观基础:社会治理中德法并举的本土资源》,《法学杂志》2019 年第 5 期。

李德嘉:《法治的道德维度:儒家"德"观念的当代价值》,《中国政法大学学报》2018 年第 1 期。

李凤鸣:《依法治国语境下传统中国德治思想的价值转换》,《法学》2019 年第 1 期。

李建华、李彦彦:《儒家德治思想的现代价值转化》,《道德与文明》2019 年第 3 期。

李克杰:《国家治理现代化视阈下的法律、道德与组织规范关系》,《北方法学》2015 年第 3 期。

李林:《论依法治国与以德治国》,《哈尔滨工业大学学报(社会科学版)》2013 年第 1 期。

李林:《全面推进依法治国努力建设法治中国》,《北京联合大学学报(人文社会科学版)》2013 年第 3 期。

李寿初:《道德与法律的关系类型辨析》,《文史哲》2011 年第 4 期。

李寿初:《超越"恶法非法"与"恶法亦法"——法律与道德关系的本体分析》,《北京师范大学学报(社会科学版)》2010 年第 1 期。

李巍:《德治悖论与功利思维——老子"无为"观念的新探讨》,《哲学研究》2018 年第 12 期。

李拥军:《法律与伦理的“分”与“合”——关于清末“礼法之争”背后的思考》,《学习与探索》2015 年第 9 期。

连振华:《人治、法治与德治刍议》,《新疆社会科学》2010 年第 2 期。

梁治平:《从“礼治”到“法治”?》,《开放时代》1999 年第 1 期。

梁治平:《论法治与德治——对中国当代法治的一个内在观察》,《中国文化》2015 年第 1 期。

林立:《哈伯玛斯法律哲学的转折发展及其体系中道德与法律之关系的适切性》,台湾《思与言》2015 年第 1 期。

刘光斌:《合法性概念的滥用与重述》,《政治学研究》2016 年第 2 期。

刘光斌:《论哈贝马斯对法律与政治权力关系的理论批判与建构》,《东北大学学报(社会科学版)》2016 年第 3 期。

刘艳红:《治理能力现代化语境下疫情防控中的刑法适用研究》,《比较法研究》2020 年第 2 期。

刘杨:《道德、法律、守法义务之间的系统性理论——自然法学说与法律实证主义关系透视》,《法学研究》2010 年第 2 期。

刘增光:《从“子贡赎人让金”看儒家的道德、伦理、法律关系》,《江汉论坛》2014 年第 4 期。

龙大轩:《新时代“德法合治”方略的哲理思考》,《中国法学》2019 年第 1 期。

龙大轩:《守正出新:新时代“德法合治”思想的历史渊源与现实意义》,《华东政法大学学报》2019 年第 1 期。

罗国杰:《法治与德治:相辅相成相互促进》,《人民日报》2001 年 2 月 22 日。

雒树刚:《坚持依法治国和以德治国相结合》,《人民日报》2014 年 11 月 24 日。

马长山:《法治社会中法与道德关系及其实践把握》,《法学研究》1999 年第 1 期。

马兰兰、李承贵:《试论先秦儒家德治模式的理性设计》,《江西师范大学学报(哲学社会科学版)》2019 年第 6 期。

马戎:《罪与孽:中国的“法治”与“德治”概说》,《北京大学学报(哲社版)》1999 年第 2 期。

马小红:《法治的历史考察与思考》,《法学研究》1999 年第 2 期。

彭凤莲:《论中华法系“重礼轻法”特征的形成》,《安徽师范大学学报(人文社会科学版)》1999 年第 3 期。

彭凤莲:《清末礼法之争的焦点再探》,《江海学刊》2018 年第 4 期。

彭凤莲:《假劣疫苗刑法规制的回应性与整全性》,《法学评论》2020 年第 1 期。

彭凤莲:《论复杂社会法律与道德的关系——哈贝马斯关于破解西方法治国危机的思考》,《哲学分析》2020 年第 2 期。

钱弘道:《法治精神形成六论》,《法治现代化研究》2017 年第 1 期(创刊号)。

钱锦宇:《新“法家三期说”的理论阐述——法家思想断代的几个问题》,《东方法学》2016 年第 4 期。

钱锦宇:《从法治走向善治的中国特色社会主义法治模式》,《法学论坛》2020 年第 1 期。

钱同舟:《中国传统哲学和文化中“德治”和“法治”的理论博弈》,《学习与探索》2010 年第 2 期。

强世功:《国家法治能力建构:法律治理能力和法治技艺》,《经济导刊》2019 年第 8 期。

覃正爱:《社会主义核心价值观的本质、灵魂与“以德治国”的关系》,《理论视野》2015 年第 9 期。

秋风:《儒法传统与信任重建》,《文化纵横》2011 年第 2 期。

秋石:《坚持依法治国与以德治国相结合》,《求是》2004 年第 4 期。

任喜荣:《“伦理法”的内在矛盾及其解决——基于刑事法律范畴的分析》,《比较法研究》2004 年第 3 期。

任玥:《宽猛相济之道——孔子政治图景中的法治与德治》,《原道》2006 年第 13 期。

任中平、李睿:《论政治合法性与法律合法性的关系及其调适》,《政治与法律》2007 年第 6 期。

单飞跃、肖顺武:《影响中国法治建构的文化因素考量——与西方法治形成条件的差异性比较》,《法治现代化研究》2018 年第 4 期。

单玉华:《法治与德治辨析》,《法学家》1998 年第 6 期。

沈宗灵:《依法治国,建设社会主义法治国家》,《中国法学》1999 年第 1 期。

盛湘鄂:《关于法治与德治并举的理性思考》,《武汉理工大学学报(社会科学版)》2003 年第 6 期。

史彤彪:《公民德性与法治转型》,《华东政法大学学报》2018 年第 3 期。

舒国滢、冯洁:《作为文明过程的法治》,《中共中央党校学报》2015 年第 1 期。

舒国滢、王重尧:《德治与法治相容关系的理论证成》,《河南师范大学学报(哲学社会科学版)》2018 年第 5 期。

孙莉:《德治与法治正当性分析——兼及中国与东亚法文化传统之检省》,《中国社会科学》2002 年第 2 期。

孙莉:《德治及其传统之于中国法治进境》,《中国法学》2009 年第 1 期。

田勤耕、段敏:《德法共治的理论意蕴及时代价值——当前学界关于德法共治的观点述评》,《学习与实践》2017 年第 7 期。

童之伟:《国家监察立法预案仍须着力完善》,《政治与法律》2017 年第 10 期。

万俊人:《"德治"的政治伦理视角》,《学术研究》2001 年第 4 期。

王立仁:《传统"德治"的意蕴——兼论德治与法治的关系》,《北京交通大学学报(社会科学版)》2017 年第 4 期。

王琳:《道德立场与法律技术关系的法哲学分析——"技术中立说"与"技术修饰说"之批判与重构》,《交大法学》2017 年第 2 期。

王淑芹、刘畅:《德治与法治:何种关系》,《伦理学研究》2014 年第 5 期。

汪习根、陈骁骁:《习近平关于中国特色社会主义法治重要论述的科学构成》,《中共中央党校学报》2018 年第 6 期。

吴汉东:《法律的道德化和道德的法律化》,《法学研究》1998 年第 2 期。

武树臣:《从古典法治走向现代法治——段秋关新作读后》,《西北大学学报(哲学社会科学版)》2019 年第 5 期。

吴玉章:《哈特法律与道德思想新论——一处自相矛盾的表述》,《现代法学》2018 年第 6 期。

奚广庆:《依法治国需与以德治国相结合》,《中国特色社会主义研究》2015 年第 1 期。

夏军、马西横:《法制文明与道德文明》,《毛泽东邓小平理论研究》1997 年第 3 期。

徐波:《论法律与道德的契合》,《当代法学》2003 年第 4 期。

徐瑾、刘淞:《文艺复兴与现代西方法治精神的形成》,《价值论与伦理学研究》2018 年上半年卷。

徐圻、金鑫:《"法治"与"德治"的文化渊源探析——以古希腊和华夏文明为样本》,《贵州社会科学》2019 年第 9 期。

徐向华:《论法律和道德的作用关系》,《政治与法律》1997 年第 5 期。

许耀桐:《法治德治共治自治:"第五个现代化"独特内涵与历史轨迹》,《人民论坛》2014 年第 10 期。

严存生:《法与道德关系模式的历史反思》,《法律科学》2001 年第 5 期。

杨慧林:《"对极性"与"相互性"的思想空间》,《中国高校社会科学》2017 年第

6 期。

杨伟清:《道德的功用与以德治国》,《中国人民大学学报》2019 年第 2 期。

杨伟清:《德教、德政与道德法律化——论德治的三种解释》,《云南大学学报(社会科学版)》2019 年第 2 期。

杨孝如:《道德法律化:一个虚假而危险的命题》,《西南师范大学学报》2003 年第 3 期。

姚建宗:《新兴权利论纲》,《法制与社会发展》2010 年第 2 期。

姚建宗、金星:《"法治"与"德治"在当代中国的定位与归位》,《法治现代化研究》2017 年第 3 期。

尤俊意:《法治和德治相结合:治国方略的新探索》,《政治与法律》2001 年第 3 期。

余才林:《韩延寿为颍川太守考论——兼论汉初法治德治并行的治理模式》,《文史哲》2019 年第 2 期。

余达淮、陈光洁:《"法治""德治"关系三题》,《道德与文明》2016 年第 2 期。

郁建兴:《法治与德治衡论》,《哲学研究》2001 年第 4 期。

余卫东、鲁琴:《法律与道德的二律背反及内在张力——从哈特与富勒的世纪论战谈起》,《湖北大学学报(哲学社会科学版)》2018 年第 4 期。

於兴中:《算法社会与人的秉性》,《中国法律评论》2018 年第 2 期。

张恒山:《论法治德治的主与次》,《中共云南省委党校学报》2005 年第 1 期。

张恒山:《论坚持党的领导与依法治国》,《安徽师范大学学报(人文社会科学版)》2015 年第 2 期。

张恒山:《全面推进依法治国的基本原则》,《科学社会主义》2015 年第 3 期。

张恒山:《略论中国特色社会主义法治的主要特点》,《中共福建省委党校学报》2016 年第 4 期。

张恒山:《文明转型与中国特色法治发展之路》,《中共福建省委党校学报》2017 年第 1 期。

张晋藩:《重构新的中华法系》,《中国法律评论》2019 年第 5 期。

张劲:《法治的"世界结构"和"中国语境"》,《政法论坛》2016 年第 6 期。

张康之:《论全球社会中的道德、文化与合作治理》,《社会科学研究》2019 年第 4 期。

张茂泽:《中国古代治国智慧的特点和历史前景》,《西部学刊》2016 年第 6 期。

张文显、许章润、刘星:《西法东渐与法治文明:中西法律文化比较研究的现代意蕴》,《美中法律评论》2004 年第 1 期。

张文显:《论中国特色社会主义法治道路》,《中国法学》2009 年第 6 期。

张文显:《法治与国家治理现代化》,《中国法学》2014 年第 4 期。

张文显:《治国理政的法治理念与法治思维》,《中国社会科学》2017 年第 4 期。

张文显:《新思想引领法治新征程——习近平新时代中国特色社会主义思想对依法治国和法治建设的指导意义》,《法学研究》2017 年第 6 期。

张文显:《中国法治 40 年:历程、轨迹和经验》,《吉林大学社会科学学报》2018 年第 5 期。

张文显:《迈向科学化现代化的中国法学》,《法制与社会发展》2018 年第 6 期。

张晓燕:《德法互济中的乐观与审慎——道德法律化的权利维度反思》,《道德与文明》2016 年第 2 期。

张中秋:《法治及其与德治关系论》,《南京大学学报》2002 年第 3 期。

赵新:《德与法:荀子的德治思想及其对孔孟的发展》,《东岳论坛》2008 年第 1 期。

赵迅:《法治与德治相结合的依据及意义》,《当代法学》2003 年第 4 期。

支振锋:《西方法治皮袍下露出虱子》,《环球时报》2019 年 7 月 24 日。

周杰、王维国:《国家治理现代化中道德与法律的关系论析》,《河南社会科学》2017 年第 1 期。

周培清、高文俭:《看看西方法治的种种病象》,《求是》2016 年第 8 期。

周永坤:《依法治国建设社会主义法治国家理论研讨会述评》,《法制与社会发展》1997 年第 2 期。

周永坤:《“德法并举”析评——基于概念史的知识社会学视角》,《法学》2017 年第 9 期。

周中之:《道德治理与法律治理关系新论》,《上海师范大学学报(哲学社会科学版)》2014 年第 2 期。

朱景文:《对西方法律传统的挑战——评美国批判法律研究运动》,《中国法学》1995 年第 4 期。

朱勇、成亚平:《冲突与统一——中国古代社会中的亲情义务与法律义务》,《中国社会科学》1996 年第 1 期。

卓泽渊:《国家治理现代化的法治解读》,《现代法学》2020 年第 1 期。

邹海贵:《国家治理生态:以法治为主导的“德法合治”——兼与戴茂堂、余达淮两位教授商榷》,《深圳大学学报(人文社会科学版)》2018 年第 2 期。

[美]博登海默:《法律与其他社会控制力量的差别》,潘汉典译,《中国法律评论》2014 年第 4 期。

[美]庞德:《法律与道德——历史法学派与哲理法学派的视角》,邓正来译,《法制与社会发展》2005年第3期。

[日]大木雅夫:《法治与德治:立宪主义的基础》,香港《二十一世纪》1998年6月号第47期。

[瑞典]莫罗·赞博尼:《当代法律与政治关系的内嵌模型》,董政译,《山东大学法律评论》(2016)。

R.W.Kahn:"*Reason and Will in the Origins of American Constitutionalism* ", Yale law Journal 98,1989.

四、著作

蔡枢衡:《中国刑法史》,中国法制出版社2005年版。

曹刚:《法律的道德批判》,江西人民出版社2001年版。

段秋关:《新编中国法律思想史纲》,中国政法大学出版社2001年版。

费孝通:《乡土中国》,北京大学出版社1998年版。

范忠信、郑定、詹学农:《情理法与中国人——中国传统法律文化探微》,中国人民大学出版社1992年版。

范忠信:《中国法律传统的基本精神》,山东人民出版社2001年版。

高鸿钧:《商谈哲学与民主法治国——〈在事实与规范之间〉阅读》,清华大学出版社2007年版。

龚群:《以德治国论》,中国政法大学出版社2002年版。

关健英:《先秦秦汉德治法治关系思想研究》,人民出版社2011年版。

郭道晖:《法的时代精神》,湖南人民出版社1997年版。

郭道晖、李步云、郝铁川主编:《中国当代法学争鸣实录》,湖南人民出版社1998年版。

郝铁川:《中华法系研究》,复旦大学出版社1997年版。

何勤华:《中国法学史》第一卷,法律出版社2006年版。

怀效锋:《德治与法治研究》,中国政法大学出版社2008年版。

胡旭晟:《法的道德历程——法律史的伦理解释(论纲)》,法律出版社2006年版。

李步云:《论法治》,社会科学文献出版社2008年版。

李建华:《现代德治论:国家治理中的法治与德治关系》,北京大学出版社2015年版。

李林、冯军:《依法治国与法治文化建设》,社会科学文献出版社2013年版。

李瑜青等:《人文精神与法治文明关系研究》,法律出版社 2007 年版。

梁治平:《法辨》,中国政法大学出版社 2002 年版。

梁治平:《礼教与法律:法律移植时代的文化冲突》,上海书店出版社 2013 年版。

林端:《韦伯论中国传统法律——韦伯比较社会学的批判》,台湾三民书局 2003 年版。

刘丹等:《全面推进依法治国若干重大问题的思考》,中国友谊出版公司 2014 年版。

刘星:《法学作业——寻找与回忆》,法律出版社 2005 年版。

刘星:《西方法律思想导论》,法律出版社 2007 年版。

龙大轩:《法象万千:睡龙醒语录》,中国民主法制出版社 2011 年版。

罗国杰:《建设与社会主义市场经济相适应的思想道德体系》,人民出版社 2011 年版。

吕思勉:《先秦史》,上海古籍出版社 1982 年版。

马小红:《礼与法》,经济管理出版社 1997 年版。

钱钟书:《管锥编》(一),中华书局 1979 年版。

瞿同祖:《中国法律与中国社会》,中华书局 1981 年版。

任剑涛:《伦理政治研究——从早期儒学视角的理论透视》,吉林出版集团有限责任公司 2007 年版。

任喜荣:《伦理刑法及其终结》,吉林人民出版社 2005 年版。

任喜荣:《刑官的世界》,法律出版社 2007 年版。

沈家本:《历代刑法考》,中华书局 1985 年版。

史广全:《礼法融合与中国传统法律文化的历史演进》,法律出版社 2006 年版。

王伯琦:《近代法律思潮与中国固有文化》,清华大学出版社 2005 年版。

王人博、程燎原:《法治论》,山东人民出版社 1998 年版。

王人博:《法的中国性》,广西师范大学出版社 2014 年版。

王晓升:《商谈道德与商议民主——哈贝马斯政治伦理思想研究》,社会科学文献出版社 2009 年版。

吴稼祥:《公天下:多中心治理与双主体法权》,广西师范大学出版社 2014 年版。

吴经熊:《法律哲学研究》,清华大学出版社 2005 年版。

武树臣:《中国传统法律文化》,北京大学出版社 1994 年版。

武树臣:《儒家法律传统》,法律出版社 2003 年版。

萧公权:《中国政治思想史》,辽宁教育出版社 1998 年版。

许志雄:《人权论:现代与近代的交汇》,元照出版公司 2016 年版。

杨鸿烈:《中国法律思想史》下册,商务印书馆 1998 年影印版。

杨天才、张善文注译:《周易》,中华书局 2011 年版。

杨一凡、刘笃才:《中国的法律与道德》,黑龙江人民出版社 1987 年版。

俞荣根:《儒家法思想通论》,广西人民出版社 1992 年版。

於兴中:《法治东西》,法律出版社 2015 年版。

张国华:《中国法律思想史新编》,北京大学出版社 1998 年版。

张恒山:《法理要论》(第三版),北京大学出版社 2009 年版。

张晋藩:《中国法律的传统与近代转型》,法律出版社 1997 年版。

张晋藩:《中国近代社会与法制文明》,中国政法大学出版社 2003 年版。

张文显:《二十世纪西方法哲学思潮研究》,法律出版社 1996 年版。

张志铭:《法律解释的操作分析》,中国政法大学出版社 1998 年版。

张志铭、于浩:《转型中国的法治化治理》,法律出版社 2018 年版。

周天玮:《法治理想国》,商务印书馆 1998 年版。

[德]艾伯林:《神学研究:一种百科全书式的定位》,李秋林译,汉语基督教文化研究所 1999 年版。

[德]哈贝马斯:《在事实与规范之间——关于法律和民主法治国的商谈理论》,童世骏译,生活·读书·新知三联书店 2014 年版。

[德]康德:《康德的道德哲学》,牟宗三译,西北大学出版社 2008 年版。

[德]罗克辛:《刑事政策与刑法体系》,蔡桂生译,《刑事法评论》第 26 卷,北京大学出版社 2010 年版。

[德]莱利斯·豪:《哈贝马斯》,陈志刚译,中华书局 2014 年版。

[德]李斯特:《德国刑法教科书(修订译本)》,徐久生译,法律出版社 2006 年版。

[德]卢曼:《法社会学》,宾凯、赵春燕译,上海世纪出版集团 2013 年版。

[德]萨维尼:《论立法与法学的当代使命》,许章润译,中国法制出版社 2001 年版。

[德]石里克:《逻辑经验主义》(上),洪谦、江天骥译,商务印书馆 1982 年版。

[德]托依布纳:《法律:一个自创生系统》,张骐译,北京大学出版社 2004 年版。

[德]韦伯:《法律社会学》,康乐、简惠美译,广西师范大学出版社 2011 年版。

[法]达维德:《当代主要法律体系》,漆竹生译,上海译文出版社 1984 年版。

[法]卢梭:《社会契约论》,何兆武译,商务印书馆 1996 年版。

[法]卢梭:《论人类不平等的起源与基础》,高修娟译,译林出版社 2019 年版。

[法]孟德斯鸠:《论法的精神》(上),张雁深译,商务印书馆 1982 年版。

[法]戴尔马斯-马蒂:《世界法的三个挑战》,罗结珍等译,法律出版社 2001 年版。

[法]托克维尔:《论美国的民主》(上卷),董果良译,商务印书馆 1988 年版。

[法]西蒙:《自然法传统——一位哲学家的反思》,杨天江译,商务印书馆 2016 年版。

[美]昂格尔:《现代社会中的法律》,吴玉章、周汉华译,译林出版社 2008 年版。

[美]爱泼斯坦、[美]兰德斯、[美]波斯纳:《法官如何行为:理性选择的理论和经验研究》,黄韬译,法律出版社 2017 年版。

[美]博登海默:《法理学:法律哲学与法律方法》,邓正来译,中国政法大学出版社 2004 年版。

[美]伯尔曼:《法律与革命——西方法律传统的形成》,贺卫方等译,法律出版社 2008 年版。

[美]德沃金:《认真对待权利》,信春鹰、吴玉章译,上海三联书店 2008 年版。

[美]德沃金:《自由的法:对美国宪法的道德解读》,刘丽君译,林燕萍校,上海人民出版社 2017 年版。

[美]弗里德曼:《法律制度——从社会科学角度考察》,李琼英、林欣译,中国政法大学出版社 2004 年版。

[美]费正清、赖肖尔:《中国:传统与变革》,陈仲丹等译,江苏人民出版社 1992 年版。

[美]富勒:《法律的道德性》,郑戈译,商务印书馆 2005 年版。

[美]霍姆斯:《法律的道路》,李俊晔译,中国法制出版社 2018 年版。

[美]凯尔森:《法与国家的一般理论》,沈宗灵译,商务印书馆 2016 年版。

[美]梅利曼:《大陆法系》,顾培东、禄正平译,知识出版社 1984 年版。

[美]庞德:《法律与道德》,陈林林译,中国政法大学出版社 2003 年版。

[美]庞德:《法理学》,邓正来译,中国政法大学出版社 2004 年版。

[美]萨拜因:《政治学说史》,托马斯·索尔森修订,邓正来译,上海人民出版社 2015 年版。

[美]塔玛纳哈:《论法治:历史、政治和理论》,李桂林译,武汉大学出版社 2010 年版。

[罗马]西塞罗:《国家篇法律篇》,沈叔平、苏力译,商务印书馆 1999 年版。

[罗马]查士丁尼:《法学总论——法学阶梯》,张企泰译,商务印书馆 1989 年版。

[葡]桑托斯:《迈向新的法律常识——法律、全球化和解放》,刘坤轮、叶传星译,

中国人民大学出版社 2009 年版。

[日]菊池秀明:《清末·中华民国》,马晓娟译,广西师范大学出版社 2014 年版。

[希腊]柏拉图:《政治家》,黄克剑译,北京广播学院出版社 1994 年版。

[希腊]亚里士多德:《政治学》,吴寿彭译,商务印书馆 1996 年版。

[希腊]亚里士多德:《尼各马科伦理学》,苗力田译,中国人民大学出版社 2003 年版。

[意]阿奎那:《阿奎那政治著作选》,马清槐译,商务印书馆 1963 年版。

[意]阿奎那:《论法律》,杨天江译,商务印书馆 2016 年版。

[英]奥斯汀:《法理学的范围》,刘星译,中国法制出版社 2002 年版。

[英]边沁:《立法理论》,中国人民公安大学出版社 2004 年版。

[英]波普尔:《开放社会及其敌人》,杜汝楫、戴维民译,山西高校联合出版社 1992 年版。

[英]菲尼斯:《自然法理论》,吴彦编译,商务印书馆 2016 年版。

[英]哈特:《法律的概念》,张文显等译,中国大百科全书出版社 1996 年版。

[英]哈特:《法律、自由与道德》,支振锋译,法律出版社 2006 年版。

[英]霍布斯:《利维坦》,黎思复、黎廷弼译,商务印书馆 1985 年版。

[英]洛克:《政府论》(下篇),叶启芳、瞿菊农译,商务印书馆 2018 年版。

[英]罗伊德:《法律的理念》,张茂柏译,上海译文出版社 2014 年版。

[英]麦考密克:《法律推理与法律理论》,姜峰译,法律出版社 2018 年版。

[英]梅因:《古代法》,郭亮译,法律出版社 2019 年版。

[英]沃克:《牛津法律大辞典》,光明日报出版社 1988 年版。

[英]穆勒:《论自由》,严复译,北京联合出版公司 2013 年版。

Aibert. V. Dicey, *Introduction to the Study of the Law of the Constitution*, Adamant Media Corporation, 2000.

C.R.Sunstein, *After the Rights Revolution*, Harvard University Press, 1990.

John Stuart · Mill, *On Liberty*, The Pennsylvania State University, 1998.

Peter Stein/J. Shand, *Legal Values in Western Society*, Edinburgh University Press, 1974.

Jürgen Habermas, *Between Facts and Norms—— Contributions To a Discourse Theory of Law and Democracy*, translated by William Rehg, The MIT Press, 1996.

Ronald Dworkin, *A Matter of Principle*, Harvard University Press, 1985.

Joseph Raz, *The Authourity of Law: Essays on Law and Morality*, Claren Johndon

Press, 1979.

John Finnis, *Natural Law and Natural Rights*, Clarendon Press, 1980.

John Rawls, *A Theory of Justice*, The Belknap Press of Harvard University Press, 1971.

后　记

本书是我本人主持的国家社科基金重点项目“依法治国与以德治国的关系研究”(项目编号 14AZD135)的结项成果。该课题是在党的十八届四中全会召开之后,本人主持申报的国家社科基金重大课题经过专家评审之后,转为重点课题的立项。立项的兴奋很快被结项的焦灼所淹没。因我本人主要从事刑法学研究,本硕又非法学专业出身,所以这样一个重要的法理学课题于我而言非常富有挑战性。

自 2015 年初立项以来,宵旰攻苦,2019 年年底终成初稿,2020 年 6 月提交申请结项。该成果虽然顺利结项,但因本人法哲学领域知识欠缺,学术积淀甚少,而学问须久久为功,所以本研究成果肯定错漏之处多有,敬请专家批评指正。

该课题能顺利结项,要感谢读书会的各位同人!在我感觉才思枯竭时,2016 年,安徽师范大学法学院几位老师和 1 位特聘教授在学院支持下成立了法哲学读书会,六年来,读书会的人员进进出出,但如今还有七八位同人始终坚持。读书会于 2018 年、2019 年举办了两届法学与哲学高端论坛,多位著名学者亲临论坛。自 2020 年以来,受疫情等影响,论坛暂时中断,但是读书活动从未中断,线上线下相结合,坚持至今。一个个寒暑假、五一国庆等法定节假日,大家在一起研读,并乐此不疲。六年来,先后研读了哈贝马斯的《事实与规范之间》,康德的《道德形而上学原理》,黑格尔的《法哲学原理》,霍耐特的《自由的权利》,马克思的《黑格尔法哲学批判》,马克思、恩格斯的《德意志意识形态》等。读书会这个平台让我有机会接触法哲学,与哲学、政治学等不同学科的人一起交流学习,边读书边思考边敲点键盘。因读书会上的所学所思,我已在《江海学科》《法学评论》《哲学分析》等杂志发表了几篇带有法哲学意味的学术论文。更为重要的是,读书会成为我完成本课题研究成果的重要推动力。本课题立项后,该如何着手研究,一时间手足无措,陷入迷惘。读书会上,同人们在讨论到与我的课题相关的问题时,总能指点迷津,我总能从中获益,让我从茫然无助无从下笔到思路逐渐清晰能驾驭本课题的研究。通过本课题的研究,我从研究方法到知识架构乃至研究能力都有一个较大的提升,这是我学术生涯中从部门法到法理学的一个重要转折。

本书能顺利出版,要特别感谢人民出版社的责任编辑汪逸。她为此书的编校出版付出了很多心血,尤其是克服了新冠疫情带来的工作不便的困难,高效编校本书稿,帮我纠正了一些错误,向认真负责的汪逸致敬!

2022 年 11 月 28 日

责任编辑：汪　逸
封面设计：石笑梦
版式设计：胡欣欣

图书在版编目(CIP)数据

分化与融通：国家治理现代化进程中的德法合治/彭凤莲 著. —
北京：人民出版社，2024.2
ISBN 978－7－01－024034－3

Ⅰ.①分…　Ⅱ.①彭…　Ⅲ.①社会主义法治-建设-研究-中国
②社会公德教育-研究-中国　Ⅳ.①D920.0 ②D648.3

中国版本图书馆 CIP 数据核字(2021)第 253579 号

分化与融通：国家治理现代化进程中的德法合治
FENHUA YU RONGTONG GUOJIA ZHILI XIANDAIHUA JINCHENG ZHONG DE DEFA HEZHI

彭凤莲　著

人民出版社 出版发行
（100706　北京市东城区隆福寺街 99 号）

北京九州迅驰传媒文化有限公司印刷　新华书店经销

2024 年 2 月第 1 版　2024 年 2 月北京第 1 次印刷
开本：710 毫米×1000 毫米 1/16　印张：21
字数：299 千字

ISBN 978－7－01－024034－3　定价：89.00 元

邮购地址 100706　北京市东城区隆福寺街 99 号
人民东方图书销售中心　电话（010）65250042　65289539